美第奇王朝

一个意大利家族的
500年兴衰史

［英］玛丽·霍林斯沃思————著　贾荣香————译

浙江人民出版社

图书在版编目（CIP）数据

美第奇王朝：一个意大利家族的500年兴衰史 / （英）玛丽·霍林斯沃思著；贾荣香译. — 杭州：浙江人民出版社，2023.4
　　ISBN 978-7-213-10984-3

Ⅰ．①美… Ⅱ．①玛… ②贾… Ⅲ．①美第奇（Medici, Lorenzo de 1449-1492）—家族—史料 Ⅳ．①K835.460.9

中国国家版本馆CIP数据核字（2023）第029385号

浙江省版权局
著作权合同登记章
图　字：11-2020-338号

THE MEDICI BY MARY HOLLINGSWORTH
Copyright：© 2017 BY MARY HOLLINGSWORTH
This edition arranged with ANDREW LOWNIE LITERARY AGENT
Through BIG APPLE AGENCY, LABUAN,MALAYSIA.
Simplified Chinese edition copyright：2023 ZHEJAING PEOPLE'S PUBLISHING HOUSE
All rights reserved.

美第奇王朝：一个意大利家族的500年兴衰史

［英］玛丽·霍林斯沃思　著　贾荣香　译

出版发行：浙江人民出版社（杭州市体育场路347号　邮编：310006）
　　　　　市场部电话：(0571) 85061682　85176516
责任编辑：方　程
策划编辑：陈佳迪
营销编辑：陈雯怡　赵　娜　陈芊如
责任校对：姚建国
责任印务：幸天骄
封面设计：李　一
电脑制版：北京之江文化传媒有限公司
印　　刷：杭州钱江彩色印务有限公司
开　本：710毫米×1000毫米　1/16　　印　张：21.5
字　数：345千字　　　　　　　　　　插　页：20
版　次：2023年4月第1版　　　　　　　印　次：2023年4月第1次印刷
书　号：ISBN 978-7-213-10984-3
定　价：128.00元

如发现印装质量问题，影响阅读，请与市场部联系调换。

▲ 图1：雅各布·蓬托尔莫，《柯西莫·德·美第奇》，约1518年—1519年（佛罗伦萨，乌菲齐宫）。这是一幅赞美美第奇王朝创始人的理想化肖像。柯西莫以不正当的手段积累了一笔财富，并利用它们颠覆了佛罗伦萨共和国；在私人军队的帮助下，以贿赂铺就了自己的权力之路

◀ 图2：佛罗伦萨洗礼堂，始建于11世纪，位于早期玛尔斯（Mars）神庙的旧址，为主保圣人而建，是城市最负盛名的建筑

◀ 图3：金弗罗林，1252年开始铸造，佛罗伦萨商业实力的主要象征

▶ 图4：弗朗西斯科·罗塞利工作坊，《德拉·卡蒂娜》（Della Catena）中的佛罗伦萨景观（局部），1472年（佛罗伦萨，维奇奥宫）。中世纪的佛罗伦萨是欧洲最大的城市之一，经济繁荣，有学校和独一无二的共和国政府

▲ 图5：多梅尼克·迪·米歇利诺，但丁纪念堂，1465年（佛罗伦萨，百花大教堂）。天堂和地狱是中世纪佛罗伦萨人很熟悉的宗教空间。在全城的教堂里，他们都能看到被拯救和被诅咒的形象，作为欧洲识字率领先的群体，他们可以阅读英雄诗人用托斯卡纳语散文讲述的故事

▲ 图6：乔托，《圣弗朗西斯放弃他的世俗物品》，约1320年（佛罗伦萨，圣十字教堂，巴尔迪礼拜堂）

▲ 图7：佛罗伦萨，领主宫，始建于1298年

▲ 图8：弗朗西斯科·特雷尼，《死亡的胜利》（局部），14世纪50年代初（比萨，比萨公墓）

▶ 图9：安德里亚·奥卡格纳，神龛，1359年（佛罗伦萨，圣弥额尔教堂）。这一华丽的大理石神龛里有一尊能创造奇迹的圣母像，它有一段悲惨的历史。1348年，黑死病肆虐佛罗伦萨。令人惊讶的是，高达35万弗罗林的资金被投入到负责维护这尊圣像的宗教团体的金库，因为政府规定，去世时未留遗嘱的人的财富归属于宗教团体，后者用这些资金维护了这一伟大的作品

▲ 图10：《驱逐雅典公爵》，约1343年（佛罗伦萨，维奇奥宫）。在圣安妮节纪念共和国的复活，这幅壁画表明佛罗伦萨人每年如何举行庆祝盛典，铭记历史上的重大事件

▶ 图11：安德里亚·达·费伦泽，《教堂胜利》，约1368年（佛罗伦萨，新圣母玛利亚教堂，西班牙礼拜堂）

▲ 图12：安布罗吉奥·洛伦泽蒂，《好政府的寓言》，1338年—1339年（锡耶纳，普布利科宫）。托斯卡纳城邦为自己的独立感到无比自豪。在这里，锡耶纳的女性人格是由信仰、希望和慈善等基督教美德所引导；她通过协商和平、正义和慷慨确保共和政府的规范

▲ 图13：佛罗伦萨达万扎蒂宫内部庭院，建于14世纪中叶

◀ 图14：洛伦佐·吉贝尔蒂，《圣马太》，1419年（佛罗伦萨，圣弥额尔教堂）

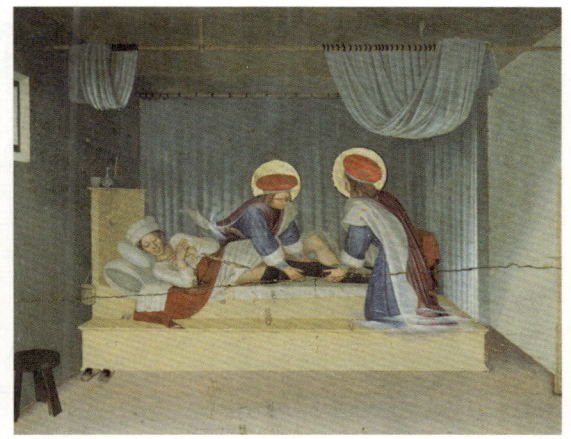

▲ 图15：弗拉·安杰利科，《圣柯斯莫斯和达米安的奇迹》，约1438年（佛罗伦萨，圣马可博物馆）。两位圣人因奇迹般地给病人移植了一条新腿而闻名。通过红帽子，人们一眼就认出他们是医生

▼ 图17：马索利诺，《治愈跛子和塔比莎的复活》，始于约1427年（佛罗伦萨，卡尔米内圣母教堂，布兰卡齐礼拜堂），背景是15世纪佛罗伦萨的街道和房屋

▲ 图16：佛罗伦萨圣洛伦佐教堂的老圣器室，始建于1421年。中心是乔瓦尼·迪·比奇和他妻子南妮娜的墓

▲ 图18：佛罗伦萨圣十字教堂牧师会礼堂，始建于1442年后

▲ 图19：卢卡·德拉·罗比亚，《唱诗班》（细节），约1432年（佛罗伦萨，大教堂歌剧博物馆）。卢卡战争之后，公共雕塑的禁令被取消，这个精致的歌唱画廊受羊毛行会委托建造

▲ 图20：保罗·乌切洛，《圣罗马诺之战》，15世纪30年代末（伦敦，国家美术馆）。卢卡战争中具有里程碑意义的三场战争场景之一，被委托用来装饰美第奇宫

▼ 图21：贾斯特斯·乌藤斯，卡法吉沃罗的美第奇别墅，16世纪末（佛罗伦萨，菲恩泽·科姆时代博物馆）

▲ 图22：柯西莫·德·美第奇勋章，15世纪后期（伦敦，维多利亚和阿尔伯特博物馆）

▲ 图23：博尼法西奥·本博，《弗朗西斯科·斯福尔扎》，约1460年（米兰，布雷拉画廊）

▲ 图24：佛罗伦萨圣洛伦佐教堂的中殿，始建于1416年

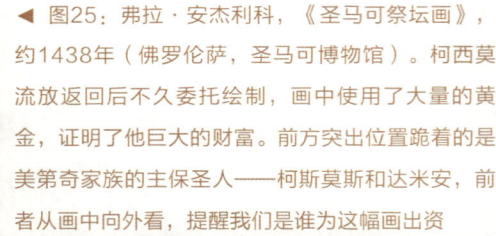

◀ 图25：弗拉·安杰利科，《圣马可祭坛画》，约1438年（佛罗伦萨，圣马可博物馆）。柯西莫流放返回后不久委托绘制，画中使用了大量的黄金，证明了他巨大的财富。前方突出位置跪着的是美第奇家族的主保圣人——柯斯莫斯和达米安，前者从画中向外看，提醒我们是谁为这幅画出资

▶ 图26：安东尼奥·波拉约洛，《一位少妇的肖像》（米兰，波尔迪-佩佐利博物馆），画中人物曾被认为是年轻的卢克雷齐娅·托尔纳博尼

▼ 图27：多纳泰罗，《大卫》，15世纪30年代（佛罗伦萨，巴杰罗宫）

▼ 图28：多纳泰罗，《朱迪思和霍洛芬斯》（细节），约1460年（佛罗伦萨，维奇奥宫）

▲ 图29：贝诺佐·戈佐利，《三博士之旅》（细节），1459年（佛罗伦萨，美第奇-里卡迪宫）。在这部分壁画里有美第奇家族和朋友们的肖像，有加利亚佐·玛利亚·斯福尔扎（右前），年轻的洛伦佐·德·美第奇站在他弟弟朱利亚诺旁边（第二排）

▲ 图30：米诺·达·费埃索莱，《乔瓦尼·德·美第奇》，15世纪50年代后期（佛罗伦萨，巴杰罗宫）

▲ 图31：佛罗伦萨美第奇宫，始建于1445年

▲ 图32：米诺·达·费埃索莱，《皮耶罗·德·美第奇》，1453年（佛罗伦萨，巴杰罗宫）

▲ 图33：卢卡·德拉·罗比亚，《月月之劳作》，约1455年（伦敦，维多利亚阿尔伯特博物馆）。这12个釉面陶土圆饼原来装饰在美第奇宫里皮耶罗的书房

▲ 图34：菲利普·里皮，《赫罗德的盛宴》，开始于1452年（普拉托，大教堂）。15世纪的宴会安排，是为了让所有的感官都感到愉悦，餐桌上摆满了美酒佳肴，还有音乐和舞蹈助兴

▲ 图35：桑德罗·波提切利，《三博士来朝》，1472年—1475年（佛罗伦萨，乌菲齐宫）。一件赤裸裸的奉承作品，这幅祭坛画是一位放债人委托制作的，他把一位国王画成洛伦佐·德·美第奇，皇家随从里还有其他美第奇家人的肖像

▲ 图36：多梅尼哥·基尔兰达约，《教皇英诺森三世批准方济各修会的会规》，1483年—1485年（佛罗伦萨，圣特里尼塔教堂，萨塞蒂礼拜堂）。这幅画受年迈的美第奇银行总经理弗朗西斯科·萨塞蒂委托绘制，捐赠者把自己描绘在这幅壁画的右边，站在洛伦佐旁边

◀ 图37：佛罗伦萨新圣母玛利亚教堂，正面，1470年

▼ 图38：安德里亚·德尔·韦罗基奥，《洛伦佐·德·美第奇》，15世纪后期？（美国华盛顿特区，国家美术馆）

▶ 图39：塔扎·法尔内塞，希腊风格的玛瑙浮雕，约公元前200年（那不勒斯，国家考古博物馆）。在洛伦佐死后编制的财产清单中，显示这一珍贵的浮雕价值1万弗罗林

▼ 图40：贝尔托多·迪·乔瓦尼，帕奇政变纪念章，1478年（伦敦，维多利亚阿尔伯特博物馆）

◀ 图41：菲利普·里皮，卡拉法礼拜堂，1488年—1493年（罗马，密涅瓦圣母堂）

◀ 图42：古色古香的缠丝玛瑙花瓶，刻着"LAV.R.MED"（佛罗伦萨，银器博物馆）

▼ 图43：桑德罗·波提切利，《春天》，15世纪80年代（佛罗伦萨，乌菲齐宫）

▲ 图44：波焦阿卡伊阿诺，美第奇别墅，15世纪80年代中期。以古罗马庙宇为基础，用入口凉亭装饰乡村住宅的创新想法，几乎可以肯定是洛伦佐的创新——他在浴池时让人读了古典建筑的书籍

► 图45：桑德罗·波提切利，《女人肖像》，约1488年（佛罗伦萨，皮蒂宫），被认为是皮耶罗的妻子阿方西娜·奥西尼

► 图46：安德里亚·德尔·萨托，《赌徒的惩罚》，约1510年。在佛罗伦萨的圣母领报教堂中，有五幅描绘菲利普·贝尼兹生活场景的系列壁画，它们装饰着叫作誓言回廊的庭院，此为其中一幅

▼ 图47：《萨沃纳罗拉的殉难》，16世纪早期（佛罗伦萨，圣马可博物馆）

▲ 图48：多纳托·布拉曼特，坦比哀多礼拜堂，1502年，矗立于罗马蒙托里奥圣彼得教堂。16世纪初，教廷开始复兴古典的建筑语言，以宣传教皇是古罗马皇帝的继承人

▼ 图50：米开朗琪罗，《大卫》，1501年—1504年（佛罗伦萨，美学院）。这件雕塑最初是羊毛行会委托为大教堂建造，后来被共和国征用。公民专门组织会议讨论这个巨人的美学价值、实用价值、仪式价值和政治价值，然后才决定将其搬到领主宫（现在的维奇奥宫）

▲ 图49：拉斐尔，《博尔塞纳的弥撒》中教皇朱利叶斯二世的细节图，1512年（梵蒂冈宫，拉斐尔画室）

▲ 图51：拉斐尔，《教皇利奥十世与两位红衣主教》，1518年（佛罗伦萨，乌菲齐宫）。两位红衣主教被认为是朱利奥·德·美第奇（利奥十世的堂弟，后来的教皇克莱门特七世）和路易吉·德·罗西（利奥十世的大侄子）

▲ 图52：米开朗琪罗，西斯廷礼拜堂的天花板，1508年—1512年（梵蒂冈宫）。这可以说是朱利叶斯二世最有名的委托作品，也是文艺复兴时期标志性的形象之一

▲ 图53：拉斐尔派，《朱利亚诺·德·美第奇》，约1515年（美国纽约，大都会博物馆）

▲ 图54：拉斐尔派，《洛伦佐·德·美第奇》，1518年（美国纽约，私人收藏）

▶ 图55：劳伦齐阿纳图书馆（由米开朗琪罗设计，始建于1523年）的楼梯，该图书馆是红衣主教朱利奥·德·美第奇受委托为家族的圣洛伦佐教堂设计的几个项目之一

◀ 图56：安德里亚·德尔·萨托，《献给恺撒的贡品》，约1519年—1520年（波焦阿卡伊阿诺，美第奇别墅）

▲ 图57：拉斐尔，《查理大帝加冕礼》，约1515年—1517年（梵蒂冈宫，火焰厅）；利奥十世私人餐厅里一系列壁画中的一部分，描写利奥三世（795年—816年）和利奥四世（847年—855年）的生活场景，两位都被描绘成美第奇教皇

▶ 图58：拉斐尔派，《君士坦丁捐赠》，16世纪20年代初（梵蒂冈宫，君士坦丁厅）。在意大利，教皇声称拥有世俗权力，依据的是8世纪伪造的一份文件。根据这份文件，在皇帝通过洗礼奇迹般地从麻风病中恢复过来后，君士坦丁将教皇国移交给了教皇西尔维斯特一世

► 图59：塞巴斯蒂亚诺·德尔·皮翁博，《克莱门特七世》，1526年（那不勒斯，卡波迪蒙特画廊）

▲ 图60：提香，《查理五世骑马肖像》，1547年（马德里，普拉多博物馆）

▲ 图62：乔治·瓦萨里，《辉煌洛伦佐》，1534年（佛罗伦萨，乌菲齐宫）

▲ 图61：乔治·瓦萨里，《克莱门特七世在博洛尼亚圣佩特拉尼奥大教堂册封查理五世》，1558年—1563年（佛罗伦萨，维奇奥宫）

▲ 图63：乔治·瓦萨里，《亚历桑德罗·德·美第奇》，1534年（佛罗伦萨，乌菲齐宫）

▲ 图64：提香，《红衣主教伊波利托·德·美第奇》，约1533年（佛罗伦萨，皮蒂宫）

▶ 图66：阿尼奥洛·布隆齐诺，《柯西莫一世》，1543年—1544年（佛罗伦萨，乌菲齐宫）

▼ 图65：米开朗琪罗，《最后的审判》，1534年受委托（梵蒂冈宫，西斯廷礼拜堂）

▲ 图67：阿尼奥洛·布隆齐诺，《埃莱奥诺拉·托莱多与儿子的肖像》，1545年（佛罗伦萨，乌菲齐宫）

▲ 图68：本韦努托·切里尼，《珀尔修斯和美杜莎》，1545年—1554年（佛罗伦萨，佣兵凉廊）

▼ 图69：伊特鲁里亚的喀迈拉铜像，公元前5世纪（佛罗伦萨，国家考古博物馆）

▶ 图70：文森·丹迪，《模仿奥古斯都大帝的柯西莫一世》，约1570年（佛罗伦萨，巴杰罗美术馆）

▲ 图71：佛罗伦萨圣特里尼塔广场的正义柱。这是在罗马卡拉浴场出土的一根古柱，教皇庇护四世于16世纪送给柯西莫一世；其顶部是一座斑岩材质的正义雕像（1581年）

▲ 图72：乔瓦尼·安东尼奥·德·罗西，《柯西莫一世和他的家人》，玛瑙浮雕画像，约1560年（佛罗伦萨，银器博物馆）

▼ 图73：乌菲齐宫，始建于1560年

▲ 图74：巴尔托罗梅奥·阿曼纳蒂，《海神喷泉》，1563年—1575年（佛罗伦萨，领主宫）

▼ 图75：乔治·瓦萨里，《柯西莫一世神话》，1563年—1565年（佛罗伦萨，维奇奥宫，文艺复兴展）

▲ 图76：简·万·德尔·斯特雷特,《炼金术士》,1570年—1572年（佛罗伦萨,维奇奥宫,弗朗西斯科一世的书斋）

▼ 图78：亚历桑德罗·阿楼瑞工作室,《比安卡·卡佩罗》,约1580年（东京,富士艺术博物馆）

▲ 图77：皮特·保罗·鲁本斯,《奥地利的乔安娜》,1621年（巴黎,卢浮宫）

▲ 图79：贾斯特斯·乌藤斯,《普拉托利诺的美第奇别墅》,16世纪后期（佛罗伦萨,菲恩泽·科姆时代博物馆）

▲ 图81：奥拉齐奥·斯卡拉贝利，《皮蒂宫的海战表演》，1588年（佛罗伦萨，乌菲齐宫，图纸柜）

▲ 图80：詹博洛尼亚，《亚平宁》雕塑，1579年（普拉托利诺，德米多夫别墅）

◀ 图82：雅克·拜利韦尔特，《领主宫》，半宝石镶嵌匾牌，1599年（佛罗伦萨，银器博物馆）

▲ 图83：阿尼奥洛·布隆齐诺，《女孩玛丽·德·美第奇》（佛罗伦萨，乌菲齐宫）

▶ 图84：詹博洛尼亚，《费迪南多一世骑马铜雕像》，1608年（佛罗伦萨，圣母领报大殿）

◀ 图85：皮特·保罗·鲁本斯，《玛丽·德·美第奇回到儿子路易十三世的身边》，1622年—1625年（巴黎，卢浮宫）

▼ 图86：简·万·德尔·斯特雷特，《圣十字教堂广场马术比武》，1561年—1562年（佛罗伦萨，维奇奥宫，埃莱奥诺拉·托莱多公寓）

▼ 图87：皮蒂宫的花园正面，佛罗伦萨，始建于1560年

▲ 图88：提香，《乌尔比诺的维纳斯》，1538年（佛罗伦萨，乌菲齐宫）。维多利亚·德拉·罗维里带到佛罗伦萨的嫁妆中，有众多文艺复兴时期的杰作，此为其中之一

► 图89：乔瓦尼·巴蒂斯塔·福吉尼，《红衣主教莱奥波尔多·德·美第奇》，1670年（佛罗伦萨，乌菲齐宫）

▲ 图90：乔瓦尼·达·圣乔瓦尼，《缪斯女神被驱逐出帕纳索斯山》，1635年（佛罗伦萨，皮蒂宫）

▲ 图91：乔瓦尼·达·圣乔瓦尼，《辉煌洛伦佐欢迎缪斯女神到达佛罗伦萨》，1635年（佛罗伦萨，皮蒂宫）

◀ 图92：贾斯特斯·萨斯特曼斯，《费迪南多二世和维多利亚·德拉·罗维里》，17世纪60年代（伦敦，国家美术馆）

◀ 图93：《维纳斯·德·美第奇》，古董大理石雕塑，可以追溯到公元前1世纪（佛罗伦萨，乌菲齐宫，八角室）

▲ 图94：安德里亚·德尔·萨托，《圣母与鹰身女妖》，1517年（佛罗伦萨，乌菲齐宫）。费迪南多王子在17世纪90年代从佛罗伦萨的教堂获得了许多16世纪的祭坛画，包括这幅

▲ 图95：尼科洛·卡萨纳，《费迪南多大王子》，1687年（佛罗伦萨，乌菲齐宫，瓦萨里画廊）

▲ 图96：玛库拉学派，《柯西莫·里卡迪拜访大公爵吉安·加斯通》，1735年（佛罗伦萨，银器博物馆）

▲ 图97：约翰·佐法尼，《乌菲齐宫八角室》，1772年—1777年（温莎，皇家收藏馆）

▲ 图98：佛罗伦萨，王子礼拜堂，始建于1604年。至今未完工

献给我的母亲

伊丽莎白·霍林斯沃思（1922年—2017年）

目 录
CONTENTS

序言
被围困的城市
"佛罗伦萨宁肯化成灰，
也不愿受美第奇家族的统治"
001

1
移民
博纳准塔，凯里西莫以及他们的后代
1216年—1348年
009

2
幸存者
萨尔维斯特罗，福利尼奥，
比奇和维埃里 1348年—1400年
023

3
财富
乔瓦尼·迪·比奇 1400年—1425年
037

4
政治
乔瓦尼·迪·比奇，
埃弗拉多和柯西莫 1426年—1433年
049

5
为了荣誉和利益
银行家柯西莫 1434年—1450年
061

6
共和国的托加袍
政治家柯西莫 1450年—1464年
075

7
继承风波
痛风患者皮耶罗 1464年—1469年
087

8
年轻的舵手
洛伦佐和朱利亚诺 1469年—1479年
099

9
骄傲
辉煌的洛伦佐 1480年—1492年
113

10
报应
皮耶罗和红衣主教乔瓦尼
1492年—1503年
127

11
流亡
红衣主教乔瓦尼，朱利奥和朱利亚诺
1504年—1512年
139

12
黄金时代
教皇利奥十世 1513年—1521年
149

13
铁器时代
教皇克莱门特七世 1521年—1530年
165

14
帝国走狗
教皇克莱门特七世，伊波利托，亚历桑德罗和柯西莫 1531年—1543年
179

15
新奥古斯都
柯西莫一世 1544年—1559年
193

16
大公爵
柯西莫一世 1560年—1574年
207

17
婚外情
弗朗西斯科一世和红衣主教费迪南多
1574年—1587年
219

18
从红衣主教到大公爵
费迪南多一世 1587年—1609年
233

19
不幸的王子
柯西莫二世，洛林的克里斯汀和玛利亚·马格达莱纳 1609年—1628年
249

20
科学与宗教
费迪南多二世 1628年—1670年
261

21
虚荣
柯西莫三世 1670年—1723年
275

22
绝种
吉安·加斯通 1723年—1737年
291

后记
复兴
299

参考书目及来源
305

注释
315

图片来源
325

致谢
329

译后记
331

给读者的注释

名字和日期

美第奇家族与中世纪和早期意大利的家族一样，经常选用父母或者祖父母的名字给孩子们取名，这个习惯让现代历史学家非常困惑。为帮助读者正确识别人物，我遵循了意大利的惯例，必要时同时给出教名和父名。比如，利波·德·凯里西莫，指的是凯里西莫的儿子利波。

另一个令人困惑的是历法和事件的日期。在罗马，新年是1月1日；但在佛罗伦萨，3月25日的天使报喜节才算新年伊始。我已经转换了所有相关的日期，使其符合现代习惯。

货币

与统一前的意大利其他邦国一样，佛罗伦萨也有自己的货币。里拉（1里拉=20索尔迪=240德纳里），是一种可用于购买东西或者支付薪资等日常交易的银币。更大的花销——如支付嫁妆，或为税收目的评估财富，或参与国际贸易——佛罗伦萨人则使用他们的弗罗林（florin），这是一种全欧洲认可的金币。多年来，里拉的价值相比弗罗林在稳步下降：1252年弗罗林被首次铸造时，1弗罗林价值为1里拉；到1500年，其价值已升至7里拉。在本书中，我会尽可能给出用弗罗林计算的金额价值。

本书还提到了其他的货币，特别是威尼斯和罗马的杜卡特金币（ducat），以及1530年取代了杜卡特金币的斯库多金币（scudo）。这些金币的价值大致等同于佛罗伦萨的弗罗林。

序言

被围困的城市

"佛罗伦萨宁肯化成灰,也不愿受美第奇家族的统治"

6月24日的仲夏节，是佛罗伦萨的主保圣人、施洗者圣约翰的节日，也是佛罗伦萨一年中的最高潮。这一天通常被称作"圣乔瓦尼节"，根据传统，人们要在这一天穿上最漂亮的服装，举办最热闹的派对。那时候，桌子上会堆满美食，空气里充满音乐声和人们的欢声笑语。走在大街上，人们可以欣赏各行货摊上展示的令人眼花缭乱的高档商品，可以观看华丽的彩车游行，惊叹于壮观的烟火表演。街头艺人也指望从节日气氛中赚点钱，一年一度的赛马引来赌注，马匹穿梭于鹅卵石街道，有人买票观看斗牛、模拟战和足球赛。佛罗伦萨人站在阳台上、挤在人行道上，见证由城市圣职人员组成的庞大队伍穿过街道：他们唱着歌、诵着经、洒着圣水、摇着香炉、释放着云雾般的香烟，为人们祝福。在嘈杂声、喧闹声和欢笑声中，教堂的钟声悠然响起。

节日的早晨，在共和政府所在地——领主宫前的广场上，佛罗伦萨人以隆重的仪式庆祝自己城市的权力与财富。聚集在领主宫的都是有头有脸的人，如公民领袖、行会领事、背着金弗罗林的造币厂官员和外国领主，以及骑着挂饰华美马匹的武士和使节。最吸引眼球的，是佛罗伦萨臣属城市和地区代表团向共和统治议会的九名男士成员——"执政团"（Signoria）跪拜致敬。

然而，1530年的情形并非如此。那年的圣乔瓦尼节成了一场葬礼。没有宴会，没有斗牛，没有笑声，没有音乐，只有严肃的游行队伍。人们沉闷地立于街头，默默地看着执政团和其他政府官员光着脚、身着表示哀悼的棕色服装从领主宫向教堂行进。他们手举火把，跟在持有贵重圣物的队伍后面，恳求上帝帮助被围困的城市——佛罗伦萨被包围了。城外一排排营帐望不到头，三万敌军驻扎在城墙周围。这些军人的雇主正是佛罗伦萨人朱利奥·德·美第奇——现任教皇克莱门特七世。

三年前，佛罗伦萨人以压倒性的票数驱逐美第奇家族出城，但克莱门特七世决定不惜任何代价废除这项决议。在他眼里，佛罗伦萨不是独立的共和国，而是他家族的私有王国。他的目的是要让自己的私生子成为佛罗伦萨的统治者。他有强大的联盟，城门外驻扎的军队隶属于神圣罗马帝国皇帝查理五世，查理五世同意帮助克莱门特七世赤裸裸地夺权。教皇和皇帝也曾利用自己手里的政治力量为佛罗伦萨及其盟友法国、威尼斯、费拉拉提供担保，现在他们舍弃了这一立场。佛罗伦萨的臣属城已被包围，供给线被全部切断，城内没有食物和军火。只有部队留守保卫城市、抵抗美第奇，但他们的战斗力很弱，只有1.2万人，其中仅有一半是职业军人，其余的是没有接受过正规训练的民兵。

城内的情况很糟糕。六万人口——包括帝国军队开过来时逃往佛罗伦萨的三万难民——在锐减。粗糙的饮食令人们身体虚弱，生存艰难，每天有200人死于饥饿和疾病。剩余的酒、油、粮食和肉都被征用以供给军队。有位威尼斯使节在包围期完全出不了城，他在6月写道："只有一点小麦，但也都供给了部队。其他人吃高粱和麦糠烤制的面包，什么肉也没有，没有马肉，没有猫肉，一只老鼠卖到16金币"——差不多是围城前一个熟练工一天的工资。[1]使节总结："他们都做好了为自由而死的准备。"

即使孤立无援、寡不敌众，佛罗伦萨人仍然相信上帝会拯救他们逃离灾难。执政团下令："所有不能使用武器的人，如牧师、修士、僧侣、修女、儿童、妇女，无论多大年纪，无论在做什么，听到领主宫的大钟响起就开始祈祷——钟声是战斗打响的号角——跪在教堂、修道院或家里，不停歇地向万能的上帝祈祷，祈求上帝赐予佛罗伦萨士兵力量和勇气，赐予他们胜利。"[2]

前一年秋天围城开始时，佛罗伦萨人一直很乐观。商店照常营业，人们的商业活动照常进行，深信会找到和平的办法解决问题。一幅克莱门特七世的画像挂在街头的墙上，画中可恶的教皇站在断头台上，双眼被蒙住，将被处决。有人认为这样描绘圣父亵渎神灵,不过这形象地表达了民众的心情——普遍痛恨美第奇家族,深信佛罗伦萨将取得胜利。执政团派遣使节去和帝国指挥官谈判,指挥官是奥兰治王子菲利伯特·德·沙隆。正如其中一位使节所说,"佛罗伦萨宁肯化成灰,也不愿受美第奇家族的统治",使节们做好了这样的准备。但他们还是希望皇帝能听劝废止联盟,单独讲和以换取一大笔现金。[3]城内的墙上到处贴满"贫穷但自由"的标语。

1529年夏,奥兰治王子带着部队从罗马向北缓慢行进,给佛罗伦萨留有充足的时间备战。执政团下令,摧毁佛罗伦萨方圆一英里的建筑——豪华别墅、清雅修道院和简陋小茅屋都被烧毁。在爱国热情的鼓舞下,店主、手艺人,甚至富商都二话没说关闭门户加入劳工队伍,夜以继日地搬运石头加固城墙。最幸运的是,那年大丰收,佛罗伦萨的粮食储备充足。

10月中旬,帝国军队沿佛罗伦萨南侧安营扎寨,那时阿诺河北岸的道路没有封锁,在佛罗伦萨驻费拉拉大使的组织下,满载硝石的车队能够定期穿越亚平宁山脉,大量的食物也从乡下运来。佛罗伦萨部队还截获了奥兰治营地的补给船队。但对普通市民来说,肉蛋的价格已经很高,节俭的佛罗伦萨人开始采取预防措施,在屋顶种植蔬菜。

酒和面包还算充足。11月3日,执政团还可以如是告知在罗马的佛罗伦萨使节:"我们的心态很好,信心与日俱增。"[4]那年连绵的秋雨是上天的恩赐,"敌营几乎被泥水淹没"。有传言称,帝国军队陷入了混乱,士兵们收不到克莱门特七世的军饷,甚至要反叛。克莱门特七世每个月都得筹集七万金币。尽管城市为此背负了沉重的经济负担——执政团估计这场战争一个月就要消耗二万弗罗林。[5]——佛罗伦萨人则庆幸他们能按时支付军饷,保证了部队的忠诚,因为士兵主要是外来雇佣兵。1529年9月圣马丁节前夕,佛罗伦萨打了一场难忘的胜仗,提振了市民的乐观气氛,按照旧俗,节日这天人们会大饮特饮葡萄酒以庆祝葡萄丰收。那天晚上,奥兰治的部队以为整个城市都醉倒了,于是发动了偷袭。但城里的兵士都清醒冷静,奥兰治的袭击部队被迫后撤。

然而,1529年—1530年的那个冬天,围攻开始造成严重后果。外交前线传来的消息不乐观。克莱门特七世态度一贯坚定,这个不足为奇,但令人沮丧的是，对于佛罗伦萨使节想达成单独媾和的努力，皇帝表示拒绝。天变冷了，市民出城找木柴太危险，因为奥兰治下令绞死所有出城者，绝不手软。弹药工厂制造木炭也需要木柴，于是执政团直接派官员征用家家户户和商店的木檐地板，甚至拆卸了教堂贵重的雕花镶板。

1530年1月20日，奥兰治的炮弹击中了圣米尼亚托教堂的堡垒，造成佛罗伦萨人的炮弹哑火，奥兰治的部队趁机围攻到城下。更令人担心的事情发生了，当月，敌人的新增连队翻越亚平宁山，顺着阿诺河北岸建立营地，搭建桥梁直通奥兰治的部队，美第奇教皇在加紧控制城市。当时的佛罗伦萨已经完全被包围，不过还有一点供给品可以穿越敌人封锁线，经过设防的恩波利小镇从比萨运来。可是食物的匮乏开始造成影响：1530年2月，每天多达70人死于营养不良；到了3月，死亡人数翻倍。受战伤、坏疽以及各种疾病的影响，佛罗伦萨的部队人数也在消减，执政团被迫把征兵的年龄上限从50岁提高到60岁。

饥寒交迫的佛罗伦萨人每天生活在恐惧中，担心围城军队会无情地轰炸城市。人们挤进教堂，听牧师布道以获得安慰。牧师说只要他们为前线的子弟兵们忏悔，苦难就会很快结束，上帝就会赐予胜利。尽管困难重重，政府一直坚定地保持乐观。3月12日，执政团写信告知在法国的使节："我们状态很好。只要生命尚存，战斗就不止。绝不屈服于暴君的枷锁。我们的人民是最棒的，他们忍受各种困难，为了保卫国家绝不言苦。"[6]但一切看上去并不如所说的那样美好。3月26日，奥兰治用大炮摧毁了洗礼堂（图2）。过了两天又出现了日食天象，被认为是凶兆。执政团询问牧师还能做些什么求得上帝的护佑，牧师建议人们增加忏悔游行的次数，建议政府停止向神职人员征税以筹集战争资金，建议佛罗伦萨人原谅敌人。这些建议引起很大争论，执政团直接回应：牧师不应插手政治事务。

1530年4月15日，耶稣受难日，一群从恩波利来的牛被敌人劫走，赶牛人直接被绞死。那天，执政团下令所有市民公布储藏室的存物：比如米开朗琪罗家储存有二桶豆子、半桶醋、八桶酒。[7]传统的复活节宴会谁也没有羔羊。

4月底情况更糟。费拉拉公爵屈服于克莱门特七世和查理五世的压力，把佛罗伦萨使节逐出宫廷。使节一直在公爵的默许下保证佛罗伦萨的硝石供给，此时停供了。但在被驱逐前，使节为了取得胜利，向执政团提交了一个恐怖的计划："鉴于敌人顽固围城，长久的围城导致了恶劣影响……我认为我可以派遣两三人携带感染瘟疫的物资潜入敌营，这样很快就能让敌营覆灭。"[8]他认为此举可行，而且划算——估计100金币就能搞定。不知执政团是否真的接受这一提议，1530年5月，帝国军队的确爆发了瘟疫，佛罗伦萨人看到了希望，认为这可能是上帝在护佑佛罗伦萨。

5月5日，佛罗伦萨人还看到了另一线希望，佛罗伦萨成功袭击了奥兰治的军营，鏖战四小时，截获了从恩波利发来的一大车食物和其他供给品。佛罗伦萨举行了动物游行，载着绵羊、奶牛、山羊穿行于城市，向上帝表示真诚的谢意。孩子们装扮成基督、施洗者圣约翰和天使，一路随行。然而，这一切只是上帝给苦难中的人们喘息一下的机会，情况很快就变了。5月29日，灾难降临，恩波利失守。把这条缝隙封死是奥兰治的首要任务，他野蛮劫掠小镇，一车一车地拉走原本运往佛罗伦萨的物资，将它们装满了自己的仓库。

佛罗伦萨为此被迫重新采取严厉措施。领主宫焦虑地争论着分歧，一周后，政府最终投票选举出16名法官组成的团队，下令搜索所有民房藏匿的粮食和酒肉等食物，仓库被征用，囤积者受到严厉惩罚。政府还制定其他措施补充急速缩减的支付雇佣兵的军费。所有教堂的杯盘都被没收，镀金的大酒杯、耶稣受难像、银灯，甚至斗篷式祭衣和祭坛布上的金刺绣都被熔化制成钱币。普通市民被要求将他们的金银存放在铸币局，他们以令人惊讶的意愿交出了珠宝和其他贵重物品。威尼斯使节估计，这种方式能为战争募集到大约12万金币。可是城里再也没有值钱的东西了。[9]

绝望中，佛罗伦萨人抓住了一根救命稻草。一位帝国军队的俘虏想通过为城市服务换取自由，愿意帮忙打进围城军队。他说认识负责克莱门特七世酒窖的负责人，可以安排给教皇下毒。一位法官感激地大声说"我会奖励你1000金币"，另一位反驳，"10000金币"。[10]但是，计谋被泄露给了奥兰治，这位士兵一回到帝国营地就被捕了——他备了两个小瓶，一瓶装毒药，另一瓶装着解药。

更具有挑衅性的事情发生了。佛罗伦萨人要突袭位于波尔维罗萨*的圣多纳托修道院的帝国军队营地,希望在西侧打开一条通往普拉托的路。他们在1530年6月21日凌晨出兵,许多还未起床的士兵和修女都被杀害。不幸的是,奥兰治营地的援兵赶来,帝国军队很快重新集结,佛罗伦萨部队被迫撤退。他们获得了一些小胜利,带回了食物和武器,但远没有达到预期目标,难怪第三天后的圣乔瓦尼节庆典死气沉沉。

到了7月,佛罗伦萨在盛夏的高温下闷热难耐。7月2日,约6000名妇女、儿童和妓女随身携带简单的行李聚集在圣卡特琳娜修道院,执政团称他们为"无用的嘴",准备将其转移到比萨,以便保存越来越少的食物。那一幕真是可怜。许多难民哭得死去活来,害怕一旦离开安全之地,便会在路上遭遇帝国军队的暴力。最后,执政团发了慈悲,允许愿意留下的人留下来,只送走了40名妓女。

7月中旬,佛罗伦萨人已经饱受缺吃少喝和大病小痛的困扰。但又一个噩梦降临,城墙内爆发了瘟疫。有消息说奥兰治王子染上了致命的脓包,佛罗伦萨人为此感到些许庆幸,但很快这位帝国指挥官就康复了,让佛罗伦萨人很是扫兴。毋庸置疑,该做最后的抉择了。食物不够支撑一两周,佛罗伦萨人没有选择的余地,要么等待奇迹,要么投降,或者以最后一搏拯救城市。

领主宫的争论很激烈,有一小部分佛罗伦萨部队还坚守在位于西南部的沃尔泰拉。有人建议让部队向罗马挺近,包围罗马。他们认为:佛罗伦萨人抵抗美第奇教皇的榜样力量具有鼓舞性,肯定会有更多人加入。也许应该说是幸运的,这个拍脑门计划被否决了。执政团投票决定派沃尔泰拉的部队向北支援保卫比萨。他们希望这是一支救兵,可以向东约50英里派往佛罗伦萨,和训练有素的雇佣兵以及民兵一起突破敌人的封锁。佛罗伦萨指挥官信心十足——但爱国激情不能当炮弹和火枪,也比不过克莱门特七世手中的优势部队。

佛罗伦萨全部教堂的修士们在布道,祈祷胜利:"上帝不会让我们消亡。"很多愤世嫉俗的人为"统治国家的疯子——期待上帝创造奇迹解放我们"感到担忧。[11]按威尼斯使节所说,一旦城市沦陷,守城的男人受命"立马

---

* 波尔维罗萨,在今天的佛罗伦萨机场附近。

杀死妇女和儿童，火烧房屋……这样一来，尽管城市毁灭、一切荡然无存，人民灵魂的伟大将留存在记忆中，将树立一个永垂不朽的榜样给那些为自由而生且愿意为自由而活的人们"。[12]

7月31日星期日，有消息说3000名士兵和300名骑兵开向比萨。不幸的是奥兰治截获了信件，消息走漏，他在星期一便带领一个营的部队包围了佛罗伦萨的救兵。次日早晨，领主宫里很多人提出立刻攻打奥兰治军营——对方此时只有4000名士兵守卫；但指挥官有点推托，主张经过大议会审批此项决定，这需要聚集有资格参政的男性佛罗伦萨人。延误战机是致命的。奥兰治军营很快就得到约一万人的救援，并在8月3日袭击了驻扎在比萨的士兵，后者在皮斯托亚北部一个叫加维纳诺的小镇被包围。次日早晨，佛罗伦萨到处都是谣言，说他们的军队已经战胜了敌人，奥兰治战死。喜悦是短暂的。奥兰治的确战死了——被佛罗伦萨军队的火绳钩枪击中颈部和胸部——但对于冒着8月酷暑打仗而惨败的佛罗伦萨人来说，这只是一点小小的安慰和补偿。

一周后，1530年8月12日，佛罗伦萨最终投降了。根据投降的条款，佛罗伦萨要赔偿八万弗罗林，这个数字是美第奇教皇欠帝国军队的军饷，以防止后者劫掠城市。美第奇家族将恢复对佛罗伦萨的统治，克莱门特七世保证不迫害曾经反对过他的人。但是投降书一签，共和国领导人就受到残酷报复。为满足教皇野心所付出的生命代价令人震惊，三分之一的佛罗伦萨人死亡：8000名士兵战死沙场或死于受伤，三万民众死于饥饿和疾病。但美第奇家族达到了目的，他们靠欺骗和野蛮把佛罗伦萨占为己有。

这个家族曾悄无声息地来到这个城市，从此一路走过300年。

1

移民

博纳准塔,凯里西莫以及他们的后代
1216年—1348年

早期美第奇家族

（*斜体日期据已知最近的参考文献得出*）

詹博诺，博纳准塔和凯里西莫的父亲

博纳准塔（*1240年*）

加尔加诺（*1240年*）和雨果（*1240年*），*他的儿子*
博纳准塔·迪·加尔加诺（*1290年*），*他的孙子*
阿迪尼格奥·迪·博纳准塔（*1316年*），*他的曾孙*

凯里西莫（*1240年*，"老凯里西莫"）

菲利普，*他的儿子*
凯里西莫和埃弗拉多·迪·菲利普（*1286年*），*他的孙子*
伊姆博诺（1302年去世），利波·迪·凯里西莫（1290年去世）以及埃弗拉多·迪·埃弗拉多（1318年去世），*他的曾孙*
贝拉尔迪诺·迪·伊姆博诺（*1322年*），*他的玄孙*
乔瓦尼·迪·贝拉尔迪诺（1363年去世），*他的来孙*

美第奇家族的后人编撰了家族"英雄谱",用战功美化家族的过去,但他们早期的历史无可挽回地带有资产阶级色彩。

他们曾一直向往佛罗伦萨城墙内的财富和安逸生活,于是在12世纪以经济移民的身份从穆杰罗移民到佛罗伦萨。穆杰罗位于佛罗伦萨城以北的亚平宁山,险峻而荒凉。记录家族史的第一份文件出现于13世纪初的1216年,当时一位叫作博纳准塔·德·美第奇的人在公民委员会得到一个席位。[1]这次任命,以及博纳准塔还有一个姓氏,表明家族在到达佛罗伦萨后的几十年都过得很好,成了有一定地位的市民。我们还知道他们从事借贷业,因为1240年博纳准塔和他弟弟凯里西莫合伙贷了一笔款给佛罗伦萨的一个修道院。同年还有一份文件显示,他的儿子雨果和加尔加诺也从事这个行业。[2]

实际上,从12世纪到13世纪,成千上万乡民拥入佛罗伦萨,美第奇家族只是其中之一,城市急速发展也源于这个时期的移民潮。古罗马时期,大批民众来到阿诺河沿岸定居,到1200年,人口达到2.5万人,1250年达到6.5万人。1284年,新的城墙建立起来了,长5英里,有巨大的卫门,所围面积比一个世纪前建的旧围墙大了七倍。到1250年,佛罗伦萨不仅是托斯卡纳地区最大的城市,还是欧洲的第四大城市,仅次于米兰、威尼斯和巴黎。佛罗伦萨非常富有,它的发迹得益于兴盛的布业,以及商人在中东到北海的贸易线上经营的利润高昂的奢侈品。佛罗伦萨人非常擅长赚钱,当时城市的顶级银行家——还不是美第奇家族——采用欺诈手段把佛罗伦萨建成了欧洲的主要信贷中心。在伦敦,这些银行家利用手中的资金提前一年买断英格兰的羊毛,用谋略战胜佛兰德商人,以此保证高质量的羊毛供给稳定,并源源不断地用船运到家乡的纺织厂。

宽泛来讲,意大利是13世纪欧洲的商业中心,是革新和创业的温床。意大利发明的复式记账法起源于这个时期,马可·波罗史诗般的中国之行也在此时发生。当时,意大利有数十个贸易远征队穿越拜占庭和穆斯林帝国到达波斯和印度寻找财富,马可·波罗探险队便是其中之一。商业发展为科技进步提供了重要的动力,催生了早期的航海图和指南针、纺车、眼镜、重力驱动的机械钟表(有钟摆的座钟),以及把一天合乎逻辑地等分成24小时。许多创新成果来自伊斯兰世界,包括采用阿拉伯数字计数。比起笨拙的、缺少一个零的罗马数字系统,这是当时公认的最伟大的进步,对美第奇家族这类银行家更加实用,因为他们需要计算利息率和汇兑率。另外,他们还利用新的发明成果——"纸"记录交易,纸的成本比羊皮纸降低了一半。

金钱不仅使人致富,而且还开始赋予商人在政界发声的底气。13世纪最初几年,佛罗伦萨的商人和贸易者推动了经济蓬勃发展,但那时基本上被排除在由旧贵族掌权的市政府之外。但是,现在商人们拿起武器,要求更大份额的政治权利。随着阶级冲突的激化,他们卷入了更早期的政治竞争。竞争把整个北意大利分裂为两派:一派与野心勃勃的教皇结盟(教皇党),一派支持神圣罗马帝国(保皇党)。这场竞争导致佛罗伦萨以及其他地区爆发了大规模的城市动乱。13世纪大部分时间,佛罗伦萨被血腥街头战、暴乱、凶杀以及仇杀搞得不得安宁。权贵们集结在保皇党的旗帜下,企图碾压对手——以教皇党为主的商人。

美第奇家族是坚定不移的教皇党,这一派在1250年把保皇党驱逐出佛罗伦萨,在欢呼雀跃声中建立了佛罗伦萨的第一个共和国。教皇党翻转了市旗上睡莲的颜色:原来是红色背景中的保皇党白色睡莲,现在是纯白背景中的教皇党红色睡莲。这一行为具有的象征意义使其成为佛罗伦萨历史的里程碑。两年后的1252年,教皇党共和国颁布了自己的货币——弗罗林(图3),在上面印着城市主保圣人施洗者圣约翰的形象。作为佛罗伦萨商业实力的主要象征,这枚金币很快就成为国际通用货币。教皇党还建立了第一座市政厅,用碑文庆祝伟大的成就[*]。碑文充满了异乎寻常的自负:

---

[*] 这座建筑现在是巴杰罗宫,佛罗伦萨的国立博物馆所在地。

所有想象中的财富，佛罗伦萨都拥有。

所有的敌人，无论在战争中还是民事纷争中，都不是她的对手。

她享受着财神的护佑，又有强大的人口。

城堡被成功加固，占为己有。

她统治了大海、陆地和全世界。

在她的领导下，整个托斯卡纳快乐幸福。

像罗马一样，她永远都是胜利者。[3]

尽管口号喊得很响，教皇党的胜利还是朝不保夕。与佛罗伦萨激烈竞争的几个临近城邦——比萨、卢卡、阿雷佐、锡耶纳、圣吉米那诺、皮斯托亚、普拉托和沃尔泰拉，对佛罗伦萨的惊人发展感到恐慌。比萨是海上帝国，囊括了北非和中东的贸易站（最厉害的是拥有君士坦丁堡码头），对佛罗伦萨声称要统治大海的行为表示不屑。之后的40年里，托斯卡纳深受战争蹂躏，因为这些城邦操纵教皇党和保皇党之间的竞争，试图抑制佛罗伦萨在本地区力量愈发壮大的势头。

1260年，锡耶纳和保皇党同盟在蒙塔佩尔提大战中，重挫了佛罗伦萨的教皇党，羽翼未丰的共和国垮台了。保皇党用一场大屠戮庆祝胜利，烧毁了商店和许多知名教皇党人的家园。美第奇宫是闹事暴徒的靶点之一，那里当时住着博纳准塔的两个孙子；暴徒造成的损失估价75弗罗林——实际等同于一个熟练手艺人一年的收入，如果日子不太奢侈的话，这个数目可以从容养活一家人。[4]尽管国际社会努力调停，建议不要使用暴力，但派系斗争持续分裂着托斯卡纳。1280年，博纳准塔的另一位孙子博纳准塔·迪·加尔加诺成了教皇党协定的签署方，该谈判由教皇尼古拉斯二世的侄子红衣主教拉蒂诺出面。当然这次和平也没维持多久[5]。1289年，在阿雷佐附近的坎帕尔迪诺又打了一仗，佛罗伦萨教皇党打败了保皇党。至此，两派争斗才算结束。那天，和骑兵一起出发的有24岁的诗人但丁，战斗场面令他难以忘怀。1700多名保皇党人战死，2000人被俘。按照诗人所描述，保皇党的首领被"一剑封喉",落河身亡。*教皇党人胜利了,宣布此战斗日(6月2日,圣巴拿巴节)为国家节日。

四年后的1293年,政府通过了正义法令,教皇党的胜利告一段落。这部重大法律把所有权贵从政治力量中"永久地"排除,在随后的250年里,最起码在名义上几乎保持了完好。贵族出身的佛罗伦萨人不再拥有从政的权利,政治权完全颠倒,改属于贸易行会的成员:富有的丝绸商人、纺织厂老板、律师和像美第奇家族这样的银行家;同样具有资格的还有医药商人、二手货卖家、面包商、屠户、贩酒商人以及手艺人——如鞋匠、祭坛画匠、家具匠和羽毛褥制作者。根据本法令,30岁以上的贸易行会会员都有资格参选,破产者还有拖欠税款者除外:在这个商业共和国,金钱一如既往的是王道。当时欧洲其他地方还是以世袭封建政权为常态,所以这场革命的影响非同小可。它对佛罗伦萨人的生活产生了深远的影响。1293年是历史上意义重大的一年,这段记忆深深地刻在佛罗伦萨人的脑海里,几个世纪延绵不断。

在新共和国,"贵族"是一个具有侮辱性的词语。一切有罪于城邦的人被宣判为权贵,并被剥夺担任公职的资格。那些打理政府的持重的市民瞧不起贵族们无所事事。他们为自己努力工作而自豪,用收支账簿的总页数衡量成功;他们素装游行,通过禁止奢侈品的法律,禁止贵族展示所有金银纯度标志(庆祝圣乔瓦尼节时法官就睁一只眼闭一只眼了,并不严查那么多人穿的昂贵衣物和戴的贵重珠宝)。这样的态度也影响了教育。佛罗伦萨人并没有教后代打猎和比武,而是送他们上学,了解共和国的价值,学习阅读、写作和数学——这些都是经商的基本技能。中世纪,佛罗伦萨是欧洲识字率最高的城市之一,这并不是巧合。这为那些自豪地描绘自己城市崛起的历史学家和编年史家提供了现成的读者,也为那些诗文和短篇小说的作者提供了现成的读者。作品全部以托斯卡纳白话文撰写,一切表明佛罗伦萨独一无二的

---

* 当但丁在《神曲》第二卷《炼狱中》遇到没有忏悔的人时,他大概是这么说的。

文学文化兴起于新的共和国（图5）。*

对佛罗伦萨成就的自豪感很快就在街道上表现出来。1294年，共和国决定新建一座巨大的教堂——百花大教堂取代原来较小的主教堂。百花大教堂规模宏大，镶嵌着花巨资从卡拉拉采石场运来的奢华镶嵌面板，有力证明着佛罗伦萨人对宗教的虔诚，也许更证明了他们赚钱的才能。四年后的1298年，领主宫开建（图7），它拥有宏伟的钟楼和小圆齿顶层走廊，计划容纳整个政府机构。与浮夸的大教堂形成对比，宫殿用本地石头修建，没有装饰，表达了新政权的核心价值——适度和节俭。

为了做好宣传事业，共和国还养了几只狮子，狮子在中世纪欧洲传统中是权力的象征。它们被养在宫殿旁的一个笼子里，常常引得市民和游客驻足。一位佛罗伦萨编年史家看到两只小狮子出现在眼前时感到非常惊讶："它们出生后还活着，不像动物寓言集所描写的是死的，我可以作证，因为我亲眼看见它们出生后很快就在吮吸母乳。"[6]威尼斯的那一对小狮子，出生不久就死了；佛罗伦萨的小狮子则茁壮成长，这被许多人看作是城市美好繁荣的标志。

在另一个精心策划的宣传中，佛罗伦萨人拆除了几处被废黜的保皇党权贵的宫殿，以便在领主宫前铺设一个大广场，为共和国的仪式创造一个极具象征意义的环境。正是在这里，每两个月选举一次执政团——即由八个议员和一个主席组成的议会，主席是治理共和国的旗手（即"标准执旗手"）。在新任期开始前几天，佛罗伦萨人聚集在广场聆听演讲，不忘核实狮子是否还活着，不忘共和国自由和道德原则的重要性，观看旗手和议员的名字从密封的皮制信封中抽出来。当然，有人听到名字后会嘟囔，因为他们将不得不把手头的业务交给合伙人，搬进领主宫履行两个月的任期——不过有一些补偿，宫殿厨房特别准备了好酒佳肴。对于大广场上的观众来说，选举让他们真正体验到了参政——新执政团的成员可能是某人的家庭成员、邻居，甚至是当地的店主。虽然这不是我们所理解的民主，却是民主道路上迈出的重要一步。

---

* 比如，有一首诗赞颂老市场——城市的商业中心，主角不是勇敢的骑士，也不是骑士文学中的高尚贵妇，而是"了不起的屠夫"，他的"柜台展示出切割得最精细的肉"；还有丰满的乡下女孩，提着的篮子里"高高地装满成熟的、圆圆的无花果"。

美第奇家族从一开始就积极参与佛罗伦萨新共和国的政府事务。家族中服务于执政团的第一个成员是阿迪尼格奥·迪·美第奇——博纳准塔的一个曾孙。[7]之后的50年，美第奇家族成员28次任职于这个具有威望的议会，这是一种荣耀，只有另外七个家族能比得上。[8]家族的故事在共和国成立后的档案中呈现得更加清楚，因为就像经营商业一样，佛罗伦萨人明白保存适当书面记录的重要性。许多账簿细化到市政委员会和法庭每天的具体事务，这些都留存在国家档案馆。

我们知道13世纪末，在著名的市中心的老市场附近有三座独立的美第奇宫殿，佛罗伦萨的顶级家族就住在这里。我们也知道老博纳准塔和他弟弟凯里西莫的60多个成年男性子孙的名字，以及14世纪前半叶活跃于佛罗伦萨的后人。[9]其中有许多从事家族产业做银行家，他们在共和国前几十年的经济爆发中赚了个盆满钵满。阿迪尼格奥是第一位服务于执政团的家族成员，1300年的记录表明他是银行家行会成员，他和另外三个兄弟在他家宫殿附近的老市场合伙开公司。[10]

那时美第奇家族非常繁荣，但是远没有巴尔迪和佩鲁奇这些具有国际范儿的大银行家有钱。1314年，银行家行会向成员征税，美第奇家族被征收3弗罗林，而佩鲁奇家族贡献了18弗罗林。[11]不过，美第奇家族正在崛起。凯里西莫的一个曾孙埃弗拉多是引人注目的成功商人，他的儿子们拥有一家银行，业务覆盖整个意大利[12]。到1322年，美第奇家族财力雄厚，足以跻身佛罗伦萨社会精英的前264家公司的官方名单。[13]

尽管建立了共和国，但佛罗伦萨社会持续因派系暴力而分裂。包括美第奇家族在内的市民，吵闹不休，名声不佳。保皇党威胁消除后没几年，教皇党自己分裂成"白""黑"两个敌对阵营，其敌对源于切尔基家族和多纳蒂家族的宿怨。美第奇家族是黑派，经常攻击白派邻居。1301年11月，黑派试图武力夺权：正如编年史家笛努·科姆帕尼所记录，"他们拿起武器、骑上战马开始执行预定计划。晚祷后，民众的亲信美第奇袭击并刺伤了另一位勇敢的男士……让他死去。"[14]四年后，即使教廷使节也没能够劝和，黑派又袭击了白派——美第奇家族又参与战斗。科姆帕尼记录道："德托萨家族和美第奇家族结伙带着弩弓闯进老市场，袭击并破坏了科尔索家族的街垒，保护街垒的人坚定了复仇而不是和平的决心。"[15]黑派点燃一把火烧毁了白派的街垒，局面失控，酿成无法控制的火灾，造成巨大损失。2000座建筑被烧，城市中心被毁。

银行家乔瓦尼·维拉尼声称，早在一个月前五一庆祝活动以灾难告终时，就已经预测到了这场灾难。维拉尼写过《细说佛罗伦萨史》一书，它是这个时期迷人的溯源史籍，书中描写了一场地狱庆典：一列船停在阿诺河上的一座桥附近，"载着火光、痛苦，还有打扮成魔鬼一样的人们"，"看着让人胆战心惊"。[16]维拉尼继续讲述，人群在卡拉亚桥上聚集，老桥被踩塌，人们掉进河里，伤亡数百。他警告："这就是灾难要降临的征兆，由我们市民的罪恶引发。"

佛罗伦萨人焦虑地注视着透露上帝意志的征兆。他们相信，天灾人祸是对他们贪婪金钱、饮食无度、妻女奢靡等罪恶的惩罚。对中世纪的商人而言，恐怖的地狱真实不虚。基督的指示清楚明白，"骆驼很容易穿过针眼，但富人很难进入上帝的王国"（《马太福音》，19章24节）。商业盈利可能是今世成功的有形标志，但可以迫使一个人在来世受折磨。而像美第奇家族这样的银行家尤其受到高利贷之罪的影响——对贷款和其他交易收取过高的利息。多明戈修会认为高利贷是罪恶地掠夺别人财产的手段，与诈骗、偷盗、强奸无异。但丁在《神曲》中绘声绘色地描述等待高利贷者的是什么：在穿过冥府的文学之旅中，他看到了被烧焦的放高利贷者，这些人被置于滚烫的沙子上，脖子上挂着沉重的、装满金弗罗林的袋子，无法逃离。[17]

教会督促富人拿出一定比例的不正当利润做慈善，以此赎罪，比如施舍乞丐、捐衣物给贫民、给贫穷女孩嫁妆让她们不要在街上闲逛。另外，还有一种（长久的）选择比较多见——投资修建宗教建筑。富有的巴尔迪和佩鲁齐银行家都在佛罗伦萨的圣十字方济各会教堂修建家庭礼拜堂，当然，这么做不仅展示他们的虔诚；有的有能力买下这些教堂的产权建阴宅，并用祭坛画、壁画和雕塑加以装饰，这能证明他们拥有大量财富。巴尔迪礼拜堂很张扬，请乔托创作壁画，画的是圣方济各的生活场景（图6）。圣方济各是阿西西一个富商的儿子，人们都知道他放弃了所有的世俗财富，过着基督教福音派的贫穷生活。巴尔迪和佩鲁齐两个家族并没有打算效仿这位深得人心的圣人，不过，有一点很明确，他们在圣十字教堂投巨资是为自己的贪婪赎罪。他们的确贪婪。1337年，他们期望从借给英国爱德华三世的巨额贷款中牟取暴利，以资助其入侵法国、夺取王位——这个事件标志着"英法百年战争"的开始。

尽管佛罗伦萨地方性派系暴力不断，但经济持续增长。1337年6月底，乔瓦尼·维拉尼参观领主宫的狮子时激动地发现："老母狮和它的两个女儿共生了六只小狮子，根据古代异教徒的说法，这是我们城市伟大繁荣的标志。"[18]到1338年，佛罗伦萨城市人口达到九万，差不多四倍于1200年的人口。如维拉尼所夸耀，羊毛布料业的年产量价值为120万弗罗林——由200个工厂和三万雇员所贡献。[19]着眼于金融细节，这位银行家在他的编年史上对这座城市的巨额财富进行了四个章节的分析，最后一章的题目是《再论佛罗伦萨共和国的伟大、威望与辉煌》[20]。他的统计数字很有说服力：城市拥有80家银行机构、100家药店、146家面包店，等等；有680位法官和公证人保障法制；有80位修士、500位修女、300位牧师在110座教堂、寺院和修道院中参与佛罗伦萨人的宗教生活；有60位医生、30家医院、1000个床位为病人提供医疗服务。

但是不足一年，维拉尼的自豪变成了耻辱。14世纪30年代末，预示共和国诞生的经济大兴旺结束了，佛罗伦萨陷入了灾难性的衰退。1339年8月，城市遭受了暴风雨的重挫，粮食收成锐减，粮价飞涨。维拉尼记录道："如果不是政府有预见地从海路购粮，人民会饿死。佛罗伦萨各行各业都陷入萧条。"[21]次年，出现了更糟糕的兆头，"大彗星出现在天空上"，随后瘟疫暴发，"家家户户都死人"，"1.5万多具尸体被掩埋，男女老少都有。城市在悲痛，哭泣"。[22]

巴尔迪和佩鲁齐两家银行也灾难临头。他们在向英国王室贷款100多万弗罗林之后——一笔高杠杆贷款，远超过他们的资本——动用了客户的存款弥补亏缺。[23]他们的赌注下到什么程度，佛罗伦萨公众并不知晓，但城市极度紧张。许多富商撤出有风险的商业投资，美第奇家族也有几位成员撤出了自己的资金，到祖传的穆杰罗腹地置买地产。[24]这种投资利润小，但在经济困难时期比较安全。

到1341年7月，佛罗伦萨共和国面临经济熔断，城市向银行求助，美第奇家族也被选进执政团建立的金融委员会以应对危机。委员会得出结论，需要政府采取强硬的、必要的、不得人心的手段。[25]此后，1342年6月，雅典公爵布里耶纳的瓦尔特应邀执政，为期一年。他有公爵头衔，是法国贵族，和教皇与那不勒斯的安茹王朝关系密切。*布里耶纳对城市的共和国传统不屑一顾，立马宣布采用"佛罗伦萨勋爵"终身制称号，带领宫廷一起搬进领主宫。更糟糕的是，他的惩罚性财政政策迅速疏远了富有的精英阶层，包括美第奇家族，全然不考虑是美第奇家族这样的银行家邀请他来到这个城市的。美第奇家族也是他专制政权的早期受害者之一。维拉尼写道："1342年8月初，公爵逮捕了乔瓦尼·迪·贝拉尔迪诺·德·美第奇，后者曾是卢卡执政官，公爵指控他犯了背叛罪，强迫他认罪，并将其押上了断头台。"[26]

布里耶纳在佛罗伦萨的统治并不长久。1343年7月26日，就在执政一年后，他被驱逐。当时正赶上圣安妮节，这一天被宣布为国家节日，为佛罗伦萨的万神殿又增添了一位圣人（图10）。据维拉尼说，美第奇家族在政变中起了突出作用：

7月26日，圣安妮节，下午钟声响起，工人们离开工厂。阿迪马利家族、美第奇家族和多纳蒂家族安排了几个暴徒假装成士兵，在老市场和圣皮耶罗开打，他们高喊："拿起武器！拿起武器！"大家害怕了，马上都拿起武器，有的骑马，有的步行……高喊："杀死公爵！人民万岁！共和国万岁！

---

* 布里耶纳只是名义上的雅典公爵，他的祖先已经失去了大部分公国和自称的耶路撒冷国王的名号。

1 移民 | 019

自由万岁！"……公爵的手下听到喊声也拿起武器骑上马，大约有300名骑兵围着领主宫奔驰……美第奇家族、阿尔托维蒂家族、里奇家族、鲁切拉家族……控制了广场的出口，大概有12个出口，只多不少。他们设了路障，谁也不能进出，他们和公爵的人就在领主宫和广场上整天整夜地打在一起，很多人命丧于此。[27]

随后几天都处于混乱中。权贵们在巴尔迪家族和其他几家富有银行家族的支持下——但不是美第奇家族——趁机夺权。他们夺权后的第一个举动是废除正义法令，那可是共和国的基石。当这个过激的举动路人皆知后，佛罗伦萨爆发了骚乱。美第奇家族精明地加入了小商贩暴民，带领着上千人（包括圣乔瓦尼区的"屠夫和工匠"）在全城闹事。在一片暴力狂欢中，他们摧毁了巴尔迪的20座宫殿，结束了这个短命的、不得人心的政权。[28]美第奇家族凭借在这次政变中扮演的角色，得到"百姓斗士"的称号——这个声誉在此后的几十年发挥了作用。

政府危机过去了，正义法令重新生效，但是持续性的经济衰退仍不见好转。1343年秋天，形势急剧恶化，佩鲁齐家族银行破产了；1345年1月，巴尔迪家族公司也倒闭了。维拉尼在编年史中指责爱德华三世未能偿还巨额借款，还指责银行家们的贪婪，认为是贪婪促使他们无视高风险。银行一倒闭，许多客户便陷入贫困。"带来了共和国史上前所未有的毁灭性失败。"维拉尼这样写道。[29]这对佛罗伦萨经济的影响极坏：1333年到1346年，佛罗伦萨有350家公司破产，其中既有大商行，也有小商铺。[30]但是，美第奇家族成功幸免，这要归功于他们颇富预见性地把钱财从冒险的商业活动撤出。

不过，对他们的城市来说，更糟糕的还在后头。1345年10月和11月，佛罗伦萨遭受了暴风雨；转年春天雨涝，"粮食、动物饲料、酒和石油等都是百年一遇的不景气"。[31]小麦价格涨到30索尔迪……还在持续上涨，在次年5月收获农作物之前涨到了61索尔迪。1347年的收成也不好，大冰雹将庄稼化为乌有。维拉尼向上帝祈祷："上帝啊，这是让我们改正缺点和罪恶呢，上帝不会再让我们遭受更大的惩罚了吧。"[32]但是，灾难还在继续，在次年1348

年达到高峰。那个夏天，鼠疫（黑死病）席卷意大利。佛罗伦萨有三个月处于恐惧中：人们眼睁睁地看着自己的亲人痛苦死去，空气中都充斥着腐烂尸体的臭味，五万具尸体堆在乱葬岗。到9月，佛罗伦萨已经死了一半的人口。乔瓦尼·维拉尼自己也难逃此劫，新圣母玛利亚教堂多明戈修会五分之四的修道士也未能幸免。美第奇家族的队伍也削减了。

2

幸存者

萨尔维斯特罗，福利尼奥，比奇和维埃里
1348年—1400年

1348年的老凯里西莫的后人

凯里西莫·迪·菲利普, *老凯里西莫的孙子*
 利波（1290年去世），*他的儿子*
 坎比奥·迪·利波（*1367年*）和阿拉曼诺·迪·利波（1355年去世），*他的孙子*
 维埃里·迪·坎比奥（1323年—1395年），乔瓦尼·迪·坎比奥（*1383年*），**萨尔维斯特罗·迪·阿拉曼诺**（1388年去世），阿夫里谢尔(*1378年*)，巴托洛米奥（*1375年*），安德里亚（*1400年*），乔瓦尼（1353年去世），米歇尔·迪·阿拉曼诺（*1350年*），*他的曾孙*

埃弗拉多·迪·菲利普（*1286年*），*老凯里西莫的孙子*
 埃弗拉多（1318年去世），*他的儿子*
 孔蒂·迪·埃弗拉多和凯里西莫·迪·埃弗拉多（*1346年*），*他的孙子*
 福利尼奥·迪·孔蒂（*1378年*），雅格布·迪·孔蒂（1348年去世），乔瓦尼·迪·孔蒂（1372年去世），**比奇·迪·凯里西莫**（1363年去世），*他的曾孙*

已故的乔瓦尼·维拉尼的弟弟马特奥继续编年史的工作，他生动地描述了黑死病之后佛罗伦萨的混乱：

活下来的那些少数人期望得到很多……他们相信得到上帝恩赐而被拯救的人会更优秀、谦逊善良……但是疫情一结束我们看到的完全不是那么回事。活下来的男人很少，而他们继承的财富又多。他们忘却了所发生的灾难，举止不雅、目无法纪……沉溺于暴饮暴食、盛宴不断、出入旅馆、山珍海味、赌博成性、荒淫无度……而女人们打扮妖艳，穿着死人生前的高档服装……（之后）什么都变得匮乏……大部分物资越发昂贵，常常两倍于瘟疫前的价格。[1]

令人窒息的酷暑过去了，到了秋天，佛罗伦萨的生活逐渐恢复常态。执政团的成员搬回宫殿举行每日例会，法庭重新开庭着手审理洪水般的遗产和继承纠纷——这么多人死亡留下的法律后遗症。店主们拉起百叶窗，刚完工一半的百花大教堂周围，砖石匠人又挤在了脚手架上，不过没原来人数多，这不禁让人们想起震撼全城的大屠杀过后的凄凉。

总的来看，美第奇家族还比较幸运。家族里将要扮演核心角色的四兄弟——维埃里·迪·坎比奥、萨尔维斯特罗·迪·阿拉曼诺、福利尼奥·迪·孔蒂和比奇·迪·凯里西莫，全都幸免于难，还有许多近亲也活下来了。但萨尔维斯特罗的妻子去世了，福利尼奥的弟弟也遭不测。美第奇那一代的29位男人中活下来23位。其他家族就没那么幸运了，律师多纳托·维鲁在日记里记录道，他家族中近三分之二的男人都去世了（图8，图9）。[2]

银行家行会办公室10月13日开业，那天的账本记录了美第奇家族的一个新成员——维埃里·迪·坎比奥，25岁，在四兄弟中最年轻。[3]他是一位谦逊的金融家，在前辈的基础上继续得到银行界同僚的尊敬，多次被选举为执事，并担任行会里声望很高的职位，在委员会任职，负责规范佛罗伦萨的银行业。[4]在经济严重衰退的时期，他对商业的投资是很冒险的一步棋。事实上，维埃里和他兄弟乔瓦尼是美第奇家族那一辈中仅有的、坚持留在商界的成员。乔瓦尼开的一家工厂生产羊毛布料。[5]家族其他成员和大多数佛罗伦萨富翁一样，在遭遇14世纪30年代末的经济崩盘后撤出风险投资，将资本存留于相对安全的房地产事业中规避风险。

萨尔维斯特罗和他的兄弟们就是富有的地主，在1355年父亲阿拉曼诺去世后，继承了穆杰罗的大量地产，有农田、葡萄园、树林和建筑。[6]他们没有在任何行业做学徒，也从未以严格遵守共和国勤劳、节制和有担当的价值观而著称。不过，萨尔维斯特罗在丰富多彩的政治生涯中还是迈出了几步。在黑死病之后无政府状态的那几年，有对叫作米歇尔和安德里亚的兄弟，伙同朋友们一起成了窃贼，抢劫商店和住户。[7]这些年轻人不为抢钱，更多是为了寻求刺激，他们都被捕了——米歇尔被指控典当了价值25弗罗林的赃物——法官判他们死刑。这样的惩罚是少见的严厉，目的是要控制这一波全城范围内的小偷小摸。后来虽然减刑了，但安德里亚一伙的头目仍被处死。这大大出乎望族的预料。萨尔维斯特罗和他的兄弟们很蛮横，相比之下，维埃里和福利尼奥则持重冷静、遵纪守法。

福利尼奥也是大地主，但从容、谨慎、善良、家族责任感强，我们从他的回忆录中可以了解到这些。回忆录开篇便传达了那时佛罗伦萨人面对死亡的绝望和无奈：

> 我，福利尼奥·迪·孔蒂·德·美第奇，写下自己的所见所闻，也许对留在这里或来到这里的后人有用。我目睹了近来内外战争的不幸，目睹了瘟疫带来的可怕死亡。这场瘟疫是上帝派来的，我们害怕它重来，邻国不是又复发了吗？[8]

他的文字主要详细描写位于穆杰罗的家族地产——他的父亲孔蒂·迪·埃弗拉多于14世纪30年代开始经营。之后几十年，他们投资了一万弗罗林在约180处建筑和地产上,包括耕地、林地和卡法吉沃罗别墅周围的房子。[9]他们在佛罗伦萨也有商店和房产,1349年孔蒂在佛罗伦萨买了一处宫殿,瘟疫后便闲置了。它规模很大,足以住得下尚存的两个儿子及他们的家人。福利尼奥写道:"这是一处有院子、果园和水井的宫殿,位于圣洛伦佐教区。"[10]

这座宫殿人称卡萨维奇亚,坐落于拉加大道（Via Larga,字面意思为"宽街",即现在的加富尔路——Via Cavour）。它就在圣乔瓦尼区,几个世纪以来都属于美第奇家族,是他们一直居住的地方。佛罗伦萨人无论贫穷富有,都首先忠诚于家族,通过加入贸易行会和宗教兄弟会在内的各种机构确定自己的社会身份,也通过自己生活的社区、教区、选区来定义自己的社会地位。圣乔瓦尼和佛罗伦萨的另外三个区——新圣母玛利亚、圣十字、圣灵——各分成四个选区,正是这16个选区,而不是教区,组成城市的基本行政和社会单位。卡萨维奇亚宫位于圣乔瓦尼金狮选区,而维埃里和萨尔维斯特罗住在附近的绿龙选区。城市的各个选区都有响亮的名字——比如独角兽、钥匙、蝰蛇、鞭子、梯子。这些象征物被印在旗帜上,佛罗伦萨市民游行时会高举区旗（当然,执政团强行贷款填补政府的收入缺口,特别是在战时的缺口时,他们对此就不够热情了）。

美第奇四兄弟中最穷的是比奇。他和萨尔维斯特罗和福利尼奥一样继承了父亲的遗产,但是其产业规模很小。[11]他在佛罗伦萨有几家小店,在穆杰罗有几处田产,每年收取5个—25个弗罗林的租金,也做一些小规模的放款业务填补收入。

虽然美第奇家族各成员之间财富差距悬殊,但家族的社会地位足以让堂兄弟们缔结显赫的婚姻。不像贵族们不到20岁就步入婚姻,通常,佛罗伦萨的男人30岁结婚,正值事业上有所建树的年纪。黑死病时期,萨尔维斯特罗、福利尼奥和比奇都在著名的教皇党家族中挑选了新娘。维埃里的第一任妻子身份未知,他们在1364年成婚。

就像所有佛罗伦萨人一样,对这些堂兄弟来说,婚姻是举足轻重的大事。婚姻并非个人的选择,而是取决于家族意志,意在构建新的亲缘纽带,联姻的双方都可以在社会、商业和政治上受益。至关重要的是,结婚需要一大笔钱。首先要进行的是关于嫁妆问题的艰难谈判，由各自家族中的男性长辈出面协商，有一位婚姻经纪人在场见证。我们知道，比奇的新娘雅可帕·斯皮尼在1350年生下了长子，她给比奇带来的嫁妆是800弗罗林。当时，佛罗伦萨有钱人嫁女可提供的体面嫁妆，金额在400到1000弗罗林之间。[12]而当时一位工匠大师的年收入约为60弗罗林。福利尼奥于1348年娶了艾法利家族的小姐，同样得到了800弗罗林。次年，萨尔维斯特罗迎娶了第二任妻子巴托洛米奥·阿托韦迪，得到的嫁妆是1000弗罗林。[13]

正式的订婚通常举行一次宴会庆祝，只有男士参加。宴会上，新娘的父亲或者监护人答应将新娘嫁给新郎，新郎正式承诺娶她为妻。这份合约由公证人记录，并由新郎和他未来的岳父亲吻后密封。接下来，新郎要为新娘挑选戒指。这个活动由双方家人参加，男士女士都可出席，公证人又起草了一份合约（难怪佛罗伦萨的律师是最富有的）。最后，这对新人才能庆祝婚礼。婚期在"戒指日"之后的数月内，许多人选择深受欢迎的圣乔瓦尼节作为婚礼日。婚礼不在教堂举行——当时佛罗伦萨几乎没人为求得婚姻合法化去接受牧师的祝福——而是在新郎家。新娘列队来到这里后，迎接新娘到来的宴席会持续数日。直到最后一场宴席结束，新娘和新郎才可以同床。

幸好，美第奇家族有不少男人幸存下来，在黑死病之后的几十年中，家族中总有人被不断选入政府就职：1343年到1378年之间，有19次入选执政团。这个次数只有斯特罗齐家族可以超过。[14]在佛罗伦萨政界中，表现得最出色的是萨尔维斯特罗。然而，旧的社会和政治秩序已经被那场大瘟疫不可逆转地改变了，尤其是疫情之后，成千上万的农村人口移居到城市而带来巨变。这些"新人"中，有许多成为成功的企业家，他们对财富和地位的野心不亚于200年前的美第奇家族。这些新贵垄断了行会，对昔日统治精英们的权力构成了威胁。

精英们就如何应对这一局面产生了分歧。美第奇家族属于绝大多数的保守派，这一派别由实力强大的阿尔比齐家族领导，他们公开鄙视"新人"，把政治权力赋予像他们一样的富有当代权贵，以限制"新人"的参政资格。

在1354年秋季领主宫举行的现场辩论会上，萨尔维斯特罗发表了热情洋溢的演讲。"让权贵们拥有执政的荣誉，让正义法令休息。"这就是他的主张。[15]

保守派赢得了选举，但这不是全面性的胜利。平民主义的反对，使得权贵们只能在不重要的委员会任职，而非掌控了执政团。支持平民主义的力量越来越强，1360年，他们设计推翻了政权。策划者中有一位美第奇家族成员，即萨尔维斯特罗的兄弟巴托洛米奥，他在最后一刻决定背叛自己的新朋友。或是因为迟到的家族忠诚感，或是对成功缺乏自信，总之，巴托洛米奥对萨尔维斯特罗透露了这一阴谋的全过程。萨尔维斯特罗得到执政团的保证，让自己的弟弟免于惩罚，并且把消息传递给了上级。谋划者被捕，被判犯有叛国罪。有两人被绞死，其余的被流放，财产也被没收。

萨尔维斯特罗的果断行动救了巴托洛米奥一命，挽救了他的生计以及家族名誉。然而，四年后，巴托洛米奥对哥哥的回报却是杀了对方的儿子、自己的亲侄子——尼古拉。他也被判处死刑。[16]不过，这一审判被宣布无效，但法庭文件没有披露原因。令人吃惊的是，萨尔维斯特罗好像利用他对保守派的影响力，又一次救了弟弟的命。

1363年春，可怕的瘟疫在佛罗伦萨卷土重来，虽然没有前一次凶猛，但依然导致了数千人死亡，美第奇兄弟中最不成功的比奇也没能幸免。他的遗嘱日期是当年的5月21日，他指定福利尼奥为遗嘱执行人，把800弗罗林的嫁妆归还遗孀雅可帕。[17]他还留了一笔钱给自己的四个女儿结婚用，留有一里拉（0.3弗罗林）的遗赠作为教堂和城墙的修建基金，剩余的少量财产分给了五个儿子。当时，福利尼奥庇护着寡居的雅可帕和九个孩子，帮他们搬进了宽街他自己宫殿旁边的一套小房子里。

现存档案记录了1364年的一笔强制性贷款：9.4万弗罗林被征收，用于资助比萨战争。由此，我们得知福利尼奥在美第奇兄弟中最为富有，[18]他拿出了58弗罗林，萨尔维斯特罗拿出了32.5弗罗林。其他兄弟中，阿夫里谢尔拿出33弗罗林；巴托洛米奥紧随其后，拿出26.5弗罗林。该记录还透露出比奇经商的悲惨现实：对比奇的资产征额分摊到5个儿子，被评估为仅6弗罗林。

堂兄弟中，维埃里的资产很难评估，因为他和父亲的家业没有细分。另外，贷款征收额的依据是其投资额，而非其商业利润。不过，有其他证据表明维埃里做得不错：那一年，他担任银行家行会的执事，利用这一职位的影响力从佛罗伦萨大主教的继承人那里设法讨回了166弗罗林的外债，这笔钱是大主教从他的银行借走的。[19]五年后，维埃里·迪·坎比奥·德·美第奇有限公司就跻身为佛罗伦萨国际贸易企业，得以从比萨港口出口物资。[20]维埃里公司——名单上唯一的美第奇家族公司——是当今佛罗伦萨最大的公司之一。

但是，强制贷款的记录显示，整个美第奇家族在当时只算得上是中等富裕，其财富水平远低于超级富豪阶层。比如，美第奇家族的所有家庭捐资总额为304弗罗林，远低于阿尔比齐家族（566弗罗林）或斯特罗齐家族（2063弗罗林）。不过，萨尔维斯特罗兄弟，还有福利尼奥，或许还有维埃里，比其他家庭过得好很多。在1364年记录在案的20个美第奇家庭中，有一半以上捐不出10弗罗林，而这个数字通常是店主和手艺人负担得起的。圣乔瓦尼区的一个屠夫，其资产估价是9弗罗林。美第奇家族中垫底的两家，资产评估仅2弗罗林，穷如劳工。

福利尼奥的故事还在继续，他在一个具有里程碑意义的建筑事件中扮演了一个小小的角色——佛罗伦萨新大教堂的穹顶设计。像大部分重要的中世纪建筑一样，按计划，大教堂的营建遵循了当时通行的"化整为零"模式（piecemeal）。1367年夏天，教堂正厅接近完工，必须决定东端采用什么形式，特别是穹顶的式样。负责这一项目的委员会宣布，工程的施工要开展竞争。此举体现了佛罗伦萨人的共和国精神，而且，他们决定由市民自己选择胜出者。全体选民应邀参加10月26日—27日举行的公投。这次，福利尼奥是美第奇堂兄弟中唯一履行市政职责的成员，他的名字和佛罗伦萨社会各界人士的名字一起，记录在委员会的名册上。这些人包括阿尔比齐家族和其他富有的地主精英、功成名就的公司老板，还有数十名店主和手艺人——客栈老板、染工、铁匠、铜匠、金匠、杂货商、面包师、帽匠、鞋匠和鞍匠。[21]这次投票中，他们的选择催生了一个持久的视觉形象，体现着佛罗伦萨共和国的权力。

福利尼奥和绝大多数佛罗伦萨市民选择了庄严的、有棱的八角穹顶，这是一群石匠和画家设计的。过了一年左右，其中的一位画家把未来大教堂的视觉效果记录在新圣母玛利亚教堂的壁画里，取名《教堂胜利》（图11）。穹顶设计展示了佛罗伦萨人的自信：它极具创新性，与其他任何一座意大利大教堂几乎没有相似之处，它将使百花大教堂成为基督教世界最大的教堂。这座超凡的建筑该怎么建，那时的人们大脑一片空白——多亏了主管大师菲利波·布鲁内莱斯基的技术专长，它的建造工作终于在大约50年后开始了（这也导致人们错误地认为布鲁内莱斯基是该设计的鼻祖）。

尽管福利尼奥自己还算富有，但他的回忆录里显示，他对美第奇家族的状态表示担忧："感谢上帝，今天我们总计有50个男丁，但是自我出生以来已有约100位男丁去世，只剩下几户人家，我们缺少孩子。"[22]最要紧的是，他一直害怕家族的威望受到威胁。他敦促亲戚们"不仅要保留祖先的财产，也要保留他们取得的地位，虽然现在还可以，但大不如前"，他遗憾地写道："之前我们有很多能干的男丁，现在有能力的男丁少了，地位也下降了。"福利尼奥可能想到了不幸的堂兄比奇，但也可能在谴责萨尔维斯特罗的政治手段。

14世纪60年代中期，萨尔维斯特罗决定置家族忠诚于不顾，在政治辩论中改变立场——他兄弟巴托洛米奥几年前也干过类似的事情。1367年3月，当保守派再次试图限制"新人"参政，萨尔维斯特罗加入了平民反对派行列，对老朋友和堂兄弟们发泄私愤，称他们是"要控制佛罗伦萨政府、碾压手无缚鸡之力的市民的邪恶家伙"[23]。他坚持认为"商人和工匠必须团结起来，避免被想夺取佛罗伦萨权力的人分离"。部分归因于萨尔维斯特罗的煽动，保守派未能让他们的措施获得通过。

萨尔维斯特罗的政治野心在1369年又进了一步，当时保守派的头目皮耶罗·德利·阿尔比齐成功贿赂了平民反对派领袖改变立场。[24]阿尔比齐一定很失望，因为平民反对派没有垮台，而是在萨尔维斯特罗的领导下重新集结；此外，他们的力量也在日益壮大，尤其在佛罗伦萨商业社团和"新人"中。两派的竞争在1372年夏天达到白热化，当时的教皇格里高利十一世要求佛罗伦萨支持他,恢复他在意大利教皇领地的权威。在领主宫激烈的争辩中,保守派赞成资助教皇。萨尔维斯特罗则大声疾呼,表示强烈反对,他叫嚣:"政府绝对不能承担任何军事行动,也绝不能卷入战争。"[25]他和支持者赢得了选票。他们结束了佛罗伦萨长久以来教皇党支持教皇政策的传统,挑战了保守派的政权控制。

1375年6月27日,萨尔维斯特罗被执政团任命为特使之一,被派往锡耶纳、卢卡和比萨,说服这些城邦加入反对教皇格里高利的联盟。人们担心教皇在计划征服托斯卡纳(图12)。[26]那年秋天,联盟一建立,萨尔维斯特罗派就发起了佛罗伦萨反对教皇的战争——所谓"八圣战争"(1375年—1378年),以负责战役的八名委员会成员命名,这八人向城市的神职人员征税,没收教堂的财产,筹集战争款项。格里高利十一世结果是很难缠的对手:第二年春天,他把佛罗伦萨全城逐出教会,禁止所有基督教徒国家和佛罗伦萨市民来往。在领主宫又发生一场争论,萨尔维斯特罗坚持佛罗伦萨派神职人员去见教皇,要求和谈。萨尔维斯特罗威胁说:"如果他拒绝,神职人员的所有财产将被没收,用来打仗。"[27]但是,萨尔维斯特罗和平民反对派的支持率开始下降,特别是饱受贸易禁运之苦的国际公司老板们不再给予支持。经济面临崩盘,他们请求政府寻求和平。1377年6月,执政团派使节到罗马和格里高利十一世谈判。

那年夏天,萨尔维斯特罗在领主宫没有消停,美第奇家族也没消停,上了法庭头条。一起引人注目的案件摆到了法官面前。阿夫里谢尔可能是萨尔维斯特罗最生猛的兄弟,被指控杀了一位寡妇,偷了她的财产。[28]依据寡妇的儿子递交的诉状,他母亲继承了他外祖父在穆杰罗的一处房产,"一个农场,几间房子,打谷场,耕地和酒庄……价值200多个弗罗林或还多点儿",以及在该地区的其他财产。阿夫里谢尔被那个儿子描写成"一个抢劫、蚕食穷人的骗子",得到财产是想"靠掠夺穷人的财产活得像个权贵"。那个儿子还说:"所以他计划对那个地方的其他人下手,剥夺他们的财产,也对她下了手,凭借这种手段,他就能把从他父亲那里继承的财产翻倍,他就不需要经商也不需要学手艺,他从未光明正大地赚过一分钱。"当遭到寡妇的拒绝时,阿夫里谢尔强行入室"抓住她的头发,用随身带的马刺打她",结果她"因伤势过重和悲愤而死"。毫无悬念,由于证据确凿,阿夫里谢尔被判处有罪。他被定为权贵,剥夺政治权利,但由于萨尔维斯特罗的影响,他逃过了死刑。

10月初,特使们完成和格里高利十一世谈判的任务返回,教皇的要求太过分,促使领主宫的两派联合起来对抗。这一次,保守派福利尼奥和平民派堂兄达成一致:"我们得不到和平,那我们就勇敢地来一场战争,咱们要找到足够的资金。"[29]福利尼奥在讨论这个问题的全体会议上说了这番话。但联合阵线没有维持很久。年底,萨尔维斯特罗和他的平民派再次受到保守派的袭击。1378年3月27日,关于战争的辩论正威胁着要演变成街头暴力时,格里高利十一世突然死了。那个夏天,执政团和教皇的继任者乌尔班六世和谈了,但是在此之前,两派在全城已经爆发骚乱。

4月底,广场上选举新的执政团,他们将从5月1日开始新任期,萨尔维斯特罗被选举为旗手。阿尔比齐和保守派害怕了,想把他轰下台,但没成功;但八位议员中有四位是他们的人,这注定了为期两个月的激烈争论。6月中旬,有消息透露保守派在策划武力叛乱夺权,分歧达到顶点。旗手萨尔维斯特罗果断采取行动:按编年史家的话说,他"派人去找他信任的人,与他们中的一些人当面交谈,并通过信使与其他人交谈,制订了计划"。[30]6月18日,他宣布打算推翻1354年的法律,该法律搁置了正义法令并允许权贵们执政——他曾经帮助通过了该法律。他说他的所作所为"代表佛罗伦萨的普通民众、商人和手艺人,也代表穷人和无权的人……使他们能够靠自己的劳动果实和财产和平地生活"。[31]

6月22日,萨尔维斯特罗那一派受到了保守派的阻拦,没有筹集到足够的选票通过此方案,之后第四天,"普通民众"发动群众暴乱,火烧阿尔比齐许多支持者的宫殿,发泄愤怒。谣传暴动的命令是执政团发出的——是旗手萨尔维斯特罗本人签发的——情况很快就更加恶化。暴徒中最突出的是布匹行业的穷劳工,叫作褴褛党(the Ciompi),他们坚持要得到权力组建行会,从而得到参政资格。一周后,萨尔维斯特罗的旗手任期到期,这个问题悬而未决。新的执政团从7月1日开始上任,对褴褛党的要求一直拿不出主意。7月22日,愤怒且无公权的劳工冲进了领主宫,强迫议员们辞职,自己接管政府。

虽然寿命短暂，褴褛党叛乱在佛罗伦萨史上惊天动地。新政府激进的政策震惊到了推销商、企业家和地主，引发了暴民统治恐惧，对佛罗伦萨政治影响久远。仅仅六周后，这个政权就倒台了，被萨尔维斯特罗和他的平民派支持者粉碎，他们以城市所有行会成员的名义建立了自己的政府。7月，萨尔维斯特罗机警地加入了丝绸商人行会，巩固了其领导者地位。[32]萨尔维斯特罗本人并不是商人，在新政中只担任一个不起眼的角色；不过人们普遍尊他为名誉领导，有一位领导人物描述他是"当今新政的缔造者"。[33]另外，那年夏天发生的巨大事件大大提升了美第奇家族捍卫普通民众权益的声誉，这个声誉对家族的故事具有持久的重要性。

萨尔维斯特罗在佛罗伦萨政界的声誉注定不会长久。行会政府企图摧毁保守派，阻止他们参政，处死了他们的领袖皮耶罗·德利·阿尔比齐；但阿尔比齐的支持者们在他儿子马索的领导下重新组织了起来，1382年1月，他们推翻了行会政府，在富商、地主和权贵的支持下重新建立了保守派政权。萨尔维斯特罗被流放到摩德纳十年，不久，流放就被解除。1388年，他在家中去世。

虽然保守派的政变终结了萨尔维斯特罗的影响，但现在导致了美第奇家族其他成员的掌权。马索·德利·阿尔比齐核心圈的一个关键人物是萨尔维斯特罗的堂弟维埃里。1382年他59岁，在近几年里积累了大量财富，现在是佛罗伦萨最富有的人之一。在1378年的强征贷款记录中，他排第16位，交了73弗罗林。[34]（我们估计维埃里把从银行成功得到的高利润投资到房地产了。）福利尼奥是家族的第二富有的成员，捐了32弗罗林，实际这是我们能找到的、关于他的最后记录。再有，维埃里由于妻子膝下无子，钱都用来帮助穷亲戚，特别是福利尼奥的被监护人——不幸比奇的儿子们，除了美第奇的名字以外，几乎从他们的父亲那里没有继承到什么。维埃里为弗朗西斯科·迪·比奇和他弟弟乔瓦尼在银行里提供了学徒机会，1382年提升弗朗西斯科为初级合伙人，四年后乔瓦尼也升到同一级别。乔瓦尼当时刚结婚，把妻子1500弗罗林的嫁妆投资到维埃里名下。作为回报，维埃里任命这位26岁的、有前途的侄子负责管理银行的罗马分行，并给分行取了个骄傲的名字：罗马维埃里&乔瓦尼·德·美第奇。[35]

1391年底，维埃里决定出售银行。原配去世后，他再婚了，年轻的新娘柏斯·斯特罗齐是一位政治盟友的女儿，他们生了几个孩子，其中有两个儿子：尼古拉（1385年出生）和坎比奥（1391年初出生）。坎比奥出生时维埃里68岁，渴望为儿子们保住财产，他们可能在他去世时由于年龄太小无法继承生意。所以他把银行分成三个独立部门，其中一个卖给弗朗西斯科，另一个卖给乔瓦尼，最后一个卖给了另一个亲戚，最后这家银行很快就倒闭了。[36]多亏维埃里的慷慨和家族责任感，比奇的儿子弗朗西斯科和乔瓦尼成了独立的商人。

从银行退休后，维埃里重新致力于政治，以马索·德利·阿尔比齐的关键盟友身份积极参与领主宫的工作，在1392年担任5月—6月任期的旗手。[37]1378年的暴民统治记忆犹新，保守派政权稳步地巩固大权，这很令普通佛罗伦萨人郁闷，许多人希望维埃里接受劝说，以平民捍卫者身份承接萨尔维斯特罗的职责。一位编年史家声称，1393年，小行会的领导人找到维埃里，"请求他接管政府，解放他们脱离摧毁共和国的暴政"。[38]编年史家继续写道："如果梅塞尔·维埃里足够有野心，他会成为城市王子。"维埃里对马索·德利·阿尔比齐保持忠诚，但是美第奇家族的其他成员显然加入了平民反对派，有几位还受到政变失败的牵连。

1395年11月14日，维埃里去世，佛罗伦萨大教堂的墓碑上刻着他享年72岁又7个月20天，他的葬礼享受了国葬的所有待遇。[39]他的遗嘱写于去世前一个月，他点名几位主要保守派精英担任遗嘱执行人，给每个女儿留下了可观的1200弗罗林做嫁妆。[40]自知大部分财富来路不光彩，他对自己灵魂的未来感到担心，给教堂捐了200弗罗林，据说用于祈祷救赎。他还捐给佛罗伦萨的一个修道院3000弗罗林的巨款，条件是任命一位美第奇的修女担任修道院院长。体面的遗赠花了不少钱，但还有足够的钱保证维埃里年少的儿子尼古拉和坎比奥非常富有。在1396年的强制贷款中，他们支付了220弗罗林，而乔瓦尼·迪·比奇仍然处于银行事业的起步阶段，只贡献了14弗罗林。[41]

维埃里的死标志着美第奇家族史一个时代的结束。家族从14世纪中期的金融灾难中幸存下来，依然位于城市富有精英之列，但他们很快将挥霍掉黑死病之后继承下来的政治资本。1397年，弗朗西斯科·迪·比奇作为和维埃里一样的保守派，被选入执政团。同年，他的一位堂兄弟因受指控刺杀马索·德利·阿尔比齐而被捕判处死刑。[42]三年后，美第奇家族又有几位牵连到另一个推翻阿尔比齐政权的阴谋中——这次政府采取果断行动，整个美第奇家族被禁止公职长达20年。参政了两个世纪，这是一个很遗憾的结局。

但是，还有一线希望。出于对维埃里的尊敬，以及维埃里对阿尔比齐不折不扣的忠诚，维埃里的儿子尼古拉和坎比奥成年后没有被禁止参政，维埃里的侄子弗朗西斯科和乔瓦尼也没有被禁止。现在家族的经济命运和政治前途都掌握在他们手中。

3

财富

乔瓦尼·迪·比奇
1400年—1425年

1400年的美第奇家族

乔瓦尼·迪·比奇（40岁）
南妮娜（32岁），*他的妻子*
　柯西莫（11岁）和洛伦佐（5岁），*他的儿子*

弗朗西斯科·迪·比奇（44岁），*乔瓦尼的哥哥*
　埃弗拉多·迪·弗朗西斯科（27岁），*他的儿子*

尼古拉（15岁）**和坎比奥**（9岁），*维埃里·迪·坎比奥的儿子*
乔瓦尼的远房侄子，美第奇家族第一家银行的创始人弗朗西斯科·迪·比奇和乔瓦尼·迪·比奇非常幸运。在阿尔比齐家族领导下的保守派统治精英队伍里,维埃里的政治声望维护了他们的地位。不像美第奇家族的其他成员于1400年被投入政治荒原,他们兄弟俩仍可以在执政团发挥积极作用。1397年,弗朗西斯科首次担任议员,五年后乔瓦尼得到同样的荣誉。而且,由于维埃里当年卖掉了盈利的公司,他们俩都变成了独立商人。弗朗西斯科的银行总部设在佛罗伦萨,是一家国际化银行,在意大利各地的城市设有分行,在阿维尼翁、巴塞罗那、布鲁日、巴黎和伦敦设有代理人。[1]乔瓦尼的公司是维埃里银行最老的罗马分行,在有利可图的教廷市场获利。两家银行是各自独立的机构,但合作密切,乔瓦尼担任弗朗西斯科的罗马代理。

弗朗西斯科·迪·比奇在这时隐退出家族史。他于1402年去世,当年乔瓦尼首次入选执政团。弗朗西斯科把银行移交给儿子埃弗拉多,儿子继续在商业和政治上与乔瓦尼密切合作。据说乔瓦尼喜欢安静,头脑精明,令人捉摸不透。他1385年结婚,娶了皮卡尔达·布埃利(家人爱称其为"南妮娜")。1389年9月27日,一对双胞胎降生,分别取名柯西莫(Cosimo)和达米亚诺(Damiano),是以他们出生后的基督节圣人之名命名的。这是很明智的选择,因为柯斯莫斯(Cosmas)和达米安(Damian)在意大利语中是著名的创造奇迹的"大夫"(图15)。小达米亚诺没活多久,第二年就夭折了。不过,1395年皮卡尔达又生了一个儿子,取名洛伦佐。

1397年,乔瓦尼把公司总部从罗马迁往佛罗伦萨,4月7日,新银行在银行行会的分类账户注册。它的资本并不多,只有8000弗罗林,其中四分之三出自乔瓦尼,其余四分之一出自贝内德托·德·巴迪。[2]巴迪是乔瓦尼在罗马的初级合伙人,留下来担任现在的教廷分理处的总经理。当乔瓦尼在头18个月的贸易后计算公司余额时，发现净赚1200弗罗林，他按照投资比例，将这笔钱与贝内德托做了分红。[3]这样的业绩说得过去，但不是很出色。随后几年，美第奇银行成为意大利最富有的银行之一，奠定了家族财富的基础。

乔瓦尼·迪·比奇改变小公司命运的故事离不开运气、机会主义和天赋。在罗马给维埃里当总经理时，他就学会了如何在极端腐败的城市生存和发展。在罗马，所有一切，包括罗马教廷职位（教皇行政机构），都可以花钱买到，这使它成为银行家的一个非常有利可图的市场。有的钱做成贷款资助教皇和红衣主教的奢侈生活，更赚钱的是银行可以无休止地和教堂进行交易。乔瓦尼也深知有可能出现巨大损失，因为当他得到维埃里的银行产权时，他也承接了860弗罗林的坏账。[4]

成功的关键在于能判断出教会阶层新跃升的当权者，和未来的教皇保持密切的经济往来能够带来的最高奖励便是成为教廷银行家。在14世纪90年代的罗马，有一颗升起的"新星"——巴达萨尔·科萨。他是那不勒斯贵族，早年做过海盗，本不可能成为神职人员。但是他有野心，更重要的是，他有教皇波尼法斯九世的庇护。波尼法斯九世在1389年继承了乌尔班六世，任命他的徒弟科萨为教廷财务主管。我们不清楚乔瓦尼认识科萨的确切时间，也不知道银行家和财务主管之间早期有何交易，但可以肯定他们的友谊开始于这个时期。这将对该银行的未来产生重要的影响。

1402年2月，有消息从罗马传来，波尼法斯九世任命科萨为红衣主教。盛传这位前海盗花了一万弗罗林购买这个荣誉，而这笔钱由乔瓦尼银行贷出。[5]因此，乔瓦尼在买了维埃里银行股份十年后，他的商业敏锐开始结果了。我们不敢肯定这时乔瓦尼是不是科萨的财务代理，但1402年也正好是他谨慎地开始扩大公司规模之年，这不可能仅仅是巧合。

之前，乔瓦尼的银行业务还是比较有限，在佛罗伦萨、罗马和那不勒斯的分行总共只雇用了13位员工；但在1402年3月，他在威尼斯开了第四家分行，增加了一位经理和三位在编员工。[6]第二个月，他开始多种类投资，收购了一家生产羊毛布匹的小工厂，根据佛罗伦萨人的传统，这份产业记在了他儿子柯西莫的名下。几年后，他拥有了第二家纺织厂，记在了柯西莫的弟弟洛伦佐名下。

新成立的威尼斯分行初期出现了问题。首任经理内里·托尔纳坤齐的聘用是一个灾难性选择，这是乔瓦尼很少犯的错误，他通常看人很准。托尔纳坤齐直接违反和乔瓦尼签订的合同，贷款给几个德国人，这几个德国人拖欠了债务。托尔纳坤齐之后筹借资金隐瞒亏损，篡改收支总账上的数字，杜撰了根本不存在的利润报告，使局面更加混乱。最后他被解雇，但在几年后，当乔瓦尼得知托尔纳坤齐穷困潦倒时，还是送给了他36弗罗林。[7]

乔瓦尼·迪·比奇的个人财富开始增长。1403年，在佛罗伦萨为了支付米兰战争的强制贷款过程中——这场战争持续了几十年——乔瓦尼名列佛罗伦萨第48位富人。[8]他捐出37弗罗林，比他兄弟家的33弗罗林稍微多一点，如果把他们两家的银行资产算在内，待缴款项会更多，但比起他们的侄子尼古拉和坎比奥的187弗罗林还差很远——尼古拉和坎比奥拥有了维埃里的财富，数量在当时城里排第五。这些记录还揭示了一个截然不同的情况，显示出美第奇家族其他成员的财富是如何像他们的政治地位一样惊人地下降的。只有另外两家美第奇进入前600名：阿拉曼诺（11弗罗林），萨尔维斯特罗的儿子，他在14世纪后期的政治斗争中发挥了关键作用；安东尼奥（15弗罗林），萨尔维斯特罗的杀人犯弟弟阿夫里谢尔的儿子。

其间，乔瓦尼·迪·比奇和红衣主教科萨的联系都得到了政治和经济回报。1403年，执政团选定乔瓦尼任职最有名的驻博洛尼亚大使，科萨刚被任命为那里的教皇执政官——他号称很乐意陪伴该城的女士们。科萨的新职位使他成为了意大利政治舞台上强有力的人物，与此同时，他和乔瓦尼的关系开始显现。第一份具体证据是1404年，乔瓦尼个人账簿上记载了一笔8937弗罗林的可观贷款，贷给了科萨。[9]在科萨寄给乔瓦尼的信件中，科萨称乔瓦尼为"最亲爱的朋友"，表明关系非同一般。在之后的七年里，光彩夺目的红衣主教与谨慎的银行家做了很多交易。

红衣主教科萨从罗马迁往博洛尼亚时，教会处于困难时期。之前的30年，欧洲有些统治者一直效忠于罗马的教皇，而另一些宣誓效忠于总部设在阿维尼翁的、与之敌对的教皇。两个教皇都声称自己是圣彼得王位的合法继承人，教会本身的信誉岌岌可危。成立一个议会，以结束这种大分裂的呼声愈发高涨。对于野心勃勃的科萨来说，这是理想的晋升机会。1404年，科萨的恩人波尼法斯九世去世后，他权衡利弊，改变了立场，放弃了对罗马的忠诚，加入了一群独立的红衣主教。这些红衣主教在许多王子的支持下，计划成立一个议会以解决分裂的问题。比萨议会于1409年3月成立，它投票废除了现任的两位教皇。6月26日，在科萨精明的运作下，红衣主教联盟的成员中有一位被选为教皇亚历山大五世。第三位教皇的选举没有结束分裂——在一段时间内出现了三个教皇，因为亚历山大五世的两个对手都不同意辞职——但此举的确提升了科萨的声誉。上任还不足12个月，亚历山大五世突然去世，加入比萨议会的红衣主教们聚集在博洛尼亚选举继承人。意料之中的是，他们选择了红衣主教科萨本人，并称其为约翰二十三世。*

毫无疑问，对乔瓦尼·迪·比奇而言，这是一个绝佳的机会。科萨当了教皇之后的第一件事是在罗马树立权威，在当时的罗马，格里高利十二世在那不勒斯国王的帮助下手握大权，并谋求圣彼得王位；科萨需要为这场花费高昂的竞选大战筹集资金，因此不可避免地求助于乔瓦尼。在美第奇银行，乔瓦尼启动了一场利润颇丰的商业冒险。拟定的项目规模太大，以至于乔瓦尼无法凭一己之力操作。约翰二十三世当即需要一万弗罗林，因此，乔瓦尼和他外甥埃弗拉多以及两位在博洛尼亚经商的佛罗伦萨商人一起参与了投资。[10]新公司由经理们管理，至少名义上不是美第奇家族的项目。然而实际上，它的资金主要来自美第奇，真正获利的也是美第奇家族。

1411年4月，约翰二十三世科萨带领大批部队离开博洛尼亚，成功地征服了罗马。不幸的是——对约翰二十三世而言不幸，并非美第奇家族——他不能打败那不勒斯国王拉迪斯拉斯的强大军队。这位国王曾反对过约翰二十三世当选。1412年6月17日，约翰二十三世被迫与那不勒斯签订了一个代价高昂的和平条约，被要求在一年内付给国王9.5万弗罗林。[11]这是一大笔钱。和以前一样，约翰二十三世再次求助于乔瓦尼·迪·比奇，把珍贵的教皇法冠

---

* 不要把科萨和现代教皇约翰二十三世（1958年—1963年）安吉洛·朱塞佩·隆卡利混淆。天主教教会把科萨界定为"敌对教皇"。

和银盘抵押给美第奇罗马银行。次年，佛罗伦萨执政团又一次为米兰战争强征贷款，乔瓦尼待缴的款项达到了260弗罗林，首次超过了维埃里的儿子。[12]很明显，教廷账户让美第奇银行获得高额利润，不过乔瓦尼没能说服约翰二十三世关照佛罗伦萨人——比萨教皇拒绝执政团提供5万弗罗林换取施洗者圣约翰受人尊敬的头颅遗骨，佛罗伦萨只能接受主保圣人的手指遗骨。[13]

当三个教皇还在争夺圣彼得的王位，在更广阔的欧洲政坛，也有人致力于结束教会分立的局面。1414年，另一个议会在康斯坦茨成立。10月，约翰二十三世科萨到达这座德国城市，随行的有他的红衣主教和教廷成员。在康斯坦茨代表乔瓦尼的银行的，是罗马分行的合伙人兼经理伊拉里昂·德·巴迪，他接替了哥哥贝内德托的职位。（实际上，"罗马"一词用在此处并不合适——这个分行和教皇本人一样"四处游走"，六年后才回到罗马。）和伊拉里昂一起去的还有乔瓦尼的大儿子，25岁的柯西莫。柯西莫当时正在银行当学徒，此次康斯坦茨之行在政治艺术上给他上了极其宝贵的一堂课，也让他有机会和在教廷任职的几位学识渊博的"人文主义者"建立亲密的友谊——这些文人对古代世界的文学与文化颇有研究，在教廷任职谋生。*

1415年2月15日，康斯坦茨议会投票废除了那三位互相争斗的教皇；一个月后，前教皇约翰二十三世科萨的敌人要求以腐败的罪名将其逮捕，科萨扮成了马夫逃离。5月下旬，科萨再次被捕接受审判。除了其他罪行外，这位前教皇被指控与教廷银行勾结以获取暴利。一名指控者说他是"邪恶的高利贷者"，还有人指控他用美第奇家族的钱买了红衣主教的帽子。[14]经审判认定，他犯有买卖圣职罪、伪证罪和重大过失罪。另有传言，说他在任职博洛尼亚教皇执政官的七年间，曾对200多位妇女行为不轨。这样的传闻令康斯坦茨那些严肃的圣职人员大为震惊，议会下令把科萨囚禁在德国。但是，乔瓦尼并没有忘记这位声名狼藉的朋友。他派贝内德托和伊拉里昂的堂兄巴托洛米

---

* 人文主义是美第奇神话的可靠支柱，它涉及古拉丁语规则的复兴。这些规则自罗马帝国消亡以来逐渐衰退，现在成为模仿罗马和希腊作家的文学、历史、伦理学的基础。佛罗伦萨人对人文主义文化作出巨大贡献，但人文主义学者们却在意大利各地的法庭找到了工作。他们各为其主，担任秘书或充当宣传工具。古典文学为宣传公爵和国王作为罗马帝国的继承人提供了大量有用的模式，也为在佛罗伦萨倡导共和自由的事业提供了范例。

奥·德·巴迪前往德国谈判以释放科萨，为此支付了3500弗罗林的赎金。[15]1419年11月22日，科萨去世，指定乔瓦尼·迪·比奇为其遗嘱执行人。乔瓦尼花钱为这位前教皇修了一座极尽奢华的墓冢，至今在佛罗伦萨的洗礼堂还能看到。

最后，康斯坦茨议会于1417年11月11日选出了马丁五世，结束了长达半个世纪的教会分裂。这也意味着乔瓦尼·迪·比奇作为教皇银行家的短暂经历的结束，因为教皇马丁指定了乔瓦尼的竞争对手，一家在佛罗伦萨的斯皮尼银行取而代之。不过，乔瓦尼和他侄子埃弗拉多在约翰二十三世当权时通过金融交易获得了巨额财富，这为他们作为佛罗伦萨顶尖银行家的地位奠定了基础。1419年，银行行会决定委托佛罗伦萨圣弥额尔教堂建一尊圣马太的铜像（图14）。圣马太是放贷者的护佑神，乔瓦尼和埃弗拉多是这项工程的主要捐助者。[16]这一浩大工程花了945弗罗林，由行会成员资助。美第奇家庭贡献了104弗罗林，是其中最大一笔钱，其次是来自斯特罗齐家族的款项（68弗罗林）。

对于家族而言，乔瓦尼·迪·比奇也很值得纪念。他安排了大儿子柯西莫和孔泰西娜·德·巴迪的婚姻。女方是他银行合伙人巴迪的堂妹，并在1416年9月19日生下第一个孩子皮耶罗。那一年的早些时候，乔瓦尼还安排了小儿子洛伦佐和吉尼弗·卡瓦尔坎蒂的婚姻，后者是保守派精英中一个政治盟友的女儿。为了纪念这件事，柯西莫和洛伦佐的朋友，威尼斯人文主义者弗朗西斯科·巴巴罗，为新郎献上了一篇关于妻子职责的论文——《两个妻子》（*De re uxoria*）。这篇文章在普鲁塔克和其他古典作家的激励下完成，给妻子提出了关于"正确行为"的相关建议，认为妻子作为婚姻关系的"合伙人"、女主人，尤其是作为母亲，在举止、语言、饮食和穿着等方面均要慎重（"如果某件衣服令丈夫反感，那么建议妻子不要穿"）。[17]

乔瓦尼、南妮娜和两个儿子都住在卡萨维奇亚，住在金狮社区舒适的宫殿里，这里之前属于福利尼奥·迪·孔蒂。这座大房子的财产目录自1418年3月开始有记录可查，从中可以看到银行家家庭生活中迷人的一面。[18]门厅两侧有厨房、储存室、马厩，从街头穿过宫殿到达凉廊，凉廊通向院子，院子里有一眼井和一个花园。主客厅在一楼，可以俯瞰街道，挂着一幅绘有柯斯莫斯和达米安两位神医的画。隔壁是乔瓦尼和南妮娜的住处，同样俯瞰街头，是由四间屋子组成的套房，包括客厅、卧室、书房和盥洗室。在宫殿的后部，柯西莫和孔泰西娜也有同样的套房，可以俯瞰花园。洛伦佐和吉尼弗的住处要小一些——没有客厅——也在整个宫殿的后部。皮耶罗和保姆住在顶层，这里有很多会客室。屋檐下窄小的空间里，则住着仆人们。如果用我们繁杂的标准衡量，这里的家具其实乏善可陈，而库存清单上只列出了有价值的东西。比如乔瓦尼和南妮娜的房间里有一幅圣母画、几盒念珠和一个接生托盘，这些都是给怀孕妻子的传统礼物。柯西莫和洛伦佐的房间里也挂着若干圣母画，还有生皮耶罗时送给孔泰西娜的分娩托盘。

真正令人惊讶的是柯西莫的藏书量。这份清单证明他对人文主义的兴趣。柯西莫收藏了大约70部名人手稿，包括西塞罗、尤里乌斯·恺撒、维吉尔、马提亚尔、奥维德、塔西佗等古典作家的拉丁文作品（珍本），还有一本《圣经》和大量由但丁、薄伽丘以及其他佛罗伦萨人创作的意大利通俗文学。[19]无论以怎样的标准衡量，这在当时都堪称一座规模可观的图书馆；而对于一位29岁的年轻人来说，特别是对一位从商而不是从文的年轻人而言，这是一项不同凡响的收藏。与之相比，柯西莫的父亲和弟弟则显得比较传统——乔瓦尼·迪·比奇只有三本书，都是祈祷书，而洛伦佐一本书也没有。[20]

1420年，乔瓦尼·迪·比奇迎来了60岁生日，认为是时候把银行移交给儿子们了。他的老合作伙伴贝内德托·德·巴迪在那年4月去世，随之终止了他们之间的所有合作协议。借此机会，乔瓦尼重组了公司。根据档案记载，很显然，银行的实力在不断增强，乔瓦尼的利润份额在1397年—1420年期间增至113865弗罗林。[21]除了在自己的生意上做了大量的再投资，乔瓦尼还开始在穆杰罗的美第奇祖居地购置地产和房产，以便作为遗产留给儿子们，这是他的父亲没能做到的。此外，有一半的利润来自罗马分行，这说明乔瓦尼和科萨的关系是多么有利可图。[22]

1420年9月16日，一个新的合作公司正式成立。[23]贝内德托的弟弟伊拉里昂·德·巴迪被任命为新的总经理，在过去的九年间，他通过对罗马分行审慎而明智的管理证明了自身价值。贝内德托的堂兄巴托洛米奥·德·巴迪在德国成功地完成了关于释放科萨的谈判，接任了罗马分行经理的职位。这样一来，共有三个合伙人：柯西莫和他的弟弟洛伦佐持有公司三分之二的股份（价值1.6万弗罗林），伊拉里昂·德·巴迪则持有另三分之一（8000弗罗林）。尽管上层发生了变动，银行仍运行如常，这表明老者乔瓦尼依然牢牢掌握着商业巨轮的舵柄。但是在短短的两个月内，银行所处的环境发生了令人感到幸运的变化。这一年的11月，斯皮尼银行破产，马丁五世任命美第奇家族为教廷银行家，将斯皮尼家族取而代之，从而开启了一场给柯西莫及其家族带来长久利好且丰厚回报的协作。

乔瓦尼·迪·比奇卸任后，开始考虑自己的后事。他和马丁五世有一次私人会晤，谈论了不义之财。1421年6月，乔瓦尼记录了教皇允许他捐款350弗罗林用来维修罗马教堂，以此赎罪。[24]马丁五世赐封乔瓦尼为教廷银行家，以此施恩，特许他在卡萨维奇亚安装圣坛，并指定一位私人牧师在那里为他的家族主持弥撒。[25]

在佛罗伦萨的宗教项目上，乔瓦尼也投入了大量资金。这一策略有助于宣示财富，也可以赎罪，在圣洛伦佐教区教堂的重建过程中，他起到了重要作用。1416年，他当选为新教堂建设委员会的成员，是六名杰出教区居民之一，任期三年，为修建新教堂而服务。居民们期望新教堂能为这个靠近市中心的地区增光添彩。相应地，委员会请求执政团允许拆除"最卑贱的女人"的房屋——前一年，政府在佛罗伦萨郊区建了两所妓院，认为"这个地方可以隐藏这种下流的交易"。[26]新圣洛伦佐教堂通过出售其内部礼拜堂的赞助权而获得融资，为富有的教区居民提供了一个享有盛誉的地点作为他们的家族墓地。乔瓦尼的捐资绝对会让邻居黯然失色：他不仅买到了最大的礼拜堂贡献给柯斯莫斯和达米安，还掌管了修建，并且捐建了与教堂相连的圣器室（图16）。圣器室的设计归功于布鲁内莱斯基，它是文艺复兴建筑发展的一个里程碑。乔瓦尼没有选择当代人熟悉和喜爱的哥特式尖顶拱门，而是选择了独特的佛罗伦萨设计，展示了圆形拱门和光滑的科林斯壁柱，这在该市的古罗马式教堂中,特别是洗礼堂中也可以看到。

乔瓦尼·迪·比奇银行的辉煌成就使他成为佛罗伦萨强大的金融力量,晚年的他在城市的政治中越来越活跃。1419年,乔瓦尼退休后不久,被选进战时"十人委员会"(Ten of War),负责指挥反对米兰公爵菲利普·玛利亚·维斯孔蒂的战争。这位公爵企图统治北意大利的城邦,对佛罗伦萨的独立造成了严重威胁。1421年,他被选为执政团9月—10月的旗手;之后就在当年,又被任命为马丁五世的驻罗马大使。在1424年至1426年期间,乔瓦尼经常名列杰出公民,被召唤进入领主宫劝政——记录显示到场20次。[27]不仅乔瓦尼成了宫里熟悉的美第奇脸,他的侄子埃弗拉多也成了保守派政权的著名成员,埃弗拉多自1409年就活跃于政坛,两年间应召劝政32次。乔瓦尼的侄子尼古拉·迪·维埃里也如此,劝政15次。[28]

美第奇家族在1400年处于被政坛遗忘的边缘,现在正重建自己在政府的核心地位。

4
政治

乔瓦尼·迪·比奇,埃弗拉多和柯西莫
1426年—1433年

1426年的美第奇家族

乔瓦尼·迪·比奇（66岁）
南妮娜（58岁），*他的妻子*

柯西莫（37岁），*乔瓦尼的大儿子*
孔泰西娜·德·巴迪（30岁），*他的妻子*
　　皮耶罗（10岁）、乔瓦尼（5岁），*他们的儿子*

洛伦佐（31岁），*乔瓦尼的小儿子*
吉尼弗·卡瓦尔坎蒂，*他的妻子*

埃弗拉多（53岁），*乔瓦尼哥哥弗朗西斯科的儿子*
　　朱利亚诺（30岁），*他的儿子*

尼古拉（41岁）、**坎比奥**（35岁），*维埃里·迪·坎比奥的儿子，乔瓦尼的远房侄子，美第奇第一家银行的创始人*

15世纪初，乔瓦尼·迪·比奇对佛罗伦萨保守精英派的忠诚存在一个问题——只是在表演。美第奇家族没有外表看上去那么值得尊敬。背地里，家族在用有意欺骗的手段密谋篡权。乔瓦尼的儿子柯西莫和侄子埃弗拉多得到了乔瓦尼的默许，在领主宫建立了自己的关系网。手里有充足的资金，他们提供诱人的恩惠——优惠的贷款利率、美第奇银行的工作、国家行政职位——换取选票承诺。他们完全明白这是非法行为：通过施惠在政府委员会操纵选举违背了共和国的精神，而共和国精神的核心是希望每一位公民拍着良心投票，而不是依从某一政派的线路。的确，美第奇党必定见不得光。柯西莫和埃弗拉多通信时小心地避免说出成员的名字，而倾向于用"朋友"或"友人"来替代。"我们的朋友不是我所想的那样，只能说这些。"柯西莫简洁地通知他堂兄，警告他有一位支持者不可靠。[1]

友人党（Amici）来自佛罗伦萨社会各阶层——包括权贵和商人、店主和手艺人、富人和穷人。它提供了一个磁场，既吸引了不喜欢阿尔比齐政权的政界精英，也吸引了被排除在政权之外的人。重要的是，一半多的朋友来自黑死病（1384年）之后几十年内移民到佛罗伦萨的家族——这些"新人"曾在14世纪六七十年代得到过老萨尔维斯特罗的庇护，受到保守派的歧视。[2]事实上，柯西莫和埃弗拉多似乎已经从老萨尔维斯特罗的错误中吸取了一两个教训。他们在追求权力的过程中也绕开政治权威人士，但与萨尔维斯特罗不同的是，他们明白为达到目的需要家族的团结，所以能避免上世纪在家族中发生的分裂。

"美第奇党"（即友人党）基本是家族党。继广泛受到尊重的乔瓦尼之后，柯西莫成了党首，也成了冒险行动的幕后策划者。但多亏美第奇档案馆保存的大量信件，我们才得知这个组织主要由埃弗拉多负责。其他家族成员在党僚中也具有重要作用，特别是柯西莫的弟弟洛伦佐和埃弗拉多的儿子朱利亚诺，以及他们的堂兄弟尼古拉和坎比奥。

埃弗拉多和柯西莫也想法在穷亲戚中培养支持者。银行的许多雇员，所有的高层职员都是亲戚，要么是美第奇的堂兄弟，要么是巴迪的姻亲。[3]他们通过联姻巩固重要盟友的忠诚：比如，埃弗拉多的女婿们都是党内高级代表，而他的儿媳妇（朱利亚诺的妻子）是另一位党内义士的侄女。[4]由这些联姻构成的复杂纽带网是该党胜利的重要因素。

1426年夏天，里纳尔多·德利·阿尔比齐在支持者集会上发表了演讲，保守派和美第奇党之间的斗争开始公开化。根据乔瓦尼·卡瓦尔坎蒂在编年史中的记录，在振奋人心的讲话中，阿尔比齐敦促支持者们团结起来抵制美第奇家族，很明显后者的影响越来越大，否则他们将失去对权力的控制。[5]"大人们和先生们，看到你们我是多么高兴。看到这么多人聚在一起，对我来说是一种安慰。你们都已拥有长期的政治经验，是从你们祖先那里继承下来的。"他强烈反对政府被普通人或外人接管，"那些新人根本不知道如何管理"，"如果你们让他们接管政府，那将是你们的毁灭"。他的信念是，保守派精英才有统治的道德权力。他慷慨陈词："我们生而优秀，现在我们的政府与来自恩波利和穆罗杰的人为伍。"——隐约影射美第奇家族——"甚至要和我们曾经的家奴为伍……现在他们待我们像奴仆，他们倒像是老爷。"他问观众："优秀家庭的人应该领导工匠背景的人，反其道而行，是不是不合适？"最后他恳求他们"安排好事情，把政府的重要职能部门交给具有正当背景的人掌控，而那些新秀回到微不足道的行业中去，努力为他们的家庭餐桌提供食物去吧"。

这个演讲的一个直接结果是，提升了美第奇党在佛罗伦萨大街小巷的知名度。那年晚些时候，埃弗拉多和柯西莫还庆祝了一次大政变，当时阿尔比齐的弟弟卢卡在辩论中倒戈。卢卡加入友人党行列的回报是一位美第奇新娘，他娶了尼古拉·迪·维埃里的一个女儿。[6]

同时，领主宫里两派正在就税收制度进行激烈争辩。正在进行的米兰战争费用负担不断上升，强迫贷款的旧制度在压力之下摇摇欲坠。政府面临前所未有的财政危机，原因很清楚，许多保守派精英成员投资了房地产，无法拿出现金支付他们的份额。强迫贷款的制度本身易于被滥用，因为严重依赖城市选区领导的诚信，是领导们负责评估每家每户应该支付多少，而他们经常利用自己的地位来偏袒朋友。两派都同意税制应该改革——但就如何改革却难以达成一致。

保守派提出一个新的税收办法：采用税收清单（catasto），即把金融投资资产和房地产一起纳入评估，这样税负就更平均地摊在富人身上。房产拥有者不会有什么损失，这个建议受到较为贫穷的佛罗伦萨社会阶层的欢迎。但是可以理解的是，富商们不愿意看到他们的商业获益被削弱，他们反对这个提议。乔瓦尼·迪·比奇大声疾呼，税收清单会破坏贸易，贸易是佛罗伦萨财富的支柱。然而，意识到反对会破坏美第奇党的亲民形象，在议会要对这一问题投票的前几天，他改变了主意。[7]1427年5月22日，由于乔瓦尼和他的盟友的支持，这项立法仅以一票之差的微弱优势勉强通过。

税收清单要求佛罗伦萨每户户主填报纳税申报单，详述所有的金融投资和房地产投资。家庭住宅和贸易工具免税。尽管妻子、子女和祖父母等受抚养人的税额被扣除了，但租赁的房产、农田甚至奴隶都要缴纳税额。许多人憎恨这种对他们个人生活的侵犯，以及填报纳税申报单的烦琐；尤其憎恨办事员和公证人的郑重其事，他们为了编写登记簿，会一丝不苟地复核税单。此外，现代历史学家继承了一座名副其实的社会数据宝库，其中包含住在这座城市的每一个人的信息。由此我们知道，在1427年，佛罗伦萨的美第奇家族有32户首次在税收清单上登记，他们的税单透露了家族财富的规模。由于金融投资首次被计算在内，乔瓦尼被评估为圣乔瓦尼区的首富，净资本估计是79472弗罗林。[8]另外，他在全市排第二，仅次于阿尔比齐最忠诚的支持者之一帕拉·斯特罗齐（101422弗罗林）；阿尔比齐自己排名第67。和家族其他成员相比，乔瓦尼的财富更为了不起。美第奇所有家庭中，只有3户进入了前600名。埃弗拉多（15097弗罗林）排43名。尼古拉和坎比奥（6243弗罗林）排到161名；他们的远亲堂兄奥兰多·迪·古奇欧（2239弗罗林）在乔瓦尼的银行任职，排435名。

4 政治 | 053

1429年2月20日，乔瓦尼在退休十年后去世，享年69岁。在乔瓦尼·卡瓦尔坎蒂的编年史里，记录了这位族长对他的儿子柯西莫和洛伦佐的遗言：*

"心爱的儿子们……我知道我正在接近我生命的终点……我把命运赐予我的巨额财富留给你们……我把托斯卡纳商人们做的最大生意留给你们。你们得到了每一位优秀公民的尊重，大多数人都选择我们家族作为他们的北斗星，如果你们不偏离祖先的传统，人们会慷慨地给予你们荣誉。为此，你们必须对穷人仁慈，对可怜的人们慈悲，在你们的权力范围内尽力帮助他们。永远不要违背人们的意愿，如果他们做的事情没有价值，不要告诉他们该做什么，而是用温和友好的态度和他们讨论。也不要把领主宫当作你们的工作场所，你们实际是要等着被召见，要遵从，不要太自负……我的儿子们，请接收我的祝福。柯西莫，你要善待你的弟弟洛伦佐；洛伦佐，你要尊重你的兄长。"说完这些，他离开了人世。[9]

乔瓦尼建议儿子们"等着被召见入宫"，不是人们通常理解的警告他们远离政治，而是告诫他们要尊重佛罗伦萨的共和传统。乔瓦尼很清楚，美第奇党为了控制政府，即将挑战里纳尔多·德利·阿尔比齐和他的保守派，希望驱逐统治了40年的政派。到目前为止，保守派和美第奇党之间的裂痕已经发展为公开叫板，阿尔比齐的重要联盟中又有几位投靠了美第奇的友人党，加剧了裂痕。柯西莫向埃弗拉多汇报，"骑士"——他对里纳尔多的诨号，嘲笑他的贵族气派——正在失去支持："希望我们一切如愿。"他写得平静又自信。[10]友人党的一位成员告诉埃弗拉多，他认为阿尔比齐的支持者习惯了"像没有缰绳的马一样行事"，而现在"嘴里塞了一个硬邦邦的马嚼子"；担心自己说得太多，他在结尾处写道："现在写这些足够了，我会亲口告诉你更多情况。"[11]城里的紧张局势在升级。

---

* 卡瓦尔坎蒂很可能有特权接触到垂死的乔瓦尼·迪·比奇，因为他是洛伦佐妻子吉尼弗的侄子。

1429年11月，一位友人党的成员尼古拉·索德里尼被捕，他被指控企图暗杀保守派主要领导人尼古拉·达·乌扎诺。美第奇家族坚信索德里尼无罪，指责保守派为了自己的目的编造故事。审判上了新闻头条，但是执政团的势力在美第奇和保守派之间各占一半，他们决定撤销指控，担心政治敌意会引发更大的暴力。

那个月，议员的注意力被更紧迫的事情分散了——要不要和卢卡开战。在领主宫激烈的辩论中，里纳尔多·德利·阿尔比齐认为短暂而猛烈的出击很有必要，从而把卢卡这座繁荣的城市纳入佛罗伦萨的统治。相反，柯西莫和埃弗拉多强烈反对战争，主张采取更为谨慎的外交手段，但在投票表决时他们的提议被否决了。1429年12月10日，十人委员会议会的名单公布，结果对美第奇党稍微有利，双方决定为佛罗伦萨的利益而合作。正如柯西莫告诉埃弗拉多，"我的意见是，无论我们是否同意这样做，它已经牵连到公社的荣誉，所以我们必须尽力支持"。[12]

战争没有按照计划进行。很快十人委员会和派往卢卡城外的军营长官之间就出现了分歧。其中一位长官就是里纳尔多·德利·阿尔比齐，他对怎么进行有自己的想法，不愿意听从领主宫的指令。更糟糕的是，佛罗伦萨轻松取胜的机会被毁了，米兰公爵菲利普·玛利亚·维斯孔蒂前来援助卢卡，因为他急于将佛罗伦萨纳入自己版图。这次冲突远没有像里纳尔多所承诺的那样速战速决，而是演变成了一场旷日持久、耗费巨大的大规模的军事战役。柯西莫在1430年10月21日写信给埃弗拉多："在我看来，卢卡事件不会像预期的那样成功。我很遗憾。"[13]他还告诉堂兄他决定不参与十人委员会，也建议堂兄不要参与："目前来看，让其他人出任不是良策，也因为我认为我们城市的党派有分歧，不能繁荣起来。"两派在战役之前达成的停战协定开始破裂。很显然，柯西莫正在制订计划确保不受主战党派的牵连，主战党派要为错误决策负责。

1430年12月2日，从卢卡传来消息，佛罗伦萨的部队受到米兰人的重创而惨败。全城震惊。有一位市民写道："这已经不再是要夺取卢卡的事情了，而是如何保护我们自己的国家。"[14]但是柯西莫和埃弗拉多精明地猜测到可以利用这次灾难，让美第奇党有机会战胜保守派——虽然兄弟俩把这个前景的喜悦藏在心里。据一位友人党成员说，他俩认为"要想在城里变得伟大，就得利用好战争时期，因为有了军需品和帮助政府贷款的新业务，这些业务是安全可靠的，能带来巨大利润，还能得到民众的尊重"[15]。柯西莫和埃弗拉多权衡之后投入了战事。一周后，选举新的十人委员会，柯西莫和几位友人党的成员名列其中。埃弗拉多成了负责军队给养的长官之一，工作很辛苦，他的健康状况开始出问题。[16]

卢卡战役的巨大开销很快开始攀升，超过了城市通过税收所能筹集到的资金。1424年—1432年，政府筹集了3847461弗罗林的税款，即使非常有钱的人家也感觉到疼（帕拉·斯特罗齐在1427年的税收清单中是首富，声称他已经无力支付债权人了）。[17]执政团转向金融家，成立了一个银行家委员会来安排所需贷款，以帮助佛罗伦萨度过危机。许多保守派人看到短暂猛烈出击这一招失败了，非常沮丧，玩起了指责游戏，拒绝出钱。但精明的埃弗拉多劝柯西莫合作："我们不能吝啬手里的钱，因为这可能会威胁到我们事业的成功。"[18]

1431年9月，柯西莫开始了他在银行家委员会的第一个任期，一同工作的还有其他几位著名的友人党成员。他在筹集短期贷款帮助佛罗伦萨度过危机这件事上起到了举足轻重的作用。他的参与程度不可估量，都记载在委员会的账簿上。[19]其中60%的贷款来自美第奇党的富有支持者，柯西莫本人是最大的出资人，显然他接受了埃弗拉多的建议。这些贷款收取相当于年33%的短期利率，这对佛罗伦萨经济来说是沉重的负担，但对美第奇银行而言是非常赚钱的投资。然而，到1431年底，即使柯西莫也开始出现资金不足。佛罗伦萨分行出现了赤字，他冒险向威尼斯以更高的利率借钱，用罗马分行的利润弥补亏空。

尽管财政出现了问题——也许是为了证明没有问题——柯西莫和弟弟洛伦佐在1432年1月决定邀请建筑商进驻位于拉加大道的宫殿。他们除了从父亲那里继承了一处祖上的房产，还拥有3处已经出租的毗连房产，现在兄弟俩决定把这些房产都连通起来，建造一个可以容纳不断兴旺的家族成员的住所。柯西莫和孔泰西娜有两个儿子——皮耶罗16岁，乔瓦尼11岁；柯西莫还和亚美尼亚女奴生有一个私生子——2岁的卡洛，由孔泰西娜照养在宫中。奴隶在佛罗伦萨的富裕家庭里很常见，私生子和合法的兄弟姐妹一起成长的情况也很常见。洛伦佐和妻子吉尼弗也有一个两岁的孩子——皮耶尔弗朗西斯科。翻新的宫殿为两家提供了宽敞的寓所，宫殿的后部得到了极大的美化，柯西莫和洛伦佐在那里布置了一个新花园，用喷泉、果树和玫瑰来装饰，还有一口井、一个露台和一处草药园。[20]

战争方面，从卢卡的营地传来了好消息。1432年6月，佛罗伦萨军队在圣罗马诺战役中大获全胜，这是开战近三年以来的第一次胜利（图20）。显然也就在那个夏天，柯西莫精明的金融赌博带来了可观的金钱红利：到那时他已经贷出1555887弗罗林，这一大笔占了近三分之一的佛罗伦萨国债。[21]

第二年，战争终于结束了，佛罗伦萨占领了卢卡几块小面积的领土；但1433年4月26日签署的和平条约标志着佛罗伦萨六个月政治内乱的开始。这场冲突对里纳尔多·德利·阿尔比齐和保守派是一场灾难，由于发起了不得人心的战役、管理不善，尤其是没有为这项事业贡献财富，他们受到谴责。相比之下，民众看到美第奇家族本反对战争，但战争爆发后为了共和国的利益甘冒个人财产的风险。

柯西莫判断两派的交锋不会太远，他采取了谨慎的预防措施。1433年5月30日，就在签署和平条约后一个月，他开始把大笔资金转移出佛罗伦萨城。[22]他在圣米尼亚托·阿尔蒙特教堂和圣马科教堂处存放了一些现金（8877弗罗林），由教团保管；其余的都送往威尼斯分行（1.5万弗罗林）和罗马分行（1万弗罗林）。初夏之际，他带家人离开佛罗伦萨，搬到穆杰罗的家族庄园卡法吉沃罗（图21）。1433年9月1日，新执政团就职。四天后，议员们把柯西莫召回佛罗伦萨，借口邀请他参加杰出公民咨询委员会。但是当9月7日到了领主宫，柯西莫没有如期被召进执政团议事厅，而是被锁在了宫塔的一个小牢房里，并被指控犯有叛国罪。更具体的指控是，他为了个人利益引起了与卢卡的战争。幸运的是，埃弗拉多在比萨，设法躲过了逮捕，洛伦佐一听说柯西莫被关押，急忙离开佛罗伦萨到了穆杰罗。柯西莫在日记中写道，"如果他们把我们三个人都逮捕了，那就是一场灾难"。[23]

柯西莫的审判当月晚些时候开始。很快就可以看出，公诉人对柯西莫的指控非常有力，其依据是律师赛尔·尼古拉·迪努奇提供的证据，迪努奇是美第奇友人党成员，现在易主了。[24]迪努奇指控美第奇参与操纵领主宫的投票，引用了具体事例，表明不只是柯西莫、洛伦佐和埃弗拉多，就连乔瓦尼·迪·比奇也脱不了干系。迪努奇最确凿的证据是美第奇家族为了钱财如何操纵卢卡战争，他声称埃弗拉多和柯西莫在暗箱操作，让战争尽可能地延长；他还说美第奇为资助战役而筹集税款都是为了致穷国内的敌人，同时充盈他们的金库。正如现代历史学家所表明的那样，迪努奇的许多证据都是真实的，可是没有证据能证明他最离谱的指控：美第奇家族利用战争掩盖其武装政变推翻佛罗伦萨保守派的计划。

无法回避，柯西莫被判有罪，但领主宫里针对如何惩罚的问题展开了热论。里纳尔多·德利·阿尔比齐大声疾呼、巨额贿赂，试图判处对手叛国罪以及死刑。计划失败了，但他还是部分得手了，美第奇家族的所有男性被判处流放。柯西莫辩护自己是无辜的，流下了鳄鱼的眼泪。"我不是坏蛋，我一直是诚实的买卖人。"他坚持自己的观点，宣称对共和国是忠诚的，"我去流放，把心和灵魂留给你们，只要我知道我的困境会给城市带来和平与幸福，所有的困苦都不足挂齿。"[25]柯西莫和埃弗拉多被判流放十年，洛伦佐流放五年，整个美第奇家族被禁止从政十年。尼古拉·迪·维埃里是个例外，他当时担任执政团的旗手。他不情愿地同意担任这一职务，要求"看在上帝的份上，帮我一个忙，即在我的亲属被判刑的时候，我不必在场，这样，将来就不会有人说我在毁掉自家房子时投了一票"。[26]

1433年10月5日，柯西莫告别了护送他到佛罗伦萨边境的武装卫队士兵。他流放到威尼斯的行程不是被驱逐，而更像一次胜利之旅。他在日记中写道，"我到了摩德纳，执政官会见了我，代表君主（费拉拉侯爵）向我赠送了礼物"。[27]10月11日他到达威尼斯，"受到了大使般的、而非流亡者的接待"。埃弗拉多17岁的孙子弗朗西斯科，描写了次日早晨柯西莫拜访威尼斯总督："总督热情拥抱柯西莫，并对他的不幸遭遇深表遗憾。"弗朗西斯科用男孩子的激情补充道，"我难以描述市民们对柯西莫以及对我们家的友爱。"[28]当月，威尼斯共和国就拿出友好善意的具体证据，派出一名特使要求执政团解除流放美第奇家族的判决。使节受到礼貌性的接待，但请求被拒绝了。被拒绝的还有埃弗拉多在11月提出的请求——他60岁了，不便出行，请求延迟到达流放地那不勒斯的时间。

柯西莫打算好好利用这段流放的时间。实际上，我们很快就发现，这位精明的政治家为了利益密谋了自己的流放。他的远见卓识，帮助自己保住了大部分财富。他赢得了威尼斯共和国的好感，最要紧的是，家乡的友人党忠心不变。他审时度势地远离了佛罗伦萨政坛，拒绝卷入任何让他回国的阴谋。公开场合，他警惕地保持着忠诚于执政团和恪守原则的形象；私下里，他告诫家人和朋友要有耐心。

5

为了荣誉和利益

银行家柯西莫
1434年—1450年

1434年的美第奇家族

柯西莫·迪·乔瓦尼（45岁）
孔泰西娜·德·巴迪（38岁），*他的妻子*
　　皮耶罗（18岁），乔瓦尼（13岁），*他们的儿子*

洛伦佐·迪·乔瓦尼（39岁），*柯西莫的弟弟*
吉尼弗·卡瓦尔坎蒂，*他的妻子*
　　皮耶尔弗朗西斯科（4岁），*他们的儿子*

埃弗拉多·迪·弗朗西斯科（61岁），*柯西莫的堂兄*
　　朱利亚诺（38岁），*他的儿子*
　　弗朗西斯科（19岁），*他的孙子*

柯西莫·迪·乔瓦尼天生有耐心。在他被流放之后，亲戚们也被流放，佛罗伦萨的保守派欢呼雀跃，胜利者们在领主宫讨论如何削弱美第奇党。有个疯狂的计划是要大规模暗杀，还有更实际点儿的计划是大规模驱逐。然而，最终没有什么措施来拆除美第奇网络，这个决定被证明是个严重的误判。[1]只有一位友人党的成员，阿尼奥洛·阿恰尤利被诬告传送了机密信息给柯西莫，于1434年2月被流放——按柯西莫所言，阿恰尤利的信件"实际没有任何意义，不足以构成流放罪"。[2]他们清醒地意识到，单凭驱逐一些美第奇人士无法动摇美第奇在城里的势力，庆祝激情很快就衰退了。到了春天，谣言开始传播，说友人党在策划政变；执政团宣布全城宵禁，阻止地下会议。里纳尔多·德利·阿尔比齐和他的盟友帕拉·斯特罗齐秘密接触外国雇佣军，以期在遭遇袭击时能得到援助。[3]虽然看上去，里纳尔多和他的盟友还大权在握，但私下里他们非常焦虑；相比之下，友人党的信心却与日俱增。

1434年8月下旬，柯西莫和他的支持者们翘首以盼的时刻终于到了——执政团选举，当选的多数是美第奇党人。几天后，里纳尔多的一个关键盟友去世，美第奇银行佛罗伦萨分行的经理告知柯西莫："人们说上帝已经让里纳尔多遭到了报应，他那样对待你和家族的其他人。"[4]执政团让全城悬了三个星期的心。最后在9月20日，议员召里纳尔多进宫，通知他政府打算"为被驱逐的人以及给予他们的伤害进行平反"。[5]阿尔比齐决定武力解决这个问题，但决定得有点草率。

1434年9月26日，星期日的下午，一大群保守派支持者试图袭击领主宫，但友人党事先得到消息，他们组织了自己的卫兵保卫宫殿。街上出现了对峙，佛罗伦萨内战一触即发。帕拉·斯特罗齐决定忠诚于共和国，放弃里纳尔多政权的派系利益，他命令部属放下武器。里纳尔多逃亡到新圣母玛利亚教堂的避难所，政变宣告失败。尤金四世在1431年继承了马丁五世后暂居在那里，他劝里纳尔多退出。教皇在关键时刻支持美第奇家族不是巧合。那年夏天，尤金四世被迫从敌对的罗马逃出来，他需要美第奇银行的资源帮助他恢复教皇宝座的权势；他明白如果错过了帮助银行家柯西莫的这个机会，柯西莫的金子不会轻易到手。

翌日上午，9月27日，执政团宣布里纳尔多·德利·阿尔比齐及其支持者是叛乱分子，并以企图颠覆合法选举产生的政府为由判决他们流放。很巧，那天正是神医柯斯莫斯和达米安节日，柯西莫的45岁生日。阿尔比齐倒台的消息迅速传到威尼斯，柯西莫的反应同样迅速。他在日记里写道，他命令私人军队"3000多人在远方堂亲帕皮·德·美第奇的指挥下从穆杰罗、阿尔卑斯山和罗马涅出发向佛罗伦萨挺近"。[6]两天后，9月29日，执政团召集了一次佛罗伦萨选民大会，通过驱逐里纳尔多·德利·阿尔比齐的决议，并召回美第奇家族。领主宫投票举行前，全城都是美第奇的士兵。柯西莫显然是胜券在握，他能在10月6日凯旋。

柯西莫在佛罗伦萨巩固权势的手段证明了他残暴无情。之后的几个月，阿尔比齐政权被无情地完全摧毁，其无情的程度是保守派们在头年秋天决定解散美第奇党时没有达到的。和阿尔比齐家族一起被惩罚的还有许多佛罗伦萨最古老的家族，有佩鲁齐家族和斯特罗齐家族——尽管驱逐帕拉·斯特罗齐家族的决定不得人心，因为是他无私的行动才阻止了内战。大约有90名男性和他们的家人被流放；还有80人被罚款，剥夺政治权利。

除了向对手果断出击外，柯西莫通过公开颠覆共和国的理想来确保自己的权势。从此，柯西莫亲自负责挑选参政人员的名字，放在皮夹里，供执政团和其他重要部门从中选用——他以米兰与佛罗伦萨盟友威尼斯之间的战争对国家造成了威胁为理由，为严酷操纵选举过程辩护。于是毫不意外，1434年12月下旬，柯西莫被选举为执政团的旗手，开启了新政权的第二任期。

柯西莫和他的核心团队主导着领主宫的所有决定。但是，在1434年——

美第奇历史上重大事件之年——他失去了两位最亲密的顾问。埃弗拉多在15世纪20年代为美第奇党的建立作出巨大贡献,但是当10月赦免的消息公布时,他已经病重得无法前往佛罗伦萨,12月5日在威尼斯去世。埃弗拉多的儿子朱利亚诺比他早几个月在罗马去世,那时还是夏天。柯西莫剩余的最亲密的盟友中,大部分都在流放前证明了自己的忠诚——比如埃弗拉多的女婿阿拉曼诺·萨尔维亚蒂,还有阿尼奥洛·阿恰尤利和卢卡·皮蒂——卢卡曾经是执政团的议员之一,为柯西莫9月的回归投过票。

政变也让许多新面孔拥有了政治声望。比如,安德里亚·德·帕奇就是几位亲美第奇家族的权贵之一,得到了担任政治职务的权利;他在圣十字教堂修建了牧师会礼堂,与柯西莫的父亲乔瓦尼在圣洛伦佐教堂建造的圣器室惊人地相似,以此凸显了他对美第奇的忠诚(图18)。另一位建筑商普奇奥·普奇是一个潮流的代表,他收起了工具开始从商,在1434年秋加入了著名的银行家行会,社会地位大大提升。历史学家弗朗西斯科·圭契尔迪尼的祖父曾是友人党,他记录了柯西莫如何提拔"许多地位低的新人替代(流亡者)",以此巩固他的政权。有人提醒他罢免这么多贵族不是上策,因为佛罗伦萨将会苦于缺少出生高贵的人。他的回答是:几根昂贵的布条就能让全城再次充满贵族的气息。他的意思是只要有荣誉和财富,卑微的人也可以成为贵族。[7]

柯西莫是美第奇神话的支柱之一,他仁慈的族长领袖形象几百年来都被精巧地塑造下来。他同时代的人文主义者按照当时的修辞风格,称赞他是罗马共和国政治家,最大的美德是谨慎和爱国——和古罗马西塞罗媲美,西塞罗在凯旋之前也被流放过,这一直是关注的重点。但我们对他到底了解多少呢?他也是精明的银行家、狡猾的政客,必要时铁面无情。人们都说他顾家,喜欢孔泰西娜和孩子们,甚至在痛风频繁发作时都能容忍妻子大惊小怪。他喜欢聚会,热衷于庆祝他的主保圣人柯斯莫斯和达米安节,喜欢与家人朋友甚或邀请家仆和银行职员一起进餐。每年2月,他给自己的葡萄树剪枝,晚饭后下棋,显然还读了年轻时积累的书。吸引他的段落都被做了标记——比如管理家族和管理国家的类比,或者嫉妒之恶——用的是同样的标志,三个点排成一个别致的三角形。他的银行经理也用这种标记来验证金融文件。[8]后来的一位教皇庇护二世认为，"他比一般商人表现得更有文化"。[9]

柯西莫和洛伦佐的流放几乎没有影响到他们银行的成功，从1420年到1435年的15年间，银行报告的利润为186382弗罗林。[10]罗马分行仍然持有教皇账户，占总利润的62%，继续证明是业务中最赚钱的领域。柯西莫被流放后的几年里，银行业务扩展到阿尔卑斯山北部。他在巴塞尔开了一个分行，以利用在该市举行的教会议会，还在布鲁日开了分行，伦敦也有。[11]布鲁日公司经理投资组合面广：除了负责财务，他还奉命为意大利市场购买挂毯和马匹；为罗马拉特朗的圣乔瓦尼教皇合唱团寻找男童高音歌手；在北欧的修道院图书馆寻找古典文本手稿，增加柯西莫的藏书量。[12]最重要的是，美第奇银行的国际分行机构充当情报收集中心，将政治新闻和八卦发给佛罗伦萨的柯西莫。

1436年，柯西莫在安科纳开了一家分行。安科纳是亚得里亚海上一个小而繁荣的港口，与东地中海有贸易联系。这家分行和其他分行不一样，没有商业基础，而是在变幻无常的国际政治世界中一项有意为之的高风险投资；成立时拥有异常巨大的资金——2万金币。威尼斯分行在商业层面远比安科纳重要，成立时也只有8000金币。此外，安科纳的经理被授权可以直接借钱给当地的统治者弗朗西斯科·斯福尔扎伯爵（图23），非常慷慨地允许他有3000金币的透支额度。[13]斯福尔扎在北意大利拥有几处教皇封地，是一位很难对付的天才雇佣兵，对权力野心勃勃。在柯西莫的资助下，斯福尔扎可以得到必要的资金实现目标。伯爵和银行家组成了世纪内最大胆的合作伙伴。但当时，他们的联盟必须是一个秘密事件。

这个计划背后的政治因素很复杂。米兰和威尼斯当时正在北意大利交战，佛罗伦萨和罗马都卷入了这场冲突，他们都站在威尼斯这一边，保护他们的边境不受米兰菲利普·玛利亚·维斯孔蒂公爵军队的侵犯。柯西莫认为情况错综复杂，里纳尔多·德利·阿尔比齐和其他流放者在和米兰并肩战斗，希望得到军事援助从而挑战美第奇党在佛罗伦萨的统治地位。然而，柯西莫和斯福尔扎合作关系的成功取决于伯爵与菲利普·玛利亚公爵保持良好关系，公爵通过把私生女比安卡·玛利亚许配给斯福尔扎，买断了他的忠诚。1432年，双方签订正式的婚姻协议——斯福尔扎31岁，新娘则差一个月17岁——玛利亚公爵没有儿子，这桩婚事的意义不言而喻，斯福尔扎要成为他的继承人。当然，前提是婚姻能顺利结成。公爵很善于利用这桩婚姻使伯爵保持忠诚；1438年斯福尔扎向柯西莫解释，深情地称呼这位银行家"我亲爱的父亲"，他无法同意采取特别行动对抗公爵，"他给我发来指令，两层意思，说他不会把比安卡给我，也不会给我任何我想从他那里得到的东西"。[14]又过了三年，公爵才允许了这桩婚事，使得柯西莫和斯福尔扎能够为下一阶段的活动制订计划。

同时，柯西莫也在改善与教皇尤金四世的关系，当时教皇的权力受到巴塞尔议会的挑战。1438年，教皇为了应对挑战成立了费拉拉议会，开始谈判西方教会与东正教会的联合。这是一次规模宏大的国际会议。参会的有君士坦丁堡大主教、希腊皇帝约翰·帕拉奥洛古斯和许多希腊教士。柯西莫以教皇银行家的身份也出席了，带着两个儿子皮耶罗和乔瓦尼，他们当时正就职于父亲的公司。但16岁的乔瓦尼在费拉拉待得不开心，那里的夏天出了名的潮湿。6月6日，母亲孔泰西娜责备他"你应该高高兴兴在那边，尤其是高高兴兴地在银行工作，学习业务"，并劝他"小心，保持冷静"。[15]她也挂念丈夫："我不知道为什么柯西莫还没有让我把夏装寄给他，不过我想他是希望随时回来；你们要凡事殷勤让他喜悦，有求必应。"一个月后，费拉拉暴发疫情，柯西莫把儿子们送回家。他们在叔叔婶婶洛伦佐和吉尼弗那里待到10月中旬，居住于穆杰罗美第奇家族的一处住宅里。皮耶罗让母亲把有山猫皮条纹的斗篷寄给他，那里很冷。孔泰西娜提醒22岁的皮耶罗好好表现："我相信你们都很忙，特别是吉尼弗。一定要尽你所能搭把手，收拾整齐自己的东西，不要这儿丢一件，那儿扔一件，告诉我的另一个儿子也要好好表现。"看来几个世纪过去了，母亲们操的心从未改变。[16]

疫情和四处打劫的米兰军队，给了柯西莫足够的理由说服尤金四世把议会从费拉拉迁往佛罗伦萨。*他为手头不富裕的教皇提供了难以拒绝的经济诱惑，承诺安排佛罗伦萨政府支付希腊代表的住宿开销。对于佛罗伦萨来说，举办议会是一件明知不可为、为之又很有体面的事，但是这位精明的银行家知道，他个人可以从共和国偿还开支所需的贷款中大捞一把。1438年12月，

---

* 因此，历史学家经常将其称为费拉拉-佛罗伦萨议会。

执政团派遣柯西莫的弟弟洛伦佐到费拉拉谈判具体事宜："如果教皇陛下要求为希腊人提供特别的东西，你要回答说，我们愿意为他们提供住房，而不要求任何租金。"这是洛伦佐得到的官方指示。官方还提醒洛伦佐，"如果对方提出担负希腊人的生活费的要求，你就说因为战争共和国目前缺乏资金。""只有绝对必要时，我们才准备借给陛下每月1500弗罗林。"[17]

1439年1月27日，尤金四世到达了佛罗伦萨的城门下，柯西莫作为旗手荣幸地前来迎接。当然，柯西莫精心安排了自己在1月—2月的任期内当选该职位，这样一来，他才好出面迎接，一切表现得像一位国家元首。他还在2月的早些时候，迎接了君士坦丁堡大主教、希腊皇帝约翰·帕拉奥洛古斯。议会持续了四个多月，于7月6日结束，尤金四世签署了诏书，宣布西方教会和东正教会结盟。这是一项载入史册的成就，只是为期不久。柯西莫自己的成就更伟大。由于他精明的商业手腕，那年他手下的教皇账户收入近14400弗罗林，比平时翻了一番，主要来源于议会的额外业务。他委托为父亲在圣洛伦佐教堂修建的圣器室内制作了新壁画，以纪念这个时刻；壁画画在圣坛上方的拱顶，展示了教皇颁布诏书那天的天文配置。[18]

和先祖乔瓦尼·迪·比奇一样，柯西莫大量投资圣洛伦佐教堂，实际上装修工程从1416年就开始了（图24）。由于缺乏资金，没几年项目工程就搁置了。当时柯西莫提出接管中殿、唱诗班和主教堂项目：他承诺用上帝赐予他的财富在六年内完成，自己承担费用。[19]柯西莫还拿出900弗罗林，用于每周一为他父亲的灵魂提供服务，他还在埋葬他父母的圣器室中心完成了坟墓的修建。[20]这让柯西莫的"上帝账户"所需费用超出了教区教会的权限。美第奇家族的徽章是球形，意大利语是palle。那时，眼尖的佛罗伦萨人很快注意到这个标志在城市的教堂里不断出现——在圣十字教堂的新宿舍，或者在柯西莫捐赠给圣玛利亚·德利·安杰利的昂贵的圣髑盒上；在圣十字教堂、圣马可教堂和洗礼堂中为美第奇的圣贤柯斯莫斯和达米安而建的礼拜堂上也有。[21]

柯西莫是15世纪意大利出手最多的艺术赞助人之一，他的确委托制作了许多意大利文艺复兴时期的开创性作品。但佛罗伦萨是文艺复兴的摇篮只是一个传说，某种程度上是美第奇在16世纪为了提升家族声誉所创造的神话——这个神话掩盖了为文艺复兴运动做出突出贡献的教会和其他宗教机构，还有米兰、曼图亚、费拉拉、威尼斯、乌尔比诺、罗马和那不勒斯的当权者。另外，柯西莫赞助艺术的动机并非主要出于美学，更多出于他对基督的信仰和对地狱的恐惧。他委托的大部分项目是教堂建筑，他在"上帝的账户"里谨慎地记录了这些开支。[22]尤金四世明确允许他通过接管佛罗伦萨圣马可多明戈会修道院的赞助权来赎罪——教皇赦免这位银行家的诏书被刻在了修道院的门上。[23]柯西莫为修道院提供了一座新的教堂，为修士们提供了住所、回廊和一个华丽的图书馆，他向图书馆捐赠了许多珍贵的手稿。他还出资为高大的祭坛绘制了一幅奢华的镀金祭坛画，由修道院的一名修士弗拉·安杰利科绘制，其中美第奇的圣人柯斯莫斯和达米安被放在了显眼的位置（图25）。

在佛罗伦萨其他地方，柯西莫利用其政治影响力启动了圣母领报大殿的修缮工程，鼓励他的许多支持者购买新教堂的礼拜堂。教堂内放置了一幅天使报喜图，惊世骇俗，名声已经远远飞越了佛罗伦萨城墙，成为一种大众崇拜，大大提升了佛罗伦萨的声誉。教堂内部令人敬畏。天花板上吊的和地板上躺的都是破碎的盔甲、马雕、四肢和眼睛的蜡像，所有的谢恩贡品都要奉献给圣母，感谢她回应成千上万信徒在需要时刻的祈祷——在战斗中、在海上暴风雨中、在分娩时和在病床上。最引人注目的是大量的真人大小的蜡像，黏上真人头发后更加逼真（制作这些蜡像的手艺人们在修道院里都设有自己的工作室）。那件惊世骇俗的作品是柯西莫的儿子皮耶罗委托制作的，安置于绚丽奢华的帐幕内："单大理石就花费4000弗罗林。"上面写着夸张的铭文。

在柯西莫的领导下，美第奇银行金库源源不断地注入利润，直接填补了柯西莫"上帝账户"的巨大开支。到1450年，公司在罗马、威尼斯、日内瓦、布鲁日、伦敦、阿维尼翁、巴塞尔和安科纳都设立了分行，还在佛罗伦萨投资丝绸和羊毛业。在1435年—1441年的六年间，银行报告获得利润104370弗罗林，在1442年—1451年的九年间升至186420弗罗林，其中，罗马和威尼斯分行占了总利润的一半还多。[24]但公司的所有权在柯西莫的弟弟洛伦佐意外去世后发生了变化，那是1440年9月，洛伦佐年仅45岁。柯西莫把深爱的弟弟葬在圣洛伦佐教堂，接管了弟弟唯一儿子皮耶尔弗朗西斯科的监护权。洛伦佐把在美第奇银行拥有的一半股份分给了这个10岁的男孩，但在他21岁生日之前，男孩只能收到本钱的利息——这笔本钱洛伦佐是以5%的利率贷给柯西莫的，在不断增长的利润里，并没有皮耶尔弗朗西斯科的份儿，这件事为未来埋下了雷。[25]三年后，埃弗拉多的孙子弗朗西斯科去世，年仅28岁，这让柯西莫这一脉的巨大财富也随之增长。由于弗朗西斯科没有儿子，乔瓦尼·迪·比奇哥哥这一脉的香火到此就断了——所有的资产，包括穆杰罗大批的房地产，都转到了柯西莫和皮耶尔弗朗西斯科名下。[26]

与此同时，柯西莫还要为他自己家庭的未来盘算。他把两个合法儿子抚养成人，让他们追随他进入政界和商界：皮耶罗成为美第奇党的未来领导人，乔瓦尼成为美第奇银行的负责人。他的私生子卡洛开始从事教会事业，由于柯西莫在教皇法庭的影响力，卡洛被任命为佛罗伦萨大教堂的咏礼司铎。1444年，柯西莫安排28岁的皮耶罗与17岁的卢克雷齐娅成婚。她是柯西莫最亲密的朋友和政治盟友弗朗西斯科·托尔纳博尼的女儿，带来1200弗罗林的嫁妆。[27]卢克雷齐娅（图26）为家庭增添了快乐。她聪明、活泼、有爱心，受过良好教育，是倔强的皮耶罗的贤妻、孩子们的慈母——他们共生了七个孩子，其中有三个夭折。[28]柯西莫为卢克雷齐娅的弟弟乔瓦尼·托尔纳博尼在罗马分行谋了一个职位，又把她妹妹戴安娜嫁给了核心圈的另一个刚丧偶的成员托马索·索德里尼，以巩固联姻关系。

柯西莫也在重新考虑家庭的住房，决定新建一处宅子，紧挨皮耶尔弗朗西斯科的卡萨维奇亚。柯西莫开始从邻居手里购买地产，许多人都没想到，他在重建前整个儿推倒清场。即使有钱人家也常常做出更实惠的选择，即按需翻修，或者仅装饰新门面。但柯西莫采取了更大的动作。

建筑工程1445年开工，新宫殿在邻居们关注的目光中，逐渐开始成形；它比城里其他宫殿都要大一些，但并不明显，这与柯西莫作为共和国第一公民而非统治者的身份相称。柯西莫喜爱的作家西塞罗建议"人必须小心，在花费和展示上要有限度"。[29]房屋的所有权是毫无疑问的——正面贴满了家族标志，著名的美第奇球徽；窗户上，甚至嵌在石头立面的金属火炬手上都刻有这个标志。美第奇新宫与相邻的卡萨维奇亚一起，沿着拉加大道矗立，创造了庞大的美第奇街区，是家族在佛罗伦萨社会拥有卓越地位的活证据。

国内国外有许多事情都需要柯西莫关注，其中有一件是弗朗西斯科·斯福尔扎伯爵的情况。1444年，伯爵的妻子比安卡·玛利亚·维斯孔蒂生了一个健康的儿子加利亚佐·玛利亚，进一步巩固了斯福尔扎被任命为米兰公爵继承人的愿望。两年后，公爵的健康明显衰弱，皮耶罗以斯福尔扎妻子的名字给第一个孩子取名"比安卡"，强调他父亲和伯爵的联盟。继承危机正在逼近。1446年4月，皮耶罗的妻子卢克雷齐娅在锡耶纳南部的佩特廖洛温泉，泡硫黄温泉做康复，突然传来她丈夫的消息，斯福尔扎和比安卡·玛利亚又生了个女儿，取名伊波丽达。卢克雷齐娅安慰她丈夫，她已经康复（"不要忧伤，我将痊愈而归"）；[30]但是她很担心比安卡·玛利亚，因为生孩子是一件很危险的事，尤其是产褥热造成的产后威胁，常常能致命。如果斯福尔扎妻子在这个时间点死去，就会危及美第奇家族所做的米兰公国长期规划。卢克雷齐娅告诉皮耶罗："我让你想象我向上帝祈祷了多少次，希望她能继续好转，这是你、我和她丈夫都希望的。"

菲利普·玛利亚公爵最终在1447年8月13日去世，任命弗朗西斯科·斯福尔扎为继承人。但不出伯爵和柯西莫所料，斯福尔扎的继承根本没有保障。公爵去世后那天，米兰人自己掌权，建立了"安布罗斯共和国"——根据米兰的主保圣人安布罗斯而命名。另外，威尼斯人谋划趁米兰还很脆弱之际扩大在意大利大陆北部的势力。新共和国尽管怀疑斯福尔扎的动机，还是同意任命他为米兰军队的总指挥，部队很快对威尼斯人展开攻击。第二年春天，斯福尔扎在卡拉瓦乔重创威尼斯人，然后继续前进，攻击了布雷西亚城。

后来，尼可罗·马基亚维利在讲到佛罗伦萨史时解释说，威尼斯人当时向斯福尔扎施了一条诡计，正如马基亚维利所看透的："威尼斯人知道米兰人不信任伯爵，伯爵也并不想当米兰的总指挥，而是想当米兰的君主"；所以他们"决定和伯爵讲和，帮助他征服米兰。他们知道如果米兰人发现伯爵在欺骗，定会愤怒，然后改用别的将领而抛弃他，这将正合威尼斯人的心意"。[31]

斯福尔扎接受了威尼斯人的建议,结果发现他的新主子也在秘密地和米兰人谈和。那时,他和柯西莫的合作开始得到真正的回报。马基亚维利写道:

> 斯福尔扎……立刻向佛罗伦萨请求帮助,佛罗伦萨既有公共资金也有私人朋友,特别是柯西莫·德·美第奇一直是他的亲密盟友,在他所有事业发展中都给予可靠的建议和支持;柯西莫在他需要的时刻没有抛弃他,而是慷慨地自掏腰包帮助他,鼓励他继续战斗。[32]

1449年末,在美第奇银行的慷慨援助下,斯福尔扎带领部队包围了米兰。

1450年2月,这边战役不分胜负,那边柯西莫犯了痛风。皮耶罗和卢克雷齐娅带着三个孩子——比安卡、2岁的妹妹南妮娜(以柯西莫母亲的名字命名)和1岁的弟弟洛伦佐(为了纪念柯西莫的弟弟命名),回到穆杰罗的家族城堡。2月6日,孔泰西娜给儿子皮耶罗带去令人欣慰的消息,还有一些国内的详情:"我给你们送去一条鹿腿肉,一只兔子,一只小山羊……刺山柑花蕾……转告卢克雷齐娅,孩子的裙装就快做好了,周一她就可以收到,她必须鼓励婴儿(洛伦佐)吮吸……柯西莫已康复,虽然今早膝盖还有点疼,有点痛风,但很快会好起来,现在疼痛已经很轻了。"[33]

但是柯西莫的痛风并没有像孔泰西娜所希望的那样很快就好起来。过了一周左右,她给她的另一个在罗马的儿子乔瓦尼写信。她说"柯西莫一直在发烧,和你离开时一样""谁也不知道下一天会发生什么"。[34]她担心罗马的瘟疫,因为"如果他知道那里有瘟疫,他绝对不会让你离开"。柯西莫亲自在2月28日写信给乔瓦尼,告知斯福尔扎打仗的消息:"米兰被包围了,给养送不进去。"他说,"想送食物进米兰必须路经山道,那是斯福尔扎的守卫点,谁敢过就打谁;他们说米兰处于水深火热之中。"[35]米兰人的确在受苦——面临饥饿和死亡——但斯福尔扎要摧毁这座城市。3月11日,他被任命为统治者。

3月25日，天使报喜节，弗朗西斯科·斯福尔扎公爵正式进入新公国的首都米兰。在意大利半岛上他是最有权力的君主之一。他委托在佛罗伦萨圣母领报大殿制作了一尊自己的蜡像，感谢圣母保佑他征服米兰，感激柯西莫的恩情。当年晚些时候，皮耶罗被执政团选入使节团派往米兰祝贺新公爵。佛罗伦萨大使"胜利穿越米兰领土，而且分文不付"。一位目击者写道："公爵亲自前来接见他们，拥抱他们，亲吻他们；佛罗伦萨大使从没有受到过如此的待遇。"[36]用当时的商业术语来说，柯西莫用财富获得荣誉和利益，虽然两个目标并不是很容易区分。[37]由于柯西莫的金钱和影响力，佛罗伦萨共和国获得了举办国际首脑会议的荣誉。由于柯西莫资助政变，斯福尔扎在米兰就职后，佛罗伦萨得到了一个强大的新盟友。但真正的赢家是美第奇家族自己。

6

共和国的托加袍

政治家柯西莫
1450年—1464年

1451年的美第奇家族

柯西莫·迪·乔瓦尼（62岁）
孔泰西娜·德·巴迪（55岁），*他的妻子*

皮耶罗（35岁），*柯西莫的大儿子*
卢克雷齐娅·托尔纳博尼（24岁），*他的妻子*
  比安卡（6岁）和南妮娜（3岁），*他们的女儿*
  洛伦佐（2岁），*他们的儿子*
乔瓦尼（30岁），*柯西莫的小儿子*
皮耶尔弗朗西斯科·迪·洛伦佐（21岁），*柯西莫的侄子*

大约1460年，教皇庇护二世问奥尔特主教怎么看佛罗伦萨，主教回答："很遗憾美丽的女士没有丈夫。"[1]教皇反驳："没错，但她有情人。"

他指的是柯西莫·德·美第奇，他选用这个隐喻巧妙地表现了柯西莫位置的尴尬，庇护二世眼里的柯西莫"哪里是普通公民，完全就是城邦君主"，是"没有名分的国王"。对于习惯于君主绝对权力的人来说，与共和国打交道并非易事。"平民政府是异类，完全不同，"弗朗西斯科·斯福尔扎驻佛罗伦萨的大使解释说，"所以如果你想做成这件事情而不想搞成另一件，私下给柯西莫写信，他会给您安排好。"[2]在外国人眼里，柯西莫是佛罗伦萨的统治者，柯西莫自己也这么认为，但他的支持者们无法接受这个事实。所以他必须在公众场合小心翼翼地穿上共和国的托加袍，并确保他们相信这个谎言——他们是政权中平等的合作伙伴。

艺术为柯西莫提供了有力的工具，以加深这种权力共享的假象。他在美第奇宫的大厅四周布满油画，描绘大力神赫拉克勒斯的劳作场面——15世纪的历史学家解释画作描绘了"大力神摧毁暴君和邪恶的君主"。赫拉克勒斯是共和国的英雄之一，城市的官方印章上刻的就是他的形象——披着尼米亚狮子的皮，拿着一根结棍。[3]宫殿里还显著地陈列着多纳泰罗创作的两尊铜像，都是《圣经》中民众所喜欢的、摆脱暴君束缚的形象。其中一尊表现年轻的大卫踩着巨人歌利亚的头颅，刻意模仿该艺术家陈列在领主宫大厅的大理石大卫（图27）。另一尊铜像体现的是朱迪丝拯救希伯来人摆脱霍洛芬斯的压迫，她通过引诱砍下了霍洛芬斯的头（图28）。每一尊铜像都装饰有碑文，宣称柯西莫对共和国是忠诚的；朱迪丝铜像上刻着"奢亡国，德兴邦，提防骄傲的脖子被谦卑的手砍断"。[4]两尊雕塑用铜制作就很不一般，因为铸

6 共和国的托加袍 | 077

铜的过程非常烧钱，只有很有钱的人才支付得起。

柯西莫的确很有钱。根据1457年的税收清单回执，他的资产估计是122669弗罗林，这让他成了首富，第二名与之相差很远。[5]如果不是他让威尼斯分行的经理想着法儿记账，起草了一份完全虚假的资产负债表让投资金额减半，差距会更大。[6]即便如此，他576弗罗林的纳税额是第二大出资人（132弗罗林）的四倍还多。这第二笔钱也在证明美第奇银行的成功：支付人是公司的总经理——乔瓦尼·德·本西的继承人。

大约在1457年，柯西莫和孔泰西娜带着两个儿子皮耶罗和乔瓦尼以及私生子卡洛住进了美第奇宫。他侄子皮耶尔弗朗西斯科继续住在隔壁的卡萨维奇亚，不过出于纳税的考虑，两家继续以一个单位经营。柯西莫积极鼓励皮耶罗和乔瓦尼在佛罗伦萨政界发挥重要作用，任职于公民委员会负责各国、各行会、各教区项目的工作，他也确保卡洛将来担任普拉托教长。皮耶罗活跃于柯西莫的核心圈，注定要继承他父亲的政治衣钵。过了30岁生日后两年，他在1448年被首次选入执政团，30岁是有资格担任政治职务的最小年龄。尼古拉五世在1447年继任教皇尤金四世时，皮耶罗是执政团派往罗马祝贺新教皇当选的大使之一；而乔瓦尼注定继承银行，11年后他也同样完成了角色，那时尼古拉五世被卡利克斯特三世继任。

皮耶罗和乔瓦尼文化修养都很高，热衷音乐，喜欢委托定制艺术作品装饰美第奇宫。他们和柯西莫一样是人文主义的赞助人，收集古代手稿。他们还委托米诺·达·费埃索莱制作了亚兰蒂卡的半身像，该半身像是受古罗马艺术启发的独特流派的早期范例。正如柯西莫所言，佛罗伦萨是"一座商业城、文学城、休闲城"，在1453年之后更是如此，当时君士坦丁堡被苏丹穆罕默德二世的土耳其军队攻陷，致使许多希腊学者逃往佛罗伦萨。他们提升了城市作为学术中心的声誉。[7]

美第奇宫是充满活力的住宅。皮耶罗与妻子卢克雷齐娅，以及他们的两个女儿比安卡、南妮娜和两个小儿子洛伦佐、朱利亚诺住在这里。朱利亚诺生于1453年。皮耶罗还有一个私生女，叫玛利亚，出生日期不详，但她和同父异母的兄弟姐妹们一起长大。宫里还住着皮耶罗的弟弟乔瓦尼和他妻子吉尼弗·德利·亚雷桑德里（另一位美第奇支持者的女儿），以及他们刚出生的儿子柯西莫。

　　孔泰西娜是一位亲力亲为的祖母。吉尼弗生了柯西莫一年后去佩特廖洛温泉恢复健康，柯西莫就由孔泰西娜照看。"最亲爱的女儿，"她写给吉尼弗，"你的儿子很好，已经长出两颗牙，习惯了保姆们的照顾。""我们日夜不离开他。"[8]皮耶罗的孩子们很快开始接受人文主义教育，1458年，卢克雷齐娅给丈夫汇报说："洛伦佐在学习导师教他的诗句，他又把这些诗句教给朱利亚诺。"并且满是娇柔地补充，"我们好像有一千年没有见面了。"[9]几年后，洛伦佐的导师向皮耶罗汇报13岁的洛伦佐的学习进展："我们在学习奥维德，学习查士丁尼，还有四本历史故事书。你都不需要问他是多么喜欢这类学习。"老师用溺爱的言辞强调，"这孩子表现优秀，非常听话。"[10]

　　美第奇家族的大人孩子都生活得相当舒适。柯西莫记录过家里有50个仆人，包括四个奴隶以及孩子们需要的保姆和老师。[11]他们的餐桌上摆放着昂贵的金银盘碟和精美的亚麻餐巾；墙上挂着昂贵的佛兰德挂毯，由布鲁日分行经理赠送。一家人在私人礼拜堂做弥撒，礼拜堂内装饰着贝诺佐·戈佐利的镀金壁画，描述东方三博士之旅——在这个富丽堂皇的骑兵队伍中，他们家人的肖像和许多政治支持者的画像混在一起（图29）。他们睡豪华床，床上装饰着盾徽、挂着丝绸。皮耶罗夫妇和乔瓦尼夫妇身穿有毛皮衬里的锦缎大衣、珍珠刺绣的天鹅绒连衣裙，束着镀金的腰带，表明这一代年轻的美第奇家族是当时的时尚偶像。[12]他们并不是贵族，但是银行的资源使美第奇家族能够采用贵族的装束。

　　15世纪50年代，美第奇银行见证了几个变化。1452年，柯西莫在米兰开分行，他和弗朗西斯科·斯福尔扎公爵获得双赢。斯福尔扎靠柯西莫的贷款帮助稳固了他的新政权，而柯西莫向他的宫廷销售奢侈品又带来丰厚的回报——米兰分行差不多一半的利润来自丝绸、天鹅绒、花缎、珠宝和挂毯，这些奢侈品由其他分行买进，转在米兰高价出售。[13]

　　然而，银行最大的变化发生在前一年——1451年，柯西莫的侄子皮耶尔弗朗西斯科成年，掌控了公司里他父亲的那一半资产。那年3月25日，柯西莫成立了一个新的合伙公司，把他的股份转到了儿子们名下。这并不意味着他要退休了。尽管柯西莫不断犯痛风病，他依然是掌舵人。1455年7月，乔瓦尼·德·本西去世，柯西莫任命他34岁的儿子乔瓦尼（图30）为银行的新一任总经理。当时，乔瓦尼和那不勒斯国王的继承人卡拉布里亚的阿方索正在米兰，但他父亲不容分辩地命令他回佛罗伦萨："我已经告诉过你……我不想让你继续陪卡拉布里亚公爵；这样我们会得不偿失，你陪他已经很久了，你必须回来。"[14]

乔瓦尼·迪·比奇的三个孙子瓜分银行是合法正当的，但对美第奇家族造成了无法预料的后果。皮耶尔弗朗西斯科是独子，现拥有50%的业务，皮耶罗和乔瓦尼只能各得25%。家族财产也得在两个分行之间分割，由独立仲裁小组操作。[15]柯西莫和儿子们分到了美第奇宫、穆杰罗的卡法吉沃罗地产和佛罗伦萨附近的卡瑞吉地产，而皮耶尔弗朗西斯科分到了卡萨维奇亚和特雷比奥的穆杰罗地产。21岁的皮耶尔弗朗西斯科拥有了大面积的土地和一半的银行股份，成为非常有钱的年轻人。

1456年5月，皮耶尔弗朗西斯科结婚，柯西莫为他选的新娘是劳多米娅·阿恰尤利，她是柯西莫的亲密朋友和盟友安杰洛·阿恰尤利的女儿。皮耶尔弗朗西斯科喜欢在特雷比奥过闲散的生活，对挣钱的事不感兴趣，这激怒了岳父大人。"你已经到了该学习技能的年龄，你不应该浪费时间。"阿恰尤利在皮耶尔弗朗西斯科婚礼四个月后写信给他："养成你们家族的习惯会给你带来荣誉和财富，会让你远离现在的生活方式。"[16]第二年春天，他又给女婿写信，敦促女婿和柯西莫保持密切联系："我想让你努力地多和他联系，你没做到；你需要向他多学习，你也没做到。"还说皮耶尔弗朗西斯科需要"趁着柯西莫还活着尽可能花时间和他在一起"。[17]

尽管柯西莫因为商业实力而广受敬重，他的政治活动却不太受到高度重视。人们对他的副手操纵佛罗伦萨选举过程的方式越来越感到不安，甚至有证据表明美第奇党内部在这个问题上出现了分歧。编年史家乔瓦尼·卡瓦尔坎蒂非常痛恨这种体制，他怒批道："十个暴君拥有令人厌恶的权力，在名字被公开前就决定了谁被选为高级官员。"[18]他认为那是骗子把戏，不配共和国的名号。他还抨击了美第奇宫的规模,"都快让罗马斗兽场相形见绌了",还抨击了柯西莫从政府贷款中牟利,而这些贷款,政府都得通过向普通民众征税来偿还。他讽刺地问:"如果能花不属于自己的钱,谁不会建造如此宏伟的建筑呢?"[19]其他人则变着法表示抗议:一天晚上,柯西莫的门阶被涂满了鲜血,涂的鲜血之多,以至于卡瓦尔坎蒂认为一定是屠夫行会的人干的。[20]

柯西莫一如既往地采取果断行动压制敌人。1458年,柯西莫最忠诚的支持者之一卢卡·皮蒂被选举为7月—8月任期的旗手。柯西莫抓住机会发动了政变,改变了佛罗伦萨的政治模式,就像他在艺术和建筑上的支出改变了这座城市的结构一样。7月下旬,皮蒂的执政团推出了一项激进计划,成立了一个常设议会,负责高职位的选送,但被投票立法委员会断然否决了。柯西莫又走了一步险棋,他绕过委员会召集全体选民议会商讨这个提议。他以非常不共和的方式确保了这一迂回计划变得合法。1458年8月11日,投票强行通过,满城都是他的老朋友弗朗西斯科·斯福尔扎派来的雇佣兵。

柯西莫现在合法地控制了选举过程。这是一次重大的政变。正如弗朗西斯科·圭契尔迪尼解释的那样,美第奇家族把"城市的权威和权势占为己有,流放和惩罚了许多公民,柯西莫和他的支持者们完全控制了政府"。[21]由柯西莫最亲近的盟友组成的新委员会(即百人委员会)合法控制了政治职位。影响力很快就显现出来了,大约1500位佛罗伦萨人从有资格参加选举的名单中被移除。领主宫的新面孔之一就是皮耶尔弗朗西斯科,他最终听从了岳父的建议,开始从政。那年秋天,柯西莫还安排阿恰尤利和皮耶尔弗朗西斯科进入大使团前往罗马,祝贺庇护二世当选教皇。次年,皮耶尔弗朗西斯科选入执政团,他当时还差六个月满30岁。[22]

政变后,柯西莫基本退出了政界,不断发作的痛风使他的健康每况愈下。但是,尽管他不是执政团成员,不能在1459年4月25日到佛罗伦萨城门迎接庇护二世的国事访问,但教皇队伍在游行通过城市的主要纪念碑时,前所未有地绕道美第奇宫(图31),这足以证明了柯西莫的权威。当时到访佛罗伦萨的还有弗朗西斯科·斯福尔扎15岁的儿子加利亚佐·玛利亚,他被父亲派去护送教皇到曼托瓦，教皇要在那里主持一场大会，以组织一次讨伐土耳其人的十字军东征（六年前土耳其人占领了君士坦丁堡）。庇护二世下榻于新圣母玛利亚教堂的官邸，加利亚佐·玛利亚和随从下榻于美第奇宫，皮耶尔弗朗西斯科有幸在隔壁的卡萨维奇亚为教皇宫廷的高级官员和红衣主教德伊玛威尔提供住宿。[23]

执政团花大心思接待庇护二世和加利亚佐·玛利亚，还安排了盛大的娱乐活动，为这次访问花了22532弗罗林。[24]4月29日星期日，一场比武在圣十字教堂广场上举行，大批观众买票前来观战。但这不是大众化的娱乐——公证人朱斯托·安吉亚利花了12索尔迪给三个儿子买了票，票价比一个体力劳动者一天的工资还高。[25]第二天，这里又举行了舞会，佛罗伦萨许多年轻人参加。佛罗伦萨的传令官赞扬女孩子们举止文雅得体，佩戴"大量的珍珠和最高贵的珠宝"——访问期间禁奢法令暂停执行。[26]言辞刻薄的教皇对此不以为然，但应该记住的是，作为佛罗伦萨的劲敌锡耶纳的公民，他并不是最可靠的证人。他写道："女士们穿着华丽，服装样式繁多。但是她们脸色苍白，显然可惜了化妆品。"[27]

为了向贵宾表示敬意，那年的五一节庆祝活动异彩纷呈，不过领主宫广场上的捕猎表演并没有想象的那么成功。朱斯托记录了公牛、母牛、水牛、马和野猪被围在广场上，然后大约12只狮子被带了进来，可是狮子们不去捕获那些动物，"事实上他们吓坏了，都在逃跑"。[28]共和国的狮子好像因为长期囚禁被驯服了。但花了5索尔迪买票进来的人群，对一个巧妙的木球发出了赞许的声音，在这个木球里有一名男子，"他在广场上随心所欲地滚来滚去，追赶狮子和其他动物，这是个奇妙的装置"，这位公证人最后总结道。

5月1日晚上，柯西莫亲自在美第奇宫外的拉加大道举办了招待会。一群年轻人盛装游行，按照朱斯托的描述，都是"举止得体，英俊潇洒"，他们精心编排了一场骑术表演，站在短小的马镫上，动作同步地表演花式骑马。压轴戏是丘比特的胜利，"有很多灯光和火炬，非常美丽和辉煌"，他记录道；表演由柯西莫十岁的孙子洛伦佐主持，他以邀请参与者在美第奇宫共进晚餐结束了仪式。

年轻的王子加利亚佐·玛利亚·斯福尔扎对宫殿和花园印象深刻，在那里，斯福尔扎家族的蜷蛇标志和美第奇家族的球形标志一起陈列在植物园里。他告诉父亲："这是我见过的最漂亮的房子。"[29]"我去拜访柯西莫，他在礼拜堂，那里装饰得和其他地方一样豪华，他和善地拥抱了我。"15岁的小王子继续讲述。后来他听了年轻的洛伦佐和他的兄弟朱利亚诺发表的、赞扬米兰公爵的演讲。柯西莫还邀请加利亚佐·玛利亚到他卡瑞吉的别墅小住几日，住那里可以随意一些。晚饭后是音乐娱乐时间，"几位女士进行了令人愉快的表演"——卢克雷齐娅、吉尼弗、比安卡、劳多米娅等——"她们都跳着佛罗伦萨风格的舞蹈，优雅地蹦蹦跳跳"。[30]美第奇家族都是热心的音乐人。乔瓦尼和他嫂子卢克雷齐娅都会唱歌、演奏乐器，卢克雷齐娅把对音乐的热爱传给了孩子们：比安卡演奏管风琴，并和妹妹南妮娜一起演唱法国小调给客人助兴。[31]

比安卡当时14岁，该嫁人了。柯西莫和皮耶罗选了古列尔莫·德·帕奇，他是柯西莫老朋友和盟友安德里亚·德·帕奇的孙子。两年后，柯西莫征求皮耶罗对南妮娜婚配的看法："由于种种原因，我们选择的余地不大，我们又必须尽可能地选好，我们在考虑乔瓦尼·卢塞莱的儿子。"[32]这个选择出人意料。卢塞莱是一位富有的银行家，但不是美第奇核心圈的人；他在政治上也不可靠：他是帕拉·斯特罗齐的女婿，1434年曾经被流放，多年来一直在游说，好让自己加入精英阶层。但是就在订婚仪式签署两周后，柯西莫安排把卢塞莱的名字加入百人议会的候选名单里，卢塞莱在60岁时首次被选入执政团。

疾病开始袭扰美第奇家族，不只是家族里上了年纪的成员受其困扰。1459年，年仅五岁的小柯西莫突然夭折，其父乔瓦尼的健康也每况愈下。乔瓦尼和皮耶罗都遗传了父亲痛风的毛病。一位到过美第奇宫的访客回忆了这位年迈的银行家和两个儿子的状态："（他们）坐在屋子里，三人都患有痛风。他（乔瓦尼）有点儿疼，大儿子皮耶罗当时没有发作，但他们坐在那里似乎动不了，也不能骑马，去哪里都必须被人抬着。"[33]1458年，柯西莫担心儿子经营美第奇银行过于劳累，决定任命日内瓦分行的经理弗朗西斯科·萨塞蒂担任乔瓦尼的助理。[34]两年后的1460年8月，乔瓦尼和妻子吉尼弗在莫尔巴温泉做水疗，尝试一种新的治疗方法。孔泰西娜发来一封信："亲爱的孩子们，我想你们听说柯西莫和皮耶罗病了，我很不愿意让你们知道，因为我不想让什么事情打搅你们，好让水疗能有疗效。"[35]她尽力安慰道，"柯西莫感冒了，很快就好了，现在没事了。皮耶罗还有点痛，还没好，但你们都知道总会发生什么，所以他也会很快好起来。"

痛风发作通常会在一段时间后消失，但并发症，特别对肾脏的影响是致命的。乔瓦尼于1463年10月死于肾衰竭，年仅42岁。庇护二世私下写信向柯西莫表示惋惜："得知噩耗我们万分悲痛。"教皇满怀同情，"不仅因为这事太突然了，还因为我们担心可能会让您的健康状态吃不消，您都这把年纪了。"[36]悲痛欲绝的父亲回信："只要我脆弱的精神还能支撑，我便会努力尽我所能，安静地忍受巨大的灾难……相信上帝会大发慈悲，怜悯还活着的人。"[37]

1463年的秋天对整个家族是煎熬。皮耶罗的小儿子朱利亚诺在比萨病了，卢克雷齐娅每天写信告诉她丈夫十岁小男孩的状况："我想让你知道每一个细小的变化。"11月24日她对丈夫说，[38]"孩子的脉搏很好，各项功能还正常，但烧不退，和十天前一样厉害。"她写道："孩子白天发蔫，我不希望他这样"，虽然他劝皮耶罗"不要担心，朱利亚诺很皮实，尽管他看着苍白，但肤色很好"。皮耶罗到比萨和妻儿团聚，定期收到父亲的来信。那年冬天佛罗伦萨发生了瘟疫，但"最近的冰雪覆盖的寒冷天气结束了这场瘟疫"，柯西莫在1464年1月23日的信中写道，接着又安慰说："我和孔泰西娜很好，比安卡和古列尔莫还有小孔泰西娜都很好。他们经常来陪伴我们。"小孔泰西娜是比安卡夫妇的第一个孩子，以她曾祖母的名字取名。[39]

由于痛风开始侵袭肾脏，柯西莫的健康迅速恶化，那年夏天，他离开佛罗伦萨去了卡瑞吉的别墅。孔泰西娜问他为什么这么安静，柯西莫提醒说，他已经花了长达两周的时间计划搬出这座城市，"我得从此生转到来生，你不觉得我要考虑很多事情吗？"[40]7月26日，皮耶罗悲伤地写信给在卡法吉沃罗的儿子们——洛伦佐和朱利亚诺，"我觉得他在逐渐下沉，他自己也觉得在下沉"。[41]

柯西莫于1464年8月1日去世。简单的仪式之后,他被葬在了圣洛伦佐教堂。"没有大人物惯有的盛大葬礼,没有停灵展示,一切如他所愿,只有圣洛伦佐教堂的牧师、圣马可教堂的修士和费埃索莱教堂的巴迪亚陪着他。这几个教堂都是由他修建的。亲戚朋友则跟在棺木后面。"一位目击者回忆道。[42]柯西莫国际声誉的标志是皮耶罗收到了欧洲各地宫廷的吊唁信:有躺在安卡那病床上的庇护二世发来的,有法国国王路易十世发来的。国王为了表示对柯西莫的尊敬,授予美第奇家族在盾徽上雕刻法国百合的权利。葬礼后没几天,执政团成立了委员会决定如何纪念共和国的这位杰出公民。他们授予他"国父"称号。这个称号曾经授予罗马共和国的英雄西塞罗。这是经久不衰的美第奇神话大厦的第一块砖,证实了柯西莫兢兢业业为自己建立的形象。

柯西莫的死标志着美第奇家族史的重要时刻。即使是他的敌人,也宽厚地赞扬这位在过去30年里带领佛罗伦萨度过危机的政治家。但是,正如其中的一个人所描述的,与之而来的还有一种强烈的解脱感,因为柯西莫的死改变了一切:

多年来,佛罗伦萨从来没有这样繁荣过……在柯西莫·德·美第奇的一生中,它一直保持幸福的状态,直到1464年8月1日。虽然繁荣是由时代造就的,由联盟*和整个意大利的和平所造就,但柯西莫鞠躬尽瘁,为了佛罗伦萨的福祉,发挥手中的权力使之成为现实。然而,出于对自由的热爱和渴望,他的去世让人们欢呼雀跃。佛罗伦萨人觉得他的理政方法迫使人们屈服、沦为奴隶,他们相信他的死会解放他们。这是他们渴望的。[43]

---

* 指1454年佛罗伦萨、威尼斯和米兰签署的和平条约。

7

继承风波

痛风患者皮耶罗
1464年—1469年

1464年的美第奇家族

皮耶罗·迪·柯西莫（48岁）
卢克雷齐娅·托尔纳博尼（37岁），*他的妻子*
　　比安卡（18岁），*他的女儿*
　　南妮娜（16岁），*他的女儿*
　　洛伦佐（15岁），*他的儿子*
　　朱利亚诺（11岁），*他的儿子*
孔泰西娜（68岁），*他的母亲*
卡洛·迪·柯西莫（34岁），*皮耶罗的非婚生弟弟*

皮耶尔弗朗西斯科·迪·洛伦佐（34岁），皮耶罗的堂弟
劳多米娅·阿恰尤利，*皮耶尔弗朗西斯科的妻子*
　　洛伦佐（1岁），*他们的儿子*

1464年8月7日，也就是柯西莫去世后的第六天，皮耶罗接见了米兰驻佛罗伦萨大使尼科代莫·特兰凯迪尼。这位外交官向弗朗西斯科·斯福尔扎公爵报告了皮耶罗的焦虑，后者请求在继承问题上得到帮助，"陛下，仅您的权力就可以解局，确保他父亲留给他的地位、声誉和权势。"[1]这一请求也得到了孔泰西娜和卢克雷齐娅的呼应，她们"跪地相求"。

皮耶罗（图32）寡言、冷漠，似乎不适合做领导。他既没有继承父亲的魅力，也没有继承柯西莫作为商人赢得的尊重。但是美第奇家族根本无须担心什么，皮耶罗整个夏天执政时，佛罗伦萨人都很平静。问题是，痛风总发作搞得他脾气暴躁，而且将他限制在美第奇宫，使银行和政府的大部分事务都得在美第奇宫里处理。

那年秋天，银行是皮耶罗要考虑的首要事务。他让银行总经理弗朗西斯科·萨塞蒂汇报公司情况，账簿审计显示情况不妙，公司的运营令人失望。[2]由于天性谨慎，皮耶罗决定缩减开支。1464年10月，布鲁日银行拒绝向勃艮第公爵提供贷款，米兰分行也对斯福尔扎公爵采取了同样的政策。此外还有灾难性的一个举动，皮耶罗收回了柯西莫贷给佛罗伦萨客户的许多贷款，导致几家公司破产。当年12月，安杰洛·阿恰尤利在给那不勒斯的朋友菲利普·斯特罗齐的信中写道："许多公司都受到重击。"他还说："这是自1339年以来佛罗伦萨发生的最严重的经济危机。穷人缺乏面包，富人缺乏大脑，学者缺乏感知。我们需要上帝帮助，但这些话只能对自己说。"[3]阿恰尤利显然对美第奇政权的首脑存有疑虑。

罗马分行也有问题。卢克雷齐娅的弟弟乔瓦尼·托尔纳博尼是那里的一位职员。在银行工作多年的资深合伙人对托尔纳博尼的能力有说辞，对皮耶罗抱怨公司给他升职:"公司一向只提拔称职的,不会考虑裙带关系。"[4]托尔纳博尼则指责老板对他有偏见,1465年3月,他威胁要辞职,除非提拔到高层。皮耶罗不可避免地屈服于家庭压力解雇了那位资深合伙人,任命他的妹夫就职。幸运的是,托尔纳博尼任职的第二年就证明了自己的价值。当时,该银行确保了教皇对维泰博附近新开发的托尔法明矾矿的垄断权,利润丰厚。(明矾在纺织业中必不可少,之前是高价从黎凡特进口。)

尽管皮耶罗顺利地接管了政权,但在佛罗伦萨,背地里仍有人在议论如何摆脱美第奇家族的桎梏。美第奇党内不只阿恰尤利一个人对柯西莫的儿子表示怀疑,没有人质疑皮耶罗在家族中继承最高权力,但许多人质疑这一世袭原则是否适用于柯西莫共和国领导人的政治角色。美第奇家族当然认为是必须的——圣洛伦佐教堂的咏礼司铎们也这么认为。他们前所未有地给了皮耶罗权力,而后者随意分配教堂的礼拜堂给家人。这样一来,把曾经属于教区的教堂变成了美第奇家族的专属机构。[5]但是城里有许多人因为自身的经济困境指责皮耶罗,质疑他地位的合法性。于1434年被流放的帕拉·斯特罗齐就曾预言:"只要柯西莫活着,没有人能动他;一旦他死了,情况很快就会改变。"[6]

佛罗伦萨局势的变化有目共睹。1465年2月,帕拉的一个堂弟洛伦佐·斯特罗齐到了城门,他希望说服执政团取消柯西莫在1434年强加给他们家族的流放判决。虽然这次冒险宣告失败,斯特罗齐被禁止入城,但是他从朋友们的私下议论中得知皮耶罗政权的真实状况,这些朋友是美第奇家族的对手。洛伦佐告诉他兄长,反对美第奇的呼声私底下日益增长。耐人寻味的是,柯西莫核心圈里的两名杰出成员迪提萨尔维·内罗尼和安杰洛·阿恰尤利叛变加入了他们。对皮耶罗来说,父亲的两名最亲密的盟友退出主持阵营是一个坏消息:阿恰尤利是他堂弟皮耶尔弗朗西斯科的岳父,现在恶毒地攻击美第奇家族是"吞噬玫瑰的蠕虫,天堂里的魔鬼"。[7]还有谣言称,1458年帮助柯西莫发动政变的卢卡·皮蒂也在准备倒戈。不过,斯特罗齐判断皮蒂在和他们玩虚的,实际和皮耶罗很铁,"不管听到什么风声都是胡扯"。[8]

1434年，洛伦佐·斯特罗齐全家被柯西莫流放时，他和他哥哥菲利普还小；但这些年他们发迹了，成为那不勒斯王国的富有银行家，是君主费兰特一世的亲密朋友。除此之外，在取消驱逐判决的议案中，兄弟俩清楚他们握有一张王牌：洛伦佐告诉菲利普，"可以肯定的是，皮耶罗想和国王套近乎"。皮耶罗的确想改善与费兰特一世的关系，费兰特一世最近不再计较米兰和那不勒斯之间的长期争斗，他同意他的继承人卡拉布里亚公爵阿方索和弗朗西斯科公爵的女儿伊波丽达·斯福尔扎订婚。多亏柯西莫，皮耶罗和米兰一直关系密切；但皮耶罗的野心是在外交同盟中具有更核心的地位，而不仅仅是在国内有点名气。不过，他不会大度到接受斯特罗齐兄弟俩回国，那样他们的财富和影响力会让敌对阵营如虎添翼。当他接到费兰特一世以私人名义写信询问斯特罗齐兄弟俩可否回佛罗伦萨时，皮耶罗委婉地拒绝了，回复称"很难过，我无能为力"。但他的确对斯特罗齐兄弟提出建议。[9]着眼于更长远的目标，兄弟俩同意按照皮耶罗的授意行事。他们准备了几件贵重礼物，包括送给国王的一艘战舰——也给佛罗伦萨送了几件礼物，包括送给卢克雷齐娅一卷昂贵的亚麻布。[10]

　　费兰特一世的回应是，同意执政团的提议，佛罗伦萨将在那不勒斯的婚礼队伍北上米兰时接待他们，并在他们带着阿方索的新娘南返时给予招待。1465年4月17日，费兰特的小儿子阿拉贡的费德里戈到了佛罗伦萨，他是哥哥结婚的代言人。皮耶罗由于痛风出不了门，他16岁的儿子洛伦佐担当起主人的角色——两位小伙子成了好朋友。他们都对文学感兴趣，后来洛伦佐送给费德里戈一份手稿，里面有但丁、薄伽丘和其他托斯卡纳诗人的作品。同时还写了一封信，他对费德里戈提到了他们在一起度过的时光，"我们谈到了用托斯卡纳语言写诗的诗人，阁下表示希望我为您把他们的作品收集到一本书里"。[11]

　　洛伦佐还代表父亲参加了在米兰举行的婚礼，由姐夫古列尔莫·德·帕奇陪同，经由费拉拉和威尼斯向北骑行，名义上是去视察各分行，但皮耶罗另有谋算——把儿子引荐给北意大利的当权者，他知道露面有多么重要。1465年5月11日，他写信给洛伦佐，着急地告诉他："你已经第四次收到我的信了，如何举止，你都要记住。"[12]他重复了之前的教导，几乎是逐字逐句：

"总之，你需要表现得是个男人而不是男孩，言语、行为、礼仪都要表现好，如果你设宴或举行招待，不要在乎花销，只要对你有好处，该花多少就花多少。"

1465年6月中旬，阿拉贡的费德里戈和新嫂子伊波丽达·斯福尔扎回到佛罗伦萨，正好赶上城里的圣乔瓦尼节。两人住在美第奇宫，皮耶罗痛风发作，脾气暴躁，对招待事宜有心无力。"执政团指示我那样做，我心甘情愿地服从，"他告知洛伦佐，"我们正准备盛大的庆祝活动招待参加圣乔瓦尼节的王子们，我们还要用其他方式表示尊重。"[13]他还说，朱利亚诺正要"以一种从未有过的豪华形式举办一场比赛，执政团满怀期待，但是我不赞成，我不想同时有这么多麻烦"。

1465年夏天，皮耶罗更加关注日益担心的政治问题。9月，菲利普和洛伦佐·斯特罗齐的姐夫马尔科·帕伦迪得到重要消息：卢卡·皮蒂最终不再和对手玩捉迷藏了，直接叛变皮耶罗，加入推翻皮耶罗的队伍。更糟的是，经济危机加剧了人们对皮耶罗领导能力的不满，皮耶罗无法阻止皮蒂、内罗尼和阿恰尤利的支持者们颠覆柯西莫1458年制定的制度——该制度把选举权控制在执政团手中。"这样做就是要削弱皮耶罗的权势，"反美第奇的帕伦迪在回忆录中写道，"为的就是不让他随心所欲地挑选议员。"[14]在柯西莫去世后一年，美第奇政权的反对派终于戳破了窗户纸。帕伦迪在皮蒂宫和美第奇宫之间做了一个生动的对比，"过去人们常常在美第奇宫讨论家事国事"，但"最近皮耶罗的声誉大不如前，卢卡·皮蒂在自己家造势，现在大多数公民去他那里谈论政事"。[15]

次年，即1466年，一开始就有不祥的预兆。1月12日，阿诺河冲垮了堤坝，"没有下过一滴雨"，马厩里的马没能躲过此劫，酒窖里储存的葡萄酒也被糟蹋。[16]皮耶罗下发了一条命令，要求收回美第奇银行贷款，这让许多佛罗伦萨公司倒闭，经济危机加剧。其中八家公司损失超过30万弗罗林。[17]紧接着，米兰传来可怕的消息：弗朗西斯科·斯福尔扎公爵只病了两天，突然在3月8日去世，丢下22岁的儿子加利亚佐·玛利亚成为新的统治者。"听到米兰杰出的公爵去世的消息,太突然了,太不是时候了,我悲痛欲绝,竟不知自己身在何方,你可以想象这对我们家于公于私都意味着什么,"心急如焚的皮耶罗写给洛伦佐。[18]"我们必须竭尽全力维护公爵领地的稳定,因为你知道我们对已故领主的神圣记忆负有怎样的债务和责任。"但是皮耶罗再没有权力果断行动了。当他在执政团的支持者投票决定贷款四万弗罗林给米兰时,反对者阻止了这次决议。历史学家弗朗西斯科·圭契尔迪尼的祖父见证了这场纷争,据他说:"当他们着手讨论细节时,卢卡·皮蒂、安杰洛·阿恰尤利和迪提萨尔维·内罗尼阻止了交易,希望皮耶罗在米兰公国面前失分,这钱绝对不给。"[19]

佛罗伦萨街头的紧张局势在升级。皮耶罗在5月下旬躲过了一场暗杀阴谋,几天后,400多位杰出公民宣誓拥护共和国的原始宪法,删减了美第奇家族掌权时添加的修饰性条款:"城市将由一个正义的、平民主义的政府以传统方式治理,未来执政团的选举像现在这样靠抽选而不用其他办法。公民不应受到暴力威胁,而是自由地提出建议并评判公共事务。"[20]签署方中有三位反对派的领袖是在预料之中——皮蒂、内罗尼和阿恰尤利——但更让人忧虑的是,皮耶罗的堂弟皮耶尔弗朗西斯科选择和他岳父站在了一起,而没有选择支持自己的家族。

1466年6月8日,为了掩盖危机的严重性,皮耶罗表现得很自信,继续庆祝计划好的、为女儿南妮娜和贝纳多·卢塞莱举行的婚礼。他参加了新郎的父亲乔瓦尼·卢塞莱举行的盛大宴会。宴会就设在维尼亚诺娃宫外,光是食物的费用就高达1185弗罗林。[21]这件事让美第奇家族有一个非常公开的机会展示他们的国际威望。洛伦佐身穿装饰有斯福尔扎家族徽章的斗篷,这是加利亚佐·玛利亚公爵的礼物,专为这场活动加急送到佛罗伦萨。[22]

到8月,两派准备一决雌雄。皮耶罗的人清空了城市的商店,各类货物填满了美第奇宫的仓库——剥夺了反对派的供给。反美第奇派聚在河对岸的皮蒂宫,皮耶罗在自己的宫殿准备防御。马尔科·帕伦迪描述了尼科代莫使节"在皮耶罗的窗户上装了鹰架,像堡垒防御一样堆了大量的石头和其他投掷物,他派武装士兵守卫在房子周围的街道上"。[23]多亏了尼科代莫,皮耶罗才来得及安排米兰军队到达边境。为了支付这次暴动的高额成本,皮耶罗甚至从皮耶尔弗朗西斯科那里贷款一万弗罗林，没想到的是，这位堂弟尽管支持反对派，却答应贷款给皮耶罗。[24]

8月27日，皮耶罗命令米兰军队进入佛罗伦萨领土。第二天，随着9月—10月执政团的成员名单公布，紧张局势飙升。皮耶罗没能介入选举，但新选出的人员中有美第奇的几位支持者，这让他松了一口气。在尼科代莫和他妹夫托马索·索德里尼的机警建议下，皮耶罗做出计划。他妹夫是柯西莫的盟友，一直忠诚于美第奇家族。佛罗伦萨内战一触即发，执政团召见皮耶罗和卢卡·皮蒂，要求他们解除各自的武装。

然而，很快人们就明白有什么事情悄然在改变。原来皮耶罗和皮蒂举行了密谈，皮蒂同意背叛朋友换取政治利益。皮蒂的条件包括把他女儿嫁给一个美第奇家族的丈夫，不过他一定很失望，因为他未来的女婿不是皮耶罗的儿子洛伦佐，而是皮耶罗的妹夫、银行家乔瓦尼·托尔纳博尼，这不是他所希望的。

米兰军队在边境集结，同时皮耶罗命令约8000人的私家军队在9月1日开进城市，武装力量很快镇压了叛乱。几周后，美第奇家族重新控制了选举进程，加强了对权力的控制。皮耶罗首先采取的行动中，有一项是讨好国王费兰特一世，允许菲利普和洛伦佐·斯特罗齐回到佛罗伦萨，这一示好的举动在后来几年里证明是超值的。之后，他驱逐了迪提萨尔维·内罗尼和安杰洛·阿恰尤利。9月17日，阿恰尤利从锡耶纳给皮耶罗写了一封尖锐的信："我嘲笑我所看到的；上帝给你权力一笔勾销你欠我的债……我被流放，为你父亲失去了我的产业，而你有能力把一切归还给我。"[25]皮耶罗在回信中写道："你的罪过正如我在先前的信中所说，是如此明显和巨大，求我和任何人为你调停都是没有用的。"

尽管堂弟皮耶尔弗朗西斯科对家族不忠，皮耶罗并没有流放他——也许感恩于危急时刻给予的经济援助——但他不敢肯定该不该给皮耶尔弗朗西斯科政治职务。家族的两个分支继续遵守社会细则。1467年10月，皮耶尔弗朗西斯科的妻子劳多米娅生了个儿子（乔瓦尼，以他曾祖父的名字命名），当时卢克雷齐娅正在沃尔泰拉附近的莫尔巴温泉，孔泰西娜安慰她"已经以你的名义去探望了劳多米娅"。[26]但皮耶罗和皮耶尔弗朗西斯科的关系越来越紧张。1469年8月，皮耶罗决定，是时候让堂兄弟俩各自纳税了，皮耶尔弗朗西斯科的回信令他失望："我一直认为我们该一起好好谈谈我们的事情，那些我认为较为重要的事情；你不这样认为，我随你便。"[27]根据税务清单回执的记录显示，那年他们的确单独提交了回执单。皮耶罗的财富（66452弗罗林）远远大于他堂弟的（45065弗罗林），虽然自从1457年柯西莫宣布总数为122669弗罗林以来，美第奇家族的财富一直在减少。

同时，皮耶罗也一直培养洛伦佐在国内外舞台上的地位。1466年12月，继承危机之后，洛伦佐被选入百人议会，他当时的年纪距离要求还差几岁。他开始在国家资助中扮演角色，选入公民和工匠委员会，监督百花大教堂穹顶的完工。他还担任管理圣母领报大殿的官员，任期四年。[28]更重要的是，在1467年初，皮耶罗和卢克雷齐娅开始给18岁的儿子物色媳妇。按佛罗伦萨人的标准，这个年龄结婚太小了——商人愿以利益为先——但这是美第奇家族野心的明显标志，18岁在意大利贵族宫廷中是正常的婚嫁年龄。美第奇家族开始从根上与商界分离。他们对新娘的选择是又一次与传统决裂：按照乔瓦尼·托尔纳博尼的建议，他们选择了克拉丽丝·奥西尼，她不仅是外国人（罗马人），而且还有贵族血统，是红衣主教拉蒂诺·奥西尼的侄女。

在做出最后决定之前，卢克雷齐娅前往罗马，在圣彼得大教堂做弥撒时见到了克拉丽丝和她母亲。1467年3月27日，她给皮耶罗写信详细讲述了克拉丽丝姣好的肤色和优雅的举止，她圆圆的脸庞"真让我满意"，前颈细细的，前胸匀称，有着"纤细的手"和"浓密而发红的头发"，还有很多男爵奥西尼家族的信息。几天后，她更简洁地汇报：克拉丽丝"有两个优点，个子高挑，不乏吸引力；她的脸不漂亮，但也不普通，她的身材不错；洛伦佐见过她，所以要看看她是否让他满意；优点这么多，要是洛伦佐喜欢她，我们也满足了"。[29]

卢克雷齐娅在从罗马返回途中病了。那年9月，她去了莫尔巴温泉，希望硫黄温泉能帮助改善她娇弱的身体状况。洛伦佐也计划去温泉，但是9月19日，他写信说，大夫"认为泡温泉不利于我的湿疹，我决定不去了"；他还说："我们这里都很好，特别是皮耶罗，他唯一的希望就是收到你的更多来信。"——孩子们称呼自己父亲的教名是很平常的。[30]卢克雷齐娅的身体的确恢复了很多，这让皮耶罗很欣慰。10月1日他写信说："我希望你完全恢复，你肯定能完全恢复，已经做了那么多的祈祷和恳求，并且还在继续，有的是你认识的人做的，有的是你不认识的人做的。所以不会有别的可能。"[31]第二个月，他又写了一封："我的卢克雷齐娅，我不会给你写很长，因为你的归期近在眼前，我怀着无限的渴望等待你归来。"[32]

同时，洛伦佐和克拉丽丝的订婚磋商也在进行着，两人的叔叔乔瓦尼·托尔纳博尼和红衣主教奥西尼进行了漫长的磋商。婚约终于在1468年11月签署——距离卢克雷齐娅在圣彼得大教堂看到女孩子过去了18个月。红衣主教写信给皮耶罗："我们怀着极大的喜悦签订了乔瓦尼·托尔纳博尼从您那里带来的婚约。"他希望两个家族的联盟会"给两个家庭带来幸福，因为我们双方老人都满意，男孩和女孩也满意，的确人人都满意"[33]。

乔瓦尼·托尔纳博尼的弟弟弗朗西斯科也在罗马分行工作，他代表洛伦佐花了很多时间和克拉丽丝在一起，教导她将来在佛罗伦萨的新生活。1469年1月4日，他写信给他侄子："我没有一天不看到你的麦当娜·克拉丽丝，她把我迷住了。"他无比兴奋地说，"她很美，举止可爱，聪明可敬。""她开始学习跳舞，每天学一个新舞。"[34]他还建议洛伦佐："既然你不能经常来看她，但最起码要常给她写信，她会很高兴。"

洛伦佐在佛罗伦萨忙着准备一场由他主持的盛大比武，比武在1469年2月7日举行，是一年一度的狂欢节庆祝活动。他在回忆录里自豪地写道："非常耗钱、非常奢侈，花了大约1万弗罗林……我被评判为优胜者，得到一个银质头盔。"[35]克拉丽丝听到她未婚夫的消息非常激动。弗朗西斯科·托尔纳博尼在2月16日写信告诉洛伦佐："这四天她情绪低落，担心你的比赛。她有轻微的头痛，但是一听到你的消息，马上就不痛了，很快又快乐起来了。"[36]一周左右之后，克拉丽丝自己给洛伦佐写信，感谢洛伦佐写信"告诉我比赛的情况"，"我很高兴你在一些能给你快乐的事情上得到了满足"。[37]

婚礼在佛罗伦萨隆重举行。1469年6月2日，一个星期六，各种食物开始从佛罗伦萨的各个城镇到达美第奇宫——150头小牛，2000对阉鸡，鹅和鸡，糖梅子，葡萄酒，等等。星期日，新娘到达了美第奇宫，"骑着国王（那不勒斯费兰特一世）送给洛伦佐的大马，许多吹号手和风笛手在前面开路"，先参加宫殿内举办的五个宴会中的第一个（图34）。每天下午都有人在宫殿外搭建的舞台上跳舞，舞台上挂着美第奇家族和奥西尼家族的盾徽。在柯西莫的私生子家里也有派对，他当时是大教堂的牧师，"在梅塞尔·卡洛的家里，每天有100桶酒被喝掉"。[38]不走运的是，婚礼那天下雨了，"下得又急又大，好多人都没有来得及躲避，雨覆盖了所有的东西，浸湿了漂亮的衣服"，一位目击人记录道；但他认为"不管怎样，场面很壮观"。

1469年7月初，洛伦佐让新婚妻子留在佛罗伦萨，他自己则作为父亲的代言人前往米兰。他父亲被选为詹加利亚佐·斯福尔扎的教父，詹加利亚佐·斯福尔扎是加利亚佐·玛利亚公爵和他妻子（萨沃伊的博娜）的新生儿。洛伦佐代表皮耶罗赠送公爵夫人一条奢华的金项链，上面镶嵌着价值2000弗罗林的一个大钻石。[39]皮耶罗肯定对他儿子不断发展的奢侈品位有些担心，因为他要求卢克雷齐娅"告诉洛伦佐遵守指令，不要显摆"。[40]跟随洛伦佐一同前往的有他的姐夫贝纳多·卢塞莱和他的老导师真蒂利·贝奇，老师定期向克拉丽丝通报她丈夫的进展："星期六将到达米兰，执行了伟大父亲的命令后就马上回到你身边，只有不能陪在你身边让他感到遗憾；他身体很好，也很快乐，贝纳多·卢塞莱也很好，很快乐。"[41]洛伦佐也给新娘写信，告知自己安全到达米兰，督促她"关爱皮耶罗、莫娜·孔泰西娜和莫娜·卢克雷齐娅"，告知"我会尽快完成这边的事情回到你身边，我觉得离开你好像有一千年了"。[42]

1469年秋，皮耶罗的健康急剧恶化。12月2日，他在卡瑞吉别墅去世，死于痛风并发症。他的妻子和亲密的家人非常悲痛，但是佛罗伦萨人没什么感觉。尽管他领导美第奇党只有五年，但在美第奇家族故事中具有关键作用。他成功地在继承危机中幸存下来，学到了稳固美第奇政权必需的残酷政治手段。美第奇家族现在是米兰公爵加利亚佐·玛利亚和那不勒斯国王费兰特一世的亲密伙伴，并与罗马强大的奥西尼家族联姻。

最重要的是，皮耶罗的行为突显了美第奇家族开始将自己视为佛罗伦萨理所当然的统治者。

8

年轻的舵手

洛伦佐和朱利亚诺
1469年—1479年

1469年的美第奇家族

洛伦佐·迪·皮耶罗（20岁）（洛伦佐）
克拉丽丝·奥西尼（19岁），*他的妻子*

卢克雷齐娅·托尔纳博尼（42岁），*他的母亲*

比安卡（24岁），*洛伦佐的姐姐*
古列尔莫·德·帕奇，*她的丈夫*

南妮娜（21岁），*洛伦佐的姐姐*
贝纳多·卢塞莱，*她的丈夫*

朱利亚诺（16岁），*洛伦佐的弟弟*

皮耶尔弗朗西斯科（34岁），*洛伦佐的叔叔*
劳多米娅·阿恰尤利，*他的妻子*
　　洛伦佐（6岁）和乔瓦尼（2岁），*他们的儿子*

1469 年12月3日，美第奇家族的男士按照辈分顺序排队，跟随皮耶罗的棺木到圣洛伦佐教堂为他举行葬礼。作为家族的长者，卡农·卡洛和皮耶尔弗朗西斯科走在队伍的前头，由那不勒斯和米兰的大使陪同，后面是皮耶罗的儿子洛伦佐和朱利亚诺。但是，卡洛和皮耶尔弗朗西斯科都不是指定的皮耶罗继任者。

前一天晚上，在皮耶罗去世后的几小时内，约700名美第奇的支持者召开会议，会上柯西莫和皮耶罗的忠实盟友托马索·索德里尼说服大家接受洛伦佐为领袖，并同意取消执政的年龄限制，这样洛伦佐和朱利亚诺都能在政府担任职位。在场的大多数显然宁愿选择年轻的、经验不足的，也不愿选择忠诚度值得怀疑的——在过去的四年里，皮耶尔弗朗西斯科对美第奇家族的表现不够忠诚。当洛伦佐意识到自己处于政治权力的顶峰时，距离他21岁的生日还有一个月。几年后，他有点虚伪地回忆说，"由于年龄"他一直不愿意接受这个位置，但为了家族和朋友他还是同意了。他还说（这个较为可信），"只有由富人执政，佛罗伦萨才会繁荣"。[1]但事实证明，他执政初期的经历真没什么亮点，只有贪婪和幼稚。他缺乏政治常识，差点把命搭上。

对洛伦佐来说，当务之急是和皮耶尔弗朗西斯科处理好关系。皮耶罗的葬礼后，马尔科·帕伦迪看见洛伦佐"在回家的路上哭泣"，他还注意到洛伦佐和皮耶尔弗朗西斯科"互相做出了隆重的姿态，他们的朋友在努力让他们团结起来；我们将看到会发生什么"。[2]葬礼后的第二天，洛伦佐向堂兄贷了一大笔款——8166弗罗林（当时一个老匠人一年的收入不到40弗罗林）。皮耶尔弗朗西斯科没有对洛伦佐先发制人的方式表示不满，而是抓住机会利用这次请求直接得到好处。[3]他得到的回报是允许重返政坛，1469年12月17日，他接替了皮耶罗在委员会里负责公共债务的职位；第二年，他以大使的身份去拜见国王费兰特一世。洛伦佐还在"提名适合人选选入执政团"的委员会里给他安排了一个职位。

较为广义地看，新政权让一代新人崭露头角，这是一个重大变化。从1293年共和国成立以来，一直都是中年人主导佛罗伦萨的政治、社会和文化。在年轻和财富的掌舵下，佛罗伦萨吃喝玩乐开始流行——这让那些喜欢领导人更成熟些的人看不惯。1470年，圣乔瓦尼节的庆祝活动盛大空前，持续了七天，除了传统的检阅和游行外，还有比武和模拟战。对佛罗伦萨人来说，军事表演引起了一种特别的共鸣。正如贝内德托·德伊在15世纪70年代写的编年史中吹嘘的那样，这座城市本身不需要真正意义的堡垒、吊桥和卫兵，尽管在佛罗伦萨的臣属城镇和领地有许多。德伊的大部分文本都是城市财富的罗列：佛罗伦萨最富有的人，城市最宏伟的建筑（铺有路面的街道在清单中排第五），宴会的数量，各行业商店的数量，等等。更不严肃的是，他还列出了他最喜欢的佛罗伦萨谚语："不要有求必应"；"提防用大头针吃扁豆的人"；"想在一年内发财的人将在半年内变成穷光蛋"；还有更生动的，"屎干尿净，大夫无用"。[4]

德伊的佛罗伦萨富豪榜毫无疑问以洛伦佐和朱利亚诺为首，也是一份美第奇盟友的名单，他们都是近40年忠于美第奇家族从而兴旺起来的人。[5]名单上有一人（乔瓦尼·卢塞莱）吹嘘说："自从我和美第奇家族建立联系，我就获得了荣誉、尊重和重视。"[6]他曾经由于和帕拉·斯特罗齐的关系而被怀疑，后通过联姻成了洛伦佐的叔叔。1470年，他公开声明了自己的财产，为新圣母玛利亚教堂投资修建非常昂贵的镶嵌大理石的立面（图37），上面刻有他名字的标志：一艘财富船。德伊提到的其他人中还有托马索·索德里尼，1427年他穷得房无一间，现在都名列执政精英团了。洛伦佐的叔叔乔瓦尼·托尔纳博尼是美第奇银行罗马分行的资深合伙人，弗朗西斯科·萨塞蒂（图36）是银行的总经理，都在精英团里（萨塞蒂最近还投资公司，财富翻倍）。[7]名单里还有柯西莫的老盟友安德里亚·德·帕奇的后代，他儿子雅各布经营着和美第奇家族相匹敌的商业帝国，公司分布在罗马、佛罗伦萨、里昂、阿维尼翁、马赛、布鲁日和瓦伦西亚。

洛伦佐（图38）聪明，有天赋，但是应付不了新岗位。他父亲和祖父接管政权时已经人到中年，两人都谨慎小心，有在意大利政坛诡谲的泥沼中谈判的经验。而洛伦佐对外交知之甚少，且他在美第奇宫养尊处优被宠坏了，傲慢自大。他的海外旅行让他尝到了贵族的奢华，使他追求上流社会而不是共和国的辩论。他所受的教育可以让他在12岁时就轻松读懂拉丁文、写古典诗歌、演奏音乐，但没有学习怎么经商。他对美第奇银行不感兴趣，于是把整个公司交给了萨塞蒂。

与此同时，洛伦佐也担当不起政治责任，他是突然涉足复杂的国际事务的。他父亲去世后的几天，执政团任命他接替皮耶罗在委员会的职位，参加正在佛罗伦萨举行的首脑会议，协商共和国、米兰和那不勒斯之间的和平条约，即建立了所谓的"三国联盟"。米兰和那不勒斯在传统上就不和，所以这是一个雄心勃勃的项目，但它让佛罗伦萨和美第奇家族与意大利的两个主要强国平起平坐，有望获得丰厚回报。洛伦佐在1月记录道，这是"城市所面对的最令人恼火、最艰苦的谈判"；至少他意识到了自己的无知，因为"从来没有接触这类事情，它们对我而言是全新的世界，这更加令人胆怯"。[8]当讨论终于在7月结束时，他长吁一口气叹道："这是我收到的最好消息。"

然而，洛伦佐的解脱是短暂的。1470年末，米兰和那不勒斯作为老对手的矛盾开始显现，这个转折影响到了美第奇家族。洛伦佐让叔叔重返政界的仓促决定也被证明是个错误。皮耶尔弗朗西斯科没有支持洛伦佐，也没有支持三国联盟，他决定公开支持那不勒斯，因为他的岳父安杰洛·阿恰尤利被流放在那里。米兰大使尖刻地评价皮耶尔弗朗西斯科为"用眼睛和大脑都看不见的那块肉"。[9]洛伦佐苦于美第奇家族有多少财富都到了叔叔手里，"1451年的仲裁把一半的财富给了皮耶尔弗朗西斯科，"他在回忆录里写道，"把所有好东西都给了他，他比我们占了很大优势"；"同时他还持有银行三分之一的股份，他赚的比我们多，因为他开销比我们少"。[10]

米兰和那不勒斯在争夺洛伦佐的支持——而洛伦佐极力讨好双方。费兰特一世送了他"两匹良马"，答应如果他"还想要只管说"，现在国王发现他非常喜欢马，只要想要就有，再没有比还想要几匹更让他高兴的了，要别的也行。[11]1471年，加利亚佐·玛利亚·斯福尔扎和公爵夫人萨沃伊的博娜对佛罗伦萨进行国事访问，表面上是向圣母领报大殿教堂的玛利亚还愿来了，实际上是为了私下和洛伦佐交换意见。佛罗伦萨的传令官被公爵的随行人员惊呆了："他的行李车队的数量，穿着锦缎雍容华贵的家人，"他在工作日记中写道，"在我看来，比我们城市里的任何东西都要华丽。"[12]

不是所有的佛罗伦萨人都对此有好印象。那天是大斋日，公爵的朝臣们无视教堂的规矩，"全然不顾对教会和上帝的尊重都吃肉"，[13]许多人对此感到震惊。由于是斋戒日，不可能提供球类比赛、比武、猎狮这些舞台上经常出现的表演来招待客人，洛伦佐命令三家教堂上演宗教剧——《天使报喜》（圣菲利斯教堂）、《耶稣升天》（卡尔米内圣母教堂）和《圣灵降临》（圣灵教堂）。按照公证人朱斯托所说，公爵"去了圣菲利斯教堂，没有去卡尔米内圣母教堂，也没有去我们那家"。[14]《耶稣升天》这部戏需要采用精密的机械装置把"基督"从祭台屏风后抬出来，升到教堂的橡子上，这个操作可能会"严重危及许多人的生命安全"。圣灵教堂的演出则以灾难告终："我们的剧目是3月21日上演，那晚我们等公爵等到很晚"，"演出结束后，舞台工作人员没有考虑到发生火灾的风险，直接回家了"。他们忘记了熄灭使徒冠冕上点火时留下的、未燃尽的余烬，教堂在夜里失火了。[15]

1471年8月，洛伦佐和加利亚佐·玛利亚公爵的友谊带来了获取政治利益的机会，当时公爵的候选人红衣主教弗朗西斯科·德拉·罗维里当选为教皇西克斯图斯四世。为了支持新教皇，公爵同意了将私生女卡特琳娜·斯福尔扎嫁给西克斯图斯四世的侄子吉罗拉莫·罗萨里奥——他在叔叔当选前，是一名萨沃纳利古里亚城的杂货商。教皇给公爵提供的支持包括确定美第奇家族为教廷银行家及拥有托尔法明矾垄断权。9月，执政团派遣洛伦佐等人作为大使前往罗马庆祝西克斯图斯四世当选，教皇向洛伦佐示好，所赠物品包括无价之宝——古代留存下来的最大的浮雕塔扎·法尔内塞（图39）。洛伦佐记录道："我在罗马很是荣幸地得到教皇赠予我的两座古色古香的奥古斯都和阿格里帕的大理石半身像，还有刻着铭文的卡尔西登杯。"[16]1472年2月，西克斯图斯四世继续表示支持美第奇，他向洛伦佐和朱利亚诺、他们的母亲卢克雷齐娅和祖母孔泰西娜以及几位美第奇的忠实信徒，特别是乔瓦尼·托尔纳博尼和贝纳多·卢塞莱颁发了全体赦免令——赦免他们的一切罪过。几个月后，教皇允许洛伦佐从他前任的收藏中购买珠宝、浮雕和珍贵宝石，总价23170弗罗林。[17]

还有更值钱的，洛伦佐得到西克斯图斯四世的口头承诺，让他弟弟朱利亚诺当红衣主教。这对银行家出身的美第奇家族来说是前所未有的荣誉：红衣主教在文艺复兴时期的欧洲拥有王子一样的社会地位，此外，在政治舞台上也是说一不二的人物，还有机会当选为教皇。1472年11月，洛伦佐向教皇发了一封措辞礼貌的提醒信："我已经写信给乔瓦尼·托尔纳博尼，请他与您谈谈我们家族长期以来希望有一位红衣主教的愿望。"他在信中这样开始，"我想本没有必要再询问当时随口承诺的事，但是有传言说红衣主教很快就会产生，我觉得最好再提醒一下您我们的愿望"。[18]

结果那年，教皇没有任命红衣主教；洛伦佐继续更加小心谨慎地推进，他向红衣主教雅各布·阿玛纳蒂请教该怎么操作。阿玛纳蒂第二年4月回复："教皇很快就要授命指定新红衣主教了，特别是在那些没有红衣主教的国家中挑选人任职。比如你们国家就没有，现在有几点不适宜。"[19]阿玛纳蒂对于朱利亚诺的前途不很乐观："这里有很多关于你家朱利亚诺的议论，在喷泉边钓鱼时我发现他被适当地提及了……但我认为他目前可能不太成熟，在这里不受欢迎；他最好穿上教会的袍子或者书记官的衣服，我想这样就好了。"一周后，洛伦佐又收到红衣主教阿玛纳蒂的信，提醒他为唯一的弟弟争取红帽的后患：如果洛伦佐死了，"朱利亚诺处在我们今天为他争取的位置上，而你的孩子还小，那么我觉得你家就会面临危险，失去柯西莫留给皮耶罗的卓越地位及皮耶罗留给你的地位"。[20]他建议提名佛罗伦萨的其他候选人，最好是一位牧师；但这当然不是洛伦佐所计划的——从自己家族选红衣主教他才满意。

自从1469年结婚，洛伦佐和克拉丽丝有了几个孩子。1470年8月，克拉丽丝生了个女儿，以洛伦佐母亲的名字命名为卢克雷齐娅。第二年，她生了一对双胞胎男孩，是五六个月的早产儿。洛伦佐痛心地记录道：他们"活到可以接受洗礼"。[21]1472年2月，他们又诞下了一个健康的儿子，以祖父的名字取名皮耶罗。第二年，家族牧师给卢克雷齐娅送来她孙子孙女们的消息。他汇报说：小卢克雷齐娅三岁了，"有点湿疹，其他都健康"，她"乖巧得像个聪明的小人儿"。[22]皮耶罗18个月了，"面色红扑扑的，开心快乐，充满活力"，他"常常跑到门边喊大家，奶奶、爸爸、妈妈，如果您在这边您一定会笑的"。自1216年以来，美第奇家族就属于统治佛罗伦萨的、富有的精英家族，小皮耶罗是拥有贵族血统的第一个儿子——洛伦佐自己承认了这个事实。[23]

洛伦佐自称的"贵族"（Magnifico）头衔，对我们来说可能意味着高贵，但在15世纪，它只是一种广泛给予无法享有贵族姓氏威望的富商的尊称。他应该更喜欢"王子"标签——他的确是以王子般的规格在花钱。1472年，他在回忆录里自夸道："从1434年到现在，我们花了大笔钱财做慈善、建房子、纳税等，总计663755弗罗林；对此我不后悔，虽然许多人情愿把这类钱存到自己的钱包里，而我认为就我们所处的位置来说，这是极大的荣誉；我认为钱花得值，我很高兴。"[24]没有父亲左右他，洛伦佐的奢侈嗜好发展得很快。比如，他的古董宝石收藏量在增加；1474年，他支出6000弗罗林购买佛罗伦萨郊外繁华的乡村地产波焦阿卡伊阿诺。这处地产曾经被乔瓦尼·卢塞莱在时日艰难时卖掉了。[25]他还把钱投在比萨附近的地产建赛马场：赛马是一项贵族运动——过去和现在都是——培育优胜马很费钱。他的马夫到西西里岛、那不勒斯和突尼斯寻找适合的马种，阿拉伯的马为首选，一匹马的价格可能高达100弗罗林——是一名工匠大师两年的工资。[26]洛伦佐可能无法让自己获得王室头衔，但他最起码可以买到象征王子身份的东西。

不幸的是，洛伦佐的支出超过了美第奇银行的财力，他开始大量地借钱，用公司的声誉作抵押。他向加利亚佐·玛利亚·斯福尔扎借到一万弗罗林。公爵第二年要他还钱，洛伦佐拒绝了。[27]米兰大使汇报说洛伦佐不相信公爵缺那点钱；另外，"最后他最有力的理由是，他欠了皮耶尔弗朗西斯科那个分行成千上万的金币"，"当务之急"必须还款了。美第奇银行的账户在1474年3月显示洛伦佐当时的确欠了他堂兄6.1万弗罗林的巨额债务。

就像他希望成为王子一样，洛伦佐未能把个人利益和国家利益区分开来；当在佛罗伦萨的一个臣属城沃尔泰拉附近发现矿藏丰富的明矾矿时，两者发生了冲突。沃尔泰拉人开发矿的资金来自几家佛罗伦萨公司，包括美第奇银行，压低了教皇在托尔法矿场收取的明矾价格。在此之前，意大利这种化学品的唯一来源是托尔法矿。洛伦佐是托尔法的垄断者，需要尽可能抬高价格保护银行的利润。为了让沃尔泰拉人听话，他利用政治权力解决本来是私人之间的商业问题，他说这是反对佛罗伦萨政权的叛乱，说服执政团派军队镇压。1472年6月18日，在久经沙场的乌尔比诺伯爵费德里戈·达·蒙特菲尔特罗的领导下，沃尔泰拉被1.2万名士兵野蛮镇压。他让部下在镇上洗劫了12个小时，奸淫掠杀许多居民。托马索·索德里尼曾警告过洛伦佐要小心，并给出忠告："和平无价"。当洛伦佐问他对这次征服的看法时，他有点悲哀地回答说，他认为征服沃尔泰拉这件事输了，没有赢。[28]

索德里尼说得有道理。洛伦佐被指责暴力镇压起义。他的举动疏远了许多佛罗伦萨人，他们开始聚集在美第奇家族主要对手的旗下，对手是极有影响的帕奇银行家族和他们的领袖雅各布·德·帕奇。

洛伦佐不久又犯了一个错误。1473年，他得到一个为西克斯图斯四世谋事的机会，当时西克斯图斯四世想为侄子吉罗拉莫·罗萨里奥谋一个"伊莫拉领主"的称号。然而，当教皇向洛伦佐提出贷款四万金币，准备从加利亚佐·玛利亚公爵手里买下这个位于佛罗伦萨边境的小国时，出于安全考虑，洛伦佐拒绝了。西克斯图斯很生气，转身向雅各布·德·帕奇贷到了款。帕奇没有理会洛伦佐拒绝付贷的命令——他抓住这个机会得到了教皇的支持。

随后几个月，洛伦佐在罗马的影响力没有变化。1474年初，西克斯图斯四世的另一个侄子红衣主教皮埃罗·罗萨里奥去世，佛罗伦萨出现大主教空缺，洛伦佐设法为他的姻亲里纳尔多·奥西尼谋争圣职。但在1474年夏，教皇对洛伦佐的固执进行了报复，撤掉了美第奇家族高额利润的教皇账户，然后指定帕奇家族接替。10月，他进一步羞辱洛伦佐，派遣雅各布·德·帕奇的堂亲弗朗西斯科·萨尔维亚蒂填补了空缺的比萨大主教位置。洛伦佐请求米兰公爵干涉他所认为的"完全不公正的行为"，表明他担心"这里的某些公民"侵犯他作为佛罗伦萨统治者的权力，他指的是帕奇家族。[29]1476年6月，西克斯图斯四世把托尔法的明矾垄断权转到帕奇银行，洛伦佐的金融事务进一步恶化。更糟糕的是那年12月，米兰传来消息，洛伦佐最亲密的盟友加利亚佐·玛利亚公爵遭到了暗杀，留下遗孀萨沃伊的博娜，为他们七岁的儿子詹加利亚佐担任摄政王。

他的叔叔皮耶尔弗朗西斯科突然去世带来了一线希望，他还欠着叔叔好多钱。洛伦佐被指定为叔叔的两个儿子——14岁的洛伦佐和9岁的乔瓦尼——的监护人。

在罗马，雅各布·德·帕奇有了新威望，很受鼓舞，他计划摧毁美第奇的政权和银行。他得到了自己家族的支持，包括他的侄子弗朗西斯科和古列尔莫（他娶了洛伦佐的姐姐比安卡），也得到了对洛伦佐的管理不满意的佛罗伦萨人的支持。帕奇还得到西克斯图斯四世的侄子的支持，更隐蔽的是，他还得到那不勒斯国王费兰特一世和教皇本人的认可。

1478年4月26日早上，阴谋者们聚集在佛罗伦萨的百花大教堂做弥撒，洛伦佐和他弟弟朱利亚诺也在场。当圣像被升起时，弗朗西斯科·德·帕奇恶毒地刺向朱利亚诺，两名牧师扑向洛伦佐。多亏了弗朗西斯科·诺里，洛伦佐死里逃生。诺里是银行合伙人，为老板挡刀时腹部受了致命的一刀。朱利亚诺则当场身亡。

多亏诺里相救，政变失败了。那天下午，雅各布·德·帕奇和支持者骑马来到领主宫，高喊"人民！自由！"他煽动人们反对美第奇的企图很快就被美第奇忠诚的支持者们的喊声淹没了，他们高喊"杀了叛徒！"有一位目击者记录道，"当时我在教堂，看到朱利亚诺死了，立马冲到洛伦佐的房子里"，"我操起胸甲、盾牌和剑"，"饿着肚子"守护了一下午。[30]

密谋者被抓捕，立即处决。药商卢卡·兰杜奇见证了一切，他在日记中记录了："密谋者被活活地吊在领主宫的窗外"。[31]到了晚上，宫殿变成了可怕的绞台，墙上挂满晃来晃去的尸体——有弗朗西斯科·德·帕奇和他的堂亲弗朗西斯科·萨尔维亚蒂（时任比萨大主教）。弗朗西斯科的兄弟古列尔莫有幸只是被流放。雅各布·德·帕奇逃到了山里，但几天后被当地的农民抓获，送回佛罗伦萨，和他的密谋同伙一起吊在耻辱墙的绳子上。试图刺杀洛伦佐的两个牧师被暴乱者发现藏在一个修道院，他们在被交给当局之前割了耳朵和鼻子：一个被绞死，一个被砍头。

4月30日，遭谋杀的朱利亚诺被葬在家族教堂圣洛伦佐教堂。之后不到一个月，5月26日，他的情妇给他生了个儿子，取名朱利奥。洛伦佐让他和美第奇宫的堂兄弟姐妹们一起长大——他的这位非婚侄子将在美第奇家族故事中扮演重要的角色。

帕奇阴谋（图40）在欧洲掀起轩然大波。法国路易十一世写信给洛伦佐，"我们刚刚得知你们遭受了巨大的不人道的暴行、耻辱和伤害"，"我们不能容忍这种行为不受惩罚"。[32]洛伦佐回复了国王的吊唁信，表达了对西克斯图斯四世所作所为的愤怒，他"对我、我的孩子、我的继任者和我的朋友实施了十分不公正的逐出教会的判决"，[33]"教皇还不满足于此，"他继续写道，"他召集军队反对共和国，已经说服国王费兰特加入他，敦促国王的长子（卡拉布里亚公爵阿方索）率领一支强大的军队和我们对抗。"

西克斯图斯四世也一样愤怒。1478年6月1日，他签署了教皇诏书，把洛伦佐驱逐出教会，惩罚他处死教会人士。6月12日，执政团就诏书进行辩论，洛伦佐自愿接受流放以拯救城市免于战争，但他的建议被执政团拒绝了，"美第奇家族必须和共和国一样受到保护"，一位公民这样主张；"不可能把洛伦佐的安全和国家的安全分割开来"，另一位公民声称。[34]显然，美第奇的支持者们抱成一团，保护他们的领袖。6月13日，洛伦佐被选进十人委员会。一周后，西克斯图斯四世宣布了对佛罗伦萨的禁令，并向佛罗伦萨宣战。教皇告诉乌尔比诺公爵，真正的目标是洛伦佐本人，"除了那个忘恩负义的、被驱逐出教会的、异端的洛伦佐·德·美第奇，我们不针对任何人，我们祈祷上帝惩罚他的邪恶行径"。[35]

乔瓦尼·托尔纳博尼和他的员工被驱逐出罗马，美第奇银行的财产被没收。费兰特一世在那不勒斯也采取同样的手段。洛伦佐甚至得不到老盟友米兰的支持，米兰在萨沃伊的博娜的摄政期间保持中立。1478年7月初，卡拉布里亚的阿方索和乌尔比诺公爵率领部队跨过佛罗伦萨南部边境。7月13日，药商兰杜奇报道了费兰特一世的使节到达佛罗伦萨，"是受国王和教皇派遣来谈和的，前提是佛罗伦萨驱逐洛伦佐·德·美第奇"；但兰杜奇继续写道："公民不同意，战争继续"。他的"公民"不是指民众，而是指领主宫里支持美第奇的大多数人。[36]

7月中旬，洛伦佐招兵买马，和几个雇佣兵头领谈判，其中有一位想趁机打劫，洛伦佐对此非常愤怒，"我们愿意付他2.5万金币，"他写给一位代理时说，"但他说战时要双倍，还提出更加离谱的要求。"[37]他现在急需资金。7月25日，他让佛罗伦萨驻米兰大使私下见公爵秘书，"你和他都不要和别人商议，"他警告，"看看能不能指望有3万或4万金币以备应急。"[38]他还查看了自己的账户，有一笔意外之财，是监护已故的皮耶尔弗朗西斯科的两个儿子所得，这个用起来方便：由于他们还未成年，那年夏天，洛伦佐在没有征得他们同意的情况下，从他们的财产中抽走了53643弗罗林。[39]

确保家人安全是必要的，克拉丽丝和孩子们被送到了皮斯托亚的朋友家。6岁的皮耶罗由他的老师、诗人安杰罗·波利齐亚诺陪着，他定时报告洛伦佐家人的状况，记录了2岁零9个月的乔瓦尼"整天骑着小马"，克拉丽丝"很好，但是除了听到佛罗伦萨的好消息外都高兴不起来"。[40]皮耶罗书念得很好，"我鼓励他多写，我想他很快就会给您寄一封信，其写法让您大吃一惊，"8月26日老师汇报，"我们在这里请了一位老师，教15天写作，他干得很出色。"[41]9月21日，皮耶罗真的给父亲写了一封信，"告诉您我们都好，我还不知道怎么才能写好，但我会尽我所能。"[42]那年秋天，佛罗伦萨暴发了瘟疫，洛伦佐把家人送到卡法吉沃罗，那里的山区令人厌烦，而且非常潮湿：波利齐亚诺告知卢克雷齐娅·托尔纳博尼："雨下得很大，下个不停，我们出不了屋门，只好玩球类游戏代替打猎让孩子们运动运动。""我无聊得要死。"他最后说。[43]

与此同时，卡拉布里亚的阿方索和他的部队正威胁着佛罗伦萨。1478年8月19日，兰杜奇记录士兵们袭击了城墙以南仅20英里的拉达和潘扎诺城堡。[44]11月，佛罗伦萨大部分的臣属领土都被敌人占领，部队开始了惯有的冬季休息——战斗季节会在3月重新开始——但圣诞庆祝悄无声息。"民众生活在战争、瘟疫和教皇驱逐的威胁下，他们胆战心惊，"兰杜奇悲叹道，"上帝保佑保佑他们吧。"[45]洛伦佐的支持者在帕奇阴谋后一直很稳固，但是由于战争耗尽了财富，他们开始动摇。反洛伦佐的匿名标语一夜之间出现在街头；据马基亚维利说，有位朋友警告洛伦佐"这座城市精疲力尽了，希望结束战争"。[46]

克拉丽丝和孩子们在卡法吉沃罗度过了大半年。1479年3月12日,她又生了一个儿子,取名朱利亚诺,纪念洛伦佐遭谋杀的弟弟。那年5月,7岁的皮耶罗写信告诉父亲兄弟姐妹的消息——卢克雷齐娅(8岁),玛德莲娜(6岁),乔瓦尼(3岁),路伊萨(2岁)和孔泰西娜(1岁)。"我们很好,都在学习,乔瓦尼开始学拼写",而"卢克雷齐娅学针线、唱歌和读书;玛德莲娜把头撞在了墙上,但没有造成伤害;路伊萨开始说几个字,孔泰西娜的声音充满整个屋子"。[47]他还祈求父亲送他一匹小马驹,父亲曾答应过他,洛伦佐如约寄送。"我无法告诉您我收到小马是多么高兴,"小男孩激动地说,"小马如此漂亮完美,谢谢您送我这么好的礼物!我将努力成为您所希望的样子,报答您。"[48]

洛伦佐忙着更重要的事情。第二年夏天,发生了小规模战斗,难决胜负。9月17日,卡拉布里亚的阿方索部队占领了重要的波焦帝国的要塞。此外,战争的费用给佛罗伦萨的经济和洛伦佐的权势带来了很大问题,战区内士兵对农田的破坏预示收成也将成问题。但是,就在一切都和洛伦佐作对的时候,他从米兰收到一封令人鼓舞的信。那年初,加利亚佐·玛利亚的弟弟,卢多维科·斯福尔扎从摄政议会夺取了权力,现在以他小侄子詹加利亚佐公爵的名义统治着公国。斯福尔扎让洛伦佐在米兰的代理人转告他的主人,费兰特一世准备议和,在国王改变主意之前,洛伦佐应该尽快行动。

洛伦佐把棘手的谈判任务交给费兰特一世的亲密朋友——菲利普·斯特罗齐。斯特罗齐11月24日离开佛罗伦萨,他在日记中写道:"我要告诉国王,洛伦佐愿意自己做人质,为了和平愿意听从国王调遣。"[49]但是,斯特罗齐离开的几天内,洛伦佐意识到有必要采取更戏剧化的行动,他决定亲自去那不勒斯,亲自去谈。12月6日,他动身出发,第二天才告知执政团他的决定,安慰道:"之所以不通知你们就离开,不是因为我妄自尊大,而是因为我认为我们城市焦躁不安的状态需要的是行动而不是言辞。"[50]"作为敌人最痛恨、最想迫害的人,我想,由我做人质是恢复我们城市和平的办法。""如果国王的意图是好的,那么最好的检验方法就是把我攥在他的手心里。"洛伦佐为了佛罗伦萨的和平牺牲自己的建议是仗义的,执政团甚为欢迎,允许他代表他们去谈判:"在如此重要的问题上,如此大的权力只能授予你,"他们告知他,"这是第一次授予这种不受限制的权力。"[51]

洛伦佐在担任领导人的头十年学到了很多东西。虽然他对商务不精通,但事实证明他擅长找到更狡猾的办法筹集到足够的资金,实现他的抱负。他成功地躲过了帕奇家族阴谋——的确是美第奇家族的一大威胁;现在,他发展了外交中尔虞我诈的才能。那么,这次和那不勒斯国王的赌注,他能赢吗?

9

骄傲

辉煌的洛伦佐
1480年—1492年

1480年的美第奇家族

洛伦佐·迪·皮耶罗（31岁）

克拉丽丝·奥西尼（30岁），*他的妻子*

他们的7个孩子

卢克雷齐娅（10岁）

皮耶罗（8岁）

玛德莲娜（7岁）

乔瓦尼（5岁）

路伊萨（3岁）

孔泰西娜（2岁）

朱利亚诺（1岁）

卢克雷齐娅·托尔纳博尼（53岁），*洛伦佐的母亲*

比安卡（35岁），*洛伦佐的姐姐*

古列尔莫·德·帕奇，*她的丈夫*

南妮娜（32岁），*洛伦佐的姐姐*

贝纳多·卢塞莱，*她的丈夫*

朱利奥·迪·朱利亚诺（2岁），*洛伦佐的非婚侄子*

洛伦佐（17岁）和乔瓦尼（13岁）

洛伦佐的受监护人，他叔叔皮耶尔弗朗西斯科的儿子

洛伦佐太傲慢了，根本不担心把自己扔进那不勒斯的狮穴。他似乎是以费兰特一世的客人身份度过1479年—1480年之间的冬天，享受着皇室公园精彩的狩猎、剧场演出和文化友人的陪伴，友人是指阿拉贡的费德里戈和卡拉布里亚公爵夫人伊波丽达·斯福尔扎。对更严肃的政治议题而言，宫廷生活的乐趣可以转移焦点。洛伦佐不仅谈判那不勒斯和佛罗伦萨之间的和平问题，连他自己的政治前途也是生死攸关。"他受到国王最高规格的接待，"弗朗西斯科·圭契尔迪尼（他父亲是美第奇家族的忠实合伙人）写道，"竭尽全力让国王相信和平的优势可以让国王继续掌权。"[1]洛伦佐最有说服力的一个论点是：如果美第奇失去了对政府的控制，政府"必将落入别人的手中，国王更难与之交易"。费兰特一世受到西克斯图斯四世的压力，后者让他不要和洛伦佐来往，"他在等着看洛伦佐不在佛罗伦萨的时候会怎么样，结果佛罗伦萨没有任何变化，他决定保留洛伦佐的地位"。

1480年3月15日，洛伦佐兴高采烈地回到佛罗伦萨，挥舞着签署的和平条约。药商兰杜奇记载道："人们对他的回归感到很惊讶"，"大家都以为国王不会放他回家"。[2]第二天，条约公布于众，"人们燃放烟火，敲钟庆祝"。12月的庆祝更热闹，那时经过几个月的谈判，西克斯图斯四世解除了对佛罗伦萨的禁令——乔瓦尼·托尔纳博尼可以在罗马重新开张美第奇银行。

洛伦佐很快就利用了他的外交胜利。1480年4月，就在他回来几周后，他建立起"七十人议会"（Council of Seventy），加强了对政府的控制。和他祖父的百人议会一样，该议会由精选的美第奇支持者组成，规范了进入执政团的途径；但七十人议会影响远不止于此，它延伸到了共和国宪法的核心。洛伦佐的议员不用选举，他们是终身制；也没有任何公开辩论，他们都宣誓

9 骄傲 | 115

保密，确保忠心耿耿地拥护政策。最重要的是，新的议会有权否决执政团的决定。洛伦佐亲自掌控外交政策，命令佛罗伦萨的外交官保持两组通信渠道：简单的官方信件给执政团，私密翔实的给他自己。

洛伦佐的政权在多大程度上偏离了共和国最初的理想，从领主宫新议会厅的装饰中可见一斑。罗马共和国的著名英雄肖像证明，佛罗伦萨名义上仍然是自由的，但它们所附的碑文颂扬了爱国主义，而不是自由。比如，西塞罗受到称赞不是因为他雄辩地捍卫了共和国的价值，而是因为他在粉碎喀提林阴谋过程中发挥了作用，有意影射帕奇阴谋。更能说明问题的是上方圆形图案中罗马皇帝的肖像，一个世纪以前，它出现在宫殿里是不可思议的。[3]

洛伦佐在统治精英团内部的公共地位发生了微妙变化。他不再像他的父亲和祖父那样，把自己描绘成"平等中的第一人"，而是毫不含糊地成为佛罗伦萨的"第一公民"。独他一人免受佛罗伦萨人禁止携带枪支的法律限制，他上街带着恶棍一样的私人保镖，手持箭弩。[4]米兰大使对洛伦佐"在没有实际掌握指挥权的情况下如此清晰地挥舞指挥棒"印象深刻。[5]1481年6月，他的爱马卢奇拉（Lucciola，意思是"萤火虫"，俚语中的意思是"夜妇"）赢得了圣乔瓦尼赛马桂冠，这个桂冠通常由外国贵族摘得，算是对他新身份的恰当致敬。

许多人对洛伦佐和他的盟友夺权的方式感到震惊，他们设"圈套、陷阱和骗局"。一位批评家记录道，他们是为了"打造比共和国更专制的政府"。[6]还有人把洛伦佐比作尤里乌斯·恺撒，后者曾推翻了罗马宪法，自封为第一皇帝。但是他们不敢说出来，因为洛伦佐无情地压制反对意见。1481年，三个被指控密谋刺杀他的人被处以绞刑，一位外国大使大为吃惊："根据法律，他们不应该被处死，"他写道，"但是执政团和七十人议会认定他们犯了对君主不敬罪。"[7]那位外交官得出结论，这项判决是为了"给予洛伦佐荣誉和尊重"。几年后，另一场刺杀洛伦佐的阴谋暴露了，这次审讯的被告都是"辉煌的洛伦佐的杰出公民、朋友和亲戚……他们秘密审查，不愿承认这事发生过"。[8]洛伦佐甚至因为诽谤罪流放了他母亲的一位堂亲亚历桑德罗·托尔纳博尼：酷刑之下，他"承认干过坏事，比如抢劫等罪行，但是他不承认干过反对国家的事情，尽管他承认写过诽谤性的东西"。[9]

随着在佛罗伦萨的地位稳固，洛伦佐的下一个目标是为二儿子乔瓦尼争取一顶红衣主教的帽子。1482年12月，当小男孩庆祝自己的七岁生日时，骄傲的父亲在回忆录里写道，西克斯图斯四世"宣称他能掌控圣职，可以任命宗座总书记官"。[10]第二个月，洛伦佐指示美第奇银行里昂分行的职员为这个男孩寻找合适的法国圣职；他也直接向国王路易十一世提出请求，国王答应"圣职空缺时，我一定尽我所能"。[11]

1483年8月，路易十一世去世之后，洛伦佐很快巴结上了法国的新君主，路易13岁的儿子查理八世。他赠送了一匹贵重的赛马，由他的堂弟洛伦佐·迪·皮耶尔弗朗西斯科送到法国。[12]洛伦佐在回忆录里记载了查理八世的回应："9月19日，有消息传来，法国国王凭借他的自由意志赐予我们的乔瓦尼冯杜斯修道院。"[13]不过任命还需要罗马的确认，西克斯图斯四世支支吾吾、闪烁其词。虽然法国的支持对他儿子大有帮助，但洛伦佐要想为儿子得到红帽子仍然需要教皇的恩准，可是现任教皇几乎指望不上。

1484年8月，教皇西克斯图斯四世漫长的任期终于结束了，这时洛伦佐才有机会和罗马建立更加密切的联系，尤其是尽快确认乔瓦尼冯杜斯修道院的拥有权。英诺森八世当选后的几个小时内，佛罗伦萨大使告知洛伦佐，新政权的关键人物是西克斯图斯四世的侄子，红衣主教朱利亚诺·德拉·罗维里，他在秘密会议中的作用非同小可。"他是教皇，甚至不仅仅是教皇"，大使这么判断，他建议洛伦佐"写一封贴切的信，因为在冯杜斯修道院这件事上，他是唯一让我觉得有顾虑的人"。[14]不过大使还是让洛伦佐放心，因为"教皇陛下对您有好感，对我也一直很友善"。

洛伦佐安排他12岁的长子皮耶罗前往罗马，陪同的有派遣去祝贺英诺森八世当选的使节。他指示皮耶罗向教皇解释，"派你代表我前往就是最有力的证明，如我亲自拜见"，还补充道，"我已经经历了失宠于上任教皇的痛苦，尽管在我看来我受到了不公正的对待"。[15]皮耶罗还请求英诺森八世"增加我们家族对罗马教廷的义务，以得到对乔瓦尼这件事的支持"。英诺森八世及时遵从了这一要求，确认了乔瓦尼在冯杜斯修道院的圣职。但是，洛伦佐对正在成为佛罗伦萨名人的皮耶罗感到担忧:"可怜的小家伙不能出门,一露面,佛罗伦萨的人就都追着他跑,"一位朋友说,他目睹了"他是多么有魅力,所有和他说话的人都为他着迷"。[16]在罗马,皮耶罗"什么事都听乔瓦尼·托尔纳博尼的,不能单独行动"。最重要的是,他要尊重其他使节,"记住,不要凌驾于你的前辈,"洛伦佐命令道,"虽然你是我的儿子,但你仍然是佛罗伦萨的公民。"

英诺森八世开始对美第奇家族施以恩惠,但他在意大利政坛的首次涉足,对洛伦佐来说不是好兆头。1485年夏天,那不勒斯贵族发动起义反对西班牙血统的费兰特一世,请求教皇援助。英诺森八世支持他们并对费兰特一世宣战,而佛罗伦萨和米兰则支持陷于困境的国王。好在洛伦佐马上时来运转。卡拉布里亚的阿方索部队在罗马城门外扎营,英诺森八世被迫讲和——他对外传话,他愿意和佛罗伦萨结盟,或者更具体点,愿意和美第奇家族的银行财富结盟。这次,洛伦佐小心翼翼地进入了教皇政治的雷区。"这个教会政权一直是意大利的克星,无知又无能,置整个世界于危险之中。"他告诉费拉勒斯大使。[17]

教皇在祈求,国王在感恩,洛伦佐玩弄技巧从中周旋,为自己牟利。1487年2月初,洛伦佐在外交游戏中取得的成功是显而易见的,他把14岁的女儿玛德莲娜许配给了英诺森八世30岁的儿子弗兰切斯凯托·希波——一个放荡的赌徒。3月,消息在佛罗伦萨传开,然而这次海外订婚未受到欢迎;洛伦佐又宣布了另外两个小女儿的佛罗伦萨丈夫:皮耶罗·里多尔菲婚配九岁的孔泰西娜,他的被监护人乔瓦尼·迪·皮耶尔弗朗西斯科婚配十岁的路伊萨。

洛伦佐必须向他的教皇女婿支付一大笔钱。根据教皇和佛罗伦萨大主教里纳尔多·奥西尼亲自签订的婚约条款,玛德莲娜的嫁妆定在4000弗罗林。到1487年6月结婚前,美第奇银行罗马分行的账簿记录显示,已在希波身上花费7000弗罗林。[18]还有其他开销,洛伦佐为他的准女婿偿还了巨额赌债,为他买下赛维特里领主,这是一块从洛伦佐的姻亲奥西尼手里买来的教皇领地。

1487年11月,婚礼在梵蒂冈举行,英诺森八世为新人举办了宴会。令人感动的是,玛德莲娜疯狂地爱上了她的放荡丈夫,"她如此强烈地爱上他,什么别的都不想。"她的神父写给一位朋友时说。[19]但洛伦佐对女婿的赌博习惯一定不放心。第二年，英诺森八世生病了，洛伦佐写信给驻罗马的大使，毫不奇怪，其中的部分内容使用了代码："万一（教皇）情况恶化，务必密切关注两件事情：一是无论如何确保银行掌控弗兰切斯凯托阁下的账户……以免资金传给下一任教皇；二是看看他是否可以*从教廷的金库里搞到一些现金*＊，这样他和玛德莲娜就不会饿死了。"[20]

最重要的是，洛伦佐现在是教皇的姻亲，这个身份具有巨大的回报潜力。英诺森八世恢复了美第奇银行对托尔法明矾的垄断权，洛伦佐派驻罗马的大使前去感谢教皇的聘书，"我对此非常感激，不是因为丰厚的利润，"作为一位精明的政治家，他解释说，"而是因为大家都知道我和教皇陛下是一条线的，这点就会给我带来更多好处。"[21]洛伦佐的主要目标依然是儿子乔瓦尼的红衣主教帽子，这个话题在玛德莲娜的婚姻谈判中曾经提出过。1487年夏天，他写信给驻罗马大使，要求他采取必要措施赢得红衣主教团的青睐，因为他们的支持必不可少。"你可以向他们提供任何东西，以我的名义，"他督促道，"无论他们要什么，我可以保证没问题。"[22]

作为教廷的权力掮客，洛伦佐现在是意大利政界的重要人物，他利用地位为自己大捞了一把。他也不亏待他的公民们，这些同胞也受益于在12年的敌对行动后与罗马恢复经济联系，所以洛伦佐在佛罗伦萨声望大涨。同样，他为费兰特一世和卢多维科·斯福尔扎效劳，大大提高了他在米兰和那不勒斯三国联盟中的地位，在这个联盟中，他只是小小的佛罗伦萨共和国的领导，是非常小的合作伙伴。他的野心不满足于此，他敦促驻罗马大使，建议他能为法国查理八世做什么就做什么。"这会让我从国王那里得到荣誉、机会和大大的好处，"他在法国的代理人说，"有来有往。"[23]

洛伦佐不局限于用经济和政治手段拉拢盟友。为了追求声望，文化也是无价的外交工具，他为需要讨好的人提供帮助，努力培养佛罗伦萨作为艺术卓越中心的声誉，以及他自己作为鉴赏家的声誉。他把王子在波焦雷亚来修建的别墅设计图寄给卡拉布里亚的阿方索，还把负责建造的一位工匠朱利亚

＊ 斜体字用的是密码。

诺·达·迈亚诺送了过去。[24]为了乔瓦尼的红帽子，这是他巴结红衣主教团的冰山一角，他安排画家菲利普·里皮停下佛罗伦萨手头的活，接受委托去装饰红衣主教卡拉法在罗马的圣玛利亚教堂的礼拜堂（图41）——并要求银行的一位职员保证卡拉法满意装饰效果，确保让红衣主教欠他一份人情。[25]

洛伦佐的交际技巧很快就给美第奇家族带来可观的收入。卢多维科·斯福尔扎任命乔瓦尼为米兰附近的米拉蒙多修道院院长，而费兰特一世赐予男孩利润丰厚的蒙特卡西诺修道院的本笃会院长，这是国王看在洛伦佐的份上赐予乔瓦尼的几项好处中的第一项。费兰特一世解释说："你不必感谢我们把圣职赐予你的儿子"，因为"我们想尽所能感谢你为我们的王国所做的一切"。[26]

费兰特一世还做了一个大媒，促成了洛伦佐16岁的儿子皮耶罗和国王的亲密盟友塔利亚科佐伯爵的女儿阿方西娜·奥西尼的婚事。她比未婚夫小一岁，陪去的嫁妆有1.2万金币。1488年2月，两人在那不勒斯代理结婚。[27]直到4月，这对新婚夫妇才在罗马见到彼此。新郎的母亲克拉丽丝自从头年11月女儿玛德莲娜结婚就住在罗马。可怜的克拉丽丝得了肺炎，寒冬无法回家；但5月初，她恢复到可以在返回佛罗伦萨的途中参加新郎的婚庆。但是在途中她得到悲痛的消息，年仅11岁的女儿路伊萨去世了。这不只是家庭的损失，也让洛伦佐的联姻计划泡了汤——他本想通过路伊萨和乔瓦尼·迪·皮耶尔弗朗西斯科的婚姻，把家庭的两个分支联结起来。

皮耶罗和新娘的庆祝活动推迟到当年6月，和圣乔瓦尼节一起举行。那年庆祝活动特别盛大，为了纪念这对新婚夫妇，也为纪念在佛罗伦萨过节的弗兰切斯凯托·希波和玛德莲娜。不幸的是，一切未按计划进行。兰杜奇在日记里记录道，活动期间一个波隆那的肉酱小偷被抓，"一小时后，他们不考虑这是多么庄严的日子，把他绞死了"。[28]天气也带来戏剧性变化，"晚上，就在举行赛马的时候，从未见过的狂风、暴雨、冰雹侵袭而来，圣乔瓦尼广场的雨篷被撕成了碎片"。

节日之后，克拉丽丝还坚持了几周，1488年7月30日死于肺病，年仅38岁。费拉拉的使者汇报说："洛伦佐真心地爱着克拉丽丝，但并不炽热地依赖。当得知他的二儿子乔瓦尼不久将被任命为红衣主教，那是他的心愿，他失去克拉丽丝的悲痛缓和了一点儿。"[29]

妻子去世时，洛伦佐正在卢卡附近的一家温泉疗养，他没有参加葬礼——他也在和自己的疾病做斗争，由于痛风越来越麻烦，他在托斯卡纳温泉寻找减轻病痛的治疗办法。他从斯佩达莱托写信向小女儿孔泰西娜保证："这种持续地泡温泉很适合我，所以我希望像原来一样健康地回去。如果上帝愿意的话，我很快就离开这里回到你身边。"[30]然而，在这快乐的表面背后，他知道他病得很厉害，他跑遍了意大利寻求治疗办法，什么建议都有。有一位大夫送来一个药膏配方，并承诺在那个夏天找到"长在燕子肚里的一块红石头"，再"用麻布捆好缝在您衬衫左乳头的地方"。[31]

然而，疾病并不能抑制洛伦佐的喜悦，1489年3月9日，他的"心愿"得到准许：乔瓦尼被英诺森八世任命为红衣主教。在名义上，他被赐予多米卡的圣玛利亚教堂，他的红帽子和戒指被送到了佛罗伦萨，由于年龄太小，他被要求三年内不得佩戴。"这是我们家族最伟大的一件事。"几天后，洛伦佐欣喜若狂地写信给驻罗马大使。[32]他有充分的理由欢呼。乔瓦尼现在有了王子的地位，虽然出于政治原因向统治贵族精英颁发红帽也是常事（比如，卢多维科·斯福尔扎的弟弟和费兰特一世的儿子都是红衣主教），但是对于商人出身的"统治者"，前所未有。1489年4月25日，洛伦佐在罗马获得了更多筹码，当时美第奇银行借给英诺森八世十万金币；作为担保，洛伦佐得到了"所有新任命的牧师津贴的十分之二，七万金币，他还将持有卡斯泰洛城，直到这笔钱全部偿还"。[33]

洛伦佐精心塑造了自己的形象，一个伟大国家的伟大而富有的统治者；他在外国统治者中的地位大大提高了他在佛罗伦萨的声望。费拉勒斯大使认为："没有外国人的尊敬，他不会在国内有如此高的评价。"[34]他获得的国际尊重让佛罗伦萨人相信他们的国家在世界舞台上是有实力的。有一件事，药商兰杜奇印象很深刻：1487年，君士坦丁堡的苏丹给佛罗伦萨送来一群奇异的动物作为礼物——"一只高大、美丽、优雅的长颈鹿"，"一只大狮子和罕见的山羊"。"从如此好的礼物这个角度去看这件事，他肯定是佛罗伦萨的朋友"。[35]

这种自尊感离不开洛伦佐统治下的佛罗伦萨人文主义学者的推动,他们编造宣传向人们证明这个城市丰富的艺术传统具有优越性。他们向普林尼以及其他古典学者学习,深谙伟大艺术是伟大文明的标志,便利用这个理念表明佛罗伦萨的文化成就可以和古代的辉煌媲美,甚至超越了古代。洛伦佐亲自在百花大教堂为14世纪的画家乔托建了一座碑,这项殊荣之前只授予军事和文学界的英雄(包括诗人但丁和几位佣兵,其中包括出生于埃塞克斯的约翰·霍克伍德)。最重要的是,洛伦佐的鼓吹者们迈出了打造美第奇神话的第一步。安东尼奥·马内蒂在15世纪80年代著书,声称菲利普·布鲁内莱斯基复兴了古典建筑语言,认为洛伦佐的曾祖父乔瓦尼·迪·比奇"很有鉴赏力,看到了菲利普富有新意的、漂亮的作品就认定他是建筑天才",是他委托菲利普设计了圣洛伦佐教堂。[36]维斯帕西亚诺·达·比斯蒂奇撰写当时的名人传记,他一位建筑师都没有提到,而把圣洛伦佐教堂的重建更加明确地归功于柯西莫。维斯帕西亚诺是一名书商,他认识柯西莫,详细描述了这位银行家花巨资在宗教建筑上。他甚至还写过一篇文章,几乎肯定是杜撰的,讲述了在被银行员工提醒圣洛伦佐教堂的建造商超支后,柯西莫不听劝反而认为建造商们花得不够多。[37]

把洛伦佐塑造成艺术的伟大赞助人的计划也在紧锣密鼓进行着。洛伦佐的"第一公民"形象被同代人比作古罗马两位最慷慨的贵族赞助人卢库卢斯和梅塞纳斯。这种对比是经不起推敲的,但在16世纪却被大大美化。事实上,按照他父亲和祖父的规模看,洛伦佐远远谈不上是赞助人。这一时期,许多传统意义上与美第奇家族有关的文艺复兴杰作,实际上属于洛伦佐·迪·皮耶尔弗朗西斯科和他弟弟乔瓦尼——比如波提切利的《春》(图43)以及米开朗基罗的早期作品施洗者圣约翰的雕像;1499年,这些作品每个仅值15弗罗林,因为没有珠宝和浮雕那样具有王室的尊贵外表。[38]

洛伦佐把艺术作为政治工具,而他真正感兴趣的是收藏那些贵重的、有价值的物件:古典雕塑、半宝石花瓶、宝石、奖章、硬币、浮雕和稀有画作,总价值数千弗罗林。他不惜重金收藏贵族品位的物件,埃尔科莱·埃斯特公爵对此印象深刻。1487年5月,他在去罗马的途中暂住美第奇宫殿,看到了

"奖章、浮雕和其他价值昂贵的贵族物件"。[39]另一个判断标准是"稀缺又气派"。洛伦佐在许多物件的醒目位置刻了他的首字母"LAV.R.MED",以炫耀自己的所有权(图42)——关于神秘的"R"代表Rex(国王)还是其他什么意思,现代学者意见不统一。这种刻字在当时不常见。[40]更能说明他拥有王室野心的是:他计划在圣母领报大殿(及其著名的创造奇迹的圣母像)附近建一座豪华的家族宫殿,但终未建成。他完成的主要工程是把波焦阿卡伊阿诺的一处农舍改造成了富丽堂皇的别墅(图44),其门楣的设计受古罗马庙宇的启发,在建筑史上具有里程碑意义,影响了未来几个世纪欧洲各地乡村住宅的设计。

洛伦佐对古典古董的兴趣也从他资助佛罗伦萨的公共娱乐活动中可见一斑。1491年,圣乔瓦尼节的盛大彩车很是让人失望,"让我们感到羞耻,"一位在场的人记录道,"因为现场有许多来客出席";不过后来发生的事补救了尴尬的场面。[41]洛伦佐"让星光公司按照他的设想做了15座胜利雕像,讲述保卢斯·埃米利乌斯如何带着如此多的财宝从外国城市胜利返回罗马,以至于罗马人四五十年都不用交税","大家都认为佛罗伦萨没有遇到比这再美的事了"。粉丝和批评者应该都懂这段非常明确的宣传,洛伦佐的设计不仅是为了展示他作为城市政治和文化领袖的形象,也是为了展示他作为城市最慷慨的捐赠者的形象。

然而事实是,洛伦佐如此成功地努力打造的财富形象是一个空洞的错觉。一切开支——奢华的娱乐、王子级的收藏、赛马场、承诺的资助和为乔瓦尼的红帽子需要的贿赂——远远超过了美第奇银行日益减少的财源。虽然公司的声誉还在(由洛伦佐努力维持的表象),但是在幕后,它陷入了严重的麻烦之中。在西克斯图斯四世解除禁令后,乔瓦尼·托尔纳博尼本可以重新开张罗马分行,洛伦佐由于损失惨重,被迫清盘公司的布鲁日分行和伦敦分行。当伦敦分行经理回家后,洛伦佐逮捕了他,罪名是后者弄了一船葡萄干欠了银行3549金币,不幸的人儿在佛罗伦萨的可怕债务人监狱待了一年。[42]里昂分行也有问题,严重到让洛伦佐派弗朗西斯科·萨塞蒂去了法国。萨塞蒂发现了人事方面的问题,他写信给洛伦佐,提醒他"您的职员需要用更严格的纪律和强硬的态度管理……因为任何职权松懈都会导致不道德和不服从行为"[43]。不幸的是，问题之一是萨塞蒂本人，他并没有真正胜任总经理的工作。

1485年，洛伦佐的个人财富遭受了重创，那年洛伦佐·迪·皮耶尔弗朗西斯科成年了，要求老洛伦佐偿还从他和他弟弟乔瓦尼那里非法提取的53643弗罗林。[44]两兄弟还要求得到158766弗罗林的一大笔钱，声称这是未支付的利息和其他贷款的应付款项等，此外还有更多。洛伦佐·迪·皮耶尔弗朗西斯科非常不高兴地说："洛伦佐强迫我们借给他钱，否则他会以遗产监护人的身份直接拿走，这话是他在书房里跟我说过的。"洛伦佐试图阻止堂兄弟们接近这笔钱，"我们每天都问他，想从银行提走尽可能多的钱，但过去的四年内他都禁止我们取钱。"

被指定解决纷争的仲裁员结果站在小兄弟那边。洛伦佐被迫把家族在卡法吉沃罗的别墅和穆杰罗的其他地产转让给亲戚。历史学家弗朗西斯科·圭契尔迪尼描述洛伦佐的财政困境："他不放过任何显示排场的手段，不管花多少钱，以此维持他有权势男人的爱好，为此他在做生意的里昂、米兰和布鲁日等地方为排场和礼物的开支在与日增长，而公司利润因经营不善而日渐下降"；另外，"他的业务混乱，好几次濒临破产，必须动用朋友的钱和公款"。[45]

实际上，洛伦佐的腐败是一个令人遗憾的贪婪故事，这个故事几乎没有记录进美第奇的家族史。比如1482年2月，他从政府资金库抽走了9205弗罗林，据他说是为了给行会建立一个招待所，但很快就发现这笔钱进了他自己的腰包。还是那年，他说服政府给予他特别豁免权，免除他支付逾期税款。[46]佛罗伦萨普通人如果支付不上税款就会被囚禁在斯廷奇（Stinche），取消担任公职的资格。多亏一个政府委员会的账簿保存下来，我们得以获知洛伦佐从这个资金库挪用了多少钱为己所用：1483年—1485年的两年挪用了2197弗罗林，1486年—1488年期间挪用了3328弗罗林；但是接下来的一年，他的"借款"猛增到24319弗罗林，账簿记录1491年之前他拿走了8万弗罗林。[47]他不只接近了这笔政府基金，还有一套账簿显示，他从公款中提取了13.5万弗罗林。据皮耶罗·帕伦迪说，洛伦佐做假账筹钱，说服执政团从公款中拿出10万弗罗林用于资助乔瓦尼的红帽子战役——不过至少这对佛罗伦萨和美第奇家族都是有利的。[48]1491年，洛伦佐还安排政府贬值佛罗伦萨货币，发行了新硬币。据一位评论家说，这是为了"偿还洛伦佐的债务"。[49]

除了美第奇银行的麻烦，实际上佛罗伦萨的经济也在衰退。14世纪下半叶，佛罗伦萨人唯一可观的财富是菲利普·斯特罗齐创造的，他在被美第奇家族流放后在那不勒斯开启了成功的银行家生涯。帕奇战争对于公共财政和富人来说都是一笔可怕的损失，因为富人们承担着税赋。破产越来越普遍：洛伦佐的联姻叔叔乔瓦尼·卢塞莱失去了财产，弗朗西斯科·萨塞蒂把资本投资到美第奇银行，损失了大半，尽管是因为自己无能。

受经济衰退的刺激，洛伦佐的贵族野心开始遭到了越来越强烈的反对。有超凡号召力的多明戈会修士弗拉·吉罗拉莫·萨沃纳罗拉在布道时，以圣经的先例为掩护，攻击了佛罗伦萨富有精英阶层的物质主义文化，很明显是在抨击洛伦佐政权的保密性和政府核心圈的腐败。尽管洛伦佐否认了所有肮脏的指控，但他的欺诈行为全城的精英们无人不晓；许多人直接参与其中，如弗朗西斯科·圭契尔迪尼的祖父。几位大法官对洛伦佐不尊重共和国的制度感到震惊，他们在政府文件的空白处写下了抗议（后来一位历史学家翻阅佛罗伦萨档案时发现了）。洛伦佐和被驱逐出政权之外的人为敌可以理解，但是到1491年他在自己的盟友中也树敌，这就很致命。

同时，洛伦佐的痛风继续恶化，健康成为攸关的问题。1491年8月中旬，大夫警告他"小心脚着凉受潮，小心月光和日落时的空气，不要吃梨和吞食葡萄籽"。[50]翌年初，费拉勒斯大使告诉埃尔科莱·埃斯特公爵洛伦佐痛得厉害，无法接见求见的外交官。1942年2月11日，这位使节发出消息，洛伦佐"病得很厉害，全身疼痛，深受煎熬"，但在汇报中又提及"医生认为不会有生命危险"，以此安慰公爵。[51]3月8日，他汇报"洛伦佐好点了，但疼痛还在发作，可能是天气异常寒冷造成"。[52]

次日3月9日，乔瓦尼终于在费埃索莱修道院被授予红衣主教法袍，洛伦佐一定很欣慰。乔瓦尼动身去罗马前，参加了首次红衣主教会议。16的岁乔瓦尼是红衣主教团最年轻的成员——也是有史以来最年轻的。1492年3月25日，他有些兴奋地给父亲写信："星期五上午，我受到公开欢迎，在所有红衣主教的陪同下，冒着非常大的雨，从人民圣母堂前往梵蒂冈。"他补充道，"得知您好多了，我非常开心。"[53]

红衣主教乔瓦尼的身份在3月26日正式公开。洛伦佐尽管健康不佳，还是在美第奇宫举行了宴会庆祝。他在病床上给儿子写了一封长信：

时刻谨记，你不是靠自己的德行得到红衣主教的圣职，是靠上帝的恩典，你要用圣洁诚实的生活向主表示感激……你如今在罗马，那是邪恶之地……不缺邪恶的刺激……你必须要成为一位好牧师……这样的话你就容易帮助我们的城市和我们的家族……比起辉煌和排场，我宁愿看到一个设备完善的马厩和一个秩序井然的家。生活要有规律，逐渐降低开支，随从和主子都是刚接触，开始会很难……经常邀请别人来家做客，而要少接受邀请去别人家……吃的清淡点，多运动，因为没有养成良好习惯的人很容易生病。[54]

洛伦佐永远不会知道乔瓦尼的红帽子对家族的生存有多重要，"这是美第奇家族升上天堂的梯子。"马基亚维利如此写道。[55]1492年4月8日，佛罗伦萨的领袖去世，年仅43岁，和他父亲、祖父一样死于痛风并发症。洛伦佐的私人医生一直认为他的病可以恢复，结果他第二天头朝下投井自杀了。

4月10日，洛伦佐的葬礼举行。许多人对他的去世表示哀悼。药商兰杜奇认为"他是有史以来最辉煌、最富有、最伟大的人"。[56]但也有许多人为他的死亡欢呼，他们"认为共和国可以重新获得自由，摆脱奴役"，因为如皮耶罗·帕伦迪所言，"在他的统治下，城市被彻底奴役了"。[57]

辉煌的洛伦佐是存在于神话中的人物，这个神话源于他自己打造的形象。他被现代学术界和旅游指南赞誉为公认的文艺复兴人的缩影、领导佛罗伦萨走向繁荣的杰出领袖、精明的外交家、文艺复兴杰作的开明赞助人、智慧巨人和天才诗人。现实即使没有那么辉煌，但相当有趣。通过宣传自己是一个辉煌国家的辉煌且富有的统治者，他为自己和他的城市争取了远远超过两者应有的地位。这种自我主张是洛伦佐神话的基石，这个神话在16世纪继续扩展——直到今天仍被广泛认同。毫无疑问，他下定决心为个人声望和家族社会地位的提升而战，这表明他是一位不择手段的政治操手，他的才能受到了他那个时代文化的磨炼。

他的儿子皮耶罗只有20岁，能够把握住他父亲所取得的成就吗？

10

报应

皮耶罗和红衣主教乔瓦尼
1492年—1503年

1492年的美第奇家族

皮耶罗·迪·洛伦佐（20岁）
阿方西娜·奥西尼（20岁），*他妻子*

皮耶罗的弟弟：
红衣主教乔瓦尼（17岁）和朱利亚诺（13）

皮耶罗的姐妹：
卢克雷齐娅（22岁），雅各布·萨尔维亚蒂夫人
玛德莲娜（19岁），弗兰切斯凯托·希波夫人
孔泰西娜（14岁），皮耶罗·里多尔菲夫人

皮耶罗的姑姑：
比安卡（47岁），古列尔莫·德·帕奇夫人
南妮娜（44岁），贝纳多·卢塞莱夫人

皮耶罗的堂亲：
朱利奥（14岁），*他已故叔叔朱利亚诺的私生子*
洛伦佐·迪·皮耶尔弗朗西斯科（29岁）
乔瓦尼·迪·皮耶尔弗朗西斯科（25岁）

1492年不仅标志着美第奇故事一个时代的结束，也是世界重大事件的一个分水岭。那年8月，克里斯托弗·哥伦布从西班牙帕罗斯出发，开始史诗般的横跨大西洋的航海，改变了欧洲人对世界的看法。同样在西班牙，费迪南德一世征服了格拉纳达，为西班牙王国崛起拉开了序幕，西班牙成为了欧洲舞台上可以和法国抗衡的大国。在罗马，世俗又腐败的西班牙人罗德里戈·波吉亚当选为教皇亚历山大六世。他与法国和西班牙的交往将彻底改变意大利的政治版图。危机在逼近，意大利的和平与繁荣戛然而止，美第奇家族的故事卷入了无情的国际政治世界。

多亏洛伦佐成功地控制了佛罗伦萨的政权，尽管反美第奇的牢骚满大街，但皮耶罗还是轻松地继承了父亲的地位。5月20日，洛伦佐去世后六周，红衣主教乔瓦尼回家，享受了正式入场仪式的荣誉，他是美第奇家族第一位被授予特别待遇的成员——但绝对不是最后一位。这是他教皇使节的权力，这件事的象征意义敏锐的佛罗伦萨人不会看不到。皮耶罗统治着共和国，他弟弟是教会王子，美第奇家族的地位战无不胜。然而，皮耶罗的政治手腕将受到严重考验。

他犯的第一个错，就是自信满满地决定忽视佛罗伦萨日益壮大的反对美第奇政权的势力。皮耶罗真把自己当王子了，他又自负又娇宠，很快就和他父亲的顾问闹翻了。他不理会姑父贝纳多·卢塞莱的警醒，也不理会洛伦佐的顾问托马索的儿子保罗安东尼奥·索德里尼的警示，他们敦促他不要像他父亲那样专横执政。在外交事务上，皮耶罗也决心自作主张。他放弃了三国联盟，那是他父亲国内外声望的基石。他选择支持那不勒斯，这一政策无疑得到了他的那不勒斯姻亲的鼓励。他妻子阿方西娜·奥西尼是费兰特一世的一位亲密朋友的女儿，而皮耶罗和阿方西娜的表亲福吉尼奥·奥西尼是费兰特一世军队的指挥官。这个政策不可避免地把皮耶罗置于卢多维科·斯福尔扎的敌对中,斯福尔扎现在继续以他侄子詹加利亚佐公爵的名义统治着米兰,联盟的改变带来了灾难性的后果。

教皇英诺森八世为提升美第奇家族的地位功不可没,但没想到他在洛伦佐去世几个月后也去世了。这对皮耶罗来说简直就是噩耗。红衣主教乔瓦尼在皮耶罗的指示下参加了秘密会议,投票支持由红衣主教朱利亚诺·德拉·罗维里领导的亲那不勒斯派。很不幸,8月11日,德拉·罗维里的劲敌罗德里戈·波吉亚当选为亚历山大六世——美第奇再次在教廷失宠。皮耶罗的傲慢招致了卢多维科·斯福尔扎的敌意,作为佛罗伦萨驻罗马大使馆的领导人,皮耶罗上演了一场浮夸的表演,为祝贺新教皇当选——佛罗伦萨的裁缝和珠宝商辛苦工作三个月制作了一套极其昂贵的服装,他打算穿上彰显自己的威望,让那不勒斯和米兰的代表眼前一亮。"卢多维科·斯福尔扎非常愤怒,"圭契尔迪尼写道,"他觉得皮耶罗好像要和他争高低,想和他以及意大利的其他王子平起平坐,甚至还想超过他们。"[1]

尽管皮耶罗自命不凡,但第二年他在政治舞台上越来越被边缘化。那年,亚历山大六世和米兰结盟,把女儿卢克雷齐娅·波吉亚许配给了卢多维科·斯福尔扎的宗亲。到1493年末,皮耶罗和那不勒斯的联盟眼见地越发脆弱,突然从法国传来令人震惊的消息,国王查理八世现在计划重新征服那不勒斯王国。国王查理八世是安茹公爵的继承人——公爵曾经被费兰特一世的父亲阿拉贡的阿方索驱逐出王朝。令人担忧的是,法国的战役得到了卢多维科·斯福尔扎的支持;亚历山大六世也态度暧昧,虽然教皇没有明确表示支持,但他等待机会能站到胜利者一边。更糟糕的是,费兰特一世在1494年1月27日突然去世了,由他儿子阿方索二世继承。根据费拉勒斯编年史,费兰特"死于伤心过度,因为他听说法国国王要带领大军进入意大利夺取他的王国"。[2]圭契尔迪尼后来写道:"这是意大利衰亡的开始和起源,特别是美第奇家族衰亡的开始和起源。"[3]这位历史学家那时只有十岁,亲眼见证了随后发生的一系列事件。

战争的威胁在逼近,皮耶罗好像很盲目,完全不知道他的亲那不勒斯政策在佛罗伦萨不受欢迎。圭契尔迪尼记录道:"佛罗伦萨人意识到自己毫无意义地被卷入了一场可怕的、赢不了的战争，而战争的目的就是为了支持谁都讨厌的阿拉贡人对抗人人喜欢的法国。他们开始公开批评皮耶罗，他们知道这个决定是皮耶罗做出的，而他的决定违背了杰出公民的意愿。"[4]1494年4月，皮耶罗的对手集结在他的堂兄洛伦佐和乔瓦尼·迪·皮耶尔弗朗西斯科的旗下，组成了一个亲法国党。皮耶罗采取了行动，以阴谋罪逮捕了他们，"他希望用最严厉的手段对付他们，但是杰出公民不希望自己的双手沾满鲜血，所以他们被流放了"。[5]

1494年8月，查理八世的使节到达佛罗伦萨，请求法国的部队在进发那不勒斯的途中平安过境佛罗伦萨，皮耶罗拒绝了。国王给予了报复，把佛罗伦萨商人从法国驱逐出境，"全城都在传国王要攻打佛罗伦萨"。[6]战争的问号一下变成了感叹号。整个夏天，法军一直在萨沃伊边境集结，9月3日，三万士兵开始翻过阿尔卑斯山。查理八世的进展每日都会被报告，报告他被卢多维科·斯福尔扎热情接待，报告他逼近佛罗伦萨边界。城市陷入恐慌。9月，洛伦佐和乔瓦尼·迪·皮耶尔弗朗西斯科撕毁了流亡协议，骑马向北加入了法国。那年秋天，萨沃纳罗拉在座无虚席的大教堂布道，布道词用的是上帝宣布要惩罚人类的骇人词语："看，我，甚至是我也给全世界带来水灾。"（创世纪7:17）

1494年10月初，查理八世又派来一个使节，请求法国军队安全过境，皮耶罗再次拒绝。大军压境，皮耶罗想自己动手解决，在没和执政团商量的情况下，他于10月26日亲自去和查理八世谈判。此举肯定是受到他父亲1479年戏剧性的那不勒斯之行的激励，那次行动在帕奇阴谋之后胜利结束了战争；但皮耶罗显然缺少洛伦佐的外交手腕。他向查理八世屈服，将比萨和其他佛罗伦萨领土拱手相让，换取和平。尽管受到了羞辱，皮耶罗在11月8日返回时表现得像一个凯旋英雄："他向人群抛撒糖果，给人们酒喝，好像很仁慈，表现出他和国王达成了友好协议。"[7]但在过去的这两周，佛罗伦萨发生了很大的变化。即使忠诚于美第奇的支持者，包括贝纳多·卢塞莱和保罗安东尼奥·索德里尼，以及他姐夫雅各布·萨尔维亚蒂都一致认为皮耶罗已经失去了作为领袖的信誉。

次日11月9日，皮耶罗在去领主宫时被武装警卫包围，被禁止于宫内。人群很快聚集起来。"不到一个小时广场就满了，都在喊'人民！自由！'"兰杜奇写道，"还有一些人到了美第奇宫。"[8]寡不敌众，皮耶罗和他的支持者逃跑了。那天晚些时候，药商在美第奇宫看到了红衣主教乔瓦尼，"我透过窗户看到他跪着在向上帝祈祷"，他判断乔瓦尼是一个"好青年"，并目睹了乔瓦尼如何"化装成修士，也逃跑了"。执政团投票流放皮耶罗、红衣主教乔瓦尼、他们的弟弟朱利亚诺和他们的堂弟朱利奥——同时宣布这一天，即基督救世主节从此以后是国家节日。

之后，许多美第奇的支持者被捕，包括纵容洛伦佐滥用公共资金的政府官员。美第奇银行日渐减少的资产和家族的所有财产都被没收。在一则引人注目的宣传告示中，多纳泰罗的铜像作品《大卫》和《朱迪思和霍洛芬斯》从美第奇宫搬到了领主宫；就像是美第奇家族劫持了这些共和国的英雄以吹嘘他们对国家的忠诚一样，现在，国家要让它们回到它们真正的家——权力所在地。美第奇宫里的其他物品后来都被拍卖。"有绣着金丝的天鹅绒床帏，还有油画、画布以及许多精美的物品。"兰杜奇记载道，拍卖告诉人们"财富转瞬即逝……人不应该骄傲"。[9]

皮耶罗还是皮耶罗，他拒绝认输。他说服查理八世要求执政团撤销流放的判决——但他低估了不受人待见的程度。佛罗伦萨人坚决反对他回去。11月17日，国王正式进入城市，由1.1万名士兵护送，执政团用皇家徽章装饰城门，并用法文标语称赞查理八世是"自由的守护者和拯救者"，让他入住美第奇宫。[10]十天后，查理与新政权签署了一份条约，对是否归还皮耶罗让出的比萨和其他领土含糊其词，但明确包含一项条款，要求皮耶罗"待在距离佛罗伦萨100英里的地方，他的人头值2000弗罗林，他的兄弟们也是同样的价。所有这些，查理八世都在大教堂的祭坛发了誓"。[11]11月28日，国王离开。那天，执政团派官员把阿方西娜·奥西尼（图45）和她母亲从美第奇宫赶了出去："他们首先摘取了她们的珠宝"，然后把这两个啜泣着的女人"送到了圣卢西亚修道院"。[12]

到1494年圣诞节，佛罗伦萨有了新的共和国宪法，取消了美第奇家族用来控制选举制度的所有委员会。弗拉·吉罗拉莫·萨沃纳罗拉领导了这次革命，他充满激情的布道抨击了美第奇旧政权的腐败和物质主义。"孩子们，放弃奢华的生活吧，"他在讲坛上教导人们，"女士们，我向你们宣布，如果你们不放弃浮华、奢侈和虚荣心，不追求纯朴，你们就会像狗一样死去。"[13]执政团重返岗位，成为权力的主要机构，有了一个叫大议会（The Great Council）的新机构批准所有立法：年龄在29岁以上的25%的男士都有议员资格，这是对选民的一次大规模扩大，大议会很快成为城市摆脱美第奇暴政后的自由象征。老柯西莫在圣洛伦佐教堂刻着"国父"的墓碑也被执政团一声命令搬走了。美第奇家族的盾徽也在全城范围内被粗暴地砍除。圣母领报大殿的修士们扔掉了洛伦佐的蜡像，这尊蜡像于1478年安放在教堂，感恩幸免于帕奇阴谋。

不到三年，皮耶罗就挥霍完了父亲的遗产。圭契尔迪尼的评价颇为尖刻："皮耶罗身后有团结的城市，有外国王子的支持，他开局顺利。哪怕中等的认知水平陪伴着这份运气，也不会失败。但是他没有智慧，加上佛罗伦萨没有好运，结果把一开始完全不可能发生的事情变成不可避免。"[14]洛伦佐精心打造的辉煌和富有的强国统治者形象垮了。美第奇家族在国际舞台失去了权力和影响力——佛罗伦萨也一样。皮耶罗在罗马的奥西尼姻亲失宠于亚历山大六世，那不勒斯的那些人在忙于和阿方索二世合作，准备保卫王国抵抗法国人。他和那不勒斯的结盟没价值了，法国国王已经表示不愿意帮忙。皮耶罗也指望不上米兰，卢多维科·斯福尔扎的侄子詹加利亚佐10月份去世，之后他以米兰公爵的身份亲自掌权统治米兰。皮耶罗所能做的是希望席卷意大利的混乱能为他所用。

随后12个月发生的事件改写了意大利的政治格局。1495年1月25日，查理八世和教皇亚历山大六世签署了一项和平条约，放弃了那不勒斯：阿方索二世次日退位，将王位交给儿子费兰特二世，但一个月后法国占领了那不勒斯。皮耶罗一定很失望，执政团派遣佛罗伦萨使节祝贺查理八世的胜利，其中就有他的堂弟洛伦佐·迪·皮耶尔弗朗西斯科和他姑父贝纳多·卢塞莱。

后来在1495年3月，亚历山大六世撕毁了与法国签署的条约，和威尼斯、米兰、西班牙以及神圣罗马帝国结盟。表面上这是一个对抗土耳其的神圣联盟，但教皇的真正目的是把法国驱逐出意大利。5月，在那不勒斯加冕仪式一周后，查理八世启程返回法国，他在那不勒斯留下了一支驻军。但许多士兵都染上了一种奇怪的疾病，意大利人称之为"法兰西病"，即梅毒。它的名字来自当代的一位意大利医生写的一首诗，描述了阿波罗如何惩罚牧羊人西费罗性行为不检点的行为。那年夏天，在西班牙费迪南德一世和他的能干的将军贡萨尔沃·德·科多巴的帮助下，费兰特二世开始再次征服王国，最后在1495年11月将法国人赶出了那不勒斯——这场胜利让西班牙在意大利有了立足之地。

亚历山大六世也决定在佛罗伦萨实施政府变更，萨沃纳罗拉一直忠诚于法国，顽固地拒绝加入神圣联盟。在动乱的政治风云中，皮耶罗发现自己和教皇是一条线上的，但他没什么可以效力教皇，教皇也没想帮助这位罗马奥西尼家族的亲戚。皮耶罗寄希望于萨沃纳罗拉的神权政治制度越来越不受欢迎。据曼图亚大使说，佛罗伦萨人"被圣多明戈会修士吓呆了，他们向虔诚投降，每周禁食三天，只吃面包和水，另外两天只吃面包和酒"。[15]

萨沃纳罗拉统治下的生活真的很残酷。一大批新颁发的清教徒法律对骂人和赌博进行了严厉惩罚，修士要求佛罗伦萨人用石头砸死同性恋者。他禁止了狂欢节上非常受欢迎的黄色游戏，而让孩子们在街角设立祭坛募捐，"孩子们很固执，如果不给几个硬币别想在街上通行。"米兰大使说。[16]圣乔瓦尼节也没有五颜六色的游行马车，赛马也被禁止。更糟的是，由于粮食歉收，到1497年春季，全城陷入了饥荒。

那年4月，皮耶罗召集了2000人的军队，第一次试图武力夺取佛罗伦萨。他到了城门，很失望，城内没有民众起义。城门紧闭，街道安静。圭契尔迪尼解释说："他以为人们会起义支持他，他的计划是空中楼阁，幻想城里有许多朋友，有许多忠诚——典型的流亡者思维。"[17]皮耶罗继续谋划，但在8月，他的粗心大意导致了一场灾难，执政团抓住了他的一名特工，酷刑下，特工暴露了城里同谋的名字。皮耶罗最亲密的盟友有五位被处死，有他的亲戚洛伦佐·托尔纳博尼、他妹妹孔泰西娜的公公尼古拉·里多尔菲。姐姐卢克雷齐娅也牵涉其中，但在她丈夫雅各布·萨尔维亚蒂的干预下获释。

然而，富有的精英阶层中有许多人希望终结萨沃纳罗拉的统治。此外，很多人支持回归美第奇家族领导的政府——只是不希望皮耶罗当领袖。圭契尔迪尼记录道："他们的想法是不让皮耶罗·德·美第奇返回佛罗伦萨，而是将权力集中在一小撮出身好的公民手中，由洛伦佐和乔瓦尼·迪·皮耶尔弗朗西斯科领导。"[18]这个让皮耶罗的堂亲执政的计划得到了卢多维科·斯福尔扎——他绝对不是皮耶罗的朋友——的支持，公爵把他侄女卡特琳娜·斯福尔扎许配给乔瓦尼·迪·皮耶尔弗朗西斯科，准许建立联盟。9月初，两人秘密结婚。卡特琳娜比她丈夫年龄稍大，是西克斯图斯四世的侄子佛里勋爵（吉罗拉莫·罗萨里奥）的遗孀。自从丈夫1488年被暗杀后，她一直统治着佛里。她和乔瓦尼生了一个儿子，可是乔瓦尼不到一年就去世了。为了纪念她丈夫，男孩取名乔瓦尼。乔瓦尼将在后来美第奇故事的一章中出场。

在罗马，亚历山大六世继续施压，强迫佛罗伦萨放弃和法国的联盟。1497年5月，他将萨沃纳罗拉逐出教会，但这位修士直接违反教会指令继续布道。第二年春天，教皇警告执政团如果不禁止萨沃纳罗拉，他就下禁令封城。1498年4月8日，棕榈主日，执政团最后屈服于教皇的压力逮捕了这位修士——5月23日，萨沃纳罗拉在领主宫受到审判，被绞死后处以火刑（图47）。亚历山大六世终于毁掉了佛罗伦萨和法国的联盟；但这对被流放的皮耶罗没有任何帮助，让他很受挫败的是，更温和的新政府接管了城市，他还是不受欢迎的人。

在很短的一段时间里，皮耶罗好像要时来运转了，这得感谢法国发生了一件不幸的事故。1498年4月7日，查理八世的头因猛烈地撞在了门楣上而突然死亡。继位的是他堂亲路易十二世。新国王不仅宣称拥有那不勒斯的王位，还拥有米兰公国——他和现任公爵卢多维科·斯福尔扎一样，都是詹加利亚佐·维斯孔蒂公爵的曾孙，是老公爵的合法继承人，而斯福尔扎走的是非合法线路。因此，国王路易十二世宣布要在那不勒斯和米兰行使他的权力。

那年秋天，亚历山大六世这个绝不会放过任何机会的人，又一次采取政治变卦，这次为了双方的利益改变立场支持法国。路易十二世急于入侵意大利需要得到教皇的支持，而教皇想得到国王的军事援助，帮他儿子恺撒·波吉亚在北意大利开辟出一个国家来。只有联盟才能对意大利的政治版图产生影响，对美第奇家族的运气产生影响。

　　1499年9月1日，路易十二世的军队开到了公国边境，卢多维科·斯福尔扎逃跑，五天后，法国军队开进米兰。国王旗开得胜，兑现了给教皇许下的承诺，派给恺撒·波吉亚6000人的部队，援助他征服教皇领地罗马涅——资金来自教皇的金库和红衣主教红帽子的出售。北意大利又一次陷入战争。实践证明波吉亚是一位极为出色的军人，到1499年12月底，他占领了伊莫拉和佛里。骁勇的卡特琳娜·斯福尔扎领导了一场勇敢的城市保卫战。圭契尔迪尼讲述"这位女士，一个具有最伟大精神和胆量的女人把他的儿子和值钱财产都送到了佛罗伦萨"，并"勇敢地准备保卫这座城市"，但是波吉亚的部队攻入城堡，她被俘送往罗马。[19]（第二年被释放，搬到佛罗伦萨，得到她大伯儿子洛伦佐·迪·皮耶尔弗朗西斯科的保护）。

　　对皮耶罗来说，与法国和教皇联盟就有希望。他和几位奥西尼亲戚一起加入了波吉亚的军队，和法国雇佣兵并肩战斗。作为回报，波吉亚答应一旦他自己的战役打赢了就帮助皮耶罗。1500年5月初，波吉亚的军队跨越边境进入了佛罗伦萨领土——而皮耶罗这次破例小心起来，没有入境。军队把乡村夷为平地，佛罗伦萨被迫签约。很不幸，波吉亚未能说服执政团复职美第奇家族，路易十二世也拒绝利用他在佛罗伦萨的影响力为皮耶罗出面。恺撒·波吉亚撤了，满意地带走3.6万弗罗林的一大笔钱，向南进发帮助法国国王征服那不勒斯。8月，那不勒斯失守。

　　路易十二世现在统治了米兰和那不勒斯，拥有意大利权力仲裁权，皮耶罗竭尽全力巴结这位君主，派他弟弟朱利亚诺到法国代表他进行谈判。佛罗伦萨人也不顾一切确保国王和美第奇家族达不成协议，派大使去见路易十二世。一开始朱利亚诺还有一些胜算。圭契尔迪尼说佛罗伦萨使节"花了8个月时间白费口舌，没有从国王嘴里得到一个像样的字，的确总是被拒绝……而国王对朱利亚诺有好感，花很多时间接见他"。[20]但到了1501年底，皮耶罗明显感到指望不上路易了。佛罗伦萨使节受够了法国的怠慢，他们开始和皇帝马克西米利安一世谈判。为了阻止他们之间的联盟，路易十二世答应，如果佛罗伦萨受到攻击他会派军队去支援——显然敌人是指美第奇家族。

　　皮耶罗在路易十二世面前失败了，但得到了恺撒·波吉亚的支持。1502

年6月初，波吉亚的部队占领了佛罗伦萨的城市阿雷佐。当时佛罗伦萨的部队在大约100英里之外的比萨，这是皮耶罗的好机会。按照圭契尔迪尼的说法，佛罗伦萨"被突然的攻击乱了阵脚，特别是因为没有钱、没有命令、没有称职的政府、没有军队、没有协议、没有信念，所以如果占领阿雷佐之后，他们又马上以美第奇家族的名义攻击我们，我们的士兵肯定阻挡不了他们，政权就会出现更迭，皮耶罗·德·美第奇就会回来"。[21]接下来的一个月，科尔托纳和佛罗伦萨的另外几座城市被"以皮耶罗和美第奇红衣主教的名义占领"；佛罗伦萨要求路易十二世兑现前一年许下的承诺，法国很快帮助执政团恢复了权威。

佛罗伦萨人幸运地逃过了一劫。他们警觉地看待他们的死里逃生，因为虽然美第奇"好像很弱，没有朋友，没有党派，不能对我们造成伤害，但他们有足够的支持……可以被我们强大的敌人利用，成为攻击我们的工具"[22]。那年夏天，政府委员会被指责体制太弱，缺乏果断行动，佛罗伦萨决定任命一位永久的领导人。

1502年9月22日，皮耶罗·索德里尼被选举为旗手——终身的。索德里尼是保罗安东尼奥·索德里尼的弟弟，和美第奇家族关系密切。他父亲是托马索·索德里尼，洛伦佐政权的关键人物，他母亲是戴安娜·托尔纳博尼，是皮耶罗的小姑姑。尽管有这些牵连，皮耶罗·索德里尼在1494年一直强烈呼吁驱逐美第奇家族。1503年6月，一个新的、杰出的第一家庭在佛罗伦萨诞生了——让皮耶罗非常愤怒的是——亚历山大六世赐予了旗手索德里尼的弟弟弗朗西斯科一顶红帽子。

1503年8月18日，教皇亚历山大六世突然死了，可能死于疟疾。路易十二世在那不勒斯的政权受到西班牙费迪南德一世军队的攻击。9月16日召开的秘密会议激烈地分为两大派：法国派和西班牙派。皮耶罗·德·美第奇正在和法国一起战斗，命令他弟弟红衣主教乔瓦尼根据情况投票，但是很快发现两派谁也赢不了。乔瓦尼建议选一个折中候选人，年长的红衣主教皮克罗米尼。9月22日，皮克罗米尼被正式选举为教皇庇护三世——但只在位两个月，他在加冕时患了感冒，去世了。这次，在史上最短的秘密会议之后，红衣主教几乎一致投票支持朱利亚诺·德拉·罗维里，他得到了西班牙派的支持。11月1日，他成为教皇朱利叶斯二世。

新教皇对流亡的皮耶罗的运气没有什么影响。法国人在那不勒斯对西班牙发动了反击，但是1503年12月下旬，在加利格里阿诺战役中被贡萨尔沃·德·科多巴彻底打败，那不勒斯王国被并入日益强大的西班牙帝国。12月27日，皮耶罗想逃脱西班牙的追捕，结果掉进加利格里阿诺河淹死了，年仅31岁，丢下了他的遗孀阿方西娜·奥西尼和两个孩子。儿子于1492年9月出生，为纪念他祖父洛伦佐取名洛伦佐，女儿克拉丽丝比哥哥小一岁，随祖母的名字。

无能又不幸的皮耶罗浪费了祖先留下的遗产。仅几年的工夫，就让全家遭到流放。皮耶罗想把他们带回佛罗伦萨，但彻底失败了。圭契尔迪尼的评论很准确：

……在美第奇家族被驱逐出佛罗伦萨之后，皮耶罗的行为变得傲慢好斗，这和他残忍的本性有关……另外，他本该知道拯救家族的最好办法是在城市释放善意，但他总是联合国外势力密谋对抗佛罗伦萨，和威尼斯、和米兰、和法国国王、和教皇以及恺撒·波吉亚，结果导致佛罗伦萨无尽的消耗、猜疑、战争和焦虑……所有佛罗伦萨人都讨厌他。[23]

11

流亡

红衣主教乔瓦尼，朱利奥和朱利亚诺
1504年—1512年

1504年的美第奇家族

乔瓦尼·迪·洛伦佐（29岁），*红衣主教美第奇*
朱利亚诺（25岁），*他的弟弟*
朱利奥（26岁），*他的非婚生堂弟*
阿方西娜·奥西尼（32岁），*他的嫂子*
  洛伦佐（12岁），*他的侄子*
  克拉丽丝（11岁），*他的侄女*

佛罗伦萨的亲戚们：
卢克雷齐娅（34岁），*他的姐姐，雅各布·萨尔维亚蒂夫人*
孔泰西娜（26岁），*他的妹妹，皮耶罗·里多尔菲夫人*
柯西莫·德·帕奇，*他姑姑比安卡和古列尔莫·德·帕奇的儿子*
卢克雷齐娅·卢塞莱，*他姑姑南妮娜和贝纳多·卢塞莱的女儿*
皮耶尔弗朗西斯科·迪·洛伦佐（17岁），*他的堂弟*
乔瓦尼·迪·乔瓦尼（6岁），*他的堂弟*

皮耶罗·迪·洛伦佐·德·美第奇去世后，红衣主教乔瓦尼成为了家族之主。幸运的是，这位亲切精明的教长，性格和他自负的哥哥完全不同。他意识到，要想家族重返佛罗伦萨，外交和耐心比侵略和战争更有效。他继承了父亲洛伦佐的政治敏锐和奢贵品位，和弟弟朱利亚诺以及非婚生堂弟朱利奥住在罗马的夫人宫。皮耶罗的遗孀阿方西娜·奥西尼也住在罗马，她决意要保护她年幼的儿子洛伦佐继承皮耶罗的权力。

皮耶罗去世后几个月内，美第奇家族开始了一条不同的复权之路。红衣主教乔瓦尼的首要任务是在教廷获得影响力。波吉亚教皇亚历山大六世的去世消除了一块主要绊脚石，但朱利叶斯二世（图49）当选又带来了其他问题。和新教皇打交道不是件易事。这位鹰派教皇时年63岁，披挂上阵，出了名的暴躁，将是最后一位领兵打仗的教皇。乔瓦尼的秘书贝纳多·多比奇·达·毕比印纳这样记录："（教皇）如果不喜欢你说的话，要么拒绝听，要么以最糟糕的方式侮辱你。"[1] 很幸运，乔瓦尼在梵蒂冈有一位盟友——红衣主教加莱奥托·德拉·罗维里，他是朱利叶斯二世的侄子，在他叔叔当选数周内获得了一顶红帽子。1504年2月中旬，皮耶罗去世六周后，药商兰杜奇记录了红衣主教德拉·罗维里在佛罗伦萨和乔瓦尼的姑父古列尔莫·德·帕奇在一起，毫无疑问是帮乔瓦尼带话给城里的家族成员。翌年，朱利叶斯二世任命红衣主教德拉·罗维里担任教廷副相的重要职位，这样一来，红衣主教乔瓦尼也逐渐靠近罗马权力中心。也是在1505年，教皇任命乔瓦尼为佩鲁贾使节——其他好处也随后而来。

美第奇家族能够利用在教廷的新影响力改善他们在佛罗伦萨的地位，就像权力掮客，完全和红衣主教乔瓦尼的父亲20年前做过的一样。"乔瓦尼、朱利亚诺和朱利奥努力筹谋着回归佛罗伦萨,不是用武力和怨恨,而是用爱和善意。他们想帮助佛罗伦萨人,"圭契尔迪尼解释道,"他们不放过任何取悦住在罗马和访问罗马的佛罗伦萨人的机会,全心全意地给予他们帮助和恩惠。"[2]这个战略非常成功。1504年9月27日,红衣主教乔瓦尼在罗马自己的宫殿里举行盛宴,庆祝美第奇家族的主保圣人柯斯莫斯和达米安,大多数在教皇宫廷工作的银行家和商人都来捧场——尽管法律禁止和美第奇家族来往。"几乎所有的佛罗伦萨人在和教廷打交道时,无论是讨要圣职还是有其他所求,都会要么亲自拜访美第奇红衣主教,要么写信给他,即使那些敌对的人也是如此,"圭契尔迪尼证实了这一点,"所以,皮耶罗活着的时候几乎人人都讨厌的美第奇名字,在他死后,似乎得到了认可和同情。"

罗马有一位佛罗伦萨人坚定地反对美第奇家族,他就是红衣主教弗朗西斯科·索德里尼(终身旗手的弟弟)。乔瓦尼和索德里尼在教廷、佛罗伦萨政界和个人风格上是死对手。贪婪的索德里尼不信任乔瓦尼的王子行为,按照圭契尔迪尼的说法,"(索德里尼)从来不帮佛罗伦萨人,也不给他们好处,他的行为让美第奇家族的大度和慷慨显得更加伟大"。[3]红衣主教乔瓦尼则记恨索德里尼家族取代了美第奇家族佛罗伦萨"第一家族"的地位,拒绝堂亲皮耶尔弗朗西斯·迪·洛伦佐迎娶旗手索德里尼的侄女。据圭契尔迪尼说,"美第奇家族非常愤怒,他们撕毁了合同,取消了婚约"。[4]

不过,红衣主教乔瓦尼在教廷占了上风。1507年,他说服小姑父里纳尔多·奥西尼辞去佛罗伦萨大主教职务,这样就可以把主教转给佛罗伦萨人。这是一条施惠的小溪,乔瓦尼以此逐渐改善了美第奇家族和宿敌之间的关系。但是旗手索德里尼想把这个职位安排给他的红衣主教弟弟,乔瓦尼反对这项任命。这项事务几个月悬而未决,直到次年7月在梵蒂冈的一次宗教会议上,乔瓦尼提出一位折中的人选,建议他的大表弟柯西莫·德·帕奇担任大主教。任命得到确认,红衣主教索德里尼在屋子里大声提醒参会的其他红衣主教,帕奇最起码来自一个反对暴政的家庭——相当无礼地影射帕奇阴谋。[5]

在佛罗伦萨,欢迎皮耶罗·索德里尼当选终身旗手的热情从第三年开始逐渐消退,因为城市遭受了一系列自然灾害。1505年初,政府不得不应付袭击整个意大利的饥荒。铜匠巴托洛米奥·玛斯在日记中写道:"政府每天卖很多面包……但是人群拥挤,根本不可能靠近10英尺以内,没有一天不被人群挤倒;除了拥挤,还有饥荒导致每天都有穷人饿死。"[6]次年的圣乔瓦尼节被大风毁了,大风撕裂了洗礼堂的帷幔,载着贡品的大车掉了一个轮子,耶稣受难像摔下来碎了,这都被看作是"坏兆头"。[7]1507年7月,干旱袭来。兰杜奇说阿诺河几乎干涸,平时靠水驱动的磨坊无法工作,"几个月不下雨,没法研磨,粮食和饲料的收成也不好"。[8]

旗手索德里尼因为没能收复比萨,声望也在消退。1492年遭到查理八世入侵后,比萨城决心捍卫自由,脱离佛罗伦萨。比萨向那不勒斯求助,贡萨尔沃·德·科多巴带领西班牙军队及时赶到,相救成功。与比萨交战让佛罗伦萨人明白,以往雇用外国兵的办法不靠谱,这些雇佣兵可以随意改变立场,也可能会被美第奇家族利用搞政变。在秘书尼可罗·马基亚维利的建议下,索德里尼建立了军队,士兵全部来自佛罗伦萨本土。这是一个非职业军人的团体,可以招之即来,当时在意大利是非常新颖的想法。1506年2月15日,兰杜奇看到他们中的400人在领主宫前的广场上游行:"旗手给他们每人一件白色的紧身短上衣,一双红白条纹的长筒袜,一顶白帽,一双鞋子,一个铁胸甲和一把长矛",还有"一位中士在教他们如何使用武器"。[9]1508年,这支部队在马基亚维利的带领下,封锁了比萨,阻断物资通过陆路和水路进入比萨。

头一年,皮耶罗的遗孀阿方西娜·奥西尼以收回她的嫁妆为由前往佛罗伦萨,这些嫁妆在1494年连同美第奇家族的财产被没收了。事实上,阿方西娜是在给她的女儿克拉丽丝寻找丈夫。红衣主教乔瓦尼有充分的政治理由给她14岁的侄女找一个匹配的佛罗伦萨人。美第奇家族和一个有地位的家族的联盟会促进美第奇家族在佛罗伦萨的支持率,同时削弱旗手索德里尼的地位。阿方西娜自己为儿子打算,出于个人野心想给克拉丽丝找一位名门望族,帮助她年龄尚小的儿子洛伦佐打基础,好让他继承他父亲作为佛罗伦萨统治者的地位。

红衣主教乔瓦尼和阿方西娜开始和斯特罗齐家族进行极为秘密的谈判,

打算把克拉丽丝许配给菲利普·斯特罗齐，他是富有银行家的最小儿子，这位银行家曾经是洛伦佐的盟友。（菲利普的哥哥已经是美第奇的姻亲，刚和乔瓦尼的姑姑南妮娜的女儿卢克雷齐娅·卢塞莱结婚。）1508年7月，这桩婚事在罗马签约；12月，消息传到佛罗伦萨，很快成了全城谈论的话题。城市对这桩婚事意见不一，诋毁的人们恶意地说克拉丽丝有一个"像猫头鹰一样的喙鼻"[10]。旗手索德里尼坚决反对，他公开指责那些密谋反对他的人。他说到了点上，红衣主教乔瓦尼预料到了，索德里尼的许多敌人支持这次联盟，希望削弱索德里尼对政府的控制。12月12日，当时在那不勒斯的菲利普·斯特罗齐被指控犯有和流亡者结婚的罪行，并被传唤12月25日前到领主宫，否则面临十年流放。索德里尼一定希望19岁的年轻人害怕得不敢回佛罗伦萨，好抓住这个机会摆脱最有声望的对手，他对12位参与这桩婚事的佛罗伦萨人提起诉讼，他名单上的人包括红衣主教乔瓦尼的姑父贝纳多·卢塞莱、他姐姐卢克雷齐娅和姐夫雅各布·萨尔维亚蒂、他侄子柯西莫·德·帕奇（佛罗伦萨新选的大主教）。

菲利普·斯特罗齐前往罗马，在夫人宫私会了红衣主教乔瓦尼，然后才在朱利奥的陪同下骑马向北到了佛罗伦萨觐见执政团——斯特罗齐和朱利奥的友谊将对美第奇家族的未来起到至关重要的作用。在1508年12月25日斯特罗齐到达佛罗伦萨之前，公众舆论已经明显地倾向于支持斯特罗齐家族。还有，朱利叶斯二世不喜欢索德里尼，也助力支持这桩婚事。审判斯特罗齐时，旗手未能说服执政团判处他流放，案件被搁置。1509年1月初重新开庭时，斯特罗齐的辩护理由是：由于妇女不能被流放，克拉丽丝在法律上不是流亡者；由此他打赢了官司。

2月3日，回到罗马后，菲利普上午和克拉丽丝一起参加了弥撒，签署了所有相关的婚姻合约，晚上他们举行了婚礼。在红衣主教乔瓦尼看来，这次联姻就是一场政变：不仅反对旗手索德里尼的呼声高涨，支持美第奇家族的呼声也在高涨。

菲利普和克拉丽丝搬进了佛罗伦萨富丽堂皇的斯特罗齐宫，这座宫殿由菲利普的父亲建造，是城里最大的宅子。1510年，克拉丽丝生了一个儿子，随她父亲取名皮耶罗——皮耶罗和他的父亲菲利普一样，在美第奇家族的故事中也有一席之地。美第奇家族在壮大。那一年，朱利亚诺的情妇也生了个儿子，取名伊波利托；大约一年后，朱利奥的情妇又生了一个私生子，取名亚历桑德罗。亚历桑德罗的母亲是阿方西娜·奥西尼家的非洲奴隶，她在奥西尼宫里长大，但是朱利奥没有公开承认亚历桑德罗是他的儿子，而是把他说成是洛伦佐的儿子。

与此同时，红衣主教乔瓦尼开始修复和美第奇家族另一分支的关系，客居在穆杰罗特雷比奥皮耶尔弗朗西斯科的别墅。他还安排皮耶尔弗朗西斯科的孤儿后代（已故的卡特琳娜·斯福尔扎的儿子）——也叫乔瓦尼，显然是一个叛逆的、难处的孩子——由他姐姐卢克雷齐娅和姐夫雅各布·萨尔维亚蒂监管。[11]

在罗马，教皇政策又来了个U形大转弯。朱利叶斯二世认为该是采取行动遏制路易十二世在北意大利的影响了。1510年夏天，他和威尼斯签订了一项协议，想把法国人赶出半岛。佛罗伦萨有许多人一直忠诚于法国，他们害怕城市成为教皇的靶子，也害怕教皇成功后会强行复活美第奇家族。旗手索德里尼再次禁止了佛罗伦萨人和红衣主教乔瓦尼接触，并加大了对违反者的惩罚力度——违反者将被定为叛乱分子，并被没收全部财产。结果，朱利叶斯二世的第一个目标是路易十二世的另一个意大利盟友费拉拉。在一场胜仗后，费拉拉在1511年1月底就被围困了。5月，路易十二世在比萨召集教会议会，呼吁罢免教皇，随后他的部队击败了教皇的军队，结束了朱利叶斯二世的围困。

让红衣主教乔瓦尼惊慌的是，朱利叶斯二世时日不多了。1511年8月20日，他患上了猛烈的高烧，一个月内烧了三次，消息在罗马传开，说教皇快要不行了。红衣主教乔瓦尼通知威尼斯使节"教皇……可能撑不过今夜了"。[12]这个使节认为"美第奇家族有希望得到王冠，但普遍认为当选的可能是法国党的人"，他还补充说："城市一片混乱，人人都携带着武器"。8月24日，朱利叶斯二世在梵蒂冈的卧室接受了最后的仪式。但是三天后，教皇还在撑着，不过仅仅是撑着，教皇的司仪帕里德·格拉西斯在日记中记载道："他已经四天没吃东西，大家都放弃希望了，甚至他的医生也不抱希望。"[13]病人据说要求吃一些水果，尽管医生不让吃，他还是得到了"桃子、坚果、李子等，他咀嚼但是没有吞咽，还吃了点小洋葱和草莓"。当人们在为将于圣彼得大教堂举行的教皇葬礼制订计划时，禁吃的水果给朱利叶斯二世提供了营养，谁也没有想到，他康复了。

不到一个月，教皇就带着新的活力返回工作岗位——这时他开始关注佛罗伦萨。9月23日，他非常愤怒旗手索德里尼继续支持路易十二世，下令包围了城市。铜匠巴托洛米奥·玛斯清楚地描述道："圣职人员不可以凭任何理由给俗人上日课，任何神圣的地方都不可以接纳俗人的尸体……不可以听任何人的忏悔……不可以给任何俗人圣油……也不可以敲钟……据说朱利叶斯二世这么做是因为佛罗伦萨执政团认可了比萨议会。"[14]9月底，朱利叶斯二世协商了一个强大的联盟，要把法国人从意大利驱赶出去——签署条约的有皇帝马克西米利安一世、西班牙和那不勒斯的费迪南德一世、英格兰亨利八世以及威尼斯人和瑞士人——开始准备向路易十二世开战。这是一个标志，红衣主教乔瓦尼和这位出了名难处的教皇成功建立了关系，他现在受到朱利叶斯二世的委托，负责指挥这场战役。美第奇家族的红衣主教被任命为罗马涅使节，政治上与军事指挥官西班牙将军雷蒙·德·卡尔多纳相对应。

两军第一次的重大交锋是红衣主教的一场灾难。1512年4月11日，西班牙和教皇的军队在拉文那战役中被法国打败。这是当时最血腥的冲突之一，造成超过一万人死亡，其中包括法国指挥官加斯托·德·弗伊克斯。红衣主教乔瓦尼是被法军俘虏的众多囚犯之一。圭契尔迪尼的弟弟发给历史学家一份报告，令人毛骨悚然：

……看到每一个炮弹在士兵身上开了个洞，头盔、脑袋、四肢都被抛向空中，实在是太恐怖了。西班牙人还没来得及用武器就被撂倒了，他们冲向前，开始肉搏战。非常可怕，打了四个小时。第一波被击退了……许多人逃了……西班牙步兵坚守阵地顽强抵抗，但在重装骑兵冲杀而来时彻底垮了。[15]

4月14日，战败的消息传到罗马。在被捕前不久，红衣主教乔瓦尼设法见到了堂弟朱利奥，派他带着急件去见教皇——这封信改变了战争的进程。朱利奥汇报说情况没有猛一眼看上去那么糟，法国的损失很惨重、指挥官战死，严重挫败了军队的士气。不用怀疑法国会进军罗马——这是朱利叶斯二世所担心的——另外还有令人鼓舞的传言：有二万瑞士士兵在路上，准备进入意大利援助教皇。朱利叶斯二世马上集结军队，通知西班牙和威尼斯大使，他打算花十万金币把法国从意大利赶出去。当天他签发了新的军事物资。

1512年6月3日，红衣主教乔瓦尼逃脱了法国的捕获，十天后他到达了博洛尼亚。与此同时，瑞士军队为朱利叶斯二世夺回了伦巴第平原上的布雷西亚和其他几座城池，法国人逃跑了。到6月20日，米兰反叛了路易十二世，而路易十二世由于自己的王国受到了威胁（亨利八世的军队陈兵在北边，费迪南德一世在南边），现在把部队撤回了法国。

在佛罗伦萨，听到法国战败的消息，人们惴惴不安。朱利叶斯二世要报复这座顽固地效忠法国的城市。1512年7月11日，罗马来了一封信，显示了红衣主教乔瓦尼对教皇的影响力有多大。兰杜奇记录道："教皇命令我们送旗手回家，停摆执政团，这是多么不怀好意的奇怪事情，谁都明白这是要改朝换代，美第奇家族要重返佛罗伦萨了。"[16]预言日趋成真。那年8月在曼图亚，朱利叶斯二世召开了盟国会议，决定从路易十二世手中夺回来的领土怎么分配，参加会议的就有红衣主教乔瓦尼，他承诺如果联盟能让美第奇家族回到他们的故土，他会颠覆佛罗伦萨的亲法政策。与会者在几个问题上达成了协议，其中一项是佛罗伦萨应该为顽固效忠于法国而受到惩罚。于是，雷蒙·德·卡尔多纳将军和他带领的西班牙军队被派往南方恢复美第奇家族的地位。在漫长的18年后，这个家族终于看到了胜利的希望。

1512年8月26日，兰杜奇报道了一名德·卡尔多纳将军派出的使节到了佛罗伦萨，要求执政团做三件事："第一是我们必须加入盟国；第二是美第奇家族必须回到佛罗伦萨；第三是旗手必须下台。"[17]为了让执政团看看如果不接受条约会有什么下场，德·卡尔多纳将军在三天后野蛮地洗劫了附近的城镇普拉托。"一天就出人意料地把这样的城堡攻破了，因为那里有4000名士兵，还有很多乡下人拖家带口逃到那里，"兰杜奇评论道，"一进入城市，这些残忍的异教徒杀害了他们沿路上的所有人……据说死了5000人。"

这是一次强有力的警告。第二天8月30日，执政团投降了。9月1日，红衣主教的弟弟朱利亚诺穿着共和国市民服骑马进入佛罗伦萨，直接到了领主宫，要求废除流放他全家的法令。四天后，执政团在没有旗手的情况下，准许美第奇家族以普通公民的身份搬回佛罗伦萨。

随后的两周，佛罗伦萨人仍然保持谨慎乐观，认为美第奇家族的回归只会带来对1494年宪法的微小改动。但朱利亚诺和红衣主教乔瓦尼显然另有打算——他们要回到美第奇当政时的旧时代。9月8日，得知一个有名气的反美第奇者当选为旗手，红衣主教乔瓦尼立刻赶往佛罗伦萨，带着雷蒙·德·卡尔多纳将军和一支西班牙军队于9月14日到达了城门。经过两天的激烈争论，领主宫的大钟敲响，召集佛罗伦萨人在广场上举行议会，广场上到处是卡尔多纳的士兵。执政团向聚集的人群庄严地宣读了新宪法条例，许多人感到震惊。新政权和他们1494年胜利否决的政府如出一辙——名义上是共和国，但由美第奇家族的核心圈操纵和控制。象征着共和国自由战胜美第奇家族暴政的大议会被解散了，一位亲美第奇家族的旗手被选出。旧政权的许多支持者被剥夺了政治权利，不过只有最出名的成员被流放。

1512年10月初，家族的盾徽重新出现在美第奇宫，执政团签发了一项公告，命令"任何拥有美第奇家族的财产者，完璧归赵，违者处以绞刑"。[18]9月27日是美第奇家族的主保圣人柯斯莫斯和达米安的节日，这一天被定为了国家节日，而纪念1494年该家族被驱逐的国家节日则被取消。漫长的18年流亡后，美第奇家族终于回来了，他们的命运即将发生惊人的变化。

12

黄金时代

教皇利奥十世
1513年—1521年

1513年的美第奇家族

乔瓦尼（38岁），红衣主教美第奇，教皇利奥十世
朱利亚诺（35岁），*他的弟弟*
  伊波利托（3岁），*朱利亚诺的私生子*
朱利奥（36岁），*他的非婚生堂弟*
  亚历桑德罗（2岁），*朱利奥的私生子*
阿方西娜·奥西尼（41岁），*他的嫂子*
  洛伦佐（21岁），*他的侄子*
  克拉丽丝（20岁），*他的侄女，菲利普·斯特罗齐夫人*
卢克雷齐娅（43岁），*他的姐姐，雅各布·萨尔维亚蒂夫人*
  乔瓦尼·萨尔维亚蒂（23岁），*他的外甥*
  玛利亚·萨尔维亚蒂（14岁），*他的外甥女*
玛德莲娜（40岁），*他的姐姐，弗兰切斯凯托·希波夫人*
  英诺森佐·希波，*他的外甥*
  卡特琳娜·希波，*他的外甥女*
孔泰西娜（35岁），*他的妹妹，皮耶罗·里多尔菲夫人*
  尼古拉·里多尔菲（12岁），*他的外甥*

皮耶尔弗朗西斯科·迪·洛伦佐·迪·皮耶尔弗朗西斯科（26岁），*他的堂弟*
  乔瓦尼·迪·乔瓦尼·迪·皮耶尔弗朗西斯科（15岁），*他的堂弟*

1513 年2月6日晚上，狂欢节的最后一个周日，一支由数百把火炬照亮的花车队伍在佛罗伦萨的街道上蜿蜒前行。这是庆祝活动的亮点之一。火炬由布朗科恩（Broncone）公司的年轻人举着，这家公司由辉煌洛伦佐的孙子洛伦佐创建，在美第奇家族复权后几个月内建立。公司的标志是一根枯桂树干吐出了新芽，明确象征家族财富复兴。当然，马车上的图画没有留下什么曲解的余地，庆祝的是城市经历战争恐怖后回归黄金时代这一古典主题，颂扬了佛罗伦萨人在上个世纪美第奇家族的领导下享受和平与繁荣的神话。一辆由化妆成大象的水牛拉着的车，代表恺撒大帝；另一辆车把奥古斯都大帝表现为世界君主——这里没有共和主义的情绪。最后一辆是凯旋的战车，里面是一位身穿锈甲的"死"兵，从他的背部冒出一个赤裸的镀金儿童，象征新的黄金时代的开始。在悲剧性的后记中——被证明非常有预言性——男孩是一位面包师的儿子，他被完全闷在金箔中，游行结束后不久就死了。

"在人们看来，辉煌洛伦佐时代好像又回来了"，人群中美第奇的支持者激情亢奋。[1]但不是所有的人都留有好印象。萨沃纳罗拉的一位前信徒就对"人们喜欢这样的胡扯"很厌恶，他批评这场游行花了大约3500弗罗林，费用来自公共财政——"所有这一切都是因为朱利亚诺和洛伦佐以城市的首脑身份回家"。[2]的确普遍存在不满。美第奇家族恢复了先前执政的路数，拆除领主宫的大议会厅，用作士兵的军营，配有酒馆、赌场和妓院，这些都让人们感到失望。2月18日，进入大斋期十天后，被废黜的旗手皮耶罗·索德里尼的几位支持者被指控密谋推翻美第奇政府入狱。其中有两位朋友——尼可罗·马基亚维利和尼可罗·瓦洛里，他们后来成为著名的美第奇宣传家。但美第奇政权即将从一个意想不到的地方得到推动。

逮捕那些人三天后，罗马传来消息，朱利叶斯二世终于死了，红衣主教乔瓦尼离开佛罗伦萨，去参加将于1513年3月4日召开的教皇选举秘密会议。他得了肛门溃疡，疼得厉害，被人用担架抬进梵蒂冈，几天后在宫里接受了手术。[3]起初，红衣主教们忙着商定未来教皇需要遵守的一系列措施，其中最突出的是改革教廷的弊端和组织对抗土耳其的十字军东征；直到3月10日，第一轮投票才开始。

红衣主教乔瓦尼是在场人员中任职时间最长的红衣主教执事，他的职责是宣读选票上的名字。*他本人只得到了一票。但他周密谋划了这次秘密会议，秘密地得到很多红衣主教的支持；他甚至把红衣主教弗朗西斯科·索德里尼也拉上船，承诺如果当选，将撤销索德里尼家族的流放判决。[4]那天晚上，乔瓦尼的支持者们公开了。次日3月11日上午投票结束后，他"温和而平静地"宣读了名字，宣布他获得了必要的三分之二的多数。[5] "几乎所有的基督教国家都对他的当选表示欢迎，"圭契尔迪尼写道，"这要感谢他父亲的名声和他自己慷慨善良的口碑。"[6]美第奇家族成员终于当上了教皇。这是巨大的成就。美第奇家族不再只是成功的银行家，他们可以在国际舞台上叱咤风云，还有教会资源成为他们远大抱负的后盾。

红衣主教美第奇选了"利奥十世"这个名字。在1513年4月11日举行的加冕典礼上，他骑着在拉文那战役中骑过的战马，向拉特朗的圣乔瓦尼大教堂行进，做正式游行。那时的基督教徒多数都很迷信，他也为这个重要时刻选日子，相信11日是他的幸运日：他是1475年12月11日出生，1512年4月11日被囚禁，1513年3月11日当选。这三个事件可以在罗马街上的一座凯旋门上看到，凯旋门是为了庆祝这一时刻而修建的——其他几个事件也重新把日期改到当月的11日发生，特别是美第奇家族的流放日（实际上发生在1494年11月9日）。

---

* 红衣主教有三个等级：最高的是主教，其次是司铎。红衣主教执事中包括许多像乔瓦尼一样没有被任命的人。

利奥十世（图51）性情温和、风趣，体态丰满，传说他曾欢呼"上帝赐予了我们教皇的职位，让我们享受吧"。他眼睛也非常近视，痴迷打猎，打猎时需要戴眼镜。曼图亚大使描述说，在马格里亚纳教皇别墅附近的树林里，"一只硕大的牡鹿被网困在一个非常窄小的地方，教皇走进去，一手拿着长矛，一手拿着眼镜"。[7]

有了可以支配的教会资源，利奥十世在梵蒂冈生活奢华，被挂毯、金盘子环绕，椅子上盖着绣有美第奇家族徽印的深红色锦缎。厨房的开支巨大——他的继任者对厨师在孔雀舌上的花费感到震惊。[8]当选后几个月内，他不得不命令罗马的港市当局把付给他总管的每月津贴翻倍，以支付宫里的吃喝用度；四年后，他不得不再次增加数额。[9]

美第奇家族第一代教皇的显赫宫廷招揽了他那个时代所有主要的知识分子、艺术家和音乐家。威尼斯讽刺作家皮耶罗·阿尔蒂诺认为"利奥十世的性格在一个极端和另一个极端之间摇摆，谁也无法猜测他更喜欢哪一种：文人的美德还是小丑的絮叨"。[10]他的官方户口簿有683个人的名字，按当时的标准，属于很大的宫廷规模了，其中有狩猎师傅、两名医生、一位占星家和54位男士在教皇餐厅烹饪和伺候。他的仆人佛拉·马里亚诺以粗俗的笑话和传奇的食欲出名——据说他一次吃了40颗鸡蛋和20只鸡。名单里还有利奥十世的宠物看护人，宠物是一头印度大象，名叫汉诺，这是葡萄牙国王曼努埃尔赠送的礼物；汉诺是罗马的著名景点，利奥十世的宫廷画家拉斐尔曾经为它画过肖像。

自从共和国成立以来，利奥十世是佛罗伦萨的第一位教皇，他的当选极大提升了佛罗伦萨在世界舞台上的声望，佛罗伦萨在经历了20年的耻辱性衰落之后，现在更加受欢迎。佛罗伦萨人，甚至是美第奇家族的敌人，也希望获利于教廷，为商人提供的特权，希望得到教廷为聪明的法律人提供的职位。此外，利奥十世才37岁——至少是一个世纪以来最年轻的教皇——他们期望，这些好处可以延续好多年。对大多数佛罗伦萨人来说，教皇的威望抵消了美第奇政权的不受欢迎，他们热热闹闹地为乔瓦尼的胜利庆祝了三天。为纪念乔瓦尼当选，特赦令颁布，马基亚维利和瓦洛里都从监狱释放了；马基亚维利花了一整个夏天撰写他最著名的作品《君主论》，并将其献给了教皇的侄子洛伦佐。利奥十世兑现了自己对红衣主教索德里尼的承诺，甚至提出两个家庭联姻，让洛伦佐和索德里尼的一个侄女订婚，但立即被洛伦佐充满野心的母亲阿方西娜·奥西尼拒绝，她对儿子有更远大的计划。

这次当选的真正受益者当然是美第奇家族自己。一年前他们对返回家乡还很绝望，而现在他们在世界舞台上拥有了权力。利奥十世把《圣经》中第120篇的开头作为他的座右铭，"在我痛苦的时候，我向主求救，他听见了"。选举前他发誓不会提拔多于两位亲戚进入红衣主教团，但他还是给其中的六个人送出了红帽子：他姐妹的三个儿子——英诺森佐·希波、乔瓦尼·萨尔维亚蒂和尼古拉·里多尔菲，以及他的三个堂兄弟：路易吉·德·罗西、弗兰西奥拓·奥西尼和朱利奥。朱利奥在漫长的流亡岁月里一直陪在他身边。朱利奥原计划是利奥十世行政机构的顶层人物之一，5月9日被任命为佛罗伦萨大主教，接替了前一周去世的柯西莫·德·帕奇。但他的红帽子直到9月23日才下来，因为作为一个私生子，他不得不等待使他合法化的文书工作完成。

教皇的外甥女们也订下了显赫的婚姻。比如卡特琳娜·希波与乔瓦尼·玛利亚·达·瓦拉诺订婚，教皇授予他卡梅里诺公爵。利奥十世也利用这个机会疏通美第奇家族两个分支的关系，让乔瓦尼（乔瓦尼·迪·皮耶尔弗朗西斯科和卡特琳娜·斯福尔扎之子）和玛利亚·萨尔维亚蒂（他姐姐卢克雷齐娅的女儿）订婚。卢克雷齐娅曾经在乔瓦尼的母亲去世后收留了这位叛逆的男孩。这个结合将在美第奇家族故事中产生重要影响。

利奥十世把保卫美第奇家族王朝未来的责任交给了朱利亚诺和洛伦佐。但他需要外国势力的帮助建立世俗声望。起初，他犹豫在两个互相竞争的超级大国法国和帝国之间该选择支持谁，两国都竞相讨好他以求得到支持。皇帝马克西米利安一世把摩德纳的领地卖给了他，路易十二世则把利润丰厚的纳博讷教区给了红衣主教朱利奥。1515年1月1日，路易去世，他的堂亲弗朗西斯一世继位。弗朗西斯一世立即重申了法国对那不勒斯和米兰的主权，同时激怒了皇帝和西班牙费迪南德一世。为了对抗这个强大的联盟，利奥十世和法国的新国王结成联盟，给美第奇家族带来了直接的好处。朱利亚诺（图53）在1月被任命为教皇军队的总司令，并于次月和弗朗西斯一世的姑姑萨沃伊的菲利伯塔结婚。这位17岁的新娘"身材高大、面色苍白、瘦削，驼背，鼻子很长"，有一个见过她的人这么形容，"除此之外还是个好看的女人"。[11]朱利亚诺还被弗朗西斯一世任命为内穆尔公爵——他成了美第奇家族第一位有了自己贵族头衔的男性。

阿方西娜·奥西尼经常到梵蒂冈为儿子游说，但洛伦佐还需要等待很久才能被封为贵族。她写道："实际上，我所做的是请教皇陛下给洛伦佐一点零花钱。"但据当时的人说，她"在纠缠教皇赐他儿子一个贵族头衔"。[12]她也在为她的女婿菲利普·斯特罗齐求情，希望能为他争取到一个教皇银行账户。[13]利奥十世的姐姐卢克雷齐娅也想给她丈夫雅各布·萨尔维亚蒂谋一个肥差；但是阿方西娜的坚持占了上风，斯特罗齐得到了职位。不管怎样，这都是家事。教皇还给了斯特罗齐在佛罗伦萨的政府账户，这位银行家很快就变成欧洲最富有的人之一。

利奥十世面临的最大问题之一是谁来管理佛罗伦萨，佛罗伦萨现在实际上是教廷的一颗卫星。虽然政策由罗马的教皇和红衣主教朱利奥决定，但美第奇政权需要一个傀儡。有一位顾问警示过教皇，虽然他的祖先们"维护政权靠的是手腕不是武力，但您必须用武力而不是手腕"。[14]由于随和的朱利亚诺不愿意担任这个角色，但利奥十世还是决定把治理佛罗伦萨的任务交给他年轻自负的侄子洛伦佐，后者于1513年8月10日住进了美第奇宫。

洛伦佐（图54）两岁离开佛罗伦萨，童年在罗马的奥西尼贵族宫度过，不适合微妙的共和国政府。利奥十世给他很多教导，还指定了八位美第奇家族核心成员做他的顾问，其中包括洛伦佐的姑父雅各布·萨尔维亚蒂和皮耶罗·里多尔菲以及银行家妹夫菲利普·斯特罗齐。但他们很快就发现，一切进行得没有利奥十世所期待的那样顺利。1514年2月，红衣主教朱利奥写信给洛伦佐，提出两项建议，"让你代价最小获利最大"，"一个是灵活使用词语显示亲切和仁爱"。朱利奥希望洛伦佐能通过这种方式缓和傲慢的态度。"另一个是谨慎选择一个人，有时是另一个人，请他们一起用餐，不只是在城里，还可以到别墅。这是两种施恩的办法，每天你都会获得更多认可"。[15]

洛伦佐在他母亲的帮助下，继续向利奥十世施压，要求获得更多的权力。他嫉妒朱利亚诺在教廷军队的首领位置，要求担任佛罗伦萨的总司令。这件事上，教皇迫于压力，开玩笑说他是选了"两个新手放在了专家的岗位上"。¹⁶作为第一个担任该职务的佛罗伦萨人，洛伦佐现在实际有了自己的私人军队。他姑姑卢克雷齐娅很震惊："你看不到这会毁了这座城市吗，你没有想过你给了他多大的权力？"¹⁷不管怎么样，阿方西娜·奥西尼是胜利者。她和儿子在美第奇宫联手，开始对共和国进行大力控制。

像他想要成为的王子一样，洛伦佐在佛罗伦萨举行了奢华的娱乐活动，并在1514年为传统的圣乔瓦尼节活动引入了一些新的特色。6月23日，节日前夕，在通常的马车游行之后，他上演了一场骑兵队演出，表现了卡米卢斯凯旋。卡米卢斯是一位英雄，被古罗马流放，受命于祖国需要的时刻。担心有人看不明白和洛伦佐的类比关系，音乐人用歌曲诠释。洛伦佐曾想让利奥十世的大象汉诺参加游行，但被拒绝了。利奥十世告诉他侄子动物的脚很娇气，走不了从罗马到佛罗伦萨那么远的路。¹⁸6月23日，领主宫搞了一场狩猎，留下令人恶心的记录，药商兰杜奇曾亲眼看见：

他们带进来熊、豹子、公牛、水牛、雄鹿和许多野生动物，还有马和两只狮子……他们做了一只乌龟车和一只豪猪车，里面有人让车移动，他们用长矛戳动物……所有看台上都挤满了人，人们从窗户和房顶观看……一切都很好，但有一件事令人恶心：他们把一匹母马放在几匹种马中间，有四万妇女和女孩看到了不雅的动作，震惊了善良正直的人们，我想不太正派的人也会感到震惊。¹⁹

罗马迅速变化的政治体制迫使利奥十世改变他的对外政策。

弗朗西斯一世为了得到那不勒斯和米兰入侵了北意大利，面对这一局面，教皇和国王的关系开始恶化。1515年8月初，利奥十世不情愿地加入了皇帝马克西米利安一世和瑞士的反法联盟。不幸的是，他的总司令朱利亚诺生病了——得了肺结核——无法带领教皇军队。8月8日，教皇提拔洛伦佐接替他的位置。当月晚些时候，在红衣主教朱利奥的陪同下，这位教会新任命的总司令离开佛罗伦萨，策马向北阻挡法国入侵帕尔马和皮亚琴察。阿方西娜在儿子外出期间管理朝政，她提醒儿子小心前面的外交雷区："考虑好，国王在意大利有八万兵马，城市对法国王室是最忠诚的，"她写信嘱咐，"别忘了，我们就是因为你父亲的固执己见才在外流亡了多年。"[20]

菲利普·斯特罗齐一直向洛伦佐通报佛罗伦萨的消息。他汇报道，阿方西娜"忙着给罗马和你写信，忙着听取意见，屋子里挤满了人，这些人群让政府声名显赫了"。[21]他还说，"她行使的权威是其他女人不可企及的，男人也没几个可以比得上"。阿方西娜的确是一位令人敬畏的女人，但不受欢迎，特别不受女婿待见。她于1520年去世时，斯特罗齐对朋友开玩笑说她的拉丁文墓碑该这么写："阿方西娜·奥西尼，死了没人哀悼，活着人人哀悼；埋葬她全人类大快人心，大受裨益。"[22]——想想岳母为他做了那么多，真是残酷。

1515年9月13日，弗朗西斯一世在马里尼亚诺战役取得重大胜利，确立了法国在北意大利持续十年的主导地位。利奥十世不顾红衣主教的建议，也不顾皇帝的愤怒，决定和国王讲和，邀请弗朗西斯一世参加随后在博洛尼亚举行的首脑会议。教皇离开罗马向北的路上对佛罗伦萨进行了隆重访问，阿方西娜写信给洛伦佐说："我现在忙得不可开交，要给教廷的人安排吃的，还得安排住的用的，有一千件事，无法一言告知你。"[23]但是，佛罗伦萨因利奥十世升任教皇所带来的乐观情绪在渐渐消失。阿方西娜告诉儿子，一切都要"表现出全城都自愿迎接他的样子"，但是"我知道不是人人愿意掏腰包"。[24]兰杜奇记录说，七万弗罗林花在了装饰上，"花费在像影子一样转瞬即逝的事情上，还不如建一座漂亮的教堂纪念上帝和美化城市"。[25]药商也说："最起码来自不同行会的大约2000人有活干了，木匠、建筑工、画工、车夫、脚夫、锯木匠等等，干了一个多月。"

1515年11月30日，利奥十世进入佛罗伦萨，在城门前发生了关于优先权的争论：执政团要求像红衣主教一样被允许骑马，但教皇司仪拒绝了。游行队伍前面是80匹印有教皇盾徽的骡子，后面跟着大约3000人，声势浩大。其中有执权杖的、教皇随从、秘书、律师、大使、红衣主教、大主教和号手。利奥十世的一个小矮人，戴着红帽子，拿着长矛，骑着一匹漂亮的阿拉伯马；洛伦佐穿着有貂皮内衬的银缎衣服，骑着一匹大灰马。最后是利奥十世本尊，他没有按照惯例坐在教皇的宝座上，而是骑着一头骡子。他总是不理会教皇礼仪的细则——他曾因外出打猎"不戴圣带"被司仪严厉批评过，"更糟的是他没有穿法衣，最令人想不到的是他还穿着靴子，这完全不合适，因为谁也无法吻他的脚"。[26]

人声鼎沸、色彩缤纷的车队走了七个小时才走到市中心——不足两英里的距离——因为沿途建的14个凯旋门都有音乐表演。在圣菲利斯广场的拱门上有一幅辉煌洛伦佐的画像，题词是"这是我深爱的儿子"（马太福音，3，17），利奥十世看到时显然是流泪了。这是16世纪意大利最壮观的游行之一，有大量的官方记载、教会司仪记录以及外国使节的报道，街上人们的日记和信件中也都有记载。因为有了新的印刷手段，关于美第奇凯旋的描述被印成小册子在罗马和佛罗伦萨广泛传播。

1515年12月3日，利奥十世离开佛罗伦萨前往博洛尼亚，一起前往的有红衣主教朱利奥、洛伦佐和萨沃伊的菲利伯塔。朱利亚诺此时是肺结核晚期，病得很重，无法出行。会见法国国王时，教皇向弗朗西斯一世赠送了一件象征他善意的贵重物品，是一件真十字架的遗存物，镶嵌在由珍贵宝石制成的金十字架里，价值1.5万金币。[27]首脑会议结束后，两个统治者公布了联盟。很显然利奥十世优先考虑的是个人利益而非政治好处：他把帕尔马和皮亚琴察城以及对法国教会前所未有的控制权交给了弗朗西斯一世，以换取法国军队将保卫美第奇政权的承诺。利奥十世返回佛罗伦萨过圣诞节，节日期间，城市承受着接待教廷的负担。兰杜奇认为，供应短缺时佛罗伦萨的普通民众就遭殃了："穷人很可怜，他们希望教皇从国外带来粮食，但他什么也没做，人们看到大量的粮食被教廷一帮人消费，很丧气。"[28]

1516年2月19日，教皇离开佛罗伦萨，与他病危的弟弟朱利亚诺悲伤地告别了。不到一个月，朱利亚诺去世，国葬在圣乔瓦尼教堂举行。他妻子萨沃伊的菲利伯塔没有孩子，但他留下了一个私生子伊波利托，不到五岁。朱利亚诺死后，美第奇家族的希望落在教皇年轻的侄子洛伦佐身上。利奥十世被迫默许了阿方西娜的不停游说，同意将乌尔比诺公国的弗朗西斯科·玛利亚一世·德拉·罗维里赶下台，任命洛伦佐为公爵。1516年3月，利奥十世一项诏书剥夺了弗朗西斯科·玛利亚的财产；6月初，洛伦佐率领教皇军队，强迫乌尔比诺投降。远房堂亲乔瓦尼在骑兵指挥官中表现出色，他的连队被称作黑带（Bande Nere），这让他得了一个绰号乔瓦尼·德拉·黑带。虽然这次篡权有一定理由——弗朗西斯科·玛利亚最近杀了一位红衣主教，还极力恶化利奥十世和弗朗西斯一世之间的关系——但可耻的是，旨在为美第奇家族牟取私利，因此很不受欢迎。

与此同时，在罗马，一群红衣主教被利奥十世的法国政策和裙带关系激怒，密谋暗杀美第奇教皇。圭契尔迪尼现在是利奥十世在摩德纳的总督，他说他们的领导红衣主教阿方西娜·佩特鲁齐对利奥十世"非常仇恨"，"幼稚地想用武器攻击他"，但"转念想用毒药毒死他。他熟识的外科名医巴蒂斯塔·达·维切利建议——如果'建议'这样的词可以用在这样可怕的愤怒身上——具体如何操作"。[29]红衣主教佩特鲁齐"要把他的医术捧上天，教皇饱受臀部溃疡之苦，一直在找医生，会想到向他求医问药"。

利奥十世也是够幸运的，一封详细描述医生如何进入教皇公寓的信件被截获。1517年5月，红衣主教佩特鲁奇、医生和其他同谋被捕。6月27日，巴蒂斯塔·达·维切利被判处绞刑，当众五马分尸，而佩特鲁奇几天后在圣安杰罗城堡的牢房里被处决。受罚的人中还有红衣主教索德里尼，被罚2.5万金币；红衣主教里罗萨里奥被罚15万金币，并剥夺了利润丰厚的教廷副相职位，利奥十世任命朱利奥接替担任。为了平息圣团里的反对意见，那年7月，利奥十世史无前例地增加了31位红衣主教。这一大胆举动使他和弗朗西斯一世得以继续结盟，并继续从法国对美第奇家族源源不断的恩惠中获利。

1518年1月，洛伦佐和法国王室后裔玛德琳·德·拉图尔·奥弗涅订婚，美第奇家族和弗朗西斯一世的关系进一步稳固。新郎前往法国完婚，5月，婚礼在昂布瓦斯弗朗西斯一世的别墅举行；9月7日，新娘正式进入佛罗伦萨，随后洛伦佐和他母亲在美第奇宫办了一场豪华宴会。利奥十世未能参加，但拉斐尔为教皇画的肖像赶送到佛罗伦萨，以画代人。次日，阿方西娜·奥西尼自豪地写信给一位侍臣："我们邀请了75位少女（以及其他许多人）参加了在花园举行的婚礼宴会：公爵夫人坐在红衣主教英诺森佐·希波和红衣主教路易吉·德·罗西中间，客人挤满了花园……窗台上、屋顶上、街道上、小摊上都是人，希望看到里面的情况。"[30]

然而，这段婚姻很短暂。玛德琳于次年4月生下了她的第一个孩子，一个健康的女儿，取名卡特琳娜；但她自己得了产褥热，两周后便去世了。这还不算完。妻子去世一周后，洛伦佐也去世了，死于肺结核——如果传言可信的话，还有梅毒——年仅27岁。

洛伦佐的国葬在圣洛伦佐教堂举行，"场面壮观，但没有眼泪"。[31]他的死对利奥十世的家族计划是沉重的打击。三年内失去两个重要的继承人不是"不幸"两字可以描述的。这场悲剧把美第奇家族这一分支的未来很不可靠谱地放到了两个年幼的私生子手中：朱利亚诺九岁的儿子伊波利托，红衣主教朱利奥的儿子亚历桑德罗（比伊波利托小一岁）。家族的另一支里，乔瓦尼·德拉·黑带是一位能干的军人。那年6月，他妻子玛利亚·萨尔维亚蒂生下了一个儿子，应教皇的请求取名柯西莫。利奥十世是这个孩子的教父。

教皇现在任命红衣主教朱利奥接替洛伦佐的位置，担任佛罗伦萨的政府首脑。至此，美第奇政权已经很不得人心，尤其不得人心的是洛伦佐的自负，以及为支付乌尔比诺战争而对该市征收的75万金币的巨额税收。红衣主教朱利奥谨慎地展示他是不同类型的领导。他和洛伦佐不一样，保持一种特别谦逊的作风，并略微增加了有资格担任公职的家庭的数量。利奥十世走了人人皆欢喜的一步棋，他宣布打算册封15世纪在佛罗伦萨深受欢迎的大主教、多明戈修会的安东尼奥·皮耶罗齐为圣徒。

美第奇家族还慷慨地在城市的艺术项目上投资，以提升家族的地位。1519年6月，红衣主教朱利奥宣布打算投资圣洛伦佐教堂5万弗罗林。这里曾经是美第奇家族的教区教堂，现在成了他们在城市中权力的宗教表达；一年一度的柯斯莫斯和达米安节庆祝活动、利奥十世当选的周年纪念活动都在这里举行。朱利奥委托米开朗琪罗设计了一座富丽堂皇的图书馆——劳伦齐阿纳图书馆，与教堂相连（图55）；并在那里增设了第二个圣器收藏室，与他高祖乔瓦尼·德·比奇所建的相呼应。新的圣器收藏室将容纳朱利奥的父亲朱利亚诺和他叔叔辉煌洛伦佐的陵墓，以及两口华丽的石棺，由米开朗琪罗为最近去世的内穆尔公爵朱利亚诺和乌尔比诺公爵洛伦佐专门设计。专款被划拨过来，以资助一天做三次弥撒，24小时不停地为死者的灵魂祈祷。牧师们直到1629年才从夜间值班中解脱出来。

作为提升家族声望的一部分，红衣主教朱利奥为打造家族神话做了很多工作。在阿方西娜·奥西尼的帮助下，波焦阿卡伊阿诺别墅的主接待厅装饰了家族史的场景。这在16世纪的统治王朝中很盛行，但对于还没有达到这个级别的家族来说，这样做是大胆的选择。值得注意的是，这些场景被伪装成古罗马史中的情节，精心挑选出来代表美第奇家族故事的关键时刻。比如，《西塞罗流亡归来》明显是选来描绘老柯西莫1434年流亡归来。但其他的场景显示现实与神话之间的鸿沟越来越大。《献给恺撒的贡品》（图56）被用来描绘辉煌洛伦佐的外交和政治才能，画中显示了洛伦佐在1487年收到苏丹赠送佛罗伦萨的异国动物；红衣主教朱利奥当时八岁，住在佛罗伦萨，应该知道那只著名的长颈鹿是送给执政团的，不是送给洛伦佐本人的。

多亏了红衣主教朱利奥，神话还被索德里尼政权的前支持者尼可罗·马基亚维利和尼可罗·瓦洛里编印出来，两人现在都急于讨好美第奇家族。瓦洛里的《辉煌洛伦佐传记》写于1519年，献给利奥十世，将洛伦佐的统治美化成黄金时代；他赞美洛伦佐的智慧和外交才能，以及对艺术的慷慨资助。瓦洛里认为洛伦佐是"大自然的奇迹"，所有的动物都爱他，他最喜欢的赛马如果洛伦佐不亲手喂食就会生病。[32]他是理想的统治者，由上帝挑选带领城市走向辉煌和富有，并主宰意大利的一个和平时代。他靠神力奇迹般地幸免于帕奇阴谋，他的死被彗星、狼嚎、闪电和其他超自然现象所预示。

1521年，通过马基亚维利的一位密友菲利普·斯特罗齐兄弟的推荐，红衣主教朱利奥委托马基亚维利撰写了《佛罗伦萨史》，促进了神话急速发展。对于一位坚定的共和党人来说，这是一次挑战，但他似乎乐在其中。一位现代学者评价这本书是"一部深刻而有意地模棱两可的著作"，把15世纪的美第奇家族描写成腐败世界的伟大领袖，但其描写的形象还能被红衣主教朱利奥和利奥十世高度认可。[33]比如，写到辉煌洛伦佐带有欺诈性地挪用公款时，马基亚维利解释说："他在商业事务中缺乏成功，过错在他腐败的代理人，国家很有必要援助他一大笔资金。"这个解释引发了质疑，即国家是否也可以适当解救其他陷入财务困境的公司。关于洛伦佐的挥霍无度，马基亚维利写道，"他的目的是保持城市的富有"，而他的别墅"不是一个普通公民的，而是一个国王的"。[34]很多事情都有不同解释。从共和国的观点看，文本是对美第奇家族和他们王权野心的严厉控诉。

除了在佛罗伦萨修建美化美第奇家族的巨额工程外，利奥十世也在罗马投入巨资。他是那个时代最伟大的赞助人之一，他的教皇任期标志着一个时代，后人定义为文艺复兴鼎盛时期。他最著名的委托作品是由拉斐尔装饰的梵蒂冈房间，包括他的私人餐厅火焰厅，里面绘有利奥三世（795年—816年）和利奥四世（847年—855年）的生活场景（图57）。拉斐尔还为西斯廷礼拜堂设计了一套描绘《使徒行传》的挂毯——把教皇本人生活中每月11日的大事件夸张地编织进饰带中。挂毯在布鲁塞尔制作，成本1.5万金币，而拉斐尔作画赚了1万金币。利奥十世最伟大的工程由红衣主教朱利奥监督完工，是波波洛门之外的夫人别墅。它根据拉斐尔的设计建造，采用文学描述中的古罗马别墅风格，有夏季和冬季分别使用的公寓，装饰着古色古香的灰泥，有热浴、鱼池和剧场，所有这些都坐落在装饰着喷泉、花坛和果树的宏伟的梯田花园中。

利奥十世通过日益腐败的教会管理来支付他在文化工程、军事战役和奢侈生活上的巨额开销。1514年，罗马起草的一份文件列举了教廷出售的1231个贪污职位的价格；次年，利奥十世又制造了200个腐败的职位，为教皇金库带来20.2金币。[35]1520年，他建立了圣彼得骑士团，一种花钱就可以成为罗马贵族的骑士制度，这个渠道又让他赚了40.1万金币。[36]到他教皇任期结束时，2228个职位在出售。此外，他在1517年任命了31位红衣主教，其中有许多人为了这项荣誉花了不少钱；费迪南多·庞泽迪是一位新成员，据说花了3万金币买红帽子。1521年，利奥十世把管家职位给了他侄子红衣主教英诺森佐·希波，以换取4万金币；几个月后，当红衣主教弗朗西斯科·阿米里尼为这份肥差提供6万金币时，这份工作再次易手。[37]

教廷猖獗的腐败不仅让前去罗马参观基督教遗址的人感到震惊，同时也让他们对展示出来的奢华和不道德感到厌恶。利奥十世的教廷是世俗的、贵族的，经常冒犯基督教的敏感神经。比如在1521年2月的狂欢节期间，教皇在剧场看了一出嘲讽宗教虔诚的戏。[38]戏剧的开场是一位妇人在向维纳斯祈祷，许愿得到一位情人，然后八位穿着灰衣服的隐士进入舞台，跳着舞赶走了丘比特。维纳斯带着魔水出场，妇人把魔水给了隐士，他们喝下魔水后睡着了——被丘比特之箭唤醒后，隐士们爱上了妇人，脱下了灰色衣裳，变成了英俊小生。锡耶纳的一位咏礼司铎评论说："如果教会的领导人喜欢娱乐、音乐、狩猎和插科打诨，而不潜心致力于教民的需求，这对教会没有好处。"[39]

对利奥十世最不利的是，要求教会改革的呼声越来越高，尤其在德国，出售赎罪券非常不得人心。这种做法开始于朱利叶斯二世，目的是为重建圣彼得大教堂筹集款项，在美第奇教皇时代变本加厉。1517年10月31日，奥古斯丁会的马丁·路德列出95条反对意见，并钉在威滕伯格宫教堂门上，标志着宗教改革的开始。1519年6月，路德被迫承认他认为《圣经》是唯一真正的基督教权威，从而否定了天主教信仰的基石之一——教皇永不犯错的教义。路德和他的追随者一开始只是想改革教会内部的弊端，现在公开和罗马决裂。次年，利奥十世宣布路德是异教徒，发布了诏书《主兴起》（*Exsurge Domine*）谴责他的思想，禁止所有新教文献。12月，路德在威滕伯格宫公开烧毁了诏书。改革运动在阿尔卑斯山以北迅速发展——但在利奥十世的罗马，人们没有意识到形势的严重性。

与此同时，一位新人物登上了政治舞台。1519年1月12日，皇帝马克西米利安一世去世，他19岁的孙子查理五世继位，查理五世已经从父亲手里继承了勃艮第公国，从另一个祖父费迪南德一世手里继承了西班牙王国。由于他独特的继承权，查理五世现在是庞大帝国的首领——包括西班牙、低地国家、德意志、那不勒斯，以及大西洋彼岸的西班牙领土——他与弗朗西斯一世的竞争会改变欧洲的政治版图。这两人截然不同：弗朗西斯一世健壮，喜欢的是狩猎、比武、吃喝玩乐；查理五世吊着一个哈布斯堡式下颌，不骑马，而是严肃地、虔诚地、一心一意地做一个王国统治者。

1521年5月，利奥十世废除了和法国的联盟，与查理五世签订了条约，具体条款由红衣主教朱利奥秘密协商。利奥十世指责弗朗西斯一世侵犯了教皇国的边境，任命圭契尔迪尼为教皇军的总指挥，任命乔瓦尼·德拉·黑带负责骑兵，集结部队把法国赶出意大利。那年10月，教皇去了马格里亚纳别墅打猎养病。11月24日星期日，他还在那里，突然传来消息，他的部队把法军赶出了米兰，教皇次日返回罗马时，受到欢呼人群的迎接。但是第二天上午，他感觉不对劲，开始无法控制地颤抖，突然离开了现场听众。星期三，还是虚弱，但他感觉好多了，大夫诊断是发烧，没什么严重的。但他们判断错了。他患上了严重的疟疾，也许是在马格里亚纳沼泽地打猎时感染的。两天后，11月29日，他昏迷了；又过一天，高烧导致病情急剧恶化。1521年12月1日午夜，教皇去世了，距离他46岁生日仅差10天。

利奥十世的意外死亡对美第奇家族是一场灾难，他们还指望教皇任期再延续几十年。朱利亚诺和洛伦佐走了，下一代还年幼，家族在佛罗伦萨的地位受到了威胁；但他们在罗马仍然有影响力。红衣主教朱利奥和他的堂亲以及教皇圣团的朋友们，现在需要竭力策划选举一个对美第奇家族有利的教皇。

13

铁器时代

教皇克莱门特七世
1521年—1530年

1521年的美第奇家族

朱利奥（43岁），红衣主教美第奇，教皇克莱门特七世
    亚历桑德罗（10岁），*他的私生子*
    伊波利托（11岁），*他的堂弟朱利亚诺的私生子*
    卡特琳娜（2岁），*他的侄子洛伦佐的女儿*

卢克雷齐娅（51岁），*他的堂姐，雅各布·萨尔维亚蒂夫人*
    红衣主教乔瓦尼·萨尔维亚蒂（32岁），*他们的儿子*
    玛利亚（22岁），*他们的女儿（丈夫见下）*

红衣主教英诺森佐·希波（30岁），*堂姐玛德莲娜的儿子*
克拉丽丝（28岁），*堂兄皮耶罗的女儿，菲利普·斯特罗齐夫人*

乔瓦尼·德拉·黑带（23岁），*堂亲，夫人是玛利亚·萨尔维亚蒂*
    柯西莫（2岁），*他们的儿子*

由于红衣主教朱利奥·德·美第奇熟练地参与谈判过利奥十世和查理五世之间的联盟，他成了皇帝最喜欢的教皇候选人，在即将到来的选举中他被一边倒地认为是最佳人选。但是，1521年12月27日召开的秘密会议不仅分裂成法国和帝国两大派，而且让美第奇家族和索德里尼家族形成敌对。红衣主教弗朗西斯科·索德里尼下定决心要阻止美第奇家族再出一位教皇。

　　很快，朱利奥发现他的票数不足以当选，但他可以让对手当选的希望成为泡影。梵蒂冈大门紧闭，秘密会议陷入了僵局。1月9日，朱利奥对同僚们说："看来我们不可能从我们中间选出教皇了；我提议的三四个候选人都被他们拒绝了，而我也不会接受对方的候选人。"[1]他建议采取一个不同寻常的办法，考虑没有参加秘密会议的候选人。他坚持说："候选人必须品行端正。"当被要求说出一个名字时，他提到了乌得勒支的红衣主教阿德里安，"他德高望重，63岁，因虔诚深受尊敬"。这位折中的候选人住在西班牙，是查理五世的导师，那天正式当选为阿德里安六世。

　　到了1521年8月下旬，新教皇的船才停靠在奥斯蒂亚，阿德里安终于到达了罗马。从一开始就很明显，这位虔诚的教皇与前任截然不同。他上任后的第一个举动是严厉抨击教廷的铺张浪费，敦促红衣主教们节制奢华生活。他成立了一个委员会，调查利奥十世设置的贪赃枉法职位，这一举动引起罗马的广泛恐慌，有些人担心失去工作和待遇。

　　虽然阿德里安六世确定了朱利奥教廷副相的地位，但是许多人发现，尽管是朱利奥促成阿德里安六世当选，朱利奥也没有得到偏爱。此外，朱利奥的姻亲朋友菲利普·斯特罗齐丢了教皇银行家的职位，阿德里安六世将其转给了查理五世的德国金融家富格尔。不过，朱利奥和红衣主教索德里尼发生冲突时，教皇还是站在朱利奥这一边，特别在朱利奥的特工截获了一名前往罗马的法国信使之后，更是偏向朱利奥。信使带着一封信，牵涉到索德里尼在法国的几个侄子，他们密谋把美第奇家族赶出佛罗伦萨。索德里尼因此被捕并监禁在圣安杰罗城堡；弗朗西斯一世做出的反应是拒绝支付教会费用，并威胁要和阿德里安六世割裂，另选一位教皇。

红衣主教朱利奥无须等太久就有机会戴上教皇王冠。1523年4月，阿德里安六世威胁弗朗西斯一世和查理五世，如果他们双方不达成协议加入他的十字军、共同对抗地中海东部土耳其日益增长的威胁，就把他们逐出教会。查理五世也想得到阿德里安六世的帮助，但他对老导师的热情顾虑重重。那年夏天，教皇的健康出了问题，皇帝指示他的罗马使节要保证朱利奥当选为教皇继任者。8月，阿德里安六世患了感冒，间歇性发烧越来越严重，于9月14日去世。

1523年10月1日，三年内的第二次秘密会议召开，它仍然僵持了六个多星期，分裂的路线与1521年完全相同，红衣主教朱利奥和法国对手都得不到所需的三分之二多数票。最后，法国阵营内部的争吵影响了选举结果。红衣主教蓬佩奥·科隆纳是土生土长的罗马人，"天性鲁莽傲慢"，对红衣主教朱利奥"敌意最大"，圭契尔迪尼说："他对党内的红衣主教大发雷霆，怪他们没有选举本派罗马人红衣主教雅各布奇。[2]当夜，一时冲动，他去找红衣主教美第奇表示支持。朱利奥极其秘密地承诺科隆纳担任教廷副相，并亲手将这一承诺写进文件里。"这个提议非常诱人，足以说服科隆纳和他的几位意大利同僚背叛法国阵营。11月19日上午，朱利奥正式当选为克莱门特七世——美第奇家族的第二位教皇。

新教皇（图59）45岁，身体健康，性情不偏激，饮食节俭，就餐时喜欢听音乐。克莱门特七世是作家和音乐家的著名赞助人，延续了利奥十世的各项工程，如圣彼得大教堂、梵蒂冈和豪华的夫人别墅，以及美第奇家族在佛罗伦萨的项目。他工作努力，没有他堂兄享乐主义的性情——不打猎，也不喜欢小丑的黄色幽默。尽管秘密会议上有分歧，但他的确是一个很受欢迎的选择，有一位外交官说"他任职教皇的第一天给出的好处比阿德里安六世一辈子给出的都多"。[3]

第一个受益的是红衣主教科隆纳，他按照承诺被任命为教廷副相。受益的还有红衣主教尼古拉·里多尔菲（利奥十世的妹妹孔泰西娜的儿子），他被任命为佛罗伦萨大主教（克莱门特七世过去的职位）。菲利普·斯特罗齐被恢复为教皇银行家，搬进了梵蒂冈宫便于出入教皇住处，他是新政权的关键人物。克莱门特七世的堂亲乔瓦尼·德拉·黑带也得到一个职位，在妻子玛利亚·萨尔维亚蒂的干预下得到了教皇军队的职务。

对于美第奇家族来说，家族出了第二个教皇是一个巨大的胜利，也是又一个在欧洲统治精英中确立地位的机会。但老柯西莫的后代中留下的男性寥寥无几，这一分支的王朝未来不稳定地落在了两个私生子身上：教皇的堂亲伊波利托和教皇的儿子亚历桑德罗。家族的另一支还有一个男孩柯西莫，即乔瓦尼·德拉·黑带和玛利亚·萨尔维亚蒂的儿子，他们的婚姻把家族的两个分支连到了一起。

至于佛罗伦萨，1524年初，克莱门特七世任命红衣主教西尔维奥·帕塞里尼管理这座城市。他和作为家族代表的伊波利托一起住进了美第奇宫。伊波利托被允许担任公职，但14岁还是太小，无法领导这个由帕塞里尼根据罗马的指令运行的政权。亚历桑德罗——公开身份是乌尔比诺公爵洛伦佐的私生子，不过有人怀疑他的真实血统——和他同父异母的妹妹（即洛伦佐和玛德琳·德·拉图尔·奥弗涅的合法女儿），搬进了波焦阿卡伊阿诺别墅。

好在佛罗伦萨的事务让克莱门特七世操心最少。作为教皇，他要面对一大堆棘手的问题。由于利奥十世的肆意挥霍，教皇的国库已被掏空。土耳其占领了罗德岛，驱逐了圣约翰骑士团，不仅威胁着地中海东部，也威胁着帝国；1526年8月他们在莫哈赤战役中摧毁了匈牙利路易二世的军队，捕获了首领布达。新教改革运动迅速传遍阿尔卑斯山北部，剥夺了克莱门特七世的许多收入。到1526年，普鲁士和萨克森的统治者皈依了新教，马丁·路德不顾教会法律的禁令，出版了他翻译的《圣经》，还颁布了他的新教令，废除了圣餐礼和变体论——天主教弥撒的焦点——支持布道和讨论《圣经》。这一大堆棘手问题先不说，对教皇最要紧的是，查理五世和弗朗西斯一世随即会叩响战争的扳机,他们的大批部队蠢蠢欲动,准备为控制北意大利而战。

克莱门特七世在利奥十世任职期间充分表现出了政治才能;但对即将到来的哈布斯堡-瓦卢瓦冲突引发的混乱还是毫无准备。为了教皇的利益,他需要保持中立。然而,克莱门特七世优先考虑的是美第奇,为了捍卫家族在佛罗伦萨的未来,他需要找准胜利的一方——这是一个棘手的决策。

1524年3月,克莱门特七世派遣卡普亚大主教、多明戈会修道士尼古拉斯·勋伯格前往法国、西班牙和英格兰寻求和平谈判,但他空手而归。9月初,勋伯格又去了西班牙,另一个使节被派往法国宫廷,但是这些努力仍然无果。当月,弗朗西斯一世入侵意大利,查理五世紧随其后。两支外国军队在伦巴第平原集结,克莱门特七世仍然希望能找到和平解决的办法。10月28日,法国占领米兰的消息传到了罗马,他改变了主意,开始和弗朗西斯一世密谈。他提出的最重要的要求是法国要保护佛罗伦萨的美第奇家族,以及让五岁的卡特琳娜和国王的长子订婚。

1525年1月5日,克莱门特七世和弗朗西斯一世宣布结盟,他们的军队同时向查理五世发动袭击。一支由一万名士兵组成的小分队南下攻打那不勒斯,而其余的部队集中攻击米兰以南帝国在帕维亚控制的堡垒。乔瓦尼·德拉·黑带带领2000名步兵和200个骑兵参加了对帕维亚的包围;2月20日在城墙下的交战中,他右腿受了严重枪伤。

幸运的是,乔瓦尼·德拉·黑带没有参加四天后的战斗,当时全副武装的帝国军队手持便携式火绳枪,屠杀了弗朗西斯一世的军队。当代有帕维亚战役的记录,记载有1.2万名法国人被杀或被俘,帝国方面的损失则微乎其微。[4]那年4月,威尼斯出现了骇人的场面:"许多死尸从海上漂到了里多河,100多具尸体被海水抛上了岸,有的赤裸着,有的伤痕累累";据说,"是从帕维亚战场上沿着波河冲过来,发现的尸体都被掩埋了"。[5]这不仅对弗朗西斯一世是一场灾难,他被俘虏并押往西班牙;对克莱门特七世也是一场灾难,他选择了失败的一方。亚平宁半岛北部驻扎着强大的帝国军队,美第奇家族在佛罗伦萨的生存受到严重威胁。教皇被迫和查理五世达成协议,立刻按要求支付2.5万金币,并结盟反对法国。作为回报,4月1日,查理五世的那不勒斯总督查理·德·拉努瓦和克莱门特七世签约,承诺帝国军队保护佛罗伦萨的美第奇家族。但是，保护费是10万金币，由佛罗伦萨人筹集。一周后，菲利普·斯特罗齐报告说城市的国库几乎空了。[6]

这个联盟也注定不会持久。毫不奇怪的是，克莱门特七世被批评太软弱、优柔寡断。1526年3月，弗朗西斯一世从西班牙获释，声明放弃对那不勒斯和米兰的主权，但很快发现国王并没有打算遵守诺言。在罗马，国王的使节劝说克莱门特七世撕毁和查理五世的合约。5月，这位美第奇家族的第二位教皇和法国、威尼斯、佛罗伦萨、米兰签署了对抗帝国的科涅克联盟。查理五世试图分裂联盟，和他的盟友红衣主教科隆纳策划了一个不靠谱的计划，强迫教皇离开。6月，查理五世写信给他的驻罗马大使："如果你不能说服克莱门特，就秘密说给红衣主教科隆纳，表现得好像是他主动提出的，让他亲手解决，我们秘密地给他提供一切支持。"[7]9月20日，科隆纳对罗马发动了袭击，洗劫了梵蒂冈，强迫克莱门特七世到圣安杰罗城堡避难。教皇很难筹集到让他们停止战火的资金，不得不交出自己的富有亲戚菲利普·斯特罗齐和红衣主教乔瓦尼·萨尔维亚蒂作为人质。那年11月，他采取了报复，不仅剥夺了科隆纳的教廷副相职位，还剥夺了他的红帽子。

7月，同时在北意大利，米兰在波旁的查理指挥下投降了帝国军队，形势越发不妙。那年秋天，波旁军队得到那不勒斯9000名士兵的援助，由西班牙总督查理·德·拉努瓦带领，另有1.2万人的德国部队跨越阿尔卑斯山，由格奥尔格·万·福隆德斯伯格指挥。11月25日，在曼图亚境内的戈弗诺洛发生了小规模的冲突，乔瓦尼·德拉·黑带又受伤了，被火绳枪球击中，这次他的右腿不得不截肢。一位目击者讲述了他的勇敢，外科医生叫来十个男人按住他，他笑着说："即使20个男人也摁不住我。"[8]但手术不成功，他在五天后去世，可能死于坏疽。*

克莱门特七世继续和平谈判的努力没有结果。他很为佛罗伦萨担忧，战争已经耗尽了经济——过去的六个月，佛罗伦萨城给教皇军队输出27万金币。[9]更让他担心的是北意大利即将发生的危机和佛罗伦萨美第奇政权越来越不得人心的现状。侄女克拉丽丝向他哭泣也令他烦恼，前者请求他为关押

---

* 2012年，他的尸体被挖掘出来，证实了他的腿从膝盖以下被截肢。

在那不勒斯做人质的丈夫菲利普·斯特罗齐做点什么。"这个可怜的教皇四面楚歌，像暴风雨的海面上一艘饱受狂风袭击的船。"1月10日曼图亚使节报道说。[10]克莱门特七世的处境在1527年2月初变得更加糟糕，他被盟友拿破仑·奥西尼背叛，后者和帝国指挥官拉努瓦以及科隆纳家族串通——奥西尼家族的传统对手——要谋杀教皇。两周后，波旁和福隆德斯伯格带领二万人的部队离开皮亚琴察，向南进军佛罗伦萨和罗马。3月29日，教皇做了最后一次努力，向帝国指挥官提出和约，避免战争。拉努瓦和福隆德斯伯格同意了；但他们的部下不服从，部下们受到罗马大量财富的引诱，和波旁联手进军城市。克莱门特七世向他的军队求援，但已经晚了。

1527年5月6日早晨，罗马少有的大雾弥漫。波旁幸运地顺利穿越了城市防线，但在第一次进攻中身亡。可是他的部队蜂拥而入，造成了令人发指的大屠杀。宫殿、房屋、商店和教堂挨个被劫掠焚烧。妇女被强奸，圣灵教堂医院的病人被杀，有钱的交钱买命，没钱的被杀，街道上到处都是尸体。许多士兵是德国的新教徒，他们嘲笑天主教教堂及其表现形式，砸碎了十字架和珍贵圣物，穿着红衣主教的红袍在街上游行，把西斯廷的礼拜堂当作马厩。克莱门特七世躲进圣安杰罗城堡避难，一起的大约有3000人，有朝臣、仆人、妇女、儿童。5月22日，弗朗西斯科·玛利亚·德拉·罗维里指挥着教皇军队慢吞吞地抵达罗马城门，他们看了一眼城里的情况，决定不去营救教皇。

5月11日，这个灾难性的消息传到了佛罗伦萨——全城欢呼雀跃。佛罗伦萨被克莱门特七世榨穷了，过去的一年内他为了灾难性的战役从佛罗伦萨国库拿走了651460弗罗林。[11]5月16日，城里投票驱逐美第奇家族，恢复共和国，选举尼古拉·卡博尼为新旗手。次日，不得人心的教皇总督红衣主教帕塞里尼带着他的被监护人离开了，并将小卡特琳娜安置在修道院的安全地方。乔瓦尼·德拉·黑带的遗孀玛利亚·萨尔维亚蒂和她八岁的儿子柯西莫被软禁在特雷比奥别墅，但多亏了曾在她丈夫手下服役的一名卫兵的帮助才得以逃脱。

1527年6月6日，克莱门特七世同意和帝国军队签约，后者第二天就占领了圣安杰罗城堡。他得交付40万金币的赎金，并将以下地方拱手交予皇帝：奥斯蒂亚、奇维塔韦基亚和奇维塔卡斯泰拉纳的教皇要塞，以及帕尔马、皮亚琴察和摩德纳几座城池。他还必须交出七名人质，这些人质将一直被囚禁在城堡里，直到他支付完第一笔的15万金币。于是，他在城堡房顶架设了熔炉，熔化了他的镀金头饰和圣杯，以及城堡顶上的巨大铜铸天使，筹集了这笔钱。

教皇最终在12月初获释，在一大群帝国军队的护送下，他带领一小队红衣主教到了奥尔维耶托。他心都碎了。教皇破产，他住在一个狭小破旧的主教宫，没有珠宝也没有法衣。他作为基督教领袖的地位迅速下降；那年，新教成了瑞典、丹麦、吕内堡和萨克森的官方宗教。最糟糕的是，他的策略导致了佛罗伦萨美第奇家族的崩溃，家族再次被流放。

克莱门特七世的处境悲惨，但他还是教会的领袖，奥尔维耶托很快就挤满了请愿者。弗朗西斯一世的使节劝他向查理五世宣战，英格兰亨利八世的使节要求国王和阿拉贡的凯瑟琳离婚——西班牙的使节则坚持要求教会拒绝亨利的请求，因为凯瑟琳是查理五世的姑姑。重要的是，克莱门特七世被要求返回罗马，但他拒绝了，不愿意接近正在争夺那不勒斯控制权的法国和帝国军队。

1528年7月，一场严重的斑疹伤寒暴发，导致那不勒斯城外法国营地的士兵大量死亡，到8月底，士兵死了一多半。8月28日，法国人开始撤退，次日，灾难降临。在阿维萨战役中，他们被奥兰治王子菲利伯特率领的帝国军队屠杀。南意大利战争结束。

1528年10月6日，克莱门特七世终于回到罗马，看到了彻底毁灭的情景：只有20%的房屋有人住，教堂的财宝被劫掠，经济一塌糊涂。月底，他写了一封私人信件给查理五世："我们必须为在经历如此恐怖的海难后还能安全上岸而高兴，尽管我们失去了一切。"接着他说，"我们面前躺着一具具悲惨的、残缺不全的尸体，没有什么能减轻我们的悲伤……只有和平的前景……这取决于您的克制和同意。"[12]

1529年1月初，克莱门特七世患了重感冒，但他还是坚持在梵蒂冈举行主教团会议，结果一夜之间变成了高烧。两天后，他确信自己不久于人世了，便把侄子伊波利托叫到床前，任命他为红衣主教。伊波利托很不情愿地接受了这份殊荣：作为红衣主教帕塞里尼政权的名义领袖，他认为自己未来应当是佛罗伦萨的统治者——当美第奇家族复归后——小他一岁的堂弟亚历桑德罗才应从事教会职业。但是伊波利托的确听到传言，说亚历桑德罗是克莱门特七世的儿子，必然会更受宠。医生对教皇的病情做了最坏的预测，但他康复了。月底，他恢复到可以派遣使节去那不勒斯谈判，要求归还奥斯蒂亚和奇维塔韦基亚的教皇要塞，要求释放人质。他还在佛罗伦萨和旗手卡博尼密谈，但是当密谈遭泄漏后，卡博尼立刻被解雇，由一位极端反美第奇家族的人接替。

同时，查理五世（图60）在前一年8月把法国人驱逐出了那不勒斯，并于1529年6月21日在米兰附近的兰德里亚诺战役中彻底打败了弗朗西斯一世，巩固了他在意大利的胜利。皇帝现在是半岛上无可争议的主人——克莱门特七世完全依赖他的善意。6月29日，两个统治者签署了《巴塞罗那条约》，这次的联盟得以维持。克莱门特七世从现实的政治世界吸取了不寒而栗的教训。两个统治者同意采取行动共同对抗新教和土耳其，土耳其现在威胁到了查理五世的兄弟，奥地利费迪南德的首都维也纳。教皇也承诺册封查理为神圣罗马皇帝。*作为回报，皇帝答应给予军队支持，恢复美第奇家族在佛罗伦萨的地位，联盟还签署了皇帝私生女奥地利的玛格丽特和克莱门特的儿子亚历桑德罗的婚约。

1529年8月17日，克莱门特七世和奥兰治的菲利伯特签署征服佛罗伦萨的合约。对于手头窘迫的教皇来说，这项工程太贵了。为了这次冒险，他要购买重炮，补给5500名军人，支付28万金币：先付8万金币，攻下城来再付5万，最后的15万等美第奇家族再次统治了佛罗伦萨后由佛罗伦萨人纳税筹集。当月，他向银行家菲利普·斯特罗齐借了15万金币，给了他26个可以赚钱的职位作为抵押。[13]

7月28日，查理五世离开西班牙，乘船前往意大利参加他的帝国加冕典礼，两周后到达了热那亚。红衣主教伊波利托和亚历桑德罗在那里欢迎他，据说查理五世非常热情地接待了这对堂兄弟。他对佛罗伦萨的使节就没那么友好了。使节劝他放弃和教皇的联盟。起初，他拒绝见他们，但8月下旬使节

---

* 这是教皇对皇帝的最后一次加冕。

有了一次和查理五世见面的机会。有报道说，"皇帝冷冷地接见了他们，他的一些朝臣在使节的面前说，佛罗伦萨将被武力占领"。[14]但使节为查理五世开出了一个诱人的建议："使节向陛下承诺，如果能保证佛罗伦萨的自由不受美第奇家族的侵犯，可以提供40万金币。"

然而，奥兰治的菲利伯特正带领一万名帝国士兵，从罗马向北进发，包围了戒备森严的佩鲁贾城，佩鲁贾在9月10日投降。四天后，军队越过了佛罗伦萨边境：科尔托纳很快就投降了，之后是阿雷佐。佛罗伦萨城门有卫兵把守，但成千上万的富人家庭逃离了城市。查理五世离开热那亚前往皮亚琴察，召开了一次议会，会上他反对将军们提议，下令奥兰治减缓速度。也许他受到佛罗伦萨使节慷慨提供现金的诱惑；更可能是他希望佛罗伦萨不战而降——和佩鲁贾、科尔托纳和阿雷佐一样。没有证据表明查理五世有计划和克莱门特七世毁约。佛罗伦萨人派出使节到帝国军营与奥兰治谈判，没有得到教皇的授权，奥兰治拒绝交谈。执政团派出使节前往罗马直接和克莱门特七世交涉，但奥兰治逮捕了这些人，在没有得到教皇允许的情况下，奥兰治不会让他们继续前行。9月下旬，克莱门特七世派他信赖的顾问勋伯格，以使节的身份代表他到奥兰治军营谈判，军营驻扎在今天的菲利内，在佛罗伦萨东南大约15英里处。勋伯格接受严格命令，拒绝签署不包括美第奇家族复归的任何协议。克莱门特七世坚持美第奇家族免税，赦免所有他的支持者，并要求任命一位本地总督执行他的命令，支付赔偿金，归还所有美第奇宫殿。他一定也知道，这些要求佛罗伦萨人完全不能接受，而且是不妥协的："佛罗伦萨宁肯化成灰，也不愿受美第奇家族的统治。"[15]有一位使节如此说。

1529年10月7日，克莱门特七世离开罗马前往博洛尼亚参加帝国加冕典礼，为了避开托斯卡纳，选了一条需要穿越泰伯河谷和罗马涅的、不好走的线路。10月24日，当他进入博洛尼亚时受到了隆重接待，他的宝座被抬着穿过挂满美第奇家族盾徽的大街；同一天，佛罗伦萨城墙外，奥兰治带领1.1万名士兵安营扎寨。

两周后，查理五世到达了博洛尼亚，这里被重新装饰得更加辉煌。他和他未来的美第奇女婿亚历桑德罗正式入城，亚历桑德罗被授予和帝国朝臣列队并驾齐驱的荣誉。皇帝在圣佩特拉尼奥大教堂的台阶上受到了身着教皇盛装的克莱门特七世的接见，查理下马，跪在教皇面前亲吻他的脚。之后五个月，帝国宫廷和教廷驻扎在博洛尼亚。众星云集，有王子、红衣主教、使节、高级教士、人文主义者、音乐家、诗人和艺术家，这座城市一时间成为欧洲的政治文化都城。君主们享受着宴会、舞会、狩猎聚会、模拟战和比武，这和60英里以南正被帝国军队包围的佛罗伦萨人遭受的痛苦形成鲜明对比。

查理五世和克莱门特七世下榻在博洛尼亚市政厅普布利科宫，公寓毗邻。两人有很多话题讨论，尤其是北意大利米兰等国的未来——因为这个地区已被帝国控制——以及新教和土耳其带来的威胁，当然也讨论佛罗伦萨。面对面地谈论，他们的政策分歧更加明显。

查理五世想尽快解决佛罗伦萨问题，让部队腾出手来保卫帝国的东部边境，对抗土耳其。11月11日，形势越发清晰，那天奥兰治亲自到博洛尼亚汇报，带来了令人沮丧的消息。由于执政团有先见，下令毁坏了佛罗伦萨方圆一里的所有建筑和农作物，帝国军队没有吃的。此外，奥兰治人手不够，只能控制城墙南部地区。教皇承诺的火炮和士兵还没有到达，也没有足够的现金支付军饷，士兵们越来越反叛。没有钱、没有部队，奥兰治认为围城注定要失败。查理五世试图和克莱门特七世谈判一个折中的办法。一个建议是允许帝国部队洗劫佛罗伦萨，以补给军饷，教皇感觉骇人听闻。皇帝又提出一个建议，重新给美第奇家族一个公国：把一部分米兰领土给亚历桑德罗，这样家族可以有自己的领地。但是，克莱门特七世坚决反对——他要的是佛罗伦萨，这座城市必须投降。

最后，为了维护和克莱门特七世的联盟，查理五世做了让步，两人同意满足奥兰治的要求。教皇答应每月为帝国军队提供七万金币。尽管遇到了严重的财政问题，他还是在10月期间努力为战争筹集到了十万金币；到了月底，锡耶纳同意大量提供奥兰治所需的军火——每天2000磅—3000磅的火药。[16]红衣主教在博洛尼亚的所有骡子都被征用运输大炮，穿越冰雪覆盖的亚平宁山。1529年12月下旬，8000名帝国军人和4000名教皇士兵向南进发，支援奥兰治的部队。这些救援使得围城士兵增加到三万，足以围住北侧，包围全城。克莱门特七世还安排两位著名的军事建筑师帮助奥兰治：小安东尼奥·达·桑加罗和巴达萨尔·佩鲁齐。1530年1月初,佩鲁齐草拟了一封佛罗伦萨防御工事计划,至今还在档案里,他好像密探过城市,窥探到城市的防御。[17] 1月20日,建筑师们的价值得到了证明,奥兰治的炮火发起一次攻击,成功摧毁了一大片防御工事,使得部队向城墙继续靠近。克莱门特七世的目标终于近在眼前了。

2月24日,在博洛尼亚,圣佩特拉尼奥大教堂为帝国加冕举行了声势浩大的庆祝活动(图61)——同时庆祝查理五世的生日和帕维亚战役打败弗朗西斯一世一周年。再一次,克莱门特七世的儿子亚历桑德罗在帝国侍臣中列在显著位置,而红衣主教伊波利托不得不满足于他在教皇队伍中的位置。他们11岁的堂亲柯西莫和他母亲玛利亚·萨尔维亚蒂也到了现场。玛利亚利用一切可乘之机让柯西莫引起政界要人的关注。不受欢迎的是佛罗伦萨执政团派来参加仪式的使节。他们的行李在城门口受到严格检查,克莱门特七世显然不情愿地接见了他们;查理五世听说他们没有什么新礼物可上供,干脆不见。

加冕两天后,奥兰治第二次造访博洛尼亚,又抱怨缺钱、缺人、缺供给,还抱怨围攻城市北侧的部队指挥官华斯度侯爵阿方索·阿瓦洛斯。克莱门特七世黔驴技穷了——有人劝他卖一摞红衣主教的红帽子开财路——查理五世同意负责阿瓦洛斯的部队,教皇则继续资助奥兰治。他们同意减少火炮节省开支,集中力量加强封锁,试图用饥饿迫使佛罗伦萨屈服。

新战术很快生效。到4月中旬,尽管比萨通过戒备森严的恩波利送来一些给养,每天还是有将近200个佛罗伦萨人饿死。但克莱门特七世回到了罗马,对围城的缓慢进展越来越焦虑。他对佛罗伦萨的每日汇报很困惑。为了安抚军需官,奥兰治送给他一个佛罗伦萨的软木模型,这样教皇能更容易明白是怎么回事。[18]整个春天,克莱门特七世都忧心忡忡,1530年5月,他听说帝国军队暴发了瘟疫,更是坐立不安。然后5月底传来了好消息,奥兰治终于拿下了恩波利,切断了佛罗伦萨和外界的联系。现在就是时间问题了。但是费用急剧上升:到7月,克莱门特七世已经花费了70万金币,远远超过了他当时和奥兰治签订合同时所设想的28万金币。

然而,从1530年6月到7月,佛罗伦萨一直坚持,顽强抵抗帝国军队。最后，8月5日，克莱门特七世接到激动人心的消息，奥兰治在加维纳诺战役中打败了佛罗伦萨军队——可是他在战斗中丧生了。城市终于走投无路了。

克莱门特七世成功恢复了美第奇家族在佛罗伦萨的地位，但付出了可怕的代价。这场死亡和毁灭之战最后耗费了100多万弗罗林，并且导致城市人口减少了50%。他为了家族利益对同胞们肆无忌惮到这个地步，这让他的支持者也震惊不已。此外，美第奇家族可能回归了，但他们现在实际上是一个傀儡政权，皇帝才是佛罗伦萨的最高统治者。

14

帝国走狗

教皇克莱门特七世，伊波利托，亚历桑德罗和柯西莫
1531年—1543年

1531年美第奇家族的两个分支

乔瓦尼·迪·比奇的儿子柯西莫的后代：
教皇克莱门特七世（53岁）
　　亚历桑德罗（20岁），*他的私生子，和查理五世的女儿奥地利的玛格丽特订婚*
红衣主教伊波利托（21岁），*克莱门特七世堂弟朱利亚诺的私生子*
卡特琳娜（12岁），*堂亲洛伦佐的女儿*
红衣主教英诺森佐·希波（40岁），*堂亲玛德莲娜的儿子*
红衣主教尼古拉·里多尔菲（30岁），*堂亲孔泰西娜的儿子*
红衣主教乔瓦尼·萨尔维亚蒂（42岁），*堂亲卢克雷齐娅的儿子*
玛利亚·萨尔维亚蒂（32岁），*堂亲卢克雷齐娅的女儿*
菲利普·斯特罗齐（42岁），*堂亲克拉丽丝的鳏夫*

乔瓦尼·迪·比奇的儿子洛伦佐的后代：
洛伦齐诺（17岁），*皮耶尔弗朗西斯科·迪·洛伦佐的儿子*
柯西莫（12岁），*乔瓦尼·德拉·黑带和玛利亚·萨尔维亚蒂的儿子*

1531年7月6日，佛罗伦萨人投降11个月后，他们聚集在领主宫广场。查理五世的使节要在那里向他们宣读帝国诏书，告知他们新政府将被如何规划。新政府的首脑是亚历桑德罗·德·美第奇。使节庄重地说："和其他国家一样，让佛罗伦萨由一个人而不是多个人统治，这样会更好。"[1]他们听到引以为傲的执政团被废除了，甚为惊恐，取而代之的是由美第奇支持者组成的、终身制的元老院。

　　查理五世和克莱门特七世花了几个月时间讨论如何最好地确定亚历桑德罗的身份，最后达成一致。教皇小时候是在叔叔辉煌洛伦佐家长大，接受的信条是维护家族作为共和国"第一公民"的传统角色；但皇帝是十足的王室范儿，不允许有人挑战他的绝对权力。他们确定了一个折中的办法。在精巧的外交辞令中，亚历桑德罗的头衔不会像他所希望的那样是"公爵"，而是"佛罗伦萨共和国总督和终身政府首脑"。佛罗伦萨名义上仍是共和国，但实权在皇帝手中。特使警告民众，任何违反法令的行为将被看作对抗查理五世，都会导致城市并入帝国的后果——假如亚历桑德罗死后没有继承人，城市也会并入帝国。

　　查理五世通过两个人对佛罗伦萨施行控制：克莱门特七世的堂亲红衣主教英诺森佐·希波和帝国驻扎在城里的卫戍部队指挥官亚历桑德罗·维特利。维特利是1530年强迫佛罗伦萨投降的主要人物，所以他做卫戍部队指挥官是不受欢迎的。新政权最显著的标志是新建的巴索堡垒，这是亚历桑德罗遵照查理五世的命令在城北建造的五边形大本营，是维特利和士兵们的驻扎营地。皇帝主张，堡垒必须在克莱门特七世的儿子和他女儿结婚前完成。工程任务紧急，"工人们在节假日都不休息，甚至复活节也不休息"，造出一个既庞大又不受欢迎的建筑物。[2]贝纳多·塞尼几年后写佛罗伦萨史时认为：

14　帝国走狗　｜　181

"它把一种前所未有的枷锁套在佛罗伦萨人的脖子上，一座堡垒使他们失去了自由生活的所有希望。"[3]

亚历桑德罗不喜欢他烦琐的佛罗伦萨头衔，请求父亲赐一个贵族称号。1532年2月，他的一名代理人告诉他，"教皇完全反对让你成为公爵和城市的绝对君主"；但在4月，克莱门特七世松口了，同意封他为"共和国公爵，就和人们在威尼斯称呼总督一样"。[4]

亚历桑德罗无所谓称呼合不合法，因为无论他父亲用什么词语来维持佛罗伦萨还是共和国的假象，他都毫不怀疑自己是城市的绝对统治者。为了证明这一点，他铸造了自己的钱币，取代了旧弗罗林硬币上面的共和国图案——城市的保护神施洗者圣约翰和教皇党睡莲——"换成的新币一面是亚历桑德罗公爵的头像，另一面是柯斯莫斯和达米安圣像"。[5]他禁止领主宫的大钟有声响，没收了所有的武器，甚至连放置在圣母领报大殿的圣坛上当作祭品的武器也没收了。佛罗伦萨人也开始放弃旧的共和方式，转而崇尚宫廷风格。日志记载者阿戈斯蒂诺·拉皮尼指出，"佛罗伦萨人开始使用以前从未见过的车马"。[6]另一位编年史者指出，男人"开始留胡子"，身着花哨的紧身短上衣，"许多地方开衩以便看到丝绸内衬"。[7]

新公爵委托宫廷画家乔治·瓦萨里画了两幅肖像，一幅描绘他自己，另一幅描绘辉煌洛伦佐（图62）。瓦萨里对辉煌洛伦佐的盛赞显示了美第奇神话是如何开始发展的："我要画出他一生中所有的伟大品质，"他告诉亚历桑德罗，"他的杰出领导才能不只体现在口才上，而且体现在一切方面，他的判断力尤其超群，这让他的后代和这座伟大的城市光彩熠熠。"[8]亚历桑德罗的肖像，则有力证明了美第奇家族在洛伦佐去世后的40年里所取得的进步（图63）。公爵身穿盔甲，手持指挥棒，被描绘成一位王子，根本不需要共和国的托加袍。瓦萨里解释了他的画作中包含的意象：一把圆形椅子象征着公爵永久的权力；三个被捆绑的人代表他的子民，"没胳膊没腿，但受他的意愿引导"；一块红布"是挑战美第奇家族伟大性的那些人流的鲜血"；倒塌的建筑代表1530年的围城；"一截生出绿芽的干桂树枝"代表"美第奇家

族曾经死去，但现在一个叫亚历桑德罗的人可以让它绿树常青"。⁹

亚历桑德罗公爵的统治专横跋扈，不过他要保证自己能受到穷人阶层的欢迎，因此他经常上街逛逛，到商店看看，花时间倾听他们的抱怨。弗朗西斯科·圭契尔迪尼是亚历桑德罗最亲密的助手之一，他显然是一位实用主义者，认为"当国家落入暴君之手，好公民的职责是对他施加影响，劝其弃恶从善"。¹⁰但其他人不同意。公爵招聘乡下人进城担任行政职位，这让城市主流家族越来越不欢迎他，美第奇家族复辟的支持者也越来越不欢迎他。他不断引诱他人的妻女，包括那些成为修女的人，形势恶化。亚历桑德罗相处最久的情妇塔蒂·马拉斯皮纳是红衣主教希波的亲戚，一个年轻寡妇，她和亚历桑德罗生了两个孩子：1533年生了儿子朱利奥，两年后生了女儿茱莉亚，都随了亚历桑德罗父亲的名讳。重要的是，克莱门特七世指示希波，朱利奥是亚历桑德罗的继承人。

亚历桑德罗的对手们聚集在罗马——在他堂兄红衣主教伊波利托的宫殿。生性活跃、生活奢靡，伊波利托掌管着城里最豪华的宫廷，以宴会、猎聚和娱乐闻名，还以他情妇吉拉·贡扎加（一位从土耳其后宫死里逃生的寡妇）的美貌闻名。*红衣主教伊波利托对流亡者和避难者都表示欢迎，其中就有1530年被驱逐的佛罗伦萨共和国人，以及他的堂亲红衣主教萨尔维亚蒂和红衣主教里多尔菲。菲利普·斯特罗齐在1533年也加入了他们，由于他的巨大财富和影响力，他在招致亚历桑德罗公爵的敌意后逃离了佛罗伦萨。斯特罗齐的财政资源积极推动了伊波利托取代他堂弟成为佛罗伦萨统治者的斗争。密谋者们制订了除掉亚历桑德罗的计划——其中的一个计划是，在公爵的一个情妇房间里放置一小盒炸药。¹¹

克莱门特七世意识到了他们俩的敌对关系，想尽办法调停兄弟俩；但没有打算让红衣主教伊波利托取代他儿子。他拒绝伊波利托放弃红帽子，不过想办法提拔了他，1532年任命他为教廷副相，这个职位可以大捞一把。他还任命伊波利托为维也纳特使，当时苏丹·苏莱曼带领15万士兵向匈牙利进

---

* 1534年8月，土耳其海盗海尔·阿丁·巴巴罗萨整个夏天都在袭击意大利海岸，为苏丹的军队寻找男孩，为他的后宫寻找女孩，但绑架吉拉·贡扎加的企图失败了。

发，并计划派遣四万人的船队开往意大利，罗马得知后大惊失色。迫于查理五世的压力，教皇为皇帝的弟弟奥地利的费迪南德提供了五万金币，支持他攻打土耳其；伊波利托在1532年7月前往维也纳，带着一大队武装卫兵保护钱盒子。[12]为了纪念这次行程以及他的世俗野心，他邀请维也纳画家提香画了一幅极有魅力的肖像（图64）。肖像中，伊波利托身着匈牙利服装，佩戴一把弯刀和一顶孔雀毛帽子。8月12日，他抵达了朝廷，就在几天前，土耳其在奥地利边境吃了败仗，撤退回贝尔格莱德。

克莱门特七世为了平衡美第奇家族对查理五世的依赖，把14岁的堂亲卡特琳娜许配给弗朗西斯一世的次子亨利——奥尔良公爵。凯瑟琳·德·美第奇（后人对卡特琳娜的称呼）由她叔叔菲利普·斯特罗齐护送到马赛。这位银行家贷给教皇13万金币作为凯瑟琳的嫁妆，担保是教皇的珠宝、教皇国的税收和西班牙的教会收入。[13]1533年9月，教皇带着红衣主教伊波利托离开罗马前往里窝那，登上法国的皇家帆船驶向马赛参加婚礼，前往的还有柯西莫和他母亲玛利亚·萨尔维亚蒂（她决心不放过任何机会捧他的儿子）。克莱门特七世永远想不到，法国王储在三年后的一场激烈的网球比赛后死去，次子亨利成了王位继承人——他的堂亲凯瑟琳随之成了法国王后。

1534年2月，克莱门特七世开始了他的最后一个艺术项目——西斯廷礼拜堂的壁画《最后的审判》（图65）。西班牙大使曾报道，"教皇指定米开朗琪罗在礼拜堂内直接作画，复活模型已经做好，将在祭坛的上方完成"[14]。但那年夏天，健康状况不佳的教皇得了严重的胃病。红衣主教伊波利托很担心，承诺将放弃世俗野心。正如曼图亚特使在7月报道的那样，"他已经不再有辞去红帽子的幻想，决定继续圣职事业，和以往一样做一个好'儿子'，不过他还没准备好参加宗教仪式"[15]。作为回报，伊波利托从教皇的金库提取了更多的资金，依据特使的说法，"教皇陛下已经还清了他的所有债务，那是很大的一笔钱。现在每月给他（伊波利托）100金币的津贴"。克莱门特七世的病情继续恶化，伴随着呕吐和高烧。8月24日，他接受了最后的仪式，但令他的医生惊讶的是，他恢复了健康。然而，9月21日，病情复发——他在四天后去世。遗嘱里的受益人是那对不友好的堂兄弟，他把佛罗伦萨留给了亚历桑德罗，其余的财产都留给了红衣主教伊波利托。

克莱门特七世的继承人是66岁的红衣主教亚历桑德罗·法尔内塞，后者在红衣主教伊波利托的支持下当选为保罗三世。但新教皇拒绝偿还克莱门特七世在菲利普·斯特罗齐名下的欠债，总计八万金币，这一下让银行家陷入严重的财务困境。[16]保罗三世宣称他的首要任务是教会改革；但更多是为了谋私利，他想为自己的家族谋求更多财富。

亚历桑德罗公爵和红衣主教伊波利托的关系继续恶化。斯特罗齐的确幸运，逃过了亚历桑德罗在罗马处心积虑、用心险恶的谋杀；但他的女儿在佛罗伦萨诡秘地死去了。伊波利托觉得他堂弟的下一个目标就是他，便派遣使节到西班牙游说查理五世，控诉亚历桑德罗是个暴君——事实也是如此——应该被废黜。他力劝皇帝取消亚历桑德罗和奥地利的玛格丽特的婚约，而任命他取代亚历桑德罗成为佛罗伦萨公爵。他声称有许多人支持他，包括斯特罗齐家族、萨尔维亚蒂家族、卢塞莱家族、帕奇家族和里多尔菲家族，以及其他的佛罗伦萨领袖。皇帝同意听取此案的审理，但没有做出任何承诺。伊波利托有位叫保罗·吉奥维奥的朝臣预料到了不祥，希望兄弟俩和好，"否则无论是雄鸡还是孔雀都保不住尾巴"。[17]

查理五世打算在1535年9月听听双方的争论，红衣主教伊波利托于7月下旬离开罗马前往那不勒斯等待皇帝到来。当月早些时候，查理五世从土耳其手中夺取了拉戈莱塔和突尼斯。查理五世下巴下垂、驼背，不太可能成为军事英雄，但他可以夸耀他海军的成功，后者给了土耳其舰队司令巴巴罗萨沉重的一击。与伊波利托一同去庆祝皇帝胜利，并为他们对亚历桑德罗公爵的诉讼做辩护的，还有菲利普·斯特罗齐、红衣主教萨尔维亚蒂、红衣主教里多尔菲和其他几位流亡的佛罗伦萨人。不幸的是，伊波利托永远到不了那不勒斯了，8月10日，他在伊特里突发高烧，死在途中，（据说）死在吉拉·贡扎加的怀里。他才25岁，不可避免地出现了传言，说他是中毒而死，但更可能是死于疟疾。斯特罗齐和其他流亡者继续向那不勒斯前进。晚到的是亚历桑德罗公爵本人，他于12月初离开佛罗伦萨，在帝国指挥官维特利带部队驻进刚建成的巴索堡垒后才出发。

1536年1月初，查理五世在那不勒斯皇宫过传统的圣诞节和新年，举行了一场正式的听证会，听取对他未来女婿的指控。流亡者指控亚历桑德罗的暴政违反了和皇帝的协约条例——他们的举证之一是他武断决定把佛罗伦萨弗罗林上的共和国标志换成了美第奇家族的圣贤和徽标。但每到关键时刻都会受到亚历桑德罗的律师弗朗西斯科·圭契尔迪尼的雄辩反驳。皇帝作出了有利于亚历桑德罗的判决，不过他废除了1530年下达的驱逐令。斯特罗齐一行离开了那不勒斯，他们害怕公爵报复，没有回家。

亚历桑德罗公爵和14岁的奥地利玛格丽特的盛大婚礼终于在1536年2月26日在那不勒斯举行，查理五世和意大利贵族精英都到场庆祝。有宴会、化装舞会和音乐表演，国王亲自参加比武并在化装舞会上跳舞。3月11日，亚历桑德罗离开那不勒斯，北上回到佛罗伦萨，为查理五世的国事访问做准备。亚历桑德罗随从一大群，士兵就有1000多名，其中包括他的两个堂亲洛伦齐诺和柯西莫，他们俩在美第奇故事的这章结尾处和下一章开篇会出现。

4月29日，查理五世正式访问佛罗伦萨。城门上装饰着一段华丽的拉丁铭文："来吧，恺撒，进入你最忠诚的城市，这里从未出现过比你更伟大更有价值的王子。"[18]佛罗伦萨人看着由朝臣和军队组成的庞大队伍穿过街道，他们痛苦地想起，不到六年前，就是这支部队强迫他们放弃了自由。更要紧的是，队伍没有像往常那样停在领主宫，而是停在了公爵的官邸美第奇宫。

亚历桑德罗公爵已经委托人沿着行进路线修建了许多凯旋门，颂扬他岳父的丰功伟绩。圣菲利斯拱门的设计者是瓦萨里，查理五世在那里被赞美成非洲征服者；那天一大早，瓦萨里被公爵发现"累得半死"，正如瓦萨里告诉朋友的那样，"睡在一捆树枝上"。[19]他自己承认，在为这次访问做准备的过程中，他度过了"不平凡的一个月，最后五个晚上觉都没睡"；公爵"当着所有人的面对我说：我的乔治，在所有的大师中你的工作是最伟大的、最漂亮的、最有内涵的、完工最快的"。这的确是赞美。合同签订的400弗罗林酬金之外，亚历桑德罗公爵又奖励了瓦萨里300弗罗林——这位艺术家用这笔钱嫁了一个妹妹，还让另一个进了修道院。[20]

六周后，也就是6月15日，佛罗伦萨的新公爵夫人正式进入佛罗伦萨。亚历桑德罗公爵安排的一项招待活动是上演一部戏，剧本由他堂亲洛伦齐诺编写。洛伦齐诺是美第奇家族另一分支的合法继承人，但克莱门特七世对其视而不见，这位不招待见的堂亲做什么他都反感。不过，他没有加入罗马红衣主教伊波利托宫的流亡队伍，而是留在了佛罗伦萨，扮演着忠诚的朝臣角色——实际是等待机会谋杀公爵。现在，这出戏提供了一个机会。他搭建布景时故意向观众倾塌。洛伦齐诺运气不够，参与这个项目的画家将秘密告知了瓦萨里，后者"发现这场灾难会导致可怕的后果，实际上会杀死300人。他说他要告知公爵"[21]。洛伦齐诺只能掩盖自己的阴谋诡计，假装这一切是技术失误。

1537年1月6日，洛伦齐诺暗杀堂兄的阴谋终于得逞。最后，亚历桑德罗公爵对一个已婚女人的渴望（事实证明，这个女人很难引诱）导致了他的垮台。洛伦齐诺安排他们两人约会，让出他自己在卡萨维奇亚的卧室作为约会地点。亚历桑德罗满怀期待地到了；可是从门口进来的不是他想要的美人，而是洛伦齐诺，后者还带着一个同伴。那人摁住了公爵，洛伦齐诺趁机刺死了他堂兄。然后，洛伦齐诺锁门逃出了佛罗伦萨，骑马到了威尼斯，加入了斯特罗齐等人的流亡者行列。

次日，1月7日星期日，红衣主教希波发现了被刺杀的公爵，他安排人把尸体裹在毯子里偷偷运出了卡萨维奇亚，小心地放在了圣洛伦佐教堂。在一些人眼里，刺客的行为把他洛伦齐诺（"小劳伦斯"）变成了劳伦扎奇奥（"坏劳伦斯"）。瓦萨里哭泣道："亚历桑德罗公爵，我的主啊，像一只野兽被他堂弟的残忍和嫉妒杀害。他拥有多少把剑、多少把武器，又养着多少士兵、多少堡垒，但他却抵抗不了一把剑和两个叛徒。"[22]不过，佛罗伦萨人很少有像瓦萨里这么悲伤的。

红衣主教希波很清楚这起谋杀在宪法上的影响。由于亚历桑德罗没有合法儿子，查理五世现在理论上是佛罗伦萨国的首脑。但亚历桑德罗有一个私生子朱利奥，已故克莱门特七世曾宣布他是亚历桑德罗的继承人。希波利用自己作为皇帝在佛罗伦萨的官方代表身份，打算实践克莱门特七世的意愿，让四岁的朱利奥担任公爵，他自己当摄政王。但是，实施这一主张他不够份儿。卫戍部队指挥维泰利也许能帮上忙，但是维泰利现在在70英里之外的卡斯泰洛城的家中。等到维泰利和部队在星期一下午到达佛罗伦萨，一切已经晚了。

1537年1月8日上午，弗朗西斯科·圭契尔迪尼和其他几位佛罗伦萨领袖抓住了主动权提议另一位美第奇家族成员，18岁的柯西莫，作为亚历桑德罗的接班人；毫无疑问，尝试恢复共和国会招来查理五世的愤怒。当维泰利带着部队赶回时，佛罗伦萨出乎意料地安静，维泰利和希波被迫支持圭契尔迪尼的果断行动。两天后，参议院匿名投票授予柯西莫"城市首脑和领袖"的头衔，等待帝国的确认。在选举的几个小时内，为了提醒柯西莫谁才是佛罗伦萨的实际掌权者，维泰利带领部队洗劫了美第奇宫，带走了现金、银盘、珠宝等贵重物品，还把亚历桑德罗的遗孀奥地利的玛格丽特带到了巴索堡垒的安全处。

很多人支持柯西莫。他的家谱认定无可争辩。他父亲乔瓦尼·德拉·黑带和母亲玛利亚·萨尔维亚蒂都是美第奇银行的缔造者乔瓦尼·迪·比奇的直系后代。柯西莫还很年轻，没有经验，不论是帝国这一方的希波和维泰利，还是佛罗伦萨的领袖，都希望利用这些特质。但他们要失望了。这位军事英雄和职业军人的儿子体格健壮、性情活泼，完全可以独当一面（图66）。

柯西莫的首要任务是消除菲利普·斯特罗齐和流亡者的威胁，这些人在和弗朗西斯一世谋划发动军事行动对付他。他上台后不久，颁布命令赦免愿意返回佛罗伦萨的流亡者，但很少有人回来。1537年7月31日，敌人集结在皮斯托亚以北的山上，柯西莫和维泰利发起了突然袭击，并在蒙泰穆尔洛战役中打败了他们。斯特罗齐也被俘虏。历史学家贝纳多·塞尼生动描述了8月1日俘虏们游街的悲哀情景："囚犯们被放在又瘦又弱的马上，既安全，又足够羞辱。"他写道，"他们冒着下午的酷热被带进佛罗伦萨"。[23]"但看到尊贵杰出的公民如此悲惨、遭受奚落，人群没有庆祝，尤其是菲利普，他是迄今为止意大利最成功的普通公民。"有15位俘虏被处决，其余人被监禁，其中包括斯特罗齐，他被关押进巴索堡垒的一间牢房。

与此同时，查理五世在确认柯西莫的身份问题上支支吾吾。1537年初夏，使节西福恩特斯伯爵在城里停留了一个月，同意承认柯西莫是统治者，但对他的头衔讳莫如深。次年，柯西莫派特使前往尼斯——教皇保罗三世、查理五世和弗朗西斯一世在那里举行首脑会议——受命说服皇帝减少佛罗伦萨的卫戍部队，并允许柯西莫自己的人取代维泰利。据说皇帝对柯西莫所取得的成绩很满意，顺从了这两个请求。柯西莫也抓住机会免职了红衣主教希波，因为他发现希波在散布谣言，说柯西莫在花钱雇药师，图谋毒死亚历桑德罗公爵的幼子朱利奥。查理五世最终在1538年9月确认了柯西莫佛罗伦萨公爵的头衔。三个月后，菲利普·斯特罗齐效仿在恺撒的统治下宁死不屈的罗马共和主义者马尔库斯·波尔基乌斯·加图，在巴索堡垒的监狱自杀了。

拥有公国后，美第奇家族摇身一变成了世袭王朝——需要继承人。1537年1月上台两天后，柯西莫派特使去见查理五世，请求允许其和亚历桑德罗公爵的遗孀——奥地利的玛格丽特结婚，但皇帝已经答应把女儿嫁给保罗三世的孙子奥塔维奥·法尔内塞。教皇用自己的孙女维多利亚·法尔内塞交换，但柯西莫没有接受。他利用自己在帝国的关系，谈判了和佩德罗·德·托莱多的女儿埃莱奥诺拉·托莱多（图67）的婚约，佩德罗是查理五世的那不勒斯总督阿尔巴公爵的次子。这对新人通过代理人在那不勒斯结婚。1537年6月29日，埃莱奥诺拉正式进入佛罗伦萨。在美第奇宫，迎接新娘和新郎的是两个家族的盾徽，它们被帝国双头鹰怀抱，这种相互依偎的姿态很反映他们的真实情况。进到里面，有美第奇家族的画像，所有的场景都在歌颂美第奇家族：比如，利奥十世进入佛罗伦萨的宏大场面，乔瓦尼·德拉·黑带的军事壮举，克莱门特七世加冕查理五世，等等——对于他们作为银行家的名声只字不提。

继承后，柯西莫搬进了美第奇宫，但在1540年5月，日记作者拉皮尼记载了极具象征意义的举动，"杰出的柯西莫公爵确定要搬进执政团住过的宫殿"[24]。自佛罗伦萨共和国1293年成立以来，领主宫就是共和政权的所在地，现在更名为公爵宫,前面的大广场被更名为公爵广场。住在宫里的有柯西莫的母亲玛利亚·萨尔维亚蒂,她照看着柯西莫的私生女比亚(大约1535年出生),以及亚历桑德罗的私生子朱利奥和私生女茱莉亚。这是柯西莫公爵政治敏锐的早期迹象:把这两个孩子安置于公爵的保护下,降低了他们成为反对他统治的焦点的可能性。育儿所不久又添了几位新成员。1540年4月3日,埃莱奥诺拉在到达佛罗伦萨九个月零四天后,产下女儿玛利亚。1541年3月,儿子弗朗西斯科出生,之后又有伊莎贝拉(1542年9月),乔瓦尼(1543年9月),后来又生了几个。一位去过育儿所的人说,孩子们"生活得很有格调","房间里挂的都是镀金皮质窗帘,所有的孩子无论是合法的还是私生的,都受到玛利亚夫人的照顾"。[25]

玛利亚·萨尔维亚蒂1543年12月12日去世,享年44岁,她为塑造儿子的性格做出了很大努力。在家里,柯西莫公爵是一位谦虚的顾家男人。"他的生活不像王子,不像其他王子公爵那样搞得高雅豪华,"威尼斯大使说,"一直温和朴素地与妻儿一起吃饭。"[26]他也努力接近臣民,"他离开宫殿区做弥撒或者在市区走走时总是骑一匹小马驹,这样想和他交谈的人就会很方便"。[27]但在正式场合,柯西莫一世采用从埃莱奥诺拉那里学来的西班牙宫廷的严格礼仪,显得傲慢高冷。1541年9月,他到了卢卡,查理五世和保罗三世在这里正举行峰会。费拉拉公爵骑马入城时很得宠,可以位列查理五世的右侧,而柯西莫必须屈居左侧,这让他很恼火:他对官阶很敏感。16世纪,欧洲贵族宫廷社会的优先权问题还很重要,这件小事引发了两位公爵和两个家族之间的竞争——费拉拉公爵属于埃思特家族,贵族头衔可以追溯到11世纪。

新公爵以顽强的毅力开始在佛罗伦萨建立自己的权威,实施严厉措施维护公共秩序。他签发了一项法令,禁止佛罗伦萨人携带武器,还在城市建立了一个高效的间谍网络,以汇报对政府可能存在的潜在威胁,不过他对法制的尊重使他不像专制的前任那样不受欢迎。柯西莫也决心要恢复佛罗伦萨文化之城的声誉。1542年,他建立了佛罗伦萨学院,鼓励文人推广托斯卡纳语和美第奇历史——学院也让他能密切关注到潜在的颠覆分子们在写什么。

柯西莫一世所处的世界在克莱门特七世去世之后发生了巨大的变化。和他同时代的一批新统治者接管了意大利的许多国家:比如,费拉拉的埃尔科莱二世（1534年），乌尔比诺的吉多贝多一世德拉·罗维里，曼图亚的弗朗西斯科·贡扎加（1540年）——1540年，查理五世还秘密任命他的儿子菲利普为米兰公爵，不过公国继续由帝国总督管理。哈布斯堡王朝与瓦卢瓦王朝的对抗并没有结束，但焦点从意大利转向了北欧，这在一定程度上要感谢教皇保罗三世的政治策略。更让意大利统治者们担心的是：奥斯曼土耳其帝国的势力日益增长，在地中海地区的主导力日益强大。查理五世在突尼斯的胜利没有维持很久，土耳其在1537年占领了地中海东部的科福岛和威尼斯岛屿；次年，巴巴罗萨在普利维萨战役中彻底打败了帝国、威尼斯和教皇的联合舰队，并把他们赶出了希腊。

重要的是，罗马发生了巨大变化，保罗三世采取措施改革教会，开始消除美第奇教皇们的世俗荣耀。保罗三世把红帽子赐予杰出的神学家，并批准新的宗教团体，包括耶稣会，以及所有致力于教会改革的团体。他延续了克莱门特七世的委托，在西斯廷礼拜堂让米开朗琪罗完成《最后的审判》壁画。该壁画在1541年揭幕时，褒贬不一。有人认为这是艺术天才的作品，但大多数人对基督的裸体形象不能接受，谴责它对事件描画不准确——甚至是异端的。保罗三世最后也迫于压力改革了教会的弊端。他的委员会在《教会改革计划》的报告中呼吁深刻改革教会管理事务的方式，保罗三世宣布成立一个理事会，负责把报告中所提的建议落实。

与此同时，新教继续所向披靡地挺进北欧，严重挑战查理五世在德国的权威。保罗三世多次尝试解决帝国内的宗教分歧，但罗马的气氛越发紧张——新一代的强硬派教士把新教看作异端，不除不快。1541年，天主教和新教之间的和解努力无果。次年，保罗三世建立了罗马宗教裁判所作为根除意大利新教异端的中心机构，强硬派红衣主教吉安皮耶罗·卡拉法任其头目。那年，佛罗伦萨有两位修士，奥古斯丁会的皮耶罗·马蒂尔和圣嘉布遣会的贝拉尔迪诺·奥齐诺，在被裁判所逮捕之前逃离了佛罗伦萨。由于查理五世和弗朗西斯一世之间竞争导致的无限拖延，最后到1543年，保罗三世的天主教会改革会议才在特伦特得以召开。

在佛罗伦萨，柯西莫一世正在利用政治形势达到自己的目的。1543年6月13日，拉皮尼记录了一则戏剧性的消息："皇帝查理五世把城堡归还了柯西莫一世。"[28]公爵敏锐地观察到一个机会，查理五世急需资金补充帝国国库。查理五世为了给对抗弗朗西斯一世、对抗土耳其和对抗新教的战争筹集资金，耗尽了国库。柯西莫给了查理五世20万弗罗林的一大笔钱，以此谈判比萨和里窝那城堡的归还问题，以及可恨的帝国军队从佛罗伦萨撤退的问题。1543年7月7日，佛罗伦萨人兴高采烈地见证了柯西莫一世占领了巴索堡垒，这个备受厌恶的外国统治象征。帝国双头鹰的标志从城墙上降下，佛罗伦萨的旗子升起。

  柯西莫一世接手的是一个赤贫、破败、没有忠诚的国家。从那以后，他做了很大努力稳固佛罗伦萨的美第奇政权。他妻子埃莱奥诺拉·托莱多用两个儿子确保了王朝的直接继承权，未来可期。在统治的最初几年里，柯西莫一世在佛罗伦萨树立了自己的权威，并将这座城市从帝国的控制中解放出来。而他现在的首要任务是改善佛罗伦萨的经济。

15

新奥古斯都

柯西莫一世
1544年—1559年

1544年的美第奇家族

公爵柯西莫一世（25岁）
埃莱奥诺拉·托莱多（22岁），*他的妻子*
　　玛利亚（4岁），*他们的女儿*
　　弗朗西斯科（3岁），*他们的儿子*
　　伊莎贝拉（2岁），*他们的女儿*
　　乔瓦尼（1岁），*他们的儿子*

朱利奥（11岁）和茱莉亚（9岁）
他堂亲亚历桑德罗公爵的私生子女

凯瑟琳·德·美第奇（25岁），*亨利夫人，他的堂亲*

"一位公正的王公的职责始终是致力于改善民生"，这是柯西莫一世努力改革国家经济时签发的一条法令。[1]他很明了，提高臣民的福利措施会让他自己的金库直接受益，他在这点上和当时的其他统治者想法不一致。他完成任务的效率惊人，怎么夸赞他的工作欲都不为过。据威尼斯大使说，他在黎明时分起床，"冬天起床后两三个小时天才亮"，整个上午都辛苦工作，然后在中午休息去吃午餐，这是一天中的主餐。[2]他孜孜不倦地批阅成堆的文件，每天都有来自外交家、官僚、请愿者、建筑师和艺术家的文件——他都亲自回复，还要正式会见外国大使，和枢密院成员参加会议。无论在公爵宫的家里，还是在离开佛罗伦萨、走遍托斯卡纳的旅途中，他都坚持这种苛刻的日程安排，对他的项目进行细致的监督。

柯西莫一世的改革规模宏大。他重组了国家的官僚机构、财政和税收系统，改善道路和水路，消除城市之间的贸易壁垒，遏制了行会的设限做法。他在波托费拉里奥建了一座防御城市——他将其命名为大都会——抽干了马雷玛沼地，在里窝那新修了港口，改善了比萨的港口设施并将这里用作新舰队基地。他任命乔瓦尼·巴蒂斯塔·贝鲁齐为军事建筑师，负责设计一系列防御工事保卫国家边境。贝鲁齐后来结合这些经历撰写了一篇关于国防的论文，内容丰富。在佛罗伦萨，柯西莫下令修复在1529年—1530年围城期间被破坏的防御工事，修建水渠改善水供给，并在1557年阿诺河决堤、洪水淹没城市后，花了7万弗罗林重建圣三一桥。[3]

最重要的是，柯西莫鼓励新的产业：佛罗伦萨的瓷器厂、珊瑚切割店，比萨的炼糖厂，普拉托的玻璃制造厂，佩夏的造纸厂，彼得拉桑塔的贵重金属矿，等等。他还鼓励纺织业，佛罗伦萨人得以在全世界销售豪华丝绸、天鹅绒和塔夫绸。总之，在几十年的派系暴力和内乱后，他的臣民终于能够集中精力做自己擅长的事情：赚钱。"佛罗伦萨的灵魂是金钱"，当时有一个人诙谐地讲。[4]

虽然佛罗伦萨的主要家族在政治上失去了积极作用，但是柯西莫通过准许他们控制国家官僚来确保他们的忠诚，他对国家官僚进行了彻底的重组和扩张，规划了一个中央集权机构，通过这个机构他可以有效地管理国家。这个官僚机构拥有的权力在新建的大宫殿里得到充分体现，大宫殿建在公爵宫旁边，在统一的古典立柱后面，容纳了13个部门，每一个部门都拥有独立空间。乌菲齐（字面意思是"办公室"）是欧洲第一座专门建造的办公区，耗资巨大，花了40万弗罗林（图73）。外面最显眼的是柯西莫委托人雕刻的一尊真人大小的雕像——他本人的雕像——两侧恰当地穿插着关于严厉而公正的政府的寓言。他还把注意力转向佛罗伦萨慈善机构。比如在城市孤儿院，他组织筹措资金，从法院征收的每一笔罚款中拨出一部分给孤儿院，他还要求孤儿院的负责人和工作人员同吃同住。

最重要的是，柯西莫一世把佛罗伦萨变成了一个展示他公爵威望的华丽场所，为成百上千名建筑者、泥瓦匠、雕刻家、画家和工人提供了工作岗位。他的宫廷艺术家乔治·瓦萨里曾谄媚地说，公爵"各方面都优秀"，是王子级别的艺术赞助人，"他不仅喜欢建造宫廷、城市、堡垒、港口、凉亭、广场、花园、喷泉、别墅等这些美丽的、华丽的、对臣民最有用的建筑；作为一个天主教王子，他还特别喜欢按照伟大国王所罗门的传统，建造和修缮上帝的圣殿和圣堂"。[5]他的宗教工程有百花大教堂八角形唱诗班、圣洛伦佐教堂的壁画，他还在圣洛伦佐教堂为他父亲修了一座墓。他还规划出一个宏伟的礼拜堂作为自己和后代的陵墓，不过这个工程到他去世后才开始。

柯西莫对社会地位很有贪欲。他的野心是要把美第奇家族确立为意大利的第一家族，无论付出什么代价都在所不惜——由于他改革了托斯卡纳经济，他得以支付必要的贿赂，提升他的公爵地位。不走运的是，保罗三世不吃这一套。因此，在选出一个更好说话的教皇之前，他把精力集中在创造一个形象上，以证明美第奇家族和国王以及皇帝是平起平坐的。

这项形象工程的首要任务是得到王权的必备标志。柯西莫一世不惜花费巨资装饰公爵官邸：公爵宫、皮蒂宫，以及阿诺河南岸的郊区别墅和位于城市以北几英里的卡斯泰洛的美第奇别墅。他在公爵宫前面的广场建了两个喷泉——通过新水渠供水，又用雕像装饰长廊，包括切里尼的铜像《珀尔修斯和美杜莎》（图68）。在里面，他把古老的政府大厅改建成富丽堂皇的房间，把共和国大议会厅改成一个豪华的接待厅，并为他自己和埃莱奥诺拉修建了寓所，全部装饰着镀金天花板、大楼梯，镶嵌着大理石的壁炉和昂贵的挂毯，这些都是16世纪欧洲财富的象征之一。查理五世和弗朗西斯一世都有自己的挂毯作坊制作昂贵的挂毯，1545年柯西莫开了自己的工坊，从他的对手费拉拉埃斯特公爵的宫廷挖来了佛兰德织工。

另一个具有高贵声望的物件是一套珍品，柯西莫一世花了大手笔将其占为己有。其中有一件标榜为独角兽兽角的珍贵物品，5英尺长，为了买这件珍品他付给德国商贩1万金币。[6]瓦萨里记录说，柯西莫一世书房里的藏品包括"大量的古董大理石和青铜雕像，少量的现代绘画、精美的微缩模型和大量的金银铜奖牌"。[7]公爵命令在黎凡特的代理人"尽可能地购买古代奖章，金的银的铜的等等，无论是古罗马的古希腊的还是古埃及的"，"留心稀缺的希腊书籍，还要购买草本植物种子，尤其是不常见的"。[8]他在威尼斯的代理人送来9个古董人头，是从雅典的一个联系人手里花了600金币买的，"在我看来的确是个好价钱"。[9]1553年，一组伊特鲁里亚铜像在阿雷佐附近被发现，其中有著名的喀迈拉（图69），柯西莫将这些纳入了他的收藏，并要求"继续挖掘，看看有没有其他更好的物件"，警告"要小心，别损坏了东西"。[10]

皮蒂宫的工程在1549年后开始，柯西莫一世和埃莱奥诺拉买下了这座15世纪的宫殿，由老柯西莫的盟友卢卡·皮蒂建造。公爵和公爵夫人把它改造成了一座华丽的郊区别墅，里面有用于狩猎鸫鸟和小野禽的小树林，后面的小山上有精致的花园，取名波波利。波波利花园被普遍推崇为当时最美丽的花园，种满了柏树、圣橡树、月桂树和低矮水果树。[11]柯西莫订购的植物里有藏红花和1000个芦笋冠。花园装饰着巨大的喷泉和宏伟的古典雕像，还有公爵夫人喜爱的小矮人雕像、鱼塘、石窟，甚至还有一个露天剧场。柯西莫在卡斯泰洛别墅还造了另一个超级花园，这个别墅是他从父亲手里继承的，里面有喷泉和石窟及一系列雕像，宣扬着柯西莫和佛罗伦萨的美德：智慧、高贵、勇敢、自由、艺术、科学、和平和公正。

和其他文艺复兴时期的统治者一样，柯西莫一世也精心树立他的公众形象。他选择赫拉克勒斯像装饰他的官印绝非偶然，这位英雄曾被佛罗伦萨共和国用来夸耀城市的伟大。佛罗伦萨学院的一位历史学家——或许称呼"宣传家"更合适——把柯西莫一世当作新的赫拉克勒斯来编写神话。他认为赫拉克勒斯是伊特鲁里亚文明的奠基人，并把这位英雄的12件事迹和柯西莫一世统治下的12座伊特鲁里亚城市做了荒诞类比。公爵还利用他和罗马皇帝奥古斯都相似的经历：皇帝也是在亲戚被暗杀后的一月份继位的，也和柯西莫一样承担了使统治从共和国过渡到世袭公国的任务。赫拉克勒斯和奥古斯都给柯西莫的肖像、纪念章以及宫殿和别墅的装饰提供了主题。在公爵宫的大厅里有赫拉克勒斯事迹的雕像；在卡斯泰洛的赫拉克勒斯和安泰俄斯喷泉，以及皮蒂宫埃莱奥诺拉石窟的钟乳石装饰中，可以看到奥古斯都的山羊标志（摩羯）在喷水。柯西莫甚至委托为自己打造了一座真人大小的大理石雕塑，效仿奥古斯都穿着罗马帝国的盔甲（图70）。

最重要的是，柯西莫一世痴迷于为新贵美第奇王朝打造家谱，这是他争夺王朝霸权的重要一环。瓦萨里有记录，布隆齐诺"在锡板上画了几幅大小一样的小图，画的都是美第奇家族的名人，从乔瓦尼·迪·比奇和老柯西莫的这一系开始，一直到法国女王，另一系从老柯西莫的弟弟洛伦佐一直到公爵和他的儿子们"；他认为这些肖像"自然、生动、逼真"。[12]在公爵宫，瓦萨里在公爵的私人住所里（所谓利奥十世住所）装饰了六位美第奇家族英雄的生活场景：老柯西莫、辉煌洛伦佐、利奥十世、克莱门特七世、乔瓦尼·德拉·黑带和柯西莫他自己。在16世纪的欧洲，祖先周期是王朝统治的必要条件：它使赞助人有机会夸耀其祖先在战场上赢得的头衔和封地，从而彰显家族的年龄和名声。显然，柯西莫祖先的银行才能比军事成就更加闻名——佛罗伦萨学院的一位历史学家不得不编造了一个美第奇先祖，说他曾在5世纪初带领佛罗伦萨军队战胜哥特人，声名远扬。在柯西莫献给父亲乔瓦尼·德拉·黑带的房间里，充斥着激烈的战斗场面，却没有证据表明家族的军事才能非凡。利奥十世的丰满形象出现在马背上，看着拉文那战场的大屠杀；而克莱门特七世夺取佛罗伦萨的场景以鸟瞰的方式被描绘，画面中是被帝国军队包围的城市。更离奇的是辉煌洛伦佐的虚构场景，他全身盔甲，骑一匹灰色战马，正指挥着"他的"部队攻占萨尔扎纳。为老一辈的美第奇家族设计一套辉煌血统很辛苦——银行财富和共和政府不是王子们的追求，所以瓦萨里的画板主要将他们宣传为明智的政治家和有眼光的艺术赞助人。

在柯西莫一世的指导下，佛罗伦萨学院的历史学家稳步编纂美第奇家族的神话，为此他没有亏待他们。出版的最重要的文本之一是瓦萨里献给公爵的《画家、雕塑家和建筑师的生活》，这本书牢牢地奠定了美第奇家族作为艺术英雄的地位，远远超过了他们的实际贡献。虽然作者无须在老柯西莫的成就上添枝加叶，但他却用虚构的故事锦上添花，证明这位银行家具有识别艺术天赋的才能。辉煌洛伦佐作为赞助人的角色则需要更多外力来营造，瓦萨里编造了一些神话来凸显他的英雄气概，其中包括他在花园里建立的一所学校。在那里，有前途的艺术家，特别是达·芬奇和米开朗琪罗，都在他的资助下接受古典雕塑艺术的培训。

最重要的是，瓦萨里的文本确立了托斯卡纳艺术至高无上的地位，使人们形成观念：美第奇家族成就了文艺复兴。在写给公爵的献词中，瓦萨里以一种得体的笔调，向公爵讲述所有这些艺术家的故事：

……他们首先振兴了艺术，然后逐步地改善和装饰它们，直到达到今天所拥有的美丽和庄严的水平；由于他们几乎都是托斯卡纳人，大多数是佛罗伦萨人，其中许多人在创作中得到了您杰出先祖的帮助和鼓励，可以说在您的国家，确切地说在您幸福的宫殿，因为有您先祖的恩赐，艺术得到了重生。[13]

对于美第奇王朝的未来最重要的是，柯西莫一世的婚姻被证明硕果累累。埃莱奥诺拉生了11个孩子，有8个活到了成年：玛利亚（1540年生）、弗朗西斯科（1541年生）、伊莎贝拉（1542年生）、乔瓦尼（1543年生）、卢克雷齐娅（1545年生）、加尔西亚（1547年生）、费迪南多（1549年生）[*]、皮耶罗（1554年生），最后一个根据外祖父的名字命名。柯西莫不缺儿子继承爵位。公爵宫的育儿所里还有表亲戴安娜，她是埃莱奥诺拉深爱的哥哥唐·加尔西亚·德·托莱多的女儿，母亲在1553年戴安娜出生后去世。公爵两口子对家族都有雄心勃勃的计划，这点体现在他们对孩子们的教育上，不管是男孩还是女孩，都接受柯西莫自己的前任导师皮耶尔弗朗西斯科·里奇奥的监管。他们学习拉丁语和西班牙语，学习古罗马的哲学家和历史学家的著作；他们也上音乐课，学习几种乐器，并在马术教练的指导下学习马术。

柯西莫尤其渴望被认可为意大利最显赫的贵族。他为得到这一显赫地位排兵布阵，但在1545年遇到了打击，他听说派往弗朗西斯一世的使节地位低于埃尔科莱·埃斯特公爵派去的使节。他的梦想如果要实现，在很大程度上依赖于外国统治者的好感，于是他开始特别殷勤地向这些人示好。他花了20万金币从查理五世手里买下了皮翁比诺小国，并从皇帝那里得到了矿产丰富的厄尔巴岛。他送了大量的礼物巴结法国宫廷和帝国宫廷，包括布隆奇洛为查理五世的首相尼古拉·格朗韦勒创作的《哀歌》，为弗朗西斯一世创作的《维纳斯和丘比特的寓言》[†]。回报很快就来了。1546年，查理五世任命柯西莫为金羊毛骑士，金羊毛骑士是勃艮第公爵菲利普二世在1430年创立的享有盛誉的骑士团。皇帝将这个人人向往的荣誉授予过许多帝国和西班牙的贵族，以及苏格兰国王、丹麦国王、波兰国王和法国国王；但他只授予过另外六位意大利人，他们都是帝国军队的指挥官。柯西莫一世相信这个著名的小羊毛从他的金领上垂下了，在众多肖像中最光彩夺目。

处理好与教皇的合作关系对柯西莫实现野心至关重要，这在最初很难办到。他很谨慎，与仍然分裂欧洲的哈布斯堡-瓦卢瓦竞争保持距离，但公爵还是被保罗三世看成帝国盟友。保罗三世想要查理五世和弗朗西斯一世支持他在特伦特召开的教会改革大会。1547年弗朗西斯一世去世，他儿子亨利二世接任，情况依然没有好转。尽管继任意味着柯西莫的堂亲凯瑟琳现在是法国

---

[*] 夭折的婴儿有：更早点儿的皮耶罗（1546年生），十个月大时死亡；安东尼奥（1548年生）；安娜（1553年生），五个月大时死亡。

[†] 《维纳斯和丘比特的寓言》现藏于伦敦国家美术馆。

王后了，但新国王继续他父亲的政策，坚决反对皇帝。

两年后保罗三世去世，柯西莫才采取行动选一位更顺从的教皇继任者。1549年11月29日，秘密会议召开，到年底还没有结束，直到1550年2月8日，柯西莫在梵蒂冈的盟友才最后策划他们的候选人当选朱利叶斯三世。新教皇赠予柯西莫一世一尊墨丘利雕像，以填充后者日益充盈的古董雕塑收藏库；新教皇很快为美第奇公爵提供了一个获得政治利益的机会。

1551年，朱利叶斯三世、查理五世和亨利二世在意大利北部爆发了战争，战争迫使特伦特会议关闭，教会改革被搁置。次年夏天，法国人占了上风，锡耶纳人利用查理五世的弱点驱逐了帝国的卫戍部队——皇帝为确保锡耶纳人的忠诚而设置的驻军——并向亨利二世求助，以确保独立。查理五世要求柯西莫一世出动佛罗伦萨军队重新夺取锡耶纳，柯西莫的反应极为谨慎，不愿意被拖入哈布斯堡-瓦卢瓦冲突。当大批的法国军队在宿敌的儿子皮耶罗·斯特罗齐的带领下进入托斯卡纳时，他几乎没有抵抗；同年10月，他接见了亨利二世新任命的锡耶纳总督——红衣主教伊波利托·埃斯特，表面上非常热情，向埃斯特保证无意争夺锡耶纳与法国对抗。但是在亲法立场的背后，柯西莫一世秘密地和查理五世谈判；条件中最突出的是锡耶纳头衔。柯西莫的政治手腕越发成熟。

皇帝和公爵花了一段时间制订他们联盟的军事、财政和政治的具体事宜。柯西莫一世同意任命吉亚科莫·美第奇为军队指挥官，后者是马里尼亚诺侯爵，也是查理五世的一个上尉（吉亚科莫·美第奇不是柯西莫的亲戚，而是来自米兰的同名家族，容易让人混淆）。最后在1554年1月24日，佛罗伦萨军队向南进发与法国交战。五天后，皮耶罗·斯特罗齐攻占了佛伊亚诺的佛罗伦萨城堡。但这场胜利在8月2日被逆转，马里尼亚诺侯爵在马尔恰诺战役中彻底打败了法国——柯西莫一世纪念了这场胜利，在宏伟的八角教堂可以看到。当晚在佛罗伦萨："三位骑兵一个接一个到达，头戴花冠，手持橄榄枝，"拉皮尼激动地写道，"带来了皮耶罗·斯特罗齐溃不成军的好消息。"[14]斯特罗齐受了伤；法军死了4000多名士兵，大约2000人被俘。柯西莫一世的部队现在向南挺近围攻锡耶纳。八个月后，锡耶纳最终投降，这要归功于公爵的军事建筑师贝鲁齐，他知道这座山城复杂的供水系统，使佛罗伦萨人能够打饥饿战，迫使锡耶纳投降。

锡耶纳投降时，罗马又召开一个秘密会议，因为朱利叶斯三世在1555年3月去世了。会议不可避免地被法国和帝国的竞争分裂。这次，柯西莫设了一个妙计：他通知红衣主教们，说他的代理人"截获了"一封信，内含一则令人震惊的消息，皮耶罗·斯特罗齐要带领法国军队进发罗马，强迫法国的候选人红衣主教伊波利托·埃斯特当选。这封信毫无疑问是伪造的，但成功地毁了埃斯特的机会。重要的是，这说明了公爵在16世纪的政坛如何娴熟地利用必要的诡计生存和发展。但很不幸，事情同样没有按照柯西莫一世的计划进行。4月9日，教会改革派教皇马塞勒斯二世当选，新教皇体弱多病，一上任就宣布削减家庭规模和开支，并督促亨利二世和查理五世和谈。不到一个月，他就得了中风。那年的第二个秘密会议只开了八天就传出了让柯西莫一世和查理五世不愉快的消息，红衣主教们选举了改革强硬派红衣主教吉安皮耶罗·卡拉法。新教皇保罗四世很难相处，固执武断，脾气暴躁。更糟的是，他来自一个古老的那不勒斯家族，讨厌西班牙人。

那年9月，查理五世同意奥格斯堡和平协议，正式承认新教和天主教在德国各地可以共存，这加剧了教皇和皇帝之间的敌意。盛怒的教皇指责皇帝是异端。1556年夏天，教皇在罗马集结了一支法国军队，紧张局势升级。9月4日，查理五世的那不勒斯总督阿尔巴公爵跨越教皇国占领了奥斯蒂亚和其他重要边境堡垒——不过他没有向罗马进军。几天后，在遥远的西班牙，查理五世退位了。长年累月的工作让他疲惫不堪，退休后他隐居于优斯特修道院，两年后在那里去世。

查理五世分裂了他的帝国，把西班牙、米兰、那不勒斯、荷兰和美洲的权力移交给他的儿子菲利普二世，而让他的弟弟费迪南德一世继承了皇位。教皇拒绝承认这两位统治者。菲利普二世继续和保罗四世开战，获得了几位意大利王子的支持，特别是柯西莫一世的支持，他们在1557年5月签署了联盟。柯西莫的条件是国王承认他佛罗伦萨公爵和锡耶纳公爵的头衔，这是他攀爬在野心台阶上的重要一步。

那年夏天，阿尔巴带领西班牙军队进军罗马，保罗四世被迫投降。从此教皇把精力放在了教会改革上。他是保罗三世时期宗教裁判所的负责人，表明自己曾致力于废除教会弊端，但拒绝重新召开特伦特会议，宁愿采用宗教裁判所无情的方法也不愿接受更微妙的调解和谈判。他赋予了宗教裁判所继承人米歇尔·吉斯利耶严酷的权力，米歇尔不仅可以逮捕同情新教的嫌疑犯，还可以逮捕任何被指控亵渎上帝、同性恋和拉皮条的人，以及演员和小丑，甚至那些不遵守教会禁令在星期五吃肉的人。1557年9月，保罗四世签发了第一个《禁书索引》，导致意大利各地焚烧了许多人文主义文献。

美第奇公爵小心翼翼地遵从命令，吉斯利耶本人报告说："虽然佛罗伦萨没有足够的裁判员，但公爵最热心，给予我们所需的一切帮助。"[15]但私下里，柯西莫开始酝酿一个更有利的教皇继承人。他认定军队指挥官的兄弟——红衣主教乔瓦尼·美第奇，是一位他可以做生意的人；更确切地说，柯西莫认为一旦为这位红衣主教争得教皇的头冠，他会听劝让柯西莫成为托斯卡纳的国王。

到这时，柯西莫一世已经为他的三个女儿制订了嫁入意大利贵族精英阶层的计划。长女玛利亚和费拉拉公爵的长子阿方索·埃斯特订婚，柯西莫试图弥合两个家族在优先权上的分歧。但是，婚礼还没来得及举行，玛利亚就在1557年去世了。于是决定阿方索换娶美第奇家的小女儿卢克雷齐娅。伊莎贝拉在10岁时就和布拉恰诺的君主保罗·佐丹奴·奥西尼订婚。柯西莫还安排亚历桑德罗公爵的私生女茱莉亚嫁给了一位那不勒斯贵族，她在第一任丈夫去世后，又嫁给了一位远房堂亲伯纳德托·德·美第奇。

这些联姻在佛罗伦萨得到了隆重的庆祝。通常，鉴于柯西莫的雄心抱负，柯西莫会不失时机地在宫廷生活的仪式上展示自己的王子威望。比如，1549年的圣乔瓦尼节设计了一场大卫和歌利亚的战斗表演，游行彩车载着预言胜利的古罗马英雄，恺撒、庞培、图拉真，当然还有奥古斯都。[16]几年后，他又创新了盛宴节目，在新圣母玛利亚教堂广场举行战车竞赛，该广场为此被改造成了一个古罗马马戏场。比赛成了圣乔瓦尼节的保留节目。

16岁的伊莎贝拉和比她小两岁的卢克雷齐娅的婚礼在1558年6月的圣乔瓦尼节期间举行。天气很不争气，阴沉沉的。阿戈斯蒂诺·拉皮尼在日记中写道:"从5月的第一天到7月19日星期天的下午,一直下雨;下了两个月又19天,大家都很担心农作物要歉收。"[17]尽管下着雨,但还是有很多乐趣。阿方索·埃斯特6月19日到达佛罗伦萨,受到了烟火表演的欢迎。6月29日,在圣十字教堂广场举行了一种类似于足球的比赛,没有规则,由27名年轻人组成球队。另一种比赛7月2日在新圣母玛利亚教堂广场举行,球员们身穿华丽的金银服饰。7月3日,阿方索和卢克雷齐娅在公爵宫参加了婚礼弥撒,三天后新郎离开佛罗伦萨前往法国,留下了年轻的新娘。伊莎贝拉也留在了佛罗伦萨,因为奥西尼是一位职业雇佣兵,常在外打仗,伊莎贝拉住在了美第奇宫。

次年的1559年是柯西莫政权的分水岭——也是欧洲历史的分水岭。4月3日,菲利普二世和亨利二世签署卡托康布雷西条约,结束了他们的父辈长达几十年的暴力仇恨。大国的和解得到了两对婚姻的巩固:菲利普二世娶了瓦卢瓦的伊丽莎白,她是法国国王和柯西莫的堂亲凯瑟琳·德·美第奇的女儿;另外,一个帝国的盟友萨沃伊公爵娶了亨利二世的妹妹瓦卢瓦的玛格丽特。

悲剧的是,那年7月,在法国的婚礼庆典上,亨利二世在比武时被长矛刺中眼睛身亡。他体弱多病的15岁儿子继承为弗朗西斯二世,凯瑟琳·德·美第奇担任摄政王。这情形表明柯西莫在法国王位背后有了盟友。而且,一个月后,令人痛恨的教皇保罗四世去世,柯西莫终于可以将他的计划付诸实施,选举红衣主教美第奇。他安排了一名代理人参加梵蒂冈的红衣主教会议。秘密会议于9月5日召开,仍然分裂为法国和帝国两派,但这次更为复杂。凯瑟琳·德·美第奇的候选人是红衣主教伊波利托·埃斯特,柯西莫新女婿阿方索的叔叔。10月3日,秘密会议还在进行,埃尔科莱埃斯特二世突然去世,阿方索成了费拉拉的新公爵。

柯西莫立即转变形势为他所用。当阿方索二世从法国返回时,他派部队到费拉拉确保其继承顺利;柯西莫亲自去迎接女婿,他提前在1559年11月14日到达里窝那。毫无疑问,秘密会议还在进行,会议讨论之事是他俩的首要议程。柯西莫一世写信给凯瑟琳·德·美第奇和红衣主教埃斯特,努力说服法国派支持红衣主教美第奇。但是直到12月中旬,经过四个月的讨价还价,凯瑟琳·德·美第奇才接受,承诺埃斯特不会获得所需的三分之二大多数选票,同意妥协。她指示法国的红衣主教为柯西莫一世的人投票。终于,在圣诞节那天，红衣主教美第奇当选为教皇庇护四世。

在过去的15年里，柯西莫取得了巨大的成就。他的改革扭转了托斯卡纳经济的衰退，他的管理给公国带来了稳定，佛罗伦萨开始呈现出公国首都的面貌。由于他精明的外交手段，他不知疲倦的精力——再加上一定程度的好运气——他和西班牙菲利普二世、皇帝费迪南德一世以及他的堂亲法国摄政王凯瑟琳·德·美第奇都建立了良好的关系；他让自己的候选人登上了圣彼得大教堂的宝座。柯西莫一世打算利用有利形势继续推进美第奇家族的事业。

16

大公爵

柯西莫一世
1560年—1574年

1560年的公爵家族

公爵柯西莫一世（41岁）
埃莱奥诺拉·托莱多（38岁），*他的妻子*
　　他们的7个孩子：
　　弗朗西斯科（19岁）
　　伊莎贝拉（18岁），*保罗·佐丹奴·奥西尼夫人*
　　乔瓦尼（17岁）
　　卢克雷齐娅（15岁），*阿方索·埃斯特公爵夫人*
　　加尔西亚（13岁）
　　费迪南多（11岁）
　　皮耶罗（6岁）
凯瑟琳·德·美第奇（41岁），*他的堂亲，法国王后*
戴安娜（7岁），*他的侄女*
朱利奥（27岁），*亚历桑德罗公爵的私生子*
茉莉亚（25岁），*朱利奥的妹妹，伯纳德托·德·美第奇夫人*
贝纳多·萨尔维亚蒂（52岁），*他的舅舅*

柯西莫一世的梦想是得到庇护四世的支持，让美第奇家族成为意大利的第一王朝，教皇当选后几周，他的愿望得到了实现。1560年1月31日，在梵蒂冈的宗教会议上，新教皇任命了三位红衣主教，把红帽子给了他的两个侄子（其中一个是卡洛·博罗密欧，他最后得到了圣徒的称号），第三顶给了柯西莫的小儿子乔瓦尼。这还不是全部。教皇把罗马多米卡的圣玛利亚教堂从名义上转让给了乔瓦尼，这样新红衣主教就可以拥有曾经属于利奥十世的头衔；然后他又任命乔瓦尼为比萨大主教。

3月底，红衣主教乔瓦尼动身前往罗马。在罗马，与他的新尊称相关的仪式一旦完成，他就可以参观城市里宏大的雕塑收藏品，放纵自己的古董热情。他买了几件，在5月写给柯西莫的信中，他津津有味地说："我发现许多漂亮的物件，是会让大人您看上眼的那种。"[1]显然他和父亲品味相同。6月中旬他离开罗马，他的管家打包了至少13箱古董，包括一个青铜头像、一张斑岩桌和"一个大理石小男孩雕像"，这个小男孩雕像是红衣主教给母亲买的礼物。[2]

红衣主教乔瓦尼秋天返回罗马，这次有父母亲作陪；柯西莫夫妇要和庇护四世进行国事访问——公爵希望这次会面能谈成皇家头衔。他们在圣玛利亚波波洛门受到盛大接待，红衣主教伊波利托·埃斯特在此正式迎接，然后陪同他们穿过城市。据教皇的司仪记载，这是"一支庞大的队伍，其中有七位红衣主教的侍臣，他们按照惯例牵着教皇的骡子，戴着帽子，由80匹驮骡领着，后面跟着许多住在罗马的佛罗伦萨人，他们的仆人身着各种服饰，还有住在城里的使节们"。[3]但柯西莫一世一定很失望，因为他和教皇的会谈没有完胜。庇护四世赐予他很多贵重礼物，有赫拉克勒斯和安泰俄斯的古董雕像，有最近在卡拉卡拉浴场遗址出土的巨大的花岗岩石柱。他也同意柯西莫一世的请求，授予保罗·佐丹奴·奥西尼布拉恰诺公爵头衔，给他女儿伊莎贝拉和妹妹卢克雷齐娅一样的身份。另外，教皇也答应给公爵的舅舅贝纳多·萨尔维亚蒂一顶红帽子。但就这些——庇护四世对柯西莫一世热切期待的皇家头衔避而不谈。

公爵在罗马停留期间，于1560年11月下旬发烧生病了：红衣主教埃斯特说他"服了非常有效的药，但晚上胃口又捣乱，他感觉有点疼"。[4]柯西莫赶在圣诞节恢复了，但卢克雷齐娅的健康出了问题。1561年4月，公爵的女儿还不到16岁就死于肺结核。柯西莫在圣洛伦佐教堂为她举行了葬礼，命令所有商店停业表示对她的哀悼。疾病继续困扰这家人。那年秋天，大儿子代表他父亲去教廷游说，从罗马回来时得了高烧；柯西莫急得缩短了在里窝那的行程。（幸运的是弗朗西斯科恢复了，第二年5月，柯西莫派他去马德里，希望说服菲利普二世同意公爵的继承人和国王的寡居妹妹、葡萄牙的乔安娜订婚。）之后是活力四射的伊莎贝拉从马上摔下来造成流产，过了几个月才恢复健康。

更糟糕的事情发生在那年秋天，真正的悲剧降临到美第奇家族。1562年10月，柯西莫和埃莱奥诺拉到离里窝那不远的罗西尼亚诺公爵城堡打猎，他们的儿子红衣主教乔瓦尼和加尔西亚也过来了，此前他们一直在靠南边的马雷玛沼地打猎。11月20日，红衣主教乔瓦尼突然死了，年仅19岁——紧接着12月12日，15岁的加尔西亚也死了。始料未及的灾难很快引发了各种谣言。人们普遍认为是加尔西亚在一次争论中用匕首刺死了乔瓦尼，后来加尔西亚向父亲坦白自己的罪过时，柯西莫一气之下杀了自己的小儿子。传得离奇，耸人听闻。柯西莫写信给身处西班牙的弗朗西斯科，信中费尽心思去平息这个谣言，坚称两个儿子死于疟疾，是在马雷玛沼地染上的。[*]最后，在加尔西亚死后五天，埃莱奥诺拉死于肺结核，享年40岁，为一系列悲剧画上了句号。

在不到两年的时间里，整个家庭被蹂躏，柯西莫一世失去了妻子、两个儿子和一个女儿，悲痛欲绝。他非常爱埃莱奥诺拉，现在把她的衣服捐给了圣洛伦佐教堂——这是一份慷慨的礼物，因为这些昂贵的丝绸和天鹅绒礼

---

[*] 这一诊断被现代古生物病理学家证实。

服可以重新用作法衣。埃莱奥诺拉给柯西莫生了11个孩子，现在仅有四个活着：弗朗西斯科（21岁）、伊莎贝拉（20岁）、费迪南多（13岁）、皮耶罗（8岁）。在红衣主教乔瓦尼去世后不到两个月，庇护四世给了费迪南多一顶红帽子，这反映了柯西莫的政治影响力。少年取代了哥哥在教廷的地位，也继承了乔瓦尼名誉上的多米卡的圣玛利亚教堂。由于弗朗西斯科还在西班牙没有回来，柯西莫一世非常依赖伊莎贝拉，她现在负责照看着弟弟皮耶罗和表妹戴安娜，他们还在公爵宫学习课程。（六年后，这两个孩子结婚了，唐·加尔西亚·德·托莱多为戴安娜准备了四万金币的嫁妆，柯西莫一世则把一大笔遗产留给了皮耶罗。）九个月后，弗朗西斯科从马德里返回，"他直接到波焦阿卡伊阿诺看望父亲。9月20日，星期一晚上，他和父亲一起进入佛罗伦萨，没有任何庆祝活动，只放了几声大炮，这是为了表达对已故的母亲公爵夫人和弟弟们的爱"。[5]

悲伤的柯西莫把自己埋在经济改革和文化创新的工程中逃避痛苦，他用12枚奖章来纪念这些项目，这是一个赫拉克勒斯数字，恰如其分地记录了他为了托斯卡纳的和平与繁荣所付出的辛劳。一枚奖章代表正义，以庇护四世送的巨大石柱为象征，公爵把这个石柱矗立在圣特里尼塔广场（图71）。另一枚奖章记录了他自己骑士团的建立，他将其献给了教皇史蒂芬一世，后者将8月2日作为宗教节日，以纪念在蒙泰穆尔洛（1537年8月1日）和马尔恰诺（1554年8月2日）取得的军事胜利。

骑士团是16世纪欧洲象征王权的宫廷附属之一，柯西莫的新骑士团应该放在公爵为提升美第奇王朝声望的背景中来看。更实际点儿讲，他的圣史蒂芬骑士团是为了在地中海同土耳其作战而建立的。最早的一次胜利是1565年和菲利普二世的海军并肩作战，帮助解除了土耳其对马耳他的封锁，马耳他当时已经被包围了五个月。骑士团有一个政治背景，柯西莫努力为托斯卡纳争取和平。公爵机敏地没把骑士团安置在佛罗伦萨，而是安置在比萨，这一选择旨在改善和比萨长久以来的敌对关系。他还在比萨为骑士们建造了宏伟的圣史蒂芬大教堂，把骑士宫作为他们的总部。

柯西莫为了强调对艺术的重视，于1563年创建了设计学院，是建筑师、画家和雕塑家的行会。他按照佛罗伦萨学院的路子成立了这个学院。他对所有的艺术工程都感兴趣。那年3月，瓦萨里在忙着为公爵宫大厅的天花板创作一幅讲述佛罗伦萨历史的画卷，他给柯西莫寄去了公爵计划征服锡耶纳的场景设计。柯西莫一世用特有的魄力否定了这个设计，"你在场景里设计的这些顾问，"他对画家说，"没有必要，因为只有我们做了计划，但是如果你愿意，你可以用体现沉默和其他一些美德的人物取代他们。"[6]

柯西莫甚至为装饰艺术史也做出了自己微薄的贡献，开发了一种锤炼凿子的方法，使它们足够坚固，可以雕刻斑岩。他还在比萨北部山区的塞拉韦扎发现了一个彩色大理石采石场，并用这些石头装饰公爵宫的地板、壁炉和桌子。他对彩色大理石的热情点燃了佛罗伦萨嵌宝工艺发展，这是一种使用半宝石进行镶嵌的工艺，由于极端昂贵，成了展示公爵财富的极好方法。瓦萨里记录了他为弗朗西斯科（和他父亲一样品味奢华）设计的一张桌子，用到了雪花石膏、水苍玉、红玉髓、天青石和玛瑙，花了2万多弗罗林。[7]

到16世纪60年代初，柯西莫孜孜不倦地为国家辛勤服务了30年，这让他惊人的精力储备和决心付出了代价。1564年，他表面上把公国的日常管理移交给了弗朗西斯科，只保留了公爵头衔。然而，他的退休基本只是名义上的。他盯着弗朗西斯科，常抱怨儿子这不对那不对。弗朗西斯科性格冷酷又腼腆，对政府事务不感兴趣，远没有达到父亲的期望值。柯西莫继续严格掌控着艺术工程，最重要的是掌控外交政策的方向。最要紧的是，他仍然希望庇护四世能接受他的建议，授予他一个皇家头衔——为此他竭尽全力讨好教皇。

庇护四世最急切要做的事情是教会改革。哈布斯堡-瓦卢瓦战争结束了，他于1562年1月重新召集了特伦特会议。出席会议的有欧洲各国的红衣主教、大主教、修道院僧侣和驻外使节，这次会议是宗教史上的一个里程碑。颁布的法令重新定义了天主教信仰的基础，特别是被新教反对的信条，比如变体论和教皇无误论；1564年11月，庇护四世签发了诏书《天主教教理》，执行会议决定。柯西莫一世谨慎地表示支持。次年，他开始改变佛罗伦萨两个重要教堂（圣十字教堂和新圣母玛利亚教堂）的内景，按照新规拆除了雕刻着中世纪圣坛的屏风，让会众可以清楚地看到圣坛上的圣餐，变体的"奇迹"就在这里发生。

柯西莫一世也在给弗朗西斯科物色新娘。他很想让他的继承人和葡萄牙的乔安娜结婚，但希望落空了，因为菲利普二世不同意。公爵一定很失望，他会觉得美第奇家族的地位不足以吸引到西班牙公主。但是，皇帝马克西米利安二世在1564年继承了父亲费迪南德一世的王位，较好说话。柯西莫也许很幸运，皇帝有七个妹妹需要丈夫，并准备在社会地位上妥协——公爵的前女婿阿方索二世埃斯特也在为自己谈判一个新娘。弗朗西斯科也代表自己表示了外交友好，把詹博洛尼亚雕刻的墨丘利铜像送给了马克西米利安二世作为甜头。私下里，大约在这个时候，他还与一个威尼斯贵族的女儿比安卡·卡佩罗开始了一段长久的恋情。

示好很成功。弗朗西斯科和奥地利的乔安娜于1565年3月21日宣布订婚，"那天所有商店停业，晚上有烟火表演和大型庆祝活动。"拉皮尼记录。[8]12月中旬，新娘到达波焦阿卡伊阿诺别墅，柯西莫一世亲切地接待了她，"送了她一条最漂亮的项链，镶嵌着大珍珠、可爱的钻石、红宝石等贵重宝石，价值几千金币"。项链的确超豪华：公爵的衣橱名录显示，上面有27颗钻石、105颗红宝石和3435颗珍珠。[9]

在女儿伊莎贝拉的帮助下，柯西莫一世计划了盛大的活动庆祝这桩显赫的婚姻。1565年12月16日，奥地利的乔安娜正式进入佛罗伦萨。公爵宫广场上的"海神喷泉"（图74）几天前刚完工，整个城市装饰华丽，凯旋门和其他标志物上都赞美哈布斯堡-美第奇的联姻。在喧闹的车队穿过街道后，新娘被护送进入公爵宫，沿着奢华的大理石台阶进入了婚宴大厅。瓦萨里和助手们刚刚画完天花板上的佛罗伦萨历史场景，从奥古斯都建城到柯西莫一世征服锡耶纳，《柯西莫一世神话》被画在中心位置（图75）。装饰的方案由佛罗伦萨学院的历史学家设计，他们创作了多位在伟大的战斗中发挥作用的美第奇家族英雄形象。瓦萨里很享受这个挑战，他描述说："在天花板上，我有机会做人类可以想象到的一切，各种姿势、面孔、法衣、衣着、头盔、盾牌、防护衣、马匹、马具、马衣以及火炮、船、风暴、雨、雪等等，我都记不清了。"[10]庆祝活动一直持续到圣诞节和新年，直至狂欢节。1566年2月

17日，在新圣母玛利亚广场举行了模拟战，四天后，又举行了壮观的娱乐活动，21场一系列的胜利表演"被称为众神家谱，他们从天而降来到人间，为这桩婚礼献礼；表演在晚上进行，有500名演员和数千把火炬，非常漂亮"。[11]

婚礼庆典期间，柯西莫的注意力转到了罗马，1565年12月9日，庇护四世在那里死于痛风并发症。十天后，选举继承人的秘密会议召开。和往常一样，柯西莫一世偷偷地在秘密会议参会人中间安插了自己的代理人，以推进他的利益——他让儿子红衣主教费迪南多在梵蒂冈出力，对投票施加影响。1566年1月初，谣传他们的候选人红衣主教乔瓦尼·里奇当选，结果是假的。梵蒂冈的僵局在1月7日突然打破，宣布红衣主教们做出了谁也料想不到的选择。新教皇是红衣主教米歇尔·吉斯利耶，他是宗教裁判所前负责人，选择了庇护五世这一称号。这位皮德蒙特牧羊人的儿子年轻时参加过多明戈修会，在精致的白色教袍下，他将继续身穿粗糙的黑色长袍。他严格而苦行，在所有问题上都持精神至上的观点，并将基督教道德强加于他的信徒。他在任职期间采取镇压措施把犹太人驱逐出了教皇诸城邦——不过，红衣主教们没有接受他用死刑惩罚通奸和取缔妓女的计划。

柯西莫一世认为，新教皇让他有了第二次机会实现获得皇家头衔的愿望。柯西莫一世更加坚定地讨好庇护五世，并且很快适应了梵蒂冈的新政权。1566年7月，一位著名的佛罗伦萨宗教领袖皮耶罗·卡尔内塞基被宗教裁判指控为异端，公爵尽职地把他交到罗马。作为利奥十世和克莱门特七世的忠实仆人，卡尔内塞基理应得到美第奇家族较好的待遇；但次年9月在罗马的宗教裁判中，他被判犯有异端罪，被当众斩首并火焚。柯西莫一世在佛罗伦萨还开始实施庇护五世的反犹太人政策，拉皮尼记录道，"犹太人须在帽子上戴一个黄色的O"。[12]从1570年开始，公爵还孜孜不倦地在佛罗伦萨教堂推广教皇拉丁弥撒的标准模式和其他反改革措施；他任命了一个牧师——堂亲亚历桑德罗——在教廷代表他的利益。1569年，作为反对宗教改革的另一种姿态，佛罗伦萨大主教新增了一项星期四濯足节庆祝活动，灵感来源于红衣主教博罗密欧等教会改革者："他为12个穷人洗了脚，这是第一次穷人的脚被洗，因为以前的对象是教堂的教士而不是穷人……每人都得到了一枚硬币、一条面包，一顶带橄榄花环的白帽子和一件白大褂。"[13]

柯西莫一世努力巴结庇护五世终于得到了回报。1569年末消息传来，教皇同意授予公爵皇室身份，头衔是"托斯卡纳大公爵"——这个头衔使他凌驾于意大利其他所有公国之上。12月13日，拉皮尼记录百花大教堂举行了感恩祭拜，"纪念我们公爵的伟大福分，庇护五世在他的徽章上授予了一顶皇家王冠"。[14]柯西莫脚患痛风，不得不用轿子抬进教堂接受这个恩赐。拉皮尼继续写道，"显然因为公爵一直是圣天主教会的捍卫者和正义的坚定支持者"。1570年2月，新任命的大公爵去了罗马，3月5日在西斯廷礼拜堂接受庇护五世的加冕。这是一个非常令人自豪的时刻。从此，柯西莫一世只向教皇、皇帝和国王鞠躬。美第奇家族在世界舞台得到了新身份。

　　柯西莫一世从罗马回来，热衷于表达他对教皇的感激之情。庇护五世认为这位失去夫人的大公爵和情妇卡米拉·马特利的关系应该合法化了。她已经生了两个孩子：乔瓦尼生于1567年，福吉尼亚则小一岁。这一对有情人在柯西莫加冕一个月后结婚。但是作为大公爵的妻子，卡米拉没有得到体面的称号。他们的关系没有得到柯西莫的两个儿子弗朗西斯科和红衣主教费迪南多的尊重，但女儿伊莎贝拉忠诚地支持父亲。事实上，三个孩子都有着自己的秘密恋情：伊莎贝拉最近和她丈夫的堂亲特洛伊勒斯·奥西尼有染；弗朗西斯科尽管和奥地利的乔安娜结婚，但和比安卡·卡佩罗的关系继续暧昧；红衣主教费迪南多很快就和克莱利娅·法尔内塞开始一段著名的罗曼史，后者是红衣主教亚历桑德罗·法尔内塞的美丽女儿，而亚历桑德罗是费迪南多在教廷的竞争对手。

　　大公爵柯西莫一世继续支持庇护五世的教会改革政策，包括限制犹太人。拉皮尼评论说："佛罗伦萨开始为犹太人修建犹太人区，那里是妓女和穷人长期居住的地方，每天晚上关闭，根据季节的不同，关闭的时间或早或晚，并在清晨重新开放。"[15]此外，柯西莫在圣洛伦佐教堂建立了一个致力于"基督宝血"的宗教团体，以响应庇护五世对新的兄弟会的鼓励，这些兄弟会推崇被新教明确拒绝的教条——比如神奇的圣餐礼。兄弟会成员很快在宗教和社会生活中变得重要了，他们在节日游行中展示圣物，集资做善事，定时聚餐。

　　佛罗伦萨反宗教改革的气氛越来越虔诚，这在百花大教堂里显而易见。

1570年9月，拉皮尼在这里见证了一位乡村牧师在庇护五世的命令下被免职的过程："他们首先拿走他手上的圣杯，然后脱了他的十字褡，"他记录道，"然后，他的白色长袍、白色罩衣和法衣一件一件被脱去，只给这个坏蛋留下衬衫和袜子。"[16]但牧师的罪名足够邪恶：他坦白谋杀了一个农场工人，占有了他的妻子"并且和她生了几个孩子"。拉皮尼注意到大主教显然不愿意对受膏的牧师采取行动："大主教的长袍上只套了白色罩衣，而没有穿其他法衣，表明他是不得已而为之，"这位日记作者解释说，"但他必须服从教皇，教皇命令他这么做。"

　　柯西莫还保证支持教皇的外交政策。庇护五世在1571年5月和菲利普二世、威尼斯签约联盟，以对抗土耳其，大公爵在大教堂庄严地做弥撒，在城市的街道举行牧师游行，庆祝这一事件。土耳其人已经真正成为地中海地区的威胁，特别是在他们征服了威尼斯的塞浦路斯岛之后；但1571年10月，盟军海军在勒班托战役中打了一场漂亮的胜仗。基督教舰队的300艘船在菲利普二世的弟弟奥地利的唐·约翰带领下只损失了15艘，捕获了土耳其的117艘。去参与打仗的有伊莎贝拉的丈夫保罗·佐丹奴·奥西尼，戴安娜的父亲唐·加尔西亚，以及柯西莫一世的一支圣史蒂芬骑士分队。胜利的消息传到佛罗伦萨时，大公爵下令商店停业，敲响钟声；晚上举行了烟火表演，"这是盛大庆祝活动的习俗"。[17]

　　柯西莫一世还为堂亲凯瑟琳·德·美第奇提供资助，后者在苦苦为年幼的儿子查理九世维持对法国的控制。王国的主要家族已经是政治对手，站在宗教分裂的两边——波旁家族站在新教一边，强大的吉斯家族站在天主教一边——该国自1562年以来一直深陷内战。柯西莫一世鼓励佛罗伦萨人定期做弥撒和举办活动祈祷凯瑟琳·德·美第奇的天主教胜利。他也给堂亲许多实质性的资助，派去军队并且送去大量钱财帮助她努力维护王国的和平。1572年，凯瑟琳又一次试图调和天主教和新教的关系，她把女儿瓦卢瓦的玛格丽特许配给信奉新教的纳瓦拉的亨利。婚礼在8月18日举行，但六天后的庆祝活动演变成了暴力现场，数千名新教徒被大街上横冲直撞的天主教暴徒杀害。拉皮尼详细记录了圣巴塞罗缪节的大屠杀；9月14日，佛罗伦萨百花大教堂举行圣灵弥撒，"表示为新教徒的死狂喜"，随后是传统的烟火表演。[18]

与此同时，柯西莫一世对自己的王朝表示担忧。他儿子和奥地利的乔安娜的联姻带来了帝国联盟的声望；但媳妇一直没有给弗朗西斯科生下儿子（当时人们普遍认为孩子的性别由母亲决定）。尽管他的情妇很有魅力，弗朗西斯科显然需要继续在婚床上履行职责。他妻子在结婚15个月后生了第一个孩子埃莱奥诺拉。他们第一个女儿的出生庆祝得很平淡："那天商店照常开门，但在公爵宫外放了四大桶葡萄酒，差不多装了60小桶，谁想喝就可以喝一点，"拉皮尼记录，"那晚也放了烟火。"[19]次年，第二个女儿罗莫拉出生，但只活了12天；第三个孩子安娜1569年末出生；四女儿伊莎贝拉（1571年生）活了不到一年；14个月后，五女儿卢克雷齐娅出生。

乔安娜生不出男性继承人必定加重她的悲剧，因为家族里有其他男婴降生。伊莎贝拉和戴安娜都生了男孩。1572年，伊莎贝拉生了福吉尼奥，后者成了布拉恰诺公国的继承人；她并没有和丈夫的堂亲断绝关系，但这个男孩好像是在保罗·佐丹奴在勒班托战役胜利之后，在家休假时怀上的。第二年，皮耶罗和戴安娜有了一个儿子，取名柯西莫。奥地利的乔安娜打算采取不顾一切的措施。1573年4月，她穿越亚平宁山到达洛雷托，她在那里的圣母圣坛前祈祷，希望怀上她丈夫和公公急切想要的儿子。

但是，柯西莫的健康状况开始下滑，他不断中风，不能说话也不能写字。1573年8月，拉皮尼注意到"大公爵用从圣菲利普的巴尼奥运来的水洗澡"，那是锡耶纳南部富含硫黄的热温泉水。[20]但是病情不见好转。1574年4月21日，柯西莫一世在皮蒂宫去世，享年55岁。他的遗孀卡米拉不愿意留在新大公爵的宫廷，选择进入圣莫妮卡修道院。

柯西莫37年的统治使得托斯卡纳受益匪浅。佛罗伦萨在他1537年执政时还很贫穷，现在可以称得上伟大而繁荣的国家首都。另外，柯西莫把佛罗伦萨置于欧洲文化顶峰的运动带有大胆的政治意图，其成功的程度即使现代政治家都望尘莫及。最重要的是，由于他坚定不移的决心和精明的政治技巧，美第奇成了意大利的主要王朝，跻身欧洲统治精英行列。

17

婚外情

弗朗西斯科一世和红衣主教费迪南多
1574年—1587年

1574年的大公爵家族

大公爵弗朗西斯科（33岁）

奥地利的乔安娜（27岁），*他的妻子*

　　他们的女儿

　　　　埃莱奥诺拉（7岁），安娜（5岁），卢克雷齐娅（2岁）

比安卡·卡佩罗（26岁），*他的情妇*

伊莎贝拉（32岁），*他的妹妹*

布拉恰诺公爵保罗·佐丹奴·奥西尼的夫人

　　福吉尼奥（2岁），*他们的儿子*

红衣主教费迪南多（25岁），*他的弟弟*

皮耶罗（20岁），*他的弟弟*

戴安娜·加尔西亚·德·托莱多，皮耶罗的夫人（21岁），他的表亲

　　柯西莫（1岁），*他们的儿子*

乔瓦尼（7岁），*他的同父异母弟弟*

福吉尼亚（6岁），*他的同父异母妹妹*

亚历桑德罗（39岁），*他的堂亲，佛罗伦萨大主教*

凯瑟琳·德·美第奇（55岁），*他的堂亲，法国太后*

柯西莫一世的葬礼车队从公爵宫向圣洛伦佐教堂行进，聚集起来看热闹的人群并不很悲伤，他们倒是对这次葬礼空前显赫的规模感到吃惊。距离同名的老柯西莫在同一个教堂以简单的仪式入葬已经过去一个多世纪了；人们的品味发生了变化，美第奇家族的地位也发生了变化。

柯西莫一世的继任者托斯卡纳的大公爵，决定利用父亲的葬礼证明美第奇家族属于欧洲贵族精英阶层。他选择模仿国王菲利普二世在父亲查理五世去世后，于1558年在布鲁塞尔举行的奢华葬礼。这个选择非常自负——美第奇王朝尽管自命不凡，但很难与西班牙和神圣罗马帝国的古老血统相提并论。

奢华的游行队伍最前面是号手，他们的乐器用黑布罩着，随后是100支蜡炬，六匹没有骑手的马；马匹披着黑色斗篷，马头上挂着黑色的羽饰。再后面是柯西莫的灵车，他珍贵的金羊毛勋章衣领放在天鹅绒垫子上，由随从捧着。最后是新大公爵本人，身穿黑色的连帽长袍，长袍由裁缝照着菲利普二世在布鲁塞尔的外披插图所仿制。

此时，圣洛伦佐教堂变成了名副其实的死亡之庙，立面全部用黑布覆盖，上面挂着大公爵的武器和金羊毛勋章衣领画。教堂内部也挂满黑布——这种材料的供应商这个月一定赚了不少钱，参与这项工程的手艺人也是。遮挡两侧小礼拜堂的黑色帘子上挂着庆祝柯西莫一世统治成就的图像，颂扬他作为托斯卡纳统帅、和平与繁荣的使者、宫殿的建造者等美德。沿着墙边伫立着穿丧服的骷髅，这在反宗教改革的意大利非常流行，也是少数几个没有受到查理五世葬礼影响的细节之一。在令人毛骨悚然的环境中央，镀金的灵柩闪耀着，顶部是一座金字塔，金字塔上燃烧着数千支从威尼斯进口的蜡烛。

柯西莫的葬礼浮夸华丽，弗朗西斯科一世却表现得不愿意登上大公爵舞台，他对自己要承担的新职责毫无兴趣。他不像父亲，他对政治不感兴趣，对托斯卡纳的经济发展也不感兴趣；他把政府交到官僚机构手里，在国际问题上盲从菲利普二世的领导。他在会客室墙上凿了窥视孔，这样他就可以在不出席的情况下观看官方会议。他和臣民保持距离，让建筑师贝纳多·博塔莱蒂在乌菲齐宫的侧墙上设计了一扇门，让他们通过这扇门张贴请愿书。

弗朗西斯科一世性情腼腆，易感伤，时间都花在了艺术和科学兴趣上。他花了大量的钱财扩大家族的文物收藏，比如花50金币买了一枚康茂德皇帝的勋章，他也承认"对方要价有点过高",[1]但还是乐在其中。他尤其痴迷于科学研究。他在圣马可教堂附近的美第奇赌场建造了实验室，研究火和毒药的作用，调研永动机的秘密，并试验复制中国瓷器。

他异乎寻常的兴趣和性格在公爵宫他存放藏品的房间墙壁上得以体现。这是一个小巧但装饰华丽的书房，存放着一连串青铜雕像和精美彩绘，它们颂扬四种元素（土、气、火、水）以及艺术和自然之间的神话、历史、技术关系。他把自己画在《炼金术士》中，画中的他不是大公爵，而是一个炼金士，穿着工人的工作服，全神贯注地搅动着一锅在小火盆上沸腾的绿色液体，过着隐居生活（图76）。

大公爵秘密的生活和异类性格不可避免地引发了各种谣言，说他邪恶，说他放荡。没错，大家都知道他喜欢和比安卡·卡佩罗在一起，不喜欢和他妻子在一起。他把情妇安置在花园遗址上的一座宏伟的宫殿里，那是马基亚维利曾经和朋友畅谈共和理想的地方。不过，弗朗西斯科还坚持在公爵宫履行夫妻职责，他与奥地利的乔安娜结婚七年生了五个孩子——不幸的是，都是女孩。她公公去世后，她又生了一个女儿玛利亚；不久之后，比安卡生了一个儿子安东尼奥，她的痛苦更加剧了。被丈夫冷酷无情的举止羞辱，乔安娜试图说服他哥哥马克西米利安二世允许她回家，但没有成功。皇帝不愿意为她支付嫁妆——相反的是，弗朗西斯科送皇帝大笔资金资助他对抗土耳其，为妻子的帝国身份买单。大公爵夫人略感欣慰的是，她那不光彩的地位使她受到佛罗伦萨人的欢迎——他们讨厌大公爵卖弄情妇——她小叔子红衣主教费迪南多也讨厌比安卡，喜爱大公爵夫人，提醒弗朗西斯科要好自为之。

红衣主教费迪南多13岁时得了一顶红帽子，现在成为罗马有权势的人物。庇护五世1572年去世后，费迪南多利用自己的影响力策划选举红衣主教乌戈·邦戈帕尼为格里高利十三世，不过他在秘密会议里的角色没有他向哥哥吹嘘的那样重要。新教皇赐予美第奇家族的恩惠中，有一项是授予大公爵的堂亲亚历桑德罗佛罗伦萨大主教的头衔，然后又封他为红衣主教。在佛罗伦萨不太受欢迎的是，格里高利十三世决定改革由恺撒制定的儒略历——有一个小误差，经过几个世纪已经翻倍无数了。1582年10月4日，格里高利日历在天主教欧洲世界生效，结果"丢了"10天，生效第二天就是10月15日。对一些人来说，这带来了不幸的后果。日记作者拉皮尼记录："在11月1日，因为过去的10月只有21天，丢了应该有的1/3，公爵宫的雇员领取到的薪水比平时少了1/3……治安官、士兵和其他人都少领了。"[2]

大公爵和红衣主教并不亲近；奥地利的乔安娜生了一个儿子后关系更加恶化，因为在此之前，费迪南多是弗朗西斯科的继承人。考虑到这个情况，费迪南多拒绝做最后的神职誓言。弗朗西斯科一世不赞成他弟弟的挥霍无度，他的巨额收入都远不够他用的，收入中有8万金币是依照柯西莫一世的遗嘱由大公爵的金库支付。[3]而当费迪南多请哥哥帮助一位佛罗伦萨金匠的母亲时，大公爵的回应很严酷。这位母亲的儿子因偷盗被判了三年监禁，她因此陷入贫困。"珠宝商贝拉尔迪诺的案子太可怕了，不值得任何帮助，"他直截了当地回答，"如果我不能满足你的请求，希望你原谅我。"[4]但红衣主教费迪南多仍然是教廷中有用的中间人，因为他的部分奢侈支出用于向他们在罗马的盟友提供帮助。比如1576年，弗朗西斯科一世送给弟弟一个盒子，"里面装的是我自己的窑里制作的水晶杯，我要你送10件给西卡拉主教，我答应过他"。[5]

两兄弟政治立场也非常不同。弗朗西斯科一世和菲利普二世的结盟给费迪南多提供了一个人人向往的位置：西班牙红衣主教护国公，负责菲利普在教廷的利益。但是，红衣主教需要更大的联盟网提高他在罗马的地位。费迪南多是一个政治动物，擅长狡诈的外交诡计，他利用自己的才能和意大利其他王室的统治者建立联系。更有争议的是，他和法国建立了联系。在肆虐北欧的宗教战争问题上，凯瑟琳·德·美第奇和亨利三世（她的第三个继承了法国王位的儿子）所追求的政策与菲利普二世截然不同。菲利普二世使用军队强迫荷兰的新教臣民恢复信仰天主教，而凯瑟琳·德·美第奇和亨利三世希望两个教派能达成和解。1576年，凯瑟琳协商了布利厄法令，允许法国大部分地区信仰自由——红衣主教不得不在教皇面前捍卫自己的堂亲，坚称她是一位优秀的天主教徒，但为了确保她儿子的王国得以延续，不得不和新教讲和。这让教皇和菲利普二世感到很失望。

在反宗教改革的气氛很虔诚的罗马，红衣主教费迪南多小心翼翼地在公共场合展示他的忠诚。比如在1575年的银禧年，他在欢迎朝圣者方面做得非常出色，与其他几位贵族一起亲自为他们服务，其中就有他的姐夫保罗·佐丹奴·奥西尼。但私底下，他更喜欢展示王子身份。他住在罗马市中心的费伦泽宫，生活奢华，并以奢华的招待和赌博聚会而闻名（为此他受到格里高利十三世的严厉批评），出名的还有他在拉马格里亚纳进行的狩猎探险，这地方曾经属于利奥十世。他对狩猎的热情引起几位有品行的同僚的警觉，他们提醒弗朗西斯科一世"红衣主教应该参与国事，而不是持续狩猎"。[6]费迪南多在罗马最雄心勃勃的工程是美第奇别墅，1576年开建于平西亚山。它是这座城市最宏伟的住宅之一，坐落在美丽的花园中，装饰着他收藏的精美古董雕塑，这是他和他哥哥为数不多的共同爱好之一。

也有传言说费迪南多有一位漂亮的情妇克莱利娅，是他在教廷的对手红衣主教亚历桑德罗·法尔内塞的女儿。一位罗马讽刺作家嘲笑了这对情侣，将其描述成"美第奇医生骑着法尔内塞的骡子"。[7]费迪南多也许对这种嘲讽一笑置之——这种事情上他肯定比弗朗西斯科谨慎得多——但让美第奇家族更羞愧的是，诽谤者们抓住了更具杀伤力的谣言。1574年，两兄弟的姐妹伊莎贝拉和戴安娜的婚外情上了罗马头条。

在16世纪，像伊莎贝拉和戴安娜这样身份的公主应该是稳重端庄——一定不能像伊莎贝拉年轻时那样，夜里很晚了还在佛罗伦萨街上驻留，和年轻人在马车上狂欢。她16岁嫁给保罗·佐丹奴·奥西尼，但由于丈夫经常在外打仗备战，她更多时候住在佛罗伦萨，而没有住进布拉恰诺的奥西尼庄园。她活泼、聪明、大方，有音乐天赋，母亲去世后精力充沛地操持着美第奇宫的事宜；结婚后不久她就和丈夫的堂亲特洛伊勒斯·奥西尼有染。她在写给情人的信上署名，"你永久的奴隶"，毫不谨慎。[8]

伊莎贝拉和戴安娜走得很近，有共同的文化爱好，对危险的私通也气味相投；戴安娜正和圣史蒂芬骑士兼侍从贝拉尔迪诺·安东尼调情，权当和伊莎贝拉的弟弟皮耶罗不幸婚姻的解药。尽管这对夫妇生下了一个儿子柯西莫，但看来这位丈夫是被迫和新娘上的床。

柯西莫一世在世时，特别宠爱这两位公主，对她们的事睁一只眼闭一只眼。但现在，费迪南多非常担心，敦促哥哥采取措施，阻止这种侮辱家族声誉的行为；现在事情已经成了国际丑闻，弗朗西斯科没有他父亲那么宽容。大公爵指控他弟媳妇的情人闹事，逮捕了他并将其监禁在厄尔巴岛，以此分开戴安娜和安东尼。但是，安东尼从牢里写了大量的诗轰炸戴安娜，表达相思："世界上从来没有人拥有如此优雅可爱的身体"，"是什么强大仁慈的星星赋予了你如此光辉的礼物"。[9]

1576年夏天，弗朗西斯科一世采取了更加激进的行动：他把这个不幸的安东尼杀了。几天后，7月10日，戴安娜在卡法吉沃罗的美第奇别墅被勒死。"她一直跳舞跳到11点，然后上床睡觉，皮耶罗勋爵用狗绳勒住了她的喉咙，她惊呆了。"费拉勒斯的使节记录。[10] "可怜的女士用力自卫"，皮耶罗的两个手指在打斗中被咬破，"整个床都在抽搐"。证明这是一场有预谋的谋杀案的有力证据是，她的尸体"被放入了预先准备好的棺材里"。

第二天早上有一封信，表明弗朗西斯科参与了这次罪行，信里皮耶罗简单地告诉他哥哥，"昨晚三点我妻子发生了意外，她死了，殿下您可以安心了"。[11] 大公爵宣布戴安娜死于心脏病发作，但通知菲利普二世"我的弟弟皮耶罗亲手杀了她，因为她做出了不适合女士的行为，犯有背叛罪"。[12] 但是，真相在佛罗伦萨人尽皆知。"人人都说她是被谋杀的，"拉皮尼记录说，他为一位妇女的死哀叹，她"漂亮、优雅、得体、可爱"，"两只眼睛像星星一样美丽"。[13] 几天后，三岁的柯西莫也蹊跷地死了——很难相信这是巧合。

第二年，皮耶罗在菲利普二世的邀请下住到西班牙宫，在那里度过了余生。

1576年7月16日，戴安娜被杀后仅六天，伊莎贝拉也出乎意料地死了；很快发现她也是被丈夫勒死的。这次好像也得到了大公爵的默许，他宣布妹妹死于癫痫病发作——但随后把她的肖像从家族收藏中移除。费拉勒斯使节给主人寄去骇人听闻的描述，讲述了伊莎贝拉如何被保罗·佐丹奴·奥西尼勒住窒息而死，她的尸体被如何放入棺材，就像戴安娜一样，棺材是预先准备好的。特使记录了棺材到达佛罗伦萨时"被强行打开，谁想看就看……她的眼睛没合上，眼球鼓出来"，随后在夜幕中葬入了圣洛伦佐教堂。[14]伊莎贝拉的情人特洛伊勒斯·奥西尼逃往法国，寻求凯瑟琳·德·美第奇的保护，但弗朗西斯科一世抓住了他；第二年，他在巴黎被杀。

家族荣誉被削弱了，令人不寒而栗的是，弗朗西斯科一世对自己参与的犯罪行为没有表现出任何悔意。但他们的臭名声在后来的岁月里对美第奇家族的前景造成了不利影响。

1577年5月，两位公主被杀害十个月后，奥地利的乔安娜（图77）终于生下了儿子，这是她的第七个孩子。拉皮尼看到公爵宫"幸福爆棚"，"那天上午从窗户扔出大量的钱币"，"台阶上放了16缸酒……谁想喝都可以装满他们的大桶、小桶或其他容器，很壮观，而且连续两个晚上有烟火表演"。[15]弗朗西斯科一世确保当年的圣乔瓦尼节庆祝活动特别精彩。节日前夕，车队游行穿过大街，载着一系列的宗教胜利标志，包括圣乔治公司上演的一幕，一条巨大的机械龙从它的嘴巴和尾巴喷出大量的火焰。[16]

长期煎熬的奥地利的乔安娜很快又怀孕了；但弗朗西斯科想要第二个继承人的希望破灭了，1578年4月她死于分娩，"婴儿还在她肚子里，也死了，被认为是个男孩；产婆试图通过拉扯已经出来的手臂把孩子拉出来，但手臂折了，在砍断之前，这支手臂接受了洗礼"[17]。"那晚她死了，"拉皮尼继续写道，"随后整一周，霜雪交加。"还未成熟的葡萄和水果都冻死了，"人人认为老天在哀悼公爵夫人乔安娜的死，大家都觉得她几乎是圣人。"

一个月后，弗朗西斯科一世娶了比安卡·卡佩罗。最初，他们的结合是秘密的——着急在一起会惊动佛罗伦萨人——直到第二年1579年，大公爵才宣布公开庆祝的计划。那年9月，比安卡在她父亲和一大批威尼斯贵族随从的见证下，被封为托斯卡纳大公爵夫人。庆祝活动进行了好几天，皮蒂宫的院子里有娱乐、宴会、舞蹈、化装舞会、比武和模拟战。红衣主教费迪南多一直不喜欢他哥哥的情妇，他震惊了，一个平民被他哥哥捧成大公爵夫人——他父亲都没有如此宠幸他的第二任妻子——他也很明白，比安卡34岁，还有能力生出个合法继承人来。菲利普二世更务实，他接受了弗朗西斯科一世的90万金币，以换取皇家对这桩婚事的认可；他公开表示支持，让大公爵成为人人向往的金羊毛勋章的成员。

1580年，法国作家迈克尔·德·蒙田到访过佛罗伦萨，他对这位新公爵夫人形成了自己的印象。他在旅行日记中写道，比安卡是"符合意大利标准的美丽女人，有一张可爱而傲慢的脸，以及他们喜欢的丰满胸脯"，"当然也很聪明，迷住了王子，让王子对她忠诚很久"（图78）。[18]第二年6月，他又到了佛罗伦萨参加圣乔瓦尼节，和人群站在看台上一同观看了新圣母玛利亚教堂广场的表演。尽管弗朗西斯科一世不喜欢国家事务，但他显然很喜欢大公爵统治的仪式感，在大公爵夫人的陪同下，他在私人包厢里主持了这一活动。广场已被改造成罗马式的竞技场，两头有金字塔标明路线。比赛时，大公爵队在最后一圈之前保持领先，斯特罗齐队在最后时刻才开始追赶——并在观众的欢呼声中取得了胜利。第二天，红衣主教费迪南多的马赢了赛马，美第奇家族扳回一局。美第奇家族和斯特罗齐家族之间的竞争，从14世纪以来在佛罗伦萨历史上留下了浓重的色彩，如今已演变为一场体育竞赛。

蒙田还利用这个机会参观了普拉托利诺别墅的豪华花园（图79），这是弗朗西斯科一世为比安卡建的。在那里他看到了詹博洛尼亚完工一半的《亚平宁》雕塑（图80）——一个半人半山的巨人，上面布满了落石，滴着水滴。让他印象特别深刻的是，水被巧妙地用来演奏"音乐与和谐"，它使"几个雕塑和门移动"，有"几个动物跳进水中喝水，等等"。[19]最具娱乐性的是石窟，里面有"会向你的臀部喷水的座位"；此外，"如果你逃离石窟，爬上城堡台阶……每个台阶都会喷出一股水，一直喷到房顶，这上千注水会让你浑身湿透"。这些石窟和喷泉闻名欧洲。巴伐利亚公爵威廉五世写信给弗朗西斯科一世,请求对方提供如此时髦的花园景观的材料,大公爵愉快地答应了:"我正寄给阁下一些箱子,里面装满了您想要的石头和喷泉饰品……如果你需要更多,请告诉我,我会尽力去找,但需要一点时间。"[20]

由于弗朗西斯科一世对科学和艺术感兴趣,他鼓励在这些领域取得进展也就不稀奇了。他很感谢一位物理学家寄给他一篇文章,认为这篇文章表现了物理学家"思路清晰和智力超群",不过他道歉说没有时间很好地读,"因为我此刻在乡下忙着打猎和赏鸟"。[21]他继承了父亲的政策,把佛罗伦萨宣传为意大利文化的顶峰。1583年,他创立了一个新机构——秕糠学会——来完成净化意大利语的任务。学会名很机智,因为秕糠寓意从完美的谷粒中分离糠的过程,热情的学者们正是这么做的,他们用但丁、彼特拉克、薄伽丘等本地区其他作家使用的词汇替换了所有外语——即非托斯卡纳语——的词汇和短语。*

1581年3月,弗朗西斯科一世写信给红衣主教费迪南多,带来了他在乌菲齐宫的最新艺术项目的消息:"我已经把地方官办公室上层过道的第一部分改成画廊,计划把大大小小的雕塑都摆放在那里,"他解释说,"我想让你给我运来两骡子的大理石和石头,明细我已经在随信的便条里列出……越快越好。"[22]弗朗西斯科一世画廊——后来成为举世闻名的乌菲齐艺术收藏馆——的焦点是八角室,一个八角形的房间,放满了他收藏的画、珠宝、小雕像等贵重物品和古董。中心装饰品是一个匣子,上面有八块微型紫水晶镶板,用镀金场景表现他统治时期的事件;只有两个场景没有赞美他是艺术赞助人,这表明了他对鉴赏力的重视。

弗朗西斯科一世热衷于收藏异国藏品,1583年他写信给菲利普·萨塞蒂,萨塞蒂是一位商人,正在计划冒险旅行:"我们知道你要去印度群岛,我们想从那里得到种子、植物等奢侈而不寻常的东西。"[23]从里斯本出发,经过八个月的航行,萨塞蒂抵达了印度西南海岸的科钦,他通知大公爵自己安全到达了,尽管在"好望角遇到了可怕的风暴"。[24]信的大部分内容是关于植物的——萨塞蒂非常喜欢菠萝,"这里有最美味的水果";他附上了要寄

---

* 这场运动取得了非凡的成功,直到今天,人们普遍认为最好的意大利语在托斯卡纳。

回国的物品清单，包括一块牛黄石、一块"很少见"的"箭猪石"、一种不常见的椰子、一件绣着珍珠和红宝石的孟加拉丝绸大衣。萨塞蒂还给红衣主教费迪南多送了几个箱子，里面装着几捆中国丝绸和印度棉花，还有剑、挂饰、印度王国的钱币和一张"非常香"的檀木床。[25]

1585年3月，弗朗西斯科收到了更多异国珍品。那年，四位日本王子在几位耶稣会士的陪同下前往罗马，途中到达了佛罗伦萨。拉皮尼惊讶不已，他们花了两年时间才从日本航行到里斯本。在里窝那上岸后，他们在比萨见到了大公爵，呈送了礼物，这些礼物一定满足了大公爵的好奇心：

……一个由闪闪发光的黑色芳香木制成的墨水瓶，一块这种木头，还有两张树皮做的纸，其中一张上面用他们的语言写着上帝和圣母玛利亚最神圣的名字；还有两张纸是竹子做的，非常精细，无法想象怎么在上面写字；一个人头大小的蚕茧；一套他们的传统服饰；（还有）两三块像我们剃须刀的石头。[26]

弗朗西斯科一世统治期间，悲剧性的美第奇死亡名录又有了后续，他的儿子兼继承人菲利普于1582年去世，年仅四岁。拉皮尼记录了在圣洛伦佐教堂进行尸检的可怕细节："他的尸体被安放到老圣器室，所有给他治病的大夫都到齐。他们锯掉了他的头盖，把它像一个碟子一样拿下来，他们在第一层头骨下面、脑浆上面的地方，发现了体积足够一满杯的积水，他们都认为这是他的死因。"[27]

孩子的死亡把继承问题又带上议程，红衣主教费迪南多又一次成了法定继承人。他们的弟弟皮耶罗不愿意再婚，但还有一个存在争议的继承人，那就是弗朗西斯科和比安卡的私生子安东尼奥。费迪南多现在采取措施巩固他的地位，说服菲利普二世拒绝承认安东尼奥是弗朗西斯科的合法继承人。但是比安卡没有放弃生一个合法儿子的希望，据说她为了达到目的用了巫术。1586年，弗朗西斯科一世告诉费迪南多，比安卡怀孕了；红衣主教在佛罗伦萨宫廷的探子则让他放宽心，因为他嫂子患有胃病。

在罗马，红衣主教费迪南多正在扩大他的政治网。格里高利十三世于1585年4月去世了，两天后，红衣主教写信给弗朗西斯科一世，请求得到资金，以帮助他推进将要到来的秘密会议的谈判："8000或10000金币如果用好了，用明智了"，他建议道，就能让会议上的他们"按照我们的方式做事"；但他高尚的哥哥拒绝了。[28]费迪南多还恼火地发现，菲利普二世决定不委托他领导秘密会议中的西班牙派别，作为西班牙的红衣主教护国公，这一角色理所当然应该是他的。尽管遭遇了这些挫折，他仍然乐观地认为他在红衣主教团队有足够的朋友能左右决定。他拒绝了哥哥和菲利普二世提出的候选人，他把精力放到了一位名不见经传的人物身上，红衣主教菲利斯·佩雷蒂。费迪南多的候选人如期当选为教皇西克斯图斯五世——美第奇红衣主教后来得到了他的奖赏。

红衣主教费迪南多也开始协商联姻，巩固美第奇和意大利的两家主要王室的关系。1584年4月，弗朗西斯科一世的长女埃莱奥诺拉17岁了，嫁给了曼图亚公爵的继承人文森·贡扎加；这对夫妇是皇帝费迪南德一世的孙辈，彼此是堂亲。嫁妆金额为30万金币，其中的三分之一将留在佛罗伦萨，直到埃莱奥诺拉的第一个儿子诞生。弗朗西斯科一世举行了盛大活动庆祝婚礼，有斗牛、水牛比赛、化装舞会、足球赛（新郎代表红队对抗金队）；在大公爵公园还有狩猎活动，文森"非常享受杀死大量各种野物的过程"。[29]

庆祝活动结束后，红衣主教费迪南多亲自护送侄女到曼图亚。两年后，拉皮尼记录，好消息传来，埃莱奥诺拉生了个儿子，"在5月12日，大公爵弗朗西斯科给长女的丈夫曼图亚王子送去了10万金币。因为按照约定，第一个男孩出生时要把嫁妆的剩余部分送给男方"。[30]

红衣主教费迪南多促成了另一个有意义的联盟，和费拉拉公爵的联盟。他一直在和红衣主教路易吉·埃斯特讨论把他的胞妹福吉尼亚许配给阿方索二世的私生堂亲恺撒·埃斯特，后者目前是费拉拉公国的继承人。1586年2月，婚礼在佛罗伦萨举行，正好赶上狂欢节的最后一周。这次的婚礼庆祝活动有皮蒂宫的舞会和传统的足球赛，这次比赛中新郎也参加了，另外还有比武和化装舞会。弗朗西斯科又花了2.5万金币上演了一出戏，由乔瓦尼·德·巴迪编排的《忠诚朋友》，布景由他的建筑师博塔莱蒂设计，令人惊叹的音乐和歌曲由亚历桑德罗·斯特里吉奥负责。这并不是一出真正意义的歌剧，但标志着这一体裁的发展进入了一个重要阶段。[31]

1587年，在文森父亲去世后，埃莱奥诺拉成了曼图亚公爵夫人。同年，托斯卡纳面临着一系列危机。当红衣主教费迪南多和他哥哥住在波焦阿卡伊阿诺的时候，10月19日，弗朗西斯科一世突然死了，他死后只一天——他的尸体被运往佛罗伦萨的途中——他妻子比安卡也死了。他们似乎都死于疟疾。红衣主教费迪南多下令对哥哥的尸体进行官方解剖，但他没有做任何事情来平息谣言，有传言称比安卡与她丈夫的死亡有关并且随后自杀。还有，他拒绝给比安卡大公爵夫人级别的葬礼：他把哥哥和奥地利的乔安娜安葬在了一起，把比安卡葬在了平民墓地；他还起草文件质疑她儿子安东尼奥的父亲的身份，并对这位大公爵夫人进行了记忆抹除，抹去了她在所有公共场所的盾徽，并恢复了乔安娜的盾徽。

弗朗西斯科一世13年的统治大大提高了美第奇艺术鉴赏的声誉；但说实在的，他也没干别的。美第奇家族自己也陷入了严重的王朝困境：在埃莱奥诺拉公爵夫人给柯西莫一世生的六个儿子中，只有红衣主教费迪南多和皮耶罗还活着，但都没有子嗣。新大公爵需要教皇允许他放弃红帽子才能结婚，他知道西克斯图斯五世不会轻易帮这个忙。还有，他36岁了，他怀疑自己是否有能力生育后代，给美第奇家族带来希望。他有很多事情要做。

18

从红衣主教到大公爵

费迪南多一世
1587年—1609年

1587年的大公爵家族

大公爵红衣主教费迪南多一世（38岁）

皮耶罗（33岁），*他的弟弟*
乔瓦尼（20岁），*他的同父异母弟弟*
福吉尼亚（19岁），*他的同父异母妹妹，恺撒·埃斯特夫人*

他的侄辈：

　　埃莱奥诺拉（21岁），*曼图亚公爵文森·贡扎加夫人*
　　福吉尼奥·奥西尼（15岁），*他的姐姐伊莎贝拉的儿子*
　　玛利亚（12岁），*他的哥哥弗朗西斯科的女儿*

他的堂亲：
红衣主教亚历桑德罗（52岁），*佛罗伦萨大主教*
凯瑟琳·德·美第奇（68岁），*法国太后*

弗朗西斯科一世的弟弟脱掉了宽大的牧师袍，换上了世俗世界的紧身上衣和长筒袜，一个臣民把他肥胖的身体比作一桶凤尾鱼；但玩笑很快就开不起来了，新大公爵费迪南多一世很显然是他父亲柯西莫一世风格的统治者。[1]

他含蓄地批评他哥哥缺乏领导才能，告诉了费拉勒斯使节他的理念，他认为执政王子"应该全力管理国家，因为这是上帝要他们干的事情"。[2]弗朗西斯科一向郁郁寡欢，离群索居，而费迪南多却是乐观合群，陶醉在自己的新声望中。他努力改善托斯卡纳的经济，花大把的钱用在公开陈述美第奇家族的权势上。他是一位精明的政治操纵者，在罗马的几年锻炼了他的外交手腕。作为大公爵，他指示他的使节们大量地行贿，建议他们不要盯着"不容易腐败"的首席大臣们，而要接近"他们的手下"，他认为这些人"可以争取"。[3]他放弃了哥哥一根筋支持西班牙的政策，继续和神圣罗马帝国发展关系，特别是和法国发展关系，而他在罗马的权力基地，由堂亲红衣主教亚历桑德罗领导，继续保持他在教廷的影响力。

1587年11月4日，费迪南多一世首次在佛罗伦萨公开露面，去圣母领报大殿朝拜具有神奇力量的圣母像，那是他哥哥去世后他第一次离开公爵宫。拉皮尼记录："上午大约10点，大公爵红衣主教费迪南多出门去圣母领报大殿感谢圣母，听弥撒，他身穿红衣主教的紫色长袍，头上戴着红色四角帽。"[4]他出现在宫殿门口时受到了热烈欢迎，大家都在呼喊"万岁！万岁！"但拉皮尼所称呼的那个冗长的头衔将必须改变，而且为了结婚费迪南多需要先得到西克斯图斯五世的许可，辞去红衣主教职位。他已经选好了新娘：洛林的克里斯汀，他堂亲凯瑟琳·德·美第奇的孙女。教皇对费迪南多在仍是教会王子的情况下就为婚礼做准备感到愤怒，但还是勉强同意了他的请求。于是，1587年11月30日的圣安德鲁节，拉皮尼记录："我们的大公爵脱掉了红衣主教的长袍，佩戴上剑和大公爵的其他行头。"[5]

费迪南多一世对新娘的选择是一步政治棋，旨在巩固和法国的联系，表示他支持凯瑟琳·德·美第奇和她的儿子国王亨利三世。法国再次陷入动荡，因为所谓亨利战争——涉及信奉新教的纳瓦拉的亨利和信奉天主教的吉斯公爵亨利——威胁要分裂这个王国。最初亨利三世支持纳瓦拉的亨利，指定他是继承人；但是国王最近改变了忠诚对象，加入了吉斯领导的天主教，又指定了一个新继承人，红衣主教查尔斯·德·波旁。费迪南多一世和洛林的克里斯汀订婚反映了新的政治形势：他的新娘不仅是凯瑟琳的孙女，还是吉斯亨利的堂亲。

1587年12月8日，凯瑟琳·德·美第奇在布卢瓦皇宫签署了婚约，就地举办了舞会庆祝；但一周后，她患上了肺部感染的重病。她在床上休养期间，亨利三世发现他们的新盟友吉斯亨利和红衣主教波旁正在密谋弑君。12月23日，国王告知他母亲，他已经杀了吉斯，逮捕了红衣主教，打算再次指定纳瓦拉的亨利为继承人。所有这些对凯瑟琳的健康没有帮助：她的病情急剧恶化，1588年1月5日，她死于胸膜炎。

费迪南多一世在圣洛伦佐教堂为已故的堂亲举行了葬礼。三周后，2月25日，他自己的婚礼在布卢瓦由代理人举行。新娘比费迪南多小16岁，给他带来70万弗罗林的嫁妆，以及凯瑟琳·德·美第奇赠送的昂贵挂毯等奢华礼物。

随后的一周，美第奇家族聚在佛罗伦萨欢迎新的大公爵夫人。4月17日，费迪南多一世的侄女埃莱奥诺拉到达，带着她的丈夫曼图亚公爵文森。几天后，他的同胞妹妹福吉尼亚和费拉拉公爵继承人恺撒·埃斯特到达。4月30日，洛林的克里斯汀正式进入城市，穿过的街道都装饰了拱门、雕塑和各种修饰品，展示新贵美第奇王朝的成就，以及洛林古老家族的成就。拉皮尼认为这是"一个令人惊叹的事件"，做得"如此气派隆重，以贵族、骑士和绅士的方式进行"——他肯定对此印象深刻，美第奇宫努力展示自己和皇家对手们水平一样高。[6]

接下来的几天，宾客们受到了宴会、舞会和骑马比武的盛情款待，还有一些幕间表演——由歌手、演员、舞者和音乐家组成的庞大阵容的音乐娱乐活动。戏剧表演《女朝圣者》让人印象特别深刻：有一幕是众神坐着"云"出场，借助滑轮和绞车从奥林匹斯山下来，赞美这对新人。在皮蒂宫院子里还举行了一场模拟海战，水漫院子，宾客们兴致勃勃地观看20艘由基督教水手驾驶的船只成功地攻占了土耳其城堡（图81）。费迪南多一世还为佛罗伦萨人举办了娱乐活动，包括圣十字广场的一场足球比赛，为参赛队提供了蓝绿色和猩红色缎子的队服，还提供了充足的食物和饮料："广场中央摆了4张桌子，堆满各种各样的甜食，有糖、开心果、蛋糕……还有大量珍贵的葡萄酒，都是白葡萄酒，盛在银酒瓶里。"[7]几天后，广场上还举行了狩猎活动，但狮子、熊和公牛都不愿打斗，这让聚在那里想看热闹的观众很失望。

那年夏天，费迪南多一世和他的宫廷正在大公爵的别墅享受舒适生活，以躲避佛罗伦萨酷热的夏天，突然从法国传来了令人震惊的消息，8月2日，亨利三世被一个天主教狂热分子暗杀了。洛林的克里斯汀对叔叔的死心烦意乱。"大公爵每天带她出去打猎或钓鱼来安慰她。"一位随从报告。费迪南多还把佩特拉亚的别墅送给了她，"昨天，在大公爵和所有的王子公主的陪同下，她住进去了，安排了一场非常精美的宴会"。[8]秋天，较好的消息传到了费迪南多的耳朵里，他妻子怀孕了。1590年5月12日，她生了一个儿子，取名柯西莫，有了公爵继承人，费迪南多更加开心。"教堂的钟声几乎响了一夜，尽管下着雨，人们还是很高兴。"拉皮尼记录。[9]两天后，骄傲的父亲到百花大教堂做弥撒，"70多个因犯头戴花环和橄榄枝从唱诗班中间走过"："根据大公爵的命令"，他们被从监狱释放了。除此之外，皮蒂宫"大发施舍，放了三天假，连续三晚在老地方举行烟火表演"。

这位前红衣主教勤奋地履行他的宗教职责，这很有助于提升他在罗马的地位。柯西莫出生前一周，拉皮尼注意到大公爵带着夫人出现在公共场合，"孕期的最后一个月，他们给住在佛罗伦萨城墙附近的穷人发放面包……就像他们在4月的圣周所做的那样……他们给了每户贫困家庭至少一个弗罗林"。[10]费迪南多将几种罗马习俗介绍到佛罗伦萨。为了纪念柯西莫的出生，他引进了每年分发嫁妆的宫廷仪式，给圣洛伦佐教堂的穷人家女孩发放精美小缎包，里面有40金币。[11]他还指示牧师们在大斋期鼓励佛罗伦萨人提高道德水平。比如1588年，牧师们"严厉批评了我们城市的旅馆"，指责它们"毁了年轻的男男女女"，建议"最好关门"；"大家都说这是大公爵的愿望"。[12]

第二年12月8日，费迪南多一世庆祝圣母无染受孕节，在百花大教堂做了40个小时的敬拜，这是红衣主教博罗密欧在特伦特大公会议之后制定的一种持续祈祷的仪式。费迪南多在罗马担任红衣主教时，曾成立了一个印刷社，作为反宗教改革运动的一部分，出版一些宗教读物，试图让异教徒和非信徒皈依；现在他是大公爵，他得到了教皇的许可，用叙利亚语、迦勒底语、阿拉伯语、波斯语和埃塞俄比亚语出版《圣经》，以便将它们送到这些地区，送给那些需要它的人，使它们能够接受慕道教育。[13]他对教皇政策更加具有装饰性意义的贡献是，基于希腊天文学家托勒密的理论，委托制作了一个镀金的浑天仪，这是一个围绕地球运行的行星模型。托勒密的著作最近受到哥白尼等科学家的质疑，但是仍然得到天主教教会的支持。

重要的是，费迪南多一世积极参与战斗，保卫基督教欧洲不受土耳其的侵略。1593年，当奥斯曼帝国的军队入侵匈牙利时，费迪南多一世为帝国战役提供了资金，还派出佛罗伦萨军队，由胞弟唐·乔瓦尼带领——乔瓦尼此前已经在荷兰与菲利普二世的军队一起对抗新教徒——加入了教皇召集的武装势力。土耳其人正在将帝国扩张至中东地区，威胁着波斯国王，国王派特使到欧洲，希望得到佛罗伦萨、威尼斯和罗马的援助。在教皇的建议下，费迪南多一世只能对国王的特使提供道义上的支持。但是，特使一行到达后引起了不小骚动。他们不仅拒绝在向大公爵致意时摘掉头巾，还脱下鞋子，坚持坐在地板上吃他们自己的厨师做的饭。

大公爵的骑士团由他父亲创立，直接参加地中海保卫战抵制土耳其的威胁。1607年，圣史蒂芬的骑士们在阿尔及利亚的波纳港取得了一场重要胜利，俘虏了1500人。次年，他们在罗德岛附近袭击了一支土耳其船队，捕获了9艘船、700个奴隶和价值200万的战利品。费迪南多一世对骑士团行动的重视从他画像中可见一斑，许多画像上都显示他身穿骑士团首领的长袍。

这一点在比萨的圣史蒂芬教堂也很明显，在那里，他委托创作了一幅画，画的是他父亲被任命为第一首领：这幅画挂在被俘虏的土耳其船只的旗帜旁边，这些旗帜装饰着教堂。十字军东征的主题在为洛林的克里斯汀入城而竖立的临时装饰中非常突出，因为克里斯汀的祖先洛林的戈弗雷公爵是11世纪第一次十字军东征的领袖。大公爵夫人为她在佩特拉亚的别墅定制了一系列戈弗雷公爵的画像；而费迪南多一世用骑士与土耳其人的战斗场景装饰了皮蒂宫的整个房间，描绘了他自己穿着罗马盔甲在波纳战役后接见战俘的情景。

为了抵御土耳其带来的威胁，费迪南多一世巩固了托斯卡纳的海线防御，并在里窝那新建了一个港口，是由聪明又有才气的唐·乔瓦尼*设计。他在荷兰与匈牙利都当过兵，成功经验让他有了关于防御工事的实战知识。他是一名业余设计师，曾与宫廷建筑师密切合作，也曾参与设计里窝那的大教堂，那是费迪南多新城镇的核心建筑。筹建港口的工程从柯西莫一世开始启动，在费迪南多的统治下，这个不起眼的小渔村才转变为一个国际港口，装备先进的仓库，并通过一条运河和佛罗伦萨相连。他通过避免对使用码头的船只征税来鼓励贸易，并通过在15年内免除包括犹太人在内的所有新居民的税收来刺激这个新城镇的发展。[14]到1606年费迪南多一世说服教皇承认里窝那的城市身份时，里窝那已经发展成托斯卡纳的第三大城市。大公爵造了一座巨大的大理石雕像，穿着圣史蒂芬骑士袍，以此纪念他的成就。

贸易对费迪南多来说是重中之重，他鼓励佛罗伦萨货物出口全欧洲和中东，但他想在巴西成立一个贸易团的计划没有成功。他改善经济的努力得到了英国校长罗杰·达林顿先生的高度赞扬，罗杰对公国（1596年）进行了详尽的调研，发现了大公爵臣民的许多经济和社会习性。他注意到臣民对葡萄的各个部分都物尽其用：他们吃葡萄，用葡萄汁酿酒，把葡萄藤捆起来当柴火卖，葡萄叶用来喂牛并沤肥，把葡萄籽儿当鸽子饲料卖。给校长印象深刻的是，费迪南多一世计划扩大丝绸业，他在"阿诺河河畔和城市的沟壑等公

---

* 唐·乔瓦尼也是大公爵枢密院的成员，并受托前往罗马和西班牙完成外交任务。例如，1598年，他被派往马德里，就菲利普二世的逝世向菲利普三世表示哀悼，并祝贺新国王登基。

共地段"大种桑树，有足够的桑叶喂养蚕宝宝。[15]费迪南多一世也鼓励发展他父亲倡导的佛罗伦萨半宝石镶嵌工艺（图82），1588年在美第奇赌场扩大了工厂，以便可以培养一批工匠批量生产商业产品。这种内嵌半宝石装饰的艺术品和家具，是奢侈品经济里非常赚钱的买卖。

但是，在大公爵宫廷辉煌的外表下，越来越多的证据表明经济在衰退，这影响了整个欧洲，导致了物价上涨，各行各业的实际收入下降。在托斯卡纳，佃农的收入大幅下降，以至于许多人宁愿在佛罗伦萨街头依靠救济，也不愿在田里从事吃力不讨好的劳作。[16]然而，由于费迪南多的政策，佛罗伦萨遭受的损失比其他地方要少。自然灾害期间，他尽心尽力地提供援助。比如1589年秋天，阿诺河泛滥，造成了广泛的破坏，大公爵当时住在波焦阿卡伊阿诺，他急忙赶回受灾的城市，避开洪水冲断的道路，坐船到了普拉托。他"看望了所有的修道院，答应向他们提供帮助和救援，下令分发面包，不只分发了一次，而是随后的十五六天连续分发……他帮助许多穷人，给他们面包吃，还给了每家每户1金币"。[17]他还"签发命令要求所有人打扫房间、清空酒窖，谁往阿诺河扔东西就罚款25金币"。

第二年粮食歉收，费迪南多一世发布了一个公告，禁止面包师制作精美蛋糕，"因为担心闹饥荒"。[18]粮食储备严重不足，1591年2月6日，拉皮尼报道："今天，星期三，他们以上帝的名义开始给穷人发面包，穷人很多，饥荒很严重，没人……能回忆起更糟的了……星期一、三、五他们在各个地方发放面包。"[19]大公爵为受到灾难侵袭的臣民做了很多工作。3月，"他们开始把穷人送到圣奥诺弗利奥医院。穷人到了医院，洗热水澡除去污垢，刮胡子，穿棉衣，留在医院，早晚都有饭吃"。[20]4月22日，他被迫又签发了一个公告，控制面包师用来做面包的材料，要求"必须和麸皮混起来，最多加入四分之一的白面粉，不可以超过……违背规则的面包师将被罚款……他所烤的面包都要分给穷人"。[21]他还下令波兰的代理人购买麦子，然后从但泽港口船运到里窝那；5月1日，"70车麦子通过圣弗莱迪雅诺门到达佛罗伦萨"，三周后又到了200车。[22]

尽管费迪南多努力关心臣民，但宫廷离民众越来越远。他给了朝臣特权，使他们可以把自己的旧商业住宅改造成宏伟的宫殿。而朝臣们，也就是城市老共和国家族的后代，现在被按照欧洲皇家宫廷采用的复杂礼仪规则分级。一位英国客人对他们过分讲究的餐桌礼仪感到震惊："他们不用手碰肉，而是用银质或其他金属的叉子，每个人都有自己的叉子和勺子，以及喝酒的杯子，他们端上被切成小块的肉（不像我们整块上），用叉子吃。"[23]费迪南多一世还规范政府官员的着装，恢复使用佛罗伦萨传统的长袍。拉皮尼描述了政府官员如何"穿着红色的丝绸长袍和同色的长筒袜，黑天鹅绒拖鞋或鞋子；冬天他们可以穿带有衬里的同色毛布长袍；军官必须在左肩上搭一块紫色丝绸披肩"，"议员必须始终穿一件黑色毛布或丝绸的长袍，带有红色或紫色丝绸的内衬"。[24]

在公爵宫，美第奇王朝正在从弗朗西斯科一世统治结束时的脆弱状态中恢复过来。洛林的克里斯汀给她丈夫很有规律地生了一个又一个子嗣，每个孩子出生都如常放烟火，热闹地庆祝一番，免费提供葡萄酒。柯西莫出生于1590年5月，之后是埃莱奥诺拉（1591年11月）；卡特琳娜（1593年5月），名字是为了纪念她可敬的法国祖母；弗朗西斯科（1594年5月）；卡洛（1596年3月）；菲利皮诺（1598年）；洛伦佐（1599年）；玛利亚·玛达莱娜（1600年6月）；最后，第九个孩子是克劳迪娅，1604年6月出生。小菲利皮诺四岁夭折，其他孩子，四个男孩四个女孩都活到了成年。她确保孩子们受教育广泛，如果他们不好好学习就责备他们。柯西莫的老师之一是伽利略·伽利莱，后者曾经被费迪南多一世任命为比萨大学的数学系主任；年轻的王子还从一位圣史蒂芬骑士那里接受骑兵技能教育。大公爵让所有孩子都学数学、建筑和绘画，以及宗教经典、古典历史、文学、外语和音乐，并鼓励他们在饭桌上讨论政治问题。

在洛林的克里斯汀鼓励下，费迪南多一世对欧洲政治的参与发生了戏剧性的转变；无子嗣的亨利三世于1588年遭暗杀后，费迪南多一世加入了席卷法国的宗教战争。纳瓦拉的亨利是王国的指定继承人，包括克里斯汀亲戚在内的许多天主教徒拥戴他为国王亨利四世，但作为新教君主的亨利四世对强硬的天主教联盟恨之入骨，因为联盟宣布了他们的候选人红衣主教波旁为查理十世。此外，联盟得到了西克斯图斯五世和菲利普二世的大力支持；西克斯图斯五世颁布了一项法令，宣布亨利四世的继承无效，菲利普二世则计划入侵法国以支持联盟。

前红衣主教费迪南多一世走了惊人大胆的一步棋，转而支持新教国王，送了100多万弗罗林支持亨利四世的战争。有一次，费迪南多一世派唐·乔瓦尼带领八艘船和1000名士兵到达马赛附近的法国伊福城堡，他的同胞弟弟成功抵御了天主教的联盟军队。费迪南多一世的决定不可避免地激怒了教皇和西班牙国王，但这将给美第奇家族带来相当大的好处。

1590年3月，亨利四世在伊芙利战役中打败了天主教军队，包围了巴黎。两个月后，红衣主教波旁死了，于是菲利普二世宣布他女儿伊莎贝拉继承法国王位：她是亨利二世和凯瑟琳·德·美第奇的孙女。随着西班牙军队强迫亨利四世从巴黎撤军，这场战争有升级为更广泛的欧洲冲突的危险。后来，8月底，西克斯图斯五世突然去世。菲利普二世操纵了选举，乌尔班七世当选，但他只干了两周便去世了。菲利普二世趁着罗马权力的真空期侵略了布列塔尼，派他女婿萨沃伊公爵进入普罗旺斯，同时他的代理人在梵蒂冈策划了另一场西班牙教皇的选举。几周内，格里高利十四世驱逐了亨利四世，命令所有的法国红衣主教支持天主教联盟，开始计划派遣部队到法国支援西班牙军队。

同时，费迪南多一世费心阻止教皇的政策得逞，努力进行外交斡旋，增加对亨利四世的支持。1591年2月，大公爵夫人的哥哥、红衣主教洛林的查尔斯，在向南去罗马接受格里高利十四世赐予红帽子时途经佛罗伦萨。费迪南多鼓励他大舅子在教廷的同僚中推进亨利四世的事业。那年10月，当选后不到一年，格里高利十四世去世；两年后，第四位教皇英纳森特九世当选，他也是亲西班牙派，上任只两个月。费迪南多一世执政22年，见证了七位教皇，教皇的这种消耗在天主教会的核心造成了不稳定，大公爵趁机为亨利四世拉选票。

1592年1月初，红衣主教们回到梵蒂冈，他们很愤怒西班牙操纵了前三次秘密会议，这次他们想确保选出一位思维更独立的教皇。这次的新教皇是佛罗伦萨人伊波利托·阿尔多布兰迪尼，他选用了克莱门特八世这个名字，以纪念城市的最后一位教皇。他当选的消息传到佛罗伦萨，佛罗伦萨欢庆了三天。起初，费迪南多不太乐观，因为新教皇年轻时是出了名的反美第奇分子，而且一直强烈反对亨利四世。

最后，法国天主教和新教的温和派说服亨利四世改变了策略。1592年底，他发布了一项激进但务实的声明，要放弃新教信仰，并请求费迪南多一世利用在罗马的影响说服克莱门特八世接受他的重大决定。大公爵建议教皇接见亨利四世的使节，但教皇拒绝接见他们（鉴于菲利普二世的威胁）；但克莱门特八世利用精明的外交手段让大家知道，亨利四世的大臣在梵蒂冈是受欢迎的。1593年4月，亨利写信给费迪南多，发誓他准备接受天主教信仰，而教皇仍然对这一看似政治花招的举动保持怀疑。但是，1593年7月25日，亨利四世在圣德尼大教堂他前任的墓冢旁，正式成为一名罗马天主教徒——他曾说过一句名言，"巴黎值得一次弥撒"。次年2月，他在沙特尔加冕，1594年3月22日正式进入首都。

大公爵继续在教廷进行他的外交活动，克莱门特八世开始考虑解除亨利四世的驱逐判决，但是许多红衣主教怀疑国王改变信仰的诚意。费迪南多一世的堂亲、红衣主教亚历桑德罗机敏地建议教皇不要在宗教会议上讨论这个问题，而是单独和每一位红衣主教谈。最后，1594年9月17日，克莱门特八世在圣彼得大教堂的辉煌气氛中正式赦免了亨利四世，并宣布他是"法国和纳瓦拉最信奉基督的国王"。次年4月，红衣主教亚历桑德罗被任命为驻法国特使，负责亨利四世和天主教联盟之间的和平条约的谈判。

为了确保谈判成功，费迪南多一世需要优先维护他和克莱门特八世的良好关系，即使是在教皇的政策和家族利益发生冲突的时候。1597年，费拉拉公爵阿方索·埃斯特二世去世。由于没有子嗣，他指定私生堂亲恺撒为继承人，恺撒是费迪南多一世同胞妹妹福吉尼亚的丈夫。不幸的是，费拉拉是教皇的封地，克莱门特八世拒绝承认这次继承，明确表示他打算用武力夺取公国。大公爵很为难，但他选择不插手帮助他妹夫，1598年1月12日，教皇军队占领了费拉拉。恺撒和福吉尼亚被迫离开埃斯特家族已经统治了300多年的公国，恺撒不得不接受帝国封地摩德纳公爵的头衔。1月30日，他正式进入了新首都。

同时在法国，红衣主教亚历桑德罗努力为王国讲和，他务实地同意亨利四世在1598年4月13日签署的特赦令，允许包容新教徒，结束了近40年的宗教战争。红衣主教和费迪南多一世说服了不情愿的克莱门特八世，让他相信允许异教徒礼拜自由是亨利四世在他的王国建立权威的唯一途径。西班牙国王因国库破产被迫回到谈判桌上，红衣主教亚历桑德罗主持了亨利四世和菲利普二世之间的和平谈判，很大程度上归功于他的努力，两位君主终于在5月2日于韦尔万签订条约。

1599年，亨利四世在法国的政权稳固，费迪南多一世开始着手他雄心勃勃的国际工程的最后一项：为美第奇家族定一门皇亲。他自己的女儿中，埃莱奥诺拉和卡特琳娜还小，大公爵建议亨利四世可以婚配他侄女玛利亚，也就是他已故哥哥弗朗西斯科一世和奥地利的乔安娜的小女儿。然而，在前进的道路上有几个困难，尤其是亨利四世已经有一个妻子——瓦卢瓦的玛格丽特，她是亨利二世和凯瑟琳·德·美第奇的女儿。但费迪南多一世可以指望教皇支持废除这段婚姻，因为克莱门特八世急于巩固国王的天主教新信仰，希望国王的妻子来自忠诚于罗马的家族。费迪南多一世还可以用70万金币的巨额嫁妆引诱亨利四世，其中一部分可以用来偿还国王欠大公爵的巨额债务。1599年12月17日，克莱门特八世正式废掉了亨利四世的第一段婚姻；四个月后，玛利亚在24岁生日后的第四天和亨利四世订婚。

1600年夏天的大部分时间，费迪南多一世忙着准备婚礼，决心需要多少就花多少，好让婚礼和这桩皇室婚姻相匹配。10月5日，玛利亚乘车到了百花大教堂，大教堂的立面挂满讲述佛罗伦萨和法国历史的画作。新娘身穿绣着"1500颗钻石，600颗红宝石以及大量珍珠"的白金色婚纱，出席婚礼的还有她10岁的堂弟柯西莫、姐姐埃莱奥诺拉（曼图亚公爵夫人），堂亲弗拉维娅·佩雷蒂（布拉恰诺公爵夫人，福吉尼奥·奥西尼的妻子，费迪南多一世的外甥女）。[25]婚礼弥撒由罗马教皇的特使主持，表明克莱门特八世很重视这桩联姻。

仪式结束后，宾客们退到公爵宫，费迪南多一世在大厅为新王后举行了盛大的宴会。新娘的桌子安置在金布做的天幕下，"边柜上铺满亚麻布，摆满了由水晶、青金石、紫水晶、日光石、玛瑙、红宝石和其他宝石制成的盘子和碗，以及许多银制雕像"。[26]菜单由费迪南多一世的厨师长在三个法国厨师的协助下制订，有54道菜，既悦目又养胃：独角兽和龙形状的小牛肉馅饼；意大利腊肠做的城堡；塞满活鸟的馅饼；最引人注目的是，火鸡打扮得像一个多头蛇（古典神话里的多头怪兽）。第二天10月6日晚上，上演了雅各布·佩里的《欧律狄刻》，这是一场根据奥塔维奥·里努西尼的剧本改编的音乐剧。这是完全以音乐的形式创作的剧目的第一次登台——佛罗伦萨人将其称为第一部歌剧，并非没有争议。10月17日，玛利亚——此后人们称呼她为玛丽·德·美第奇（图83），——前往马赛，由唐·乔瓦尼率领托斯卡纳舰队护送。12月17日，她再次与亨利四世在里昂大教堂庆祝婚礼。十个月后，传来消息，玛丽·德·美第奇在1601年9月27日生下了法国王位继承人路易。

1605年3月，教皇克莱门特八世去世，费迪南多一世能够利用他在秘密会议中的影响力，确保红衣主教亚历桑德罗在4月1日当选为新教皇。美第奇家族再一次占领了梵蒂冈。新教皇选择了利奥十一世的名字，以纪念家族第一位入座圣彼得大教堂宝座的成员；但这位美第奇家族的第三位教皇在位时间很短。利奥十一世加冕后不久就病了，并在月底去世。那年的第二次秘密会议于5月16日结束，卡米洛·博尔盖塞当选，成为保罗五世。

费迪南多一世现在试图平衡他与法国、帝国联盟之间的关系。1607年，他开始和皇帝的兄弟奥地利的查理大公进行协商，希望促成他的儿子柯西莫与大公的女儿玛利亚·马格达莱纳订婚一事。1608年9月14日，婚礼由代理人在格拉茨举行，一周后，新娘离开奥地利，开始了向南跋涉的漫长旅程。在佛罗伦萨，大公爵的艺术家们、音乐家们和厨师再次展示出他们的才能，欢迎19岁的玛利亚·马格达莱纳。10月18日，她正式入城，在盛大的仪式下，于普拉托门接受费迪南多的加冕。那天晚上，公爵宫大厅举行了宴会，桌子上装饰着40个巨大的糖雕，餐巾被巧妙折叠成各种动物的样子。接下来几天的庆祝活动有足球比赛、一年一度的给穷人家女儿发嫁妆活动、戏剧表演、圣史蒂芬骑士游行、马术芭蕾，等等。庆典的高光时刻是《杰森和金羊毛》的演出，表演在阿诺河上举行，镀金的贡多拉船队戏剧性地从一座建在河流中央人工岛上的雅致寺庙里捕获了战利品。

除了这些奢华短暂的庆祝活动外,费迪南多一世还花了大把钱投资永久性工程,计划把佛罗伦萨改造成美第奇式的辉煌环境。根据年度支出列表,大公爵花了20万金币用于建城堡和防御工事,3.6万金币用于朝臣的薪水,1.2万金币用于服饰开销,1.5万金币花在马厩,1000金币用于饲养狮子和其他野生动物。"他花了1.2万多金币来装饰建筑,并委托不同的工匠进行各种工程,特别是创作大理石作品、铸造青铜雕像等,这些作品受到外国客人的高度敬重,殿下把礼物送到不同地方,为自己赢得了赞美和声誉。"[27]比如,1608年10月4日,玛利亚·马格达莱纳入城的14天前,詹博洛尼亚为大公爵制作的气势恢宏的骑马铜像在圣母领报大殿广场揭幕,铜像由波纳战役中捕获的土耳其大炮熔化而成(图84)。在豪华的礼物中,有亨利四世和克莱门特八世的昂贵肖像,使用了半宝石镶嵌工艺,在位于美第奇赌场的镶嵌工厂生产,(大约1600年)被送往法国和罗马。他在家族别墅的建造上也是大手大脚,在佩特拉亚庄园布置了华丽的花园,开始在波焦阿卡伊阿诺南部山区的阿蒂米诺建造一个狩猎屋,取名费迪南多屋。

随着美第奇政权的稳固建立,依靠家族15世纪的成就不再有必要。费迪南多把他父亲提升为王朝的缔造者,在城市各处的建筑上放置柯西莫一世的雕塑和半身像,并用柯西莫的生平场景装饰他的宫殿——场景的最后,他被加冕为大公爵。费迪南多也委托为他父亲制作了一尊巨大的骑马铜像,1595年在公爵宫揭幕,拉皮尼评价铜像"既美丽又壮观"。1604年,费迪南多开始他最雄心勃勃的工程——圣洛伦佐教堂的王子礼拜堂,这是家族教堂的第三个美第奇礼拜堂,以及由他的胞弟唐·乔瓦尼设计的另一个工程。这个工程计划容纳他自己和继任者的墓冢。家族陵墓将是美第奇王朝声誉的非常辉煌的展示,计划由大理石和半宝石包裹,并镶嵌托斯卡纳所有主要城市的盾徽。然而,作为一个在未来可见的象征,它仍然没有完工。

费迪南多一世于1609年2月3日去世,享年60岁。在遗嘱中,他要求把通常花在大公爵葬礼上的大笔钱捐入他成立的分发嫁妆基金会。他为稳定美第奇政权做出了很大贡献。几十年的战争耗尽了法国和西班牙的金库,但由于费迪南多的经济政策,托斯卡纳相对繁荣。他一直致力于提升美第奇家族作为艺术赞助人的声誉。重要的是,他继承大公爵的时候,王朝的未来还风雨飘摇，但他留下了4个儿子。他还利用外交才能给美第奇家族带来了真正的威望：他自己选择的妻子确保他大公爵的继承人可以声称是法国亨利二世的曾孙，拥有皇家血统；新大公爵夫人是皇帝的侄女，而费迪南多自己的侄女现在是法国王后。

19

不幸的王子

柯西莫二世,洛林的克里斯汀和奥地利的玛利亚·马格达莱纳
1609年—1628年

1609年的大公爵家族

大公爵柯西莫二世（19岁）
奥地利的玛利亚·马格达莱纳（20岁），*他的妻子*
  玛利亚·克里斯蒂娜（0岁），*他们的女儿*

洛林的克里斯汀（44岁），*他的寡居母亲*
唐·乔瓦尼（42岁），*他叔叔，父亲的异母弟弟*

他的7个兄弟姐妹：
埃莱奥诺拉（18岁）
卡特琳娜（16岁）
弗朗西斯科（15岁）
卡洛（13岁）
洛伦佐（10岁）
玛利亚·玛达莱娜（9岁）
克劳迪娅（5岁）

玛丽·德·美第奇（34岁），*他的堂亲*
  她的3个孩子
  路易（8岁）
  伊丽莎白（7岁）
  加斯托（1岁）

大公爵柯西莫二世继承了一个和平、稳定、繁荣的国家，也是一个具有国际威望的国家，引起意大利其他王国的嫉妒。他继位时距19岁生日还差3个月，他和蔼可亲、敏锐好奇，具有美第奇家族的文化品味。他确保了佛罗伦萨作为音乐、戏剧、文学和视觉艺术卓越中心的声誉，并使其继续蓬勃发展——三年后的1612年，秕糠学院出版了第一版托斯卡纳语言字典。柯西莫二世对科学创新很着迷，他的第一个举措是任命他的老导师伽利略为大公爵宫的首席哲学家和数学家。然而，尽管很年轻，柯西莫的健康状况并不好，因为他正处于肺结核的早期阶段，他将很大程度上依赖他母亲——洛林的克里斯汀的政治敏锐。母亲鼓励儿子延续费迪南多一世的政策，促进经济发展，对抗土耳其，维护和法国、帝国以及西班牙的关系。

柯西莫二世的生命中还有一位意志坚强的女人——他的妻子奥地利的玛利亚·马格达莱纳，生了几个儿子后，她在宫廷的地位越来越突出。1610年7月14日，第一个孩子玛利亚·克里斯蒂娜出生后不到一年，她生下一位继承人，大公爵夫妇为了纪念柯西莫父亲，给他取名费迪南多。1611年6月，第三个孩子出生，又是一个儿子，随玛利亚父亲查理大公爵取名吉安·卡洛；之后又生了玛格丽特（1612年5月）；马蒂亚斯（1613年5月）；弗朗西斯科（1614年10月），名字随柯西莫二世的大伯，可惜20岁就去世了；安娜（1616年7月），最后是莱奥波尔多（1617年11月）：结婚9年内，他们一共生了5个儿子、3个女儿。

柯西莫二世的首要任务之一就是给妹妹们找丈夫。最小的妹妹克劳迪娅在费迪南多一世去世前不久就和费德里戈·乌巴尔多·德拉·罗维里订婚，他是乌尔比诺的公爵弗朗西斯科·玛利亚二世的继承人。由于新娘和新郎年纪还小，他们实际到1621年才结婚。玛利亚·玛达莱娜患有严重残疾，终身未嫁；另外两位妹妹埃莱奥诺拉和卡特琳娜，背靠皇室关系和丰厚的嫁妆，婚约诱人。柯西莫二世为她们做了雄心勃勃的计划：一位是萨沃伊的卡洛·伊曼纽尔公爵，丧偶；另一位是18岁的威尔斯王子亨利，英格兰新教国王詹姆斯一世（苏格兰的詹姆斯六世）的继承人。1612年初，柯西莫和詹姆斯就卡特琳娜和亨利的婚约达成协议，并坚持卡特琳娜和她的宫廷必须继续天主教徒的敬拜，这是丰厚的嫁妆换来的。柯西莫派叔叔唐·乔瓦尼去罗马征求教皇准许；但保罗五世一直不相信这样的说法，不认为这次联姻会加大英格兰回归天主教的可能性，拒绝批准，并威胁柯西莫二世如果他坚持这一联姻，将受到严厉制裁。最后这事出于别的原因没成，1612年11月，威尔斯王子死于伤寒。

柯西莫二世为埃莱奥诺拉制订的计划也陷入困境。漫长的婚姻谈判最终在1615年破裂。卡洛·伊曼纽尔公爵坚持埃莱奥诺拉的嫁妆应该包括属于曼图亚公爵和法国的几块领土，这几块领土应该并入萨沃伊公国。这是一个可笑的要求，柯西莫二世不谈了。后来他把埃莱奥诺拉许配给西班牙的菲利普三世，这也是位丧偶的男士，他在1598年继承了西班牙王位。不过直到1617年埃莱奥诺拉去世时，马德里都没有做出决定。

同时，卡特琳娜已经与曼图亚公爵费迪南多一世订婚。这不是柯西莫所希望的皇亲，但不管怎么说也是望族。谈判错综复杂，传说费迪南多公爵和他母亲的一位侍女有秘密婚姻——但他发誓说从未有这事。洛林的克里斯汀坚持女儿结婚前这个情妇必须被关进修道院。

费迪南多一世的目标是确保美第奇家族和所有的欧洲大国保持密切联系，这对他的儿子来说是一件头疼的事情。在法国，1610年5月，也就是柯西莫二世就任后一年，亨利四世被一位天主教狂热徒暗杀，丢下玛丽·德·美第奇成为她年幼儿子路易十三世的摄政王。佛罗伦萨宫廷陷入一片哀悼之中，柯西莫的艺术家开始绘制亨利四世的26幅凯旋场景图以及一系列巨大的骷髅，这些将装饰在圣洛伦佐教堂，用于9月举行的盛大葬礼。亨利四世的死击碎了波旁法国和西班牙哈布斯堡之间脆弱的和平，直到1612年双方才在大公爵使节的斡旋下，最终达成一项条约。后来，让柯西莫二世松了一口气的是，菲利普三世和玛丽·德·美第奇因两桩婚事结盟：路易十三世和菲利普的女儿奥地利的安妮订婚；法国国王的姐姐伊丽莎白则嫁给了西班牙王位继承人菲利普亲王。

1617年后，柯西莫二世与法国的关系越发复杂，那年15岁的路易十三世夺权了，他受不了玛丽·德·美第奇拒绝他自作决定。年轻的国王把他母亲囚禁在布卢瓦的皇家城堡，解雇了她的首相，下令暗杀孔西诺·孔西尼。孔西尼是佛罗伦萨人，自玛丽结婚以来一直在她的宫廷里任职。局势困难，柯西莫二世答应了路易十三世的要求，没收孔西尼在托斯卡纳的财产；但他一直秘密地支付父亲留给孀居太后的津贴，指示使节竭尽全力调解母子之间的激烈斗争。

在布卢瓦被软禁两年后，勇敢无畏的玛丽·德·美第奇（时年44岁），夜间大胆地从城堡的一楼窗户爬出来，逃跑了，随身只带了首饰盒。*逃跑一个月后，路易十三世和他母亲正式和解，但恢复友好关系需要一段时间（图85）。

这时，欧洲的政治形势急剧恶化，1618年，"三十年战争"爆发。导火索是波西米亚国王——柯西莫二世的妹夫费迪南德——的两名天主教大臣被杀；5月23日，他们被一群新教暴徒从城堡的窗户扔了出去。这一事件被称作"布拉格解体"。帝国再一次被敌对的宗教分裂。战争主要集中在中欧，但这块大陆的大部分统治者都被卷入了战争。柯西莫二世自己在1619年也被拖入，当时奥地利的玛利亚·马格达莱纳的兄弟继承皇位成了费迪南德二世。在妻子的压力下，大公爵被迫拨款在维也纳招募了一个团。

柯西莫二世与罗马的关系也出了问题。他的堂亲红衣主教亚历桑德罗在1605年当选利奥十一世后不久去世，导致美第奇家族在教廷没有了代言人。新教皇保罗五世直到1615年才改变这种局面，给了柯西莫的弟弟卡洛一顶红帽子；卡洛每年从大公爵的金库中获得7万金币，这位新教会王子将成为罗马

---

* 她后来把这个事件列入了她生命中著名的场景中，这些场景是她委托皮特·保罗·鲁本斯特意创作，以装饰她在巴黎的住所卢森堡宫，卢森堡宫是她仿照皮蒂宫而建的。

具有影响力的人物。同时，柯西莫二世决定帮助他的皇帝表亲，但保罗五世不赞成，他命令意大利王子们在阿尔卑斯山北部的战争中保持中立。

另一个教皇不赞成的问题是柯西莫二世对伽利略的资助，特别是在这位科学家的工作引起宗教裁判所的关注之后。柯西莫是伽利略的热心支持者，他命令在罗马、马德里、巴黎、布拉格和伦敦的大使们把所在首都城市关于科学发展的天文学信息发给这位科学家，他需要什么就发什么。柯西莫还定期主持会议，和伽利略等学者讨论科学问题——包括波兰天文学家尼古拉·哥白尼在1543年提出的有争议的理论：太阳是宇宙的中心。地球不是上帝所创造的宇宙的中心，这个观点震惊了天主教会的保守派。1610年，伽利略出版了《星际信史》，献给了柯西莫二世。书中他宣布发现了木星的4颗卫星，这些卫星是他使用新发明的改良版望远镜发现的，他把这些星星命名为"美第奇星星"，以纪念柯西莫二世和他的兄弟们。他观察到天体不只是绕着地球转，这为哥白尼的观点提供了重要支持。到1613年底，关于"日心说"的争论在佛罗伦萨非常激烈，有些传教士斥之为异端，并在降临节布道时大声谴责这个理论。

那年12月，这个问题在大公爵的餐桌上被争论起来。当时宾客中有位比萨大学的数学教授，恰好也是伽利略的学生。他告诉伽利略："上个星期四，我在殿下府上共进晚餐……大公爵问我……我有没有望远镜，我回答我有，并讲述了头天晚上观察了美第奇星星。"[1]教授继续说，还有一位客人告诉洛林的克里斯汀他不信什么"天体的新生事物"，认为地球不可能绕着太阳转，"因为《圣经》显然与之相悖"。晚餐后，洛林的克里斯汀在对伽利略天才的钦佩和自己根深蒂固的宗教信仰之间左右为难，邀请教授一起到了她的私人寓所："我进了殿下的寓所，大公爵和公爵夫人都在，"他继续说，"问了几个我生活情况的问题后，她开始用《圣经》反驳我；做了适当的回击之后，我用巧妙的方式开始了神学阐述，您会高兴听我讲的。"

柯西莫二世和玛利亚·马格达莱纳可以被教授说服，但洛林的克里斯汀还是不信。伽利略写信给她，阐述了相信日心说和教会教义可以兼容的理由，然后在1615年出版了这封信的扩展版本《致大公爵夫人的信》。保罗五世谴责伽利略的观点是异端邪说，尽管这位天文学家在这个阶段没有被传唤到宗教裁判所，但他被命令放弃传授他的信仰。洛林的克里斯汀等其他虔诚的天主教徒继续遵循教会的路线，但柯西莫宫廷内博学的佛罗伦萨人一直在争论。

在柯西莫二世的统治下，宫廷越来越宏伟。他让艺术家、音乐家、戏剧家，甚至厨师，精心制作时髦物，它们和戏剧、歌剧、豪华宴会、比赛狩猎、派对一起成为宫廷的娱乐。在皮蒂宫的盛大仪式上，大公爵将贵族头衔授予城里古老的商人家族，将他们尊称为公爵和侯爵。由此，佛罗伦萨正在形成自己的贵族阶层。1616年，他宣布了一项扩建宫殿的竞赛。朱利奥·帕里吉是获胜者，他将宫殿立面扩大了6倍，创造了宏伟壮观的景象——皮蒂宫现在取代了公爵宫成为正式的大公官邸（图87）。柯西莫二世还在佛罗伦萨南部的丘陵开始新建一座豪华的郊区别墅（后来的波焦帝国山），并通过从欧洲各地进口藏品扩大了美第奇家族的艺术收藏。1620年，他任命贾斯特斯·萨斯特曼斯为宫廷画家。这位画家从安特卫普搬到佛罗伦萨，在此度过余生，画了大量的美第奇家族肖像。

柯西莫二世也大量投资里窝那，这里很快成为重要的国际港口，到1620年，城市人口达到1万，是柯西莫刚执政时的两倍。他扩建了港口围墙提高安全性，委托雕塑家皮耶罗·塔卡在他父亲所立的、俯瞰码头的费迪南多一世雕像的基座上增加四座戴着锁链的非洲奴隶的铜像。柯西莫二世鼓励移民，为外国商人提供许可证，为犹太人、穆斯林、新教徒等受宗教迫害的人提供避风港。1611年，他接纳了3000名被菲利普二世从西班牙驱逐出境的穆斯林——不过在几次暴力事件后他后悔自己当时太慷慨了，并又把他们驱逐到非洲。他还在里窝那为圣史蒂芬骑士团新建住宅区，这些骑士一直在地中海成功地袭击土耳其海盗。这位大公打击土耳其人的行动比他在欧洲大陆的政治尝试更成功，他小心翼翼地指示他的大使们在国外宣传这些成就。

里窝那可以说很繁荣，但托斯卡纳其他地区的经济就没那么好了。由于几十年的战乱和一连串的歉收，欧洲大部分地区正在遭受经济衰退。佛罗伦萨受到的冲击尤其严重，因为高质量的丝绸和羊毛纺织业无法与北方国家，特别是荷兰和英格兰的廉价制造商竞争。柯西莫二世的确采取措施阻止农业衰退：他成立了委员会寻找办法提高产量；他还在佛罗伦萨新建一个粮食市场，并修建了一条运河，以便从托斯卡纳南部的农村运输粮食。不幸的是，他把地产慷慨地授予新公爵和侯爵，这意味着许多曾经用于耕种的土地现在成了休闲之地，用作狩猎园和其他贵族娱乐场所。城市里，贫穷成了严重的问题。1620年，一场严重的斑疹伤寒疫情暴发，使萧条的经济雪上加霜，柯西莫二世下令视察穷人的生活状况；他的官员汇报说，地窖里满是腐烂的废物和垃圾，水井被污染。

柯西莫二世自己的健康状况也没有得到改善，他的肺结核因胃病更加严重。他大部分时间都待在床上，把政府越来越多地交给枢密院和家族成员打理，特别是交给他叔叔唐·乔瓦尼和他生命中的两个女人——他的母亲和妻子。大约1617年，他急于求医，委托制作了一块奢华的半镶嵌匾牌，装饰着黄金、碧玉、青金石和250多颗钻石，显示他跪在最近被封为圣徒的圣卡罗·博罗米奥的祭坛前祈祷。他打算在他的祈祷得到回应并恢复健康后，将它献给米兰大教堂的圣徒礼拜堂。

但再也不会恢复了。那块祈祷的匾牌还没来得及做好，1621年2月28日，柯西莫二世去世，年仅31岁，死于肺结核。那年晚些时候，他弟弟红衣主教卡洛根据柯西莫遗嘱的条款继承了圣马可教堂附近的美第奇赌场。卡洛委托人创作了45幅壁画讲述美第奇家族史，用来装饰宫殿的五个房间，有三间分别为了纪念柯西莫一世、弗朗西斯科一世、费迪南多一世，有两间用来纪念哥哥的短暂生涯。艺术家们在其中一个房间里庆祝柯西莫二世对抗土耳其人的成就；在另一个房间里庆祝他对艺术和科学的开明赞助，描绘了柯西莫二世向音乐、诗歌、雕塑、绘画以及天文学等寓言人物致敬的场景——天文学家正举着伽利略的望远镜，向大公爵展示美第奇星星。

柯西莫的儿子费迪南多二世是继承人，父亲去世时他才十岁。预见到这种情况，柯西莫二世任命他母亲和夫人为摄政王，直到新大公爵成年。在萨斯特曼斯绘制的一幅群像中，两位女性庆祝自己的角色，画面中，佛罗伦萨参议员在向他们年轻的新统治者致敬，大公爵严厉的母亲和祖母分站两侧，两人都身穿黑色衣服，头戴寡妇帽。这两个令人敬畏的女人将对美第奇家族产生决定性影响，不幸的是——至少可以这么说——在"三十年战争"的背景下，她们站在政治分歧的对立面。洛林的克里斯汀是法国的盟友，在支持丈夫和儿子的外交政策方面发挥了重要作用；柯西莫的遗孀玛利亚·马格达莱纳是皇帝费迪南多二世的堂亲，政治影响力更大。玛利亚·马格达莱纳的第一个行动是接管了皮蒂宫后面正在建造的大公爵别墅，并将其改名为波焦帝国山；她还用绘画来装饰它，以纪念她强大的哈布斯堡帝国的祖先，包括马克西米利安一世和查理五世，她美第奇丈夫的生平却被降格到天花板上的小场景中。

两位摄政王的外交政策意见不一，但对天主教的忠诚是一致的。特别是玛利亚·马格达莱纳，狂热于收藏圣物，并将它们都收藏在皮蒂宫专门修建的礼拜堂里。她们不是大众传说的宗教偏执者，但她们是反宗教改革的坚定支持者，她们为美第奇政权注入了新的虔诚血液。柯西莫二世和他的前任们根据德行选择顾问，但摄政王任命神职人员担任行政和司法职务——她们的宫廷剧作家和音乐家甚至也开始创作宗教主题的歌剧。在罗马，天主教会越来越有信心推行改革。保罗五世先于柯西莫二世一个月去世，他的继任者是格里高利十五世，是第一位接受耶稣会训练的教皇，他成立了一个教团监督欧洲和远东的传教工作；他还推崇许多反改革英雄，特别是著名的耶稣会士依纳爵·罗耀拉和弗朗西斯·泽维尔。

格里高利十五世的继任者是乌尔班八世，1623年在红衣主教卡洛的支持下当选，他继续推进教会改革。他颁布了法令，在罗马禁止乞丐，禁止"不诚实的女人，她们的保护者和皮条客"，法令在佛罗伦萨得到响应。在摄政王的统治下，妓女被禁止在节庆日访问教堂，初犯将罚款10金币，再犯罚25金币。[2]摄政王还扩大了圣十字教堂宗教裁判所的权利，鼓励宗教团体迁入城市；1622年的人口普查显示，66056名居民中有916名修士和4001名修女。[3]所有的圣职人员和宗教团体成员都免税，所以随着他们的人数增加，他们大大加重了佛罗伦萨的财政困境，给其他日益贫困的人口带来了负担。

17世纪初开始的经济衰退继续恶化，歉收和饥荒使之加剧。佛罗伦萨的摄政王没能阻止衰退，他们把臣民的精神健康置于公国的经济健康之上。失业率上升，街上的乞丐数量随之增加。有人认为施舍穷人是基督教的责任，但许多人妖魔化乞丐，永恒的观点是他们应该为自己的处境负责。在教皇的领导下，摄政王认定有必要强行监禁乞丐，以维护公共秩序，同时避免更多的人放弃低薪工作到街上寻求施舍。他们残酷地惩罚为生存而犯罪的人们：一名男子因小偷小摸而被判处过于严厉的死刑，在他的朋友们与摄政官进行调解后，他被减刑——但还是被判处终身监禁。

尽管街上的穷人越来越多，但摄政王继续在皮蒂宫过着奢华的生活，在认为符合他们皇家血统的权力装饰上挥霍无度。玛利亚·马格达莱纳教导儿子马蒂亚斯优先级标志：离开宫廷外出时如何表现得体，选择"以贵族血统闻名的人"为伴，听从耶稣会士的话，不要打牌，勤勉地奉行宗教。[4]洛林的克里斯汀将残疾的女儿玛利亚·玛达莱娜送到克罗塞塔修道院，因为她无法上下楼梯，所以在她的房间里安装了特殊的坡道，还有一个格栅，她可以通过格栅观看修女们做弥撒——后来她的侄女玛利亚·克里斯蒂娜也来了，玛利亚·克里斯蒂娜是费迪南多二世的姐姐，似乎也是残疾人。

当柯西莫二世的遗孀和母亲掌权时，费迪南多和弟妹们在摄政王的监督下继续在皮蒂宫接受教育。两位摄政王都重视宗教教育，要求孩子们同时掌握法语和德语，并学习拉丁语、历史、地理、数学和天文学。受聘讲授后两门课的导师是一位牧师，曾经是伽利略的学生，他说费迪南多有特殊的科学天赋。1624年7月14日，他14岁生日后，摄政王勉强允许这位腼腆的大公爵列席政府委员会的会议；但拒绝他进入摄政委员会，那才是真正的权力中心。

这两个女人也在盘算控制这位少年的未来，特别在选择妻子方面。但在这里，政治立场介入了，因为她们发现不可能就费迪南多二世的合适新娘达成一致意见。"三十年战争"在肆虐，洛林的克里斯汀坚定地反对哈布斯堡的王室公主作新娘，而奥地利的玛利亚·马格达莱纳同样坚定地认为他儿子不应该和法国王室联姻。最后她们折中，大公爵和他的大堂妹维多利亚·德拉·罗维里订婚，她还是个婴儿，父母分别是费德里戈·德拉·罗维里和克劳迪娅，克劳迪娅是洛林的克里斯汀的小女儿。维多利亚和费迪南多的前任们选的皇家新娘相差甚远，但是1623年6月维多利亚的父亲去世后，她成了乌尔比诺公国的女继承人。摄政王期待着，当70多岁的弗朗西斯科·玛利亚二世德拉·罗维里最终去世后，这个小国会变成托斯卡纳的一部分。

1623年9月，订婚的消息宣布，18个月大的维多利亚和她母亲回到佛罗伦萨，在祖母的照顾下接受教育。不幸的是，摄政王严重低估了教皇乌尔班八世的政治手腕。次年4月，他说服弗朗西斯科·玛利亚二世签署一份条约，在他死后把乌尔比诺留给教廷。尽管在一年前运作了乌尔班八世的选举，但红衣主教卡洛能为美第奇家族确保的只是乌尔比诺公爵在过去两个世纪里收集的华丽的挂毯、珠宝和绘画（图88）。

在为维多利亚的母亲克劳迪娅选择第二任丈夫的问题上，玛利亚·马格达莱纳战胜了洛林的克里斯汀。1625年，22岁的遗孀与奥地利的大公爵利奥波德五世订婚，他是玛利亚·马格达莱纳的弟弟。新郎在1626年1月5日到达佛罗伦萨参加婚礼，婚礼的时间定在狂欢节当天，以通常的美第奇盛况庆祝，活动包括舞会、宴会、狩猎、戏剧和音乐娱乐，以及狂欢节派对。克劳迪娅和丈夫去了因斯布鲁克，没有带维多利亚，洛林的克里斯汀把四岁的维多利亚送到克罗塞塔修道院那里，和她的残疾小姨和表姐一起接受教育。*玛利亚·马格达莱纳明显是后起之秀，她挫败了婆婆和玛丽·德·美第奇提议的计划：促成了费迪南多二世的妹妹安娜与奥尔良公爵加斯托订婚，他是路易十三世的弟弟，法国王位的推定继承人。

在为玛利亚·马格达莱纳的女儿们选择丈夫的事上，没有过分争论。1628年，16岁的玛格丽特和帕尔马公爵奥多纳多·法尔内塞订婚。婚礼于12月9日在佛罗伦萨举行，宫廷举办了几周的招待庆祝活动。有一场高雅的歌剧《弗洛拉》，用古典神话的语言歌颂了佛罗伦萨的辉煌；在波焦帝国山有更轻松的娱乐活动，宾客们观看打扮成农夫模样的舞者在场地上翩翩起舞。在皮蒂宫花园还有戏剧性的模拟战斗《艾斯曼的挑战》，以精心设计的马术芭蕾舞形式表演。

---

* 按照惯例，妻子不能把第一次婚姻中生的孩子带到第二任丈夫的家里。

到最近这场美第奇家族婚礼举行时，费迪南多二世成年了。1628年2月，摄政王派他和弟弟吉安·卡洛到欧洲宫廷游览，两位青少年在罗马拜见了乌尔班八世，然后去了费拉拉和威尼斯，以及布拉格。在布拉格，他们的舅舅费迪南德二世皇帝热情地接待了他们。7月，费迪南多在旅途中庆祝了他的18岁生日——1628年8月，从布拉格回来后，他正式从母亲和祖母手中接过大权。

父亲短暂的统治给费迪南多二世留下一个大体上繁荣安宁的国家，至少最初几年是这样；但柯西莫二世对摄政王的选择是灾难性的，两位摄政王优先考虑教会而牺牲经济，这标志着佛罗伦萨经济衰退的开始。另外，她们决定让费迪南多迎娶他堂妹维多利亚·德拉·罗维里，这将对美第奇王朝影响深远。在玛利亚·马格达莱纳和洛林的克里斯汀的统治下，美第奇家族从辉煌走向颓败。上个世纪陪伴家族迅速崛起当政的运气现在消失了。

20

科学与宗教

费迪南多二世
1628年—1670年

1628年的大公爵家族

大公爵费迪南多二世（18岁）
洛林的克里斯汀（63岁），*他的祖母*
奥地利的玛利亚·马格达莱纳（39岁），*他的母亲*

他的兄弟姐妹：
玛利亚·克里斯蒂娜（19岁），*在修道院*
吉安·卡洛（17岁）
玛格丽特（16岁），*帕尔马公爵夫人*
马蒂亚斯（15岁）
弗朗西斯科（14岁）
安娜（12岁）
莱奥波尔多（11岁）

他的叔舅和姑姑：
红衣主教卡洛（32岁）
洛伦佐（29岁）
玛利亚·玛达莱娜（28岁），*在修道院*
克劳迪娅（24岁），*奥地利大公夫人*
费迪南德二世（50岁），*皇帝*

他的堂亲：
维多利亚·德拉·罗维里（6岁），*他的未婚妻*
玛丽·德·美第奇（53岁），*法国太后*
　　路易十三世（26岁），*法国国王，她的儿子*
　　加斯托（20岁），*奥尔良公爵，她的儿子*

费迪南多二世脾气好，很聪明，但生不逢时。在他执政期间的大部分时间里，欧洲饱受战争摧残而分裂：帝国天主教和新教之间，西班牙和荷兰的叛乱臣民之间，尤其是波旁法国和哈布斯堡西班牙之间纷争不断。遗憾的是，费迪南多的性格缺少魄力，不会利用复杂的政治形势，他强硬的母亲和祖母还在把控着枢密院，他发现很难在其中施展他的抱负。虽然他认真履行统治者的职责，但比起家庭争论，他更喜欢科学实验，是一位热心的业余科学家。

　　按照美第奇家族的标准，他生活节俭。英国记者约翰·伊弗林1644年住在佛罗伦萨，据他说，费迪南多经常把皮蒂宫中喝剩的葡萄酒拿到门口卖。当时城市里穷人增长的速度惊人，这个习惯提高了他的声誉。佛罗伦萨曾经是欧洲最富有的城市之一，现在它的棉布产业急剧衰退。1575年，城市工厂的年产量达3.3万件，但到17世纪中叶降到了6000件，这在很大程度上是因为行业协会的限制性做法，这使得该行业无法与英格兰和荷兰制造的廉价商品竞争。费迪南多二世不愿意接手改革行会的棘手任务，但他还是采取措施帮助穷人。他要求部长们汇报佛罗伦萨的生活条件，得知"很多家庭由于贫穷连像样的床都没有，人们睡在脏兮兮的麦秆上，还有一些人的草垫臭气熏天"。[1]在他采取的措施中，有一项是建立基金帮助失业人群，他每月捐出3000金币，并且贷款4万金币给丝绸行业，条件是他们要提供800个就业岗位。[2]

　　钱不好赚，即使是在贵族的宫殿里当仆人这样的工作，也很难找到。在医院为乞丐、被遗弃的孩子和病人服务的佛罗伦萨人多达2500名，占总人口的大约4%，这一比例几乎是威尼斯的两倍。[3]外国来客对教堂门口乞讨救济的人群规模和被迫在街上谋生的妇女人数感到震惊。费迪南多二世很担心民众的暴力，他在全城立了大理石碑提醒臣民：法律禁止不守规矩的行为。其中一则告示写道："任何人都不得在圣西尔维斯特罗教堂40码（约37米）范围内赌博、喧哗或小便，否则将被处以2金币罚款；禁止妓女和不诚实的女性在教堂66码（约60米）范围内站立或居住，否则将罚款25金币。"[4]

1630年秋天，费迪南多开始显现出责任担当。当时佛罗伦萨暴发了黑死病瘟疫，疫情肆虐6个月，造成7000人死亡，占居民人口的10%。他亲自上阵指挥应急，在全城实施隔离，下令所有商店和企业关门，所有居民居家40天。教堂大门都上了锁，牧师们受命在空荡荡的街上做弥撒，安慰那些在紧闭的窗户后面聆听的人。大公爵组织团队清理尸体，烟熏死难者住过的房子；他把自家城堡和别墅里金碧辉煌的房子变成医院病房，为愿意照看病人的医生支付薪酬。富人们都逃往乡村别墅，而费迪南多坚持留在陷入困境的首都。据吉安·卡洛说：尽管很危险，"他每天步行进城"。遇难的人中有佛罗伦萨大主教，他和教徒一起留在了城市。

令美第奇家族遗憾的是，费迪南多二世在保护家族利益方面不够果断。1631年4月，费迪南多的未来岳父弗朗西斯科·玛利亚二世公爵去世，乌尔班八世吞并了乌尔比诺公国，费迪南多一声没吭，任其发展。由于洛林的克里斯汀和玛利亚·马格达莱纳都虔诚地服从教皇政策，费迪南多放弃了本可以将公爵每年30万金币的收入增加到自己耗尽的金库中的机会。[6]他在处理与舅舅费迪南德二世皇帝的关系上也同样软弱无力。在北意大利和法国开战期间，帝国军队野蛮洗劫了曼图亚城，费迪南多二世担心佛罗伦萨也遭遇同样的厄运，他逆来顺受，乖乖地应帝国要求付了50万金币。费迪南多想在哈布斯堡-波旁冲突中保持中立，但还是顺从了他母亲的愿望，将他四个兄弟中的两个安排在了皇宫任职。1631年，玛利亚·马格达莱纳带着两个儿子马蒂亚斯和弗朗西斯科去了维也纳——但孩子们的母亲在北上的途中去世了。马蒂亚斯和弗朗西斯科都到帝国军队服役，参加了"三十年战争"；四年后弗朗西斯科在拉蒂斯邦围城战役中去世，死于瘟疫。

费迪南多二世在欧洲主要宫廷的影响力越来越弱，这不完全怪他。玛利亚·马格达莱纳去世，正好赶上法国遇到了意想不到的事件。路易十三世和他狡诈的首相红衣主教黎塞留驱逐了国王的母亲玛丽·德·美第奇，并宣称洛林的克里斯汀的许多亲戚是叛乱分子，因为他们参加了反路易的起义。美第奇星坠落多远只看一件事便知。费迪南多二世计划让弟弟吉安·卡洛与安娜·卡拉法订婚，后者是那不勒斯一位贵族的女儿，却遭到了西班牙菲利普五世的断然拒绝，他主张把这个女孩嫁给他自己的首相奥利瓦雷斯公爵的亲戚。吉安·卡洛被任命为西班牙舰队的海军上将作为补偿，但卡洛在访问马德里之后辞去了这个职位，因为在马德里他觉得自己没有得到这个军衔带来的荣誉。美第奇成员中不只有他对身份敏感，整个家族的运气都在下降，征象明显。乌尔班八世颁布法令，要求所有的红衣主教，无论世俗地位如何都要使用"阁下"头衔时，红衣主教卡洛很愤怒，拒绝放弃他的殿下头衔，这是他作为欧洲贵族精英的骄傲标志。

费迪南多二世也和乌尔班八世在伽利略的问题上吵过架，伽利略当时住在佛罗伦萨，受到大公爵的保护。得益于女儿玛利亚·塞雷斯特修女的灵丹妙药，这位科学家从瘟疫中幸存了下来。她送他一锅"非常有效"的药，由"无花果、核桃、芸香和盐用蜂蜜搅拌"而成，让他每天早晨喝一勺。[7]费迪南多二世是伽利略的狂热崇拜者，他任命伽利略为枢密院委员，并帮他在圣弥额尔教堂开办学校，让穷苦学生接受伽利略的数学教育。但在1632年，麻烦爆发了，当时伽利略出版了他关于太阳系的专著《对话》，宗教裁判所下令将其没收——费迪南多气坏了。8月24日，他的秘书写信给驻罗马大使弗朗西斯科·尼克里尼，要求乌尔班八世做出解释："我奉命通知阁下，殿下很惊讶由作者本人交到罗马最高权力机构的书……被随意修改、增加和删除……这儿批那儿改……现在作者却变成了嫌疑对象。"[8]官方给出的理由是它不完全符合原稿，但正如罗马的一位佛罗伦萨人怀疑的那样，"这是借口！真正的事实是，耶稣会士们正在以一种最狡猾的方式工作，以求禁止这部作品"。[9]那年秋天，宗教裁判所传唤伽利略到罗马。

费迪南多不听祖母的劝告，坚定地拒绝接受这个要求，命令尼克里尼向乌尔班八世讲明观点。深谙世事的大使建议和固执的教皇打交道要慎之又慎，因为"小题大做不仅会激怒他，还会毁了一切"。[10]1633年初，费迪南多二世被迫屈服于宗教裁判所的要求，同意把科学家送往罗马接受审判。他所能做的是公开声明支持伽利略。伽利略1月20日离开佛罗伦萨，乘坐大公爵的车子抵达罗马，以大使尼克里尼的客人身份住在美第奇别墅使馆。不过，大公爵一贯节俭，拒绝为伽利略支付超过一个月的生活费，尼克里尼不得不自己掏腰包为客人买单。1633年6月22日，宗教裁判所判定伽利略犯有异端罪，强迫他放弃日心说信仰，并把他所有的作品列入禁书。他自己则被判处终身监禁。

次日，乌尔班八世将伽利略的判决减刑为软禁在美第奇别墅，后者比起审判所的地牢好很多。最后，1633年12月，在费迪南多二世不断的请求下，教皇允许伽利略在位于佛罗伦萨郊外的阿尔切特里别墅服刑。伽利略的眼睛越来越看不清，在那里度过了余生，大公爵常去看望他。1641年，英国科学家罗伯特·博伊尔——伽利略的另一个粉丝——住在佛罗伦萨，他遇到一些教会人士，他们认为伽利略的眼盲是对他异端信仰的惩罚，这让博伊尔很震惊。（博伊尔还记录了不愉快的经历，他受到"两位修士不分性别的荒唐求爱，非常压抑和不舒服"。）[11]伽利略1642年1月去世后，费迪南多二世计划为他心中的英雄举行盛大的葬礼，但被审判所否决了。

由于费迪南多二世对这位著名天文学家的坚定支持，佛罗伦萨仍然保持着其作为卓越人才中心的声誉。大公爵推动的项目之一是出版了一位英格兰探险家罗伯特·达德利爵士撰写的《海洋的奥秘》。书中绘制了大西洋和太平洋的海岸线，是第一本出版的海洋地图集，不过这本宏大的集册不是为航海人使用，而是费迪南多二世用来给外国政要留下深刻印象的礼物之一。大公爵还促成了伽利略第一版文集的出版，其间费迪南多的小弟弟莱奥波尔多起了主要作用。莱奥波尔多也是秕糠学院的成员，为第三版字典的出版做出很大贡献。这所佛罗伦萨学院以倡导托斯卡纳语而闻名全欧，红衣主教黎塞留受此启发，于1635年成立了法兰西学院。

17世纪的欧洲，发展科学学科在宫廷成为时尚，但是很少有人知道第一所科学院是在佛罗伦萨，创立于1657年，早于伦敦的皇家学会（1662年）和巴黎的科学院（1663年）。佛罗伦萨的西门托学院——字面意思是"实验学院"——由费迪南多和莱奥波尔多创立，旨在继承他们的英雄伽利略的遗产。尽管渴望推翻对伽利略学说的禁令，但兄弟俩还是担心会和教会当局发生冲突，所以避开了引起争论的天文学理论，转而专注于伽利略在物理方面的成就——真空的性质、温度变化对液体和金属的影响，等等。费迪南多和莱奥波尔多积极参与学院的工作，在皮蒂宫为实验室提供房间，并主持学院的会议，宫廷在哪里，会议就在哪里举行——在佛罗伦萨，或者在美第奇的某个别墅；在比萨（家族庆祝圣诞节和新年的地方），或者在里窝那（他们在那里过大斋期），那里有丰富的鱼市。

西门托学院的座右铭是"实验再实验"。其中有个实验是为了验证一个广为流传的观点：昆虫是自生。院士们在皮蒂宫的实验室里放了一块块腐肉，将一部分肉块盖住，另一些则暴露在空气中。[12]每次答案都一样：暴露在空气中的肉会生蛆，蛆会变成苍蝇，但在被盖住的肉块上没有出现蛆。所以西门托人得出结论：昆虫和动物一样，和鸟鱼一样，都是同一物种卵生。

费迪南多二世尽管以节俭闻名，但他延续了庆祝宫廷生活的各种仪式，举行宴会、舞会、歌剧、戏剧、比武等娱乐活动。一位到过皮蒂宫的客人对波波利花园的露天圆形剧场赞不绝口，剧场有月桂树遮阴，他认为"能容纳两千人，人们都可以在这里轻松地观看演出，贵族们经常在这块绿地上进行骑兵运动：大公爵和朝臣们从宫殿的窗口观看一切，其他贵族的先生女士们则舒适地坐在大剧场的树荫下"。[13]1646年，费迪南多的妹妹安娜和奥地利的费迪南德大公举行了盛大的婚礼。这对新人是堂亲，年龄相差很大——新郎18岁，而新娘快要30岁了。尽管如此，结婚七年后安娜生了女儿克劳迪娅。丧葬也会举行仪式：费迪南多二世在圣洛伦佐教堂给他舅舅皇帝费迪南德二世（于1637年去世）和表亲皇帝费迪南德三世（于1657年去世）举行过宏大葬礼。（新皇帝利奥波德一世后来和还是婴儿的克劳迪娅订婚。）费迪南德三世的葬礼持续了三个小时，据会众里的一位英国人说，"由意大利最好的声音和音乐伴奏"。[14]

另外，美第奇家族对佛罗伦萨的文化生活充满了热情。红衣主教卡洛收藏了大量的当代艺术，是几个戏剧社团的赞助人，对狩猎和养马也感兴趣。吉安·卡洛是一个花花公子，婚姻计划失败后，就陶醉于享乐。他还是戏剧社团的赞助人，喜欢收藏绘画，特别是静物画、风景画和家庭肖像画。莱奥波尔多在美第奇宫为自己的戏剧社团提供剧院，他自己也写诗，喜欢收集硬币、邮票、版画和油画；他收藏的艺术家们的自画像后来成为乌菲齐画廊著名展览的基础画作。莱奥波尔多（图89）比卡洛和费迪南多更热忱，他筹建了一座图书馆，允许学者们自由出入；据大公爵的图书管理员说，这是佛罗伦萨最好的图书馆之一，"规模最大，种类最多，书的质量最好"。[15]

费迪南多二世用两项纪念美第奇王朝的工程美化了皮蒂宫，不过没有采用家族前几代人喜爱的叙事风格（按先祖顺序一代一代讲述）。他委托皮耶罗·达·科尔托纳用华丽的巴洛克天花板装饰他在宫殿里的居室，画家在为罗马的赞助人（特别是为乌尔班八世）做工程时曾完美使用过。这些房间以维纳斯、朱庇特、玛尔斯、阿波罗和萨图恩的名字命名，每个房间都展示了一位参与美第奇故事的神明。这组画在王座室达到高潮，可以看到朱庇特正在把不朽的王冠赐给第一任大公爵柯西莫一世。

第二个项目是用一系列寓言画来庆祝辉煌洛伦佐的一生，这些寓言为美第奇神话提供了依据：关于古典世界的文化如何被野蛮人摧毁，这些野蛮人被生动地描绘成邪恶的萨提尔和鸟身女怪，迫使缪斯女神离开帕纳索斯山（图90）；以及他们如何安全到达佛罗伦萨，受到洛伦佐的欢迎，从此健康幸福平安终身（图91）。更传统的是费迪南多二世的叔叔洛伦佐，他委托为佩特拉亚庄园创作组画，歌颂美第奇家族从利奥十世到柯西莫二世的黄金时代。大约100年的时间里，约30组有关美第奇家族历史的系列画被委托创作，这些画作成了"绝笔"。

美第奇家族不再需要开口证明他们过去有多么辉煌，但家族的未来成了问题。1634年，费迪南多二世的未婚妻维多利亚·德拉·罗维里在克罗塞塔修道院修女的悉心照料下长大了；此时洛林的克里斯汀已快70岁，她担心自己安排的两个孙辈的婚约在她去世后会取消。可能性的确很大，费迪南多就有毁约的意图，他对美丽、虚荣且过分虔诚的维多利亚没好感，当时她12岁。然而，他同意安抚祖母。8月2日，婚礼秘密举行，但新娘还太小，不能完成结合。正式婚礼在三年后的1637年举行，庆祝活动的高潮是吉安·卡洛推出的盛大表演《众神的婚礼》。伽利略的一位朋友认为其"美得不可思议"，因为展现了"悠扬的音乐、美丽的风景、新发明的机器以及各种服饰"。[16]这部喜剧庆祝了朱庇特和朱诺、伏尔甘和维纳斯、波塞冬和安菲特里忒、哈迪斯和普罗瑟皮娜在奥林匹亚山的婚礼——可惜没有一对是家庭幸福的范例。一语成谶，次年12月，洛林的克里斯汀去世，不过那时她还是幸福的，亲眼见证了孙辈们的结合（图92）。

1639年夏天，当17岁的维多利亚怀孕5个月时，佛罗伦萨遭受了天花的袭击。她染上了天花，好在幸运地康复了（疤痕程度不详），并在12月20日生下儿子柯西莫。令人悲伤的是孩子第二天就死了，他的尸体陈列在皮蒂宫，头上戴着一顶小小的王冠。1641年5月，维多利亚又生了一个女儿，可惜也没有活多久。这次分娩持续了19个小时，但多亏维多利亚是铁打的，她扛过来了。莱奥波尔多对马蒂亚斯说，"她经历了一场强大的飓风"。[17] 1642年8月14日，结婚五年后，维多利亚终于生了一个健康的儿子，也取名柯西莫。费迪南多二世现在完成了他的王朝使命，生下了一个继承人，他选择与妻子分开生活，维多利亚则开始投入全部心血，希望教育儿子成为一名虔诚的天主教王子。

1643年，费迪南多二世决定发动第一次军事行动，目的是帮助妹夫、帕尔马公爵奥多纳多·法尔内塞夺回卡斯泰洛城邦。这里与托斯卡纳南部边界相邻，曾经被乌尔班八世占领。费迪南多带领他的弟弟吉安·卡洛和马蒂亚斯率领佛罗伦萨军队打了一场徒有虚名的大胜仗。战争的巨额费用掏空了大公爵的金库，使本已疲软的经济更加吃紧；法尔内塞三年后去世的时候，债务仍未还清。最后，1649年，卡斯泰洛城邦被乌尔班八世的继承人英纳森特十世夷为平地，之前的胜利被野蛮推翻。卡斯泰洛城之后再也没能重建。这次经历更加坚定了费迪南多的决心，他要远离法国和哈布斯堡之间仍在肆虐的、更广泛的欧洲冲突。

罗马的前景要光明些。1644年教皇英纳森特十世的选举，给了红衣主教卡洛一个机会，让他在秘密会议上展示美第奇家族操纵政治的才能。卡洛最初选择支持法国候选人，然后转身支持西班牙，在红衣主教詹巴蒂斯塔当选中发挥了重要作用。新教皇对卡洛的帮助给予慷慨奖赏。托斯卡纳和罗马的关系在伽利略审判和卡斯泰洛战争后一直恶化，现在开始得到改善。

英纳森特十世表示友好的第一个迹象是在当选几周内任命了两个红衣主教：他的侄子和红衣主教卡洛的侄子吉安·卡洛。吉安·卡洛的任命令人出

20 | 科学与宗教 | 269

乎意料，因为他是西班牙的前海军上校，几乎不可能适合牧师生活。他还有一串情妇和一个私生子。哈罗德·阿克顿后来说，吉安·卡洛是一个好色之徒，"把他放进《爱情神话》*不会不合适"。他的好色之举很快在教廷引起了极大的丑闻，于是他被迫离开罗马，[18]后来定居在卡斯泰洛的美第奇别墅，在这里建了超级花园，用情人的名字给他的花命名，举办的宴会出了名的放荡。1663年1月他死于中风，享年52岁，留下13.5万金币的债务。费迪南多二世决定拍卖弟弟收藏的艺术品、书籍和家具来偿还债务。

同时，费迪南多二世遇到更加棘手的家庭麻烦。他的继承人柯西莫小时候生性活泼，热衷体育（11岁时，曾用步枪射中半空的一只鹅）；但他在母亲的绝对控制下，变成了抑郁沉默的少年。费迪南多希望儿子能和他一样喜欢科学，却被维多利亚·德拉·罗维里糟蹋了。她坚持将教育时间表集中在广泛学习宗教经文上，结果让柯西莫更适合做未来的牧师，而不是大公。她委托宫廷画家贾斯特斯·萨斯特曼斯画了一幅"神圣家族"画像，她在画中是圣母的形象，而柯西莫是她的孩子；大公爵和约瑟夫这个人物没有半点相像，这件事表明这个虔诚女人——有人说有点偏执——在如何尽一切可能疏远儿子和他父亲的关系。多亏她的"栽培"，柯西莫在严格遵守信仰方面变得狂热起来——像宗教裁判所那样行事。大约在这个时候，宗教裁判所开始派人在周五早晨走上佛罗伦萨街头，闻闻谁家做肉了，以便快速找出那些违反教会规定的人。

特别让费迪南多惊讶的是，他儿子对异性没有兴趣。柯西莫毫不掩饰自己讨厌和年轻姑娘们调情，反而喜欢和牧师们在一起。这对美第奇王朝未来的领袖来说，不是一个很积极的预兆，所以费迪南多采取了两个步骤来矫正。1658年8月，那年柯西莫16岁，他开始和奥尔良公爵加斯托（玛丽·德·美第奇的次子）谈判，打算让他朴实的继承人和公爵13岁的可爱女儿玛格丽特-路易订婚。有一个举动是，他和妻子在分居18年后恢复了婚姻关系，这在宫廷激起了八卦。这时的费迪南多48岁，大公爵夫人36岁。尽管

---

* 《爱情神话》（原名 *Satyricon*）诞生于公元1世纪，由古罗马抒情诗人、小说家佩托尼奥所著，意在嘲讽罗马暴君尼禄奢华荒淫的一生。——编者注

维多利亚已不年轻，但在1660年夏天，佛罗伦萨传出了消息，她又怀孕了。1660年11月12日，她又生下一个儿子，取名弗朗西斯科·玛利亚。

同时，柯西莫和玛格丽特-路易的订婚计划遇到了麻烦。公主活泼漂亮，不愿意降低自己的皇室身份嫁给意大利一个小国家的继承人。但谈判过程中，奥尔良公爵去世了，她成了堂亲国王路易十四世的被监护人。费迪南多二世驻巴黎的使节给国王的首相红衣主教马扎林递了话，路易十四世不顾公主的抗议，命令她接受求婚。美第奇家族费了九牛二虎之力办成了这件事，结局却是一场灾难。

1661年4月，婚礼在卢浮宫举行，不情不愿的玛格丽特-路易被她新婚丈夫赠送的价值6万金币的珍珠项链安抚，还收到了其他价值15万金币的珠宝等奢华礼物。一周后她离开巴黎，含泪告别情人洛林的查理，带领包括40名侍女的大批随从前往马赛。她一踏上托斯卡纳的土地就招来了丑闻。在里窝那上岸的时候，费迪南多二世的妹妹帕尔马公爵夫人玛格丽特在这里迎接她，她却拒绝把手交到新姑姑手中，理由是公爵夫人不是皇家血统。

6月20日，玛格丽特-路易正式进入佛罗伦萨，她穿一件镶嵌着珍珠和珍贵宝石的白色缎面礼服，乘坐一辆价值11.7万金币的马车。婚礼庆祝活动由吉安·卡洛和莱奥波尔多策划，是意大利有史以来最壮观的庆典之一。表演的高潮是皮蒂宫花园上演的长达四小时的音乐和戏剧盛宴《世界庆典》。两万名观众看着柯西莫和骑士们身着华丽的战袍，骑着盛装的战马，在优雅的芭蕾伴舞下表演了一场精心设计的战斗。借助巧妙的机械装置，众神随后从奥林匹斯山降临，祝贺这对新婚夫妇。但私下里没有什么可庆贺的。柯西莫明显厌恶履行婚姻义务，表现得没有热情，而且次数很少；谁也想不到他会坚持让医生待在卧室。不出所料，他那非常有魅力、活泼的新娘很快就被粗鲁的丈夫拒之门外。

玛格丽特-路易和侍从们习惯了凡尔赛宫路易十四世华丽的宫廷，他们用法国轻快的娱乐活动让沉闷的皮蒂宫更有生机。她喜爱芭蕾舞，经常亲自参与表演，这让柯西莫大为不爽，因为他不喜欢舞蹈也不喜欢音乐，除非带有宗教色彩。为了维持宫廷秩序，费迪南多二世限制了娱乐，把儿媳妇的同伴送回了法国。玛格丽特-路易现在拒绝履行夫妻义务，费迪南多二世被迫请求路易十四世下命令，命令她让柯西莫回到她的床上——并规定她必须遵守托斯卡纳的礼节，而不是坚持她的皇家身份。费迪南多二世对妻子和儿媳妇之间的战争也特别恼火。这两个女人互相憎恨：皇家公主不能容忍一个小王朝成员占有优先权，而维多利亚认为玛格丽特–路易对舞蹈、音乐和野餐的喜爱有失体统，不符合未来大公爵夫人的身份。柯西莫自出生就受到母亲的控制，当然站在维多利亚一边。

直到1663年8月，到达佛罗伦萨两年后，玛格丽特–路易才终于生了一个儿子，取名费迪南多。继承人的出生让费迪南多二世松了一口气，但玛格丽特–路易随后拒绝维持和柯西莫的夫妻关系，儿媳妇开始公开反对美第奇家族——很快成了全欧的头条新闻。威尼斯大使在报告中写道："她说自己嫁了地位在她之下的丈夫，这冒犯了美第奇家族的敏感。她不关心公公的不安，公公希望她的生活再平静些；她也不关心丈夫的愤怒……她只想返回法国。"[19]但她需要路易十四世的允许才能回家，而国王是不会同意的：国王命令他的大使克雷基公爵通知了玛格丽特，1664年5月期间，克雷基公爵恰好在意大利与教皇亚历山大七世进行和平谈判。

费迪南多二世采取了强制手段，拒绝玛格丽特–路易要和丈夫分居的请求，把她锁在了皮蒂宫的公寓；但她拒绝吃任何不是她自己的法国厨师做的食物。1664年秋天，为了尽力改善这种状况，费迪南多二世派柯西莫对北意大利进行了长时间的访问，虔诚的王子参观了那里的宗教圣地；当宫廷因狩猎季离开佛罗伦萨时，费迪南多把儿媳妇先后送到拉佩吉别墅和波焦阿卡伊阿诺别墅，派了武装警卫防止她逃跑。他甚至劝教皇命令玛格丽特服从丈夫，否则她会被逐出教会，但她顽固地拒绝了。第二个月，小费迪南多被从她身边带走了。

之后的一年，她被软禁在波焦阿卡伊阿诺别墅，过得很无聊——后来玛格丽特–路易突然宣布要回到丈夫身边。1665年圣诞节，她回到了宫廷。至少在一开始，柯西莫和妻子的关系显得友好，人们看到她在皮蒂宫庆祝主显节的宴会上很开心。1666年底，佛罗伦萨传出消息，可爱的玛格丽特–路易——她在普通的佛罗伦萨人心中仍然很受欢迎——又怀孕了。但她对怀孕的事远没有公婆高兴，并试图通过高强度骑马流产。费迪南多二世牵走马匹后，她又绝食和暴走，但一切都无济于事。1667年夏天，佛罗伦萨数百人死于热病，她也被感染，但活了下来。尽管不停地折腾，8月11日，她顺利生下一个女儿，取名安娜·玛利亚·路易莎。后来，就像在费迪南多出生后一样，她拒绝承认和丈夫的夫妻关系。

尽管打理儿子的婚姻困难重重，费迪南多二世还是做出了一个冒险的决定，为家族的其他男性，包括他的另一个儿子弗朗西斯科·玛利亚安排了教会职业。1667年，他开始为这个7岁的男孩寻找圣职。那年，他弟弟马蒂亚斯死于痛风并发症（目前还不清楚为什么这位职业军人从未结婚）；勤奋的莱奥波尔多被授予一顶红帽子，取代了最近刚去世的红衣主教卡洛（享年71岁）。新红衣主教的座右铭是"始终正直，始终如一"。不像堕落的哥哥吉安·卡洛，他将证明自己是一名尽职尽责的教会王子。

为了改善柯西莫和玛格丽特-路易的关系，也为了拓展儿子有限的视野，1667年10月，费迪南多二世再次派他出国访问，让他先拜访奥地利哈布斯堡的亲戚，然后去奥格斯堡、布鲁塞尔和阿姆斯特丹——这次旅行花了2.5万金币。[20]次年5月回来后，固执的玛格丽特-路易还是拒绝见她丈夫，费迪南多二世只好又把柯西莫派了出去。这次，柯西莫到了西班牙和葡萄牙，带着大批随从，包括忏悔师、医生和几位翻译。1669年1月，他起航前往英格兰，旅途中，他的舰队被暴风雨逼到爱尔兰海岸线，于3月22日到达普利茅斯。他乘车去了伦敦，参观了剑桥，然后在夏天到了鹿特丹，之后一路去了巴黎，在这里待了六周。柯西莫受到路易十四世的热情接待，凡尔赛宫的奢华给这位托斯卡纳王子留下了深刻印象。柯西莫在1670年2月返回佛罗伦萨时受到玛格丽特-路易的热情接待，这让费迪南多二世很欣慰。

三个月后，1670年5月26日，费迪南多二世去世，死于水肿。盛大的葬礼在圣洛伦佐教堂举行，参加葬礼的有1500位修女、修士和圣史蒂芬骑士，他被安葬在教堂里美第奇家族的墓穴——王子礼拜堂。费迪南多二世担任大公爵近50年，统治时间很长。不幸的是，他见证了托斯卡纳经济的急剧衰退，也见证了美第奇家族失去一些光彩。不过，他保证了一个儿子的皇室婚姻，也保证了另一个儿子的圣职，并在兄弟们的帮助下，为提高美第奇家族作为艺术和科学文化赞助人的声誉做出了很大贡献。那么，新大公爵将如何继承这些遗产呢？

21

虚荣

柯西莫三世
1670年—1723年

1670年的大公爵家族

大公爵柯西莫三世（28岁）

奥尔良的玛格丽特-路易（25岁），*他的妻子*

　　费迪南多（7岁），*他们的儿子*

　　安娜·玛利亚·路易莎（3岁），*他们的女儿*

维多利亚·德拉·罗维里（48岁），*他的母亲*

弗朗西斯科·玛利亚（10岁），*他的弟弟*

红衣主教莱奥波尔多（53岁），*他的叔叔*

柯西莫三世并不是历史上理想的统治者。他自高自大，想象匮乏，痴迷宗教，毫无政治能力。他刚继位不久，皇帝利奥波德一世和国王路易十四世之间爆发战争。起初，他努力保持中立，但事实证明，他无力应对法国、西班牙和帝国之间新形成的力量平衡。他也无力应对他固执的妻子。他抛弃了父亲节俭的习惯，在以奢华闻名的宫廷挥金如土。为了维持财富和地位的虚假繁华，他榨干了托斯卡纳经济。欧洲的超级大国们认为柯西莫如此挥霍一定是因为金库充盈，于是利用这位容易上当的大公爵为他们的战争买单。与他父亲形成鲜明对比的是，柯西莫三世缺乏对艺术和科学的兴趣，这很快让佛罗伦萨成为一潭死水，而大陆的其他地方却充满创新。他的长期统治对美第奇来说是一场灾难。

柯西莫三世继任后做的事之一是让他母亲维多利亚在政权中担任领导职务，这个决定给他的婚姻带来了灾难性的后果。1670年旅行归来后，他和玛格丽特-路易重归于好，一年后生下了第二个儿子——他们给男孩取名吉安·加斯通，以纪念他的外祖父奥尔良公爵加斯托。但现在，大公爵和妻子之间的关系完全破裂：她指责他是妈妈的乖宝宝——他的确是这样——而他对她的行为忍无可忍。维多利亚·德拉·罗维里在他们争吵时总站在儿子一边，报复性地拒绝儿媳妇在枢密院拥有一席之地。尽管之前的请求遭到严厉拒绝，玛格丽特-路易继续请求路易十四世允许她回到法国。1672年初，她宣称自己的乳房上有一个肿块，要求国王给她派一位法国医生，医生诊断她神经紧张，并建议她到法国做水疗；但柯西莫三世看出了她的真实想法，拒绝放她走。

1672年12月，玛格丽特-路易在波焦阿卡伊阿诺写信给她丈夫："我意已决，无法再忍受你了。你让我怎么不痛快，我就让你怎么不痛快；当你想想过去12年里你对我的恶毒，就不会觉得意外。因此我要你同意分居。"[1]她接着说："我要留在这里等国王回复。"大公爵允许她留在波焦阿卡伊阿诺，但坚持让她蒙受软禁之辱：她外出时都得由士兵陪同，每晚被锁在屋里，没有柯西莫三世的允许谁也不能探望。玛格丽特-路易被囚禁在庄园里两年半，被剥夺了见孩子的权利，孩子则由维多利亚·德拉·罗维里照看。最终，路易十四世让步了，允许她去蒙马特修道院——柯西莫三世也正式同意分居。1675年6月，在她离开前不久，她问是否可以见孩子们一面，他小心眼的丈夫不情愿地同意了，命令首相通知她，孩子们会"按照大公爵的指示到卡斯泰洛和你告别"，并且警告她"不要哭闹，也不要让孩子们难过"。[2]

孩子们——费迪南多、安娜·玛利亚·路易莎和吉安·加斯通——由他们的祖母照顾，被禁止与母亲来往，并接受着她强加给柯西莫三世的同样狭隘的宗教课程。她决心训练他们过上虔诚、正直和顺从的生活，但结果并不成功。这些措施连维多利亚自己的小儿子弗朗西斯科·玛利亚都不买账，他也在皮蒂宫接受教育。弗朗西斯科·玛利亚只比费迪南多大三岁，据说是一个快乐聪明的孩子，学习努力，注定要从事教会工作。15岁时，他被授予蒙瑞尔修道院的圣职，收入丰厚，一年2.2万金币，红衣主教莱奥波尔多去世后，他继承了叔叔的藏书。人们估计，他不久就会被任命为叔叔红衣主教团的继承人。

佛罗伦萨人人皆知柯西莫三世过度虔诚，每天要拜访五六个教堂。[3]据一位英格兰访客说，柯西莫"公寓里有一台机器，上面固定着历法中每一位圣人的小银像……他不断地在这些银像面前履职"。他的宗教顾问说，他的政权是沿着神的路线运行，而不是沿着政治路线；法律体系被神权控制，经济以教会利益为导向。柯西莫三世和他母亲偏爱耶稣会和严格的宗教秩序。他们在整个托斯卡纳建立专门的学院培养牧师和传教士——这又是一件和柯西莫父亲的遗产相违背的事情——禁止讲授伽利略的物理学。他们对牧师们的轻率行为视而不见，结果"修士们可以肆无忌惮地堕落，而被他们引诱的女人却要受惩罚"。[4]佛罗伦萨怨声载道。

柯西莫三世不去改革圣职人员的道德，相反，他试图用严厉的手段改革俗家臣民的道德规范。他通过大批的告密者实施法令，告密者的任意一项谴责都会让佛罗伦萨人胆战心惊。每周五下午，大教堂的钟声一响起，所有市民无论在哪里都必须下跪，念诵"三声主祷文，三声圣母颂，以纪念主耶稣为了我们的救赎在坚硬的十字架上挺了三个小时"。[5]有项国营彩票活动大受欢迎，直到柯西莫三世的牧师提醒他，持票者犯有赌博罪；于是他下令每周六庆贺圣母光荣，当天关闭剧院，从黎明到午夜禁止派对、跳舞和街头表演。

　　在罗马的牵头下，柯西莫还实施反犹政策，禁止犹太人和基督徒之间有接触，禁止基督徒进入犹太人的房间和商店以及在犹太人家当仆人和乳母。去基督徒妓院的犹太人要被罚300金币，妓女自己也要受罚——如果女人付不起，犹太嫖客要承担责任。1685年，"为了弥补允许犹太人在城里做生意的政策给工匠造成的损失和不公平"，柯西莫禁止犹太人买卖任何布料，不管是进口的还是本地的；也禁止买卖所有的缝纫用品，如金线、扣子、穗带和丝带。[6]

　　大公爵的禁令还不止于此。一个佛罗伦萨人说，狂欢节等传统节日盛会和娱乐"是如此枯燥可怜，还没有瘟疫时候的笑声多"。[7]柯西莫三世扩大了大斋期的食物禁令范围，除了肉类，还将蛋类和奶制品包括在内，并下令在周二忏悔节午夜之前，教堂钟声要鸣响15分钟，以警告去夜会作乐的人斋戒即将开始。他还禁止年轻人在节日跳舞，"禁止旅店老板……服务妓女，短时间也不行，或给她们食物饮料……违者罚100金币，如果付不起就挨抽三下，妓女们将被当众鞭打"。[8]为年轻男女举行派对见面（或调情）的习俗，一定是"强奸罪、堕胎罪和杀婴罪的重大动因，也会引发斗殴和其他丑闻"——在这里几乎可以听到维多利亚的声音——父母们被命令停止这种行为。[9]女孩必须"穿没有银饰和刺绣的服装"，新娘穿高档纺织品制成的衣服不能超过两年，寡妇出门必须穿黑色衣服，"不能戴任何饰品"。[10]

　　当然，这些严厉的法令有个明显的例外就是柯西莫三世本人。他戴着精致的蕾丝领带和欧洲皇家的卷曲假发，炫耀他的身份；有一次他命令秘书为新假发找头发,他认为从"小女孩"头上剪下的"更精细柔软"。[11]他在宫廷生活礼仪上无节制花钱,在母亲72岁去世时为母亲举行了盛大葬礼:他的朝臣们当着众人哭泣,而佛罗伦萨人没有表现出多少悲伤,他们把自己的大部分痛苦归咎于维多利亚·德拉·罗维里。当利奥波德一世的军队最终迫使土耳其人在1683年放弃对维也纳的围困时,柯西莫大肆庆祝——他被迫为这场战役贡献了大量的财政资源。在奥尼桑迪教堂的一次模拟战中,一座装满炸药的"城堡"被"土耳其士兵"袭击,爆裂声和火焰看起来像是一场真正的战斗。他还在圣母领报大殿为在维也纳死去的所有基督徒的灵魂举行葬礼,他和宫廷一行人乘坐40辆马车到达教堂。那天晚上在圣洛伦佐教堂,一个手持圣杯和剑的土耳其人雕像在一台巨大的机器里被慢慢焚烧。

抽干大公爵钱包的另一个人是玛格丽特–路易。如果柯西莫三世认为他的婚姻苦旅会随着分居而结束,那就大错特错了。让他感到尴尬的是,她在凡尔赛宫公开地表示开心快乐。柯西莫的使节汇报她赌博、午夜游泳,并和她的马夫搞婚外情。大公爵被她的无耻行为激怒了——这侮辱了他的尊严——他向路易十四世表达了不愉快。1680年1月,愤怒的玛格丽特–路易用一封尖酸的信进行了回复,信中她指责柯西莫"竭尽全力让国王对付我",还说"我没有一小时或一天不盼你死……我最讨厌的是我们都会下地狱,我还得忍受在那里看到你";[12]她保证会"想怎么奢侈就怎么奢侈,就是要让你不好过"。她说到做到,债台高筑,路易十四世不得不要求柯西莫三世要么提高津贴要么归还嫁妆还债。柯西莫拒绝了,国王指责他贪婪。经过多次谈判,柯西莫同意了,按他的话说"喝了一杯苦酒"——商定每年再支付一万金币给他挥霍无度的分居妻子。[13]

柯西莫三世需要钱——以满足路易十四世和利奥波德一世的需求,更重要的是满足他自己的虚荣——这很快让境况不佳的佛罗伦萨经济陷入赤贫。他的宗教政策耗资巨大,尤其是为皈依基督教的新教徒、犹太人和穆斯林支付津贴。这导致了佛罗伦萨教会人数的大幅增加——到1680年,人数大约一万,占总人口的六分之一——在上升的失业潮上增添了更多不交税的嘴。纺织工人在皮蒂宫前举行暴动,要求要么给工作要么给面包,他被迫自掏腰包,避免了一场内战。他的惩罚性税收扼杀了商业活动,有位访客说"佛罗伦萨人民税负很重；他们穿的吃的都要交税"。[14]柯西莫还在所有的生产行业出售垄断权，比如各种帽子的制造业、烟草制造业，以及印刷业等各个方面，加剧了经济恶化。他无情地裁减所有官员的工资搞资金筹集，迫使官僚们窃取公共资金填补自己微薄的薪酬。城市充斥着腐败，牧师变胖，乞丐挨饿。

妻子不体面地离开，柯西莫没有醒悟，他在餐桌上找安慰，据说拒绝吃七千克以下的阉鸡。他食量非常大，并在1681年得了重病。他的情况应该是保密的，当得知玛格丽特–路易计划返回托斯卡纳，以便在他死后做儿子的摄政王时，他非常愤怒。结果泄密者是费迪南多的数学老师，他们定期和大公爵夫人联系。于是，柯西莫报复性地判处他们20年监禁。

柯西莫三世对玛格丽特–路易的愤怒没有减少，但在医生建议下严格控制饮食、增加运动，他的确恢复了——他用和从事宗教活动一样的狂热进行饮食起居管理。他经常待在安布罗吉亚纳别墅，在这里，他为阿尔坎塔里尼建了一座修道院，阿尔坎塔里尼是一群苦行的西班牙赤足修士，他们的餐桌上不准有肉和酒。

柯西莫对宗教的痴迷，并没有让他完全排除别的兴趣。他喜欢园艺，并对果树有浓厚兴趣，经常派遣代理人到印度和美洲寻找稀有植物。他不能忍受伽利略的思想，但鼓励从事教会可接受领域的科学研究，慷慨资助古文物研究家和文人。他还任命红衣主教莱奥波尔多的亲密朋友保罗·法尔科涅利负责乌菲齐的美第奇艺术画廊；他还征得教皇的准许，收藏了他曾祖父费迪南多一世在罗马收集的大量古董（图93，图94）。这些古典雕塑在乌菲齐宫展出，一起展出的还有提香和拉斐尔的作品（他母亲的嫁妆）。但是，柯西莫三世没有显示出美第奇家族艺术赞助人的品位。

但这种品味被他的儿子费迪南多继承了，他热衷于鉴赏艺术品，开始有了自己的收藏。大公爵的继承人也是一位有天赋的音乐家，歌唱得很好，还会演奏包括大键琴在内的几种乐器。他终身热爱威尼斯艺术和音乐，长期和亚历桑德罗·斯卡拉蒂保持通信联系，斯卡拉蒂还专门为他写过几部歌剧。

费迪南多是柯西莫三世虔诚肉身上的一根刺。费迪南多憎恨父亲，鄙视父亲，嘲笑皮蒂宫收住了大批牧师。大公爵独断地拒绝费迪南多参与任何国事，徒劳地想改变儿子日益奢侈的行为。他要求儿子节俭些，但被拒绝了，柯西莫三世说那就卖掉传家宝吧，费迪南多毫不让步地回复："我永远不会同意卖掉我们最珍贵的财宝"；他认为，"一定有1000种办法解决"。[15]因为费迪南多遗传了母亲的美貌，这一定让柯西莫三世不安地想起了玛格丽特-路易。

最让大公爵不能安心的是费迪南多和比他大一点的叔叔弗朗西斯科·玛利亚之间的友谊。这两位王子喜欢音乐和打猎，还喜欢在美第奇别墅更加放荡的娱乐活动，他们只有在柯西莫三世不在的时候才回到佛罗伦萨。他们在城里人见人爱，与人见人厌的大公爵形成鲜明对比。1686年，弗朗西斯科·玛利亚被教皇英纳森特十一世封为红衣主教，然后又被任命为西班牙帝国威望很高的红衣主教护国公，但他几乎没有改变生活方式。在他的拉佩吉别墅里（位于佛罗伦萨南部，大概一小段马车车程），他的客人们在迷人的花园里尽情享受休闲时光，沉溺于变装宴会（女人们扮成男装为扮成女装的男食客服务）。大餐的最后一项服务是喝几杯花大价钱从西班牙进口的巧克力。

在弗朗西斯科·玛利亚受封红帽子之前，柯西莫三世就开始在欧洲宫廷为费迪南多搜寻负责任又虔诚的新娘。他首先选定葡萄牙国王佩德罗二世的女儿玛利亚·伊莎贝拉；但国王坚持要费迪南多宣布放弃大公国所有权。这样一来，如果吉安·加斯通生不出继承人，大公国将成为葡萄牙帝国的一部分。很明显，这个条件对柯西莫太苛刻了，1687年，他选了巴伐利亚公爵14岁的女儿薇奥兰特。柯西莫采取措施塑造他未来儿媳妇的性格，派秘书让奥古斯丁教会的首领给她找一位耶稣会的神父，"引导公主的善心，让她做一个圣洁谨慎的人，培育和滋养她虔诚的种子……能让她的精神柔顺随和"。[16]

让柯西莫恼火的是，费迪南多拒绝考虑婚姻，除非获准去威尼斯——意大利有名的音乐和恶习中心。大公爵被逼无奈，违心地同意了，但他洋洋洒洒给儿子写了一大堆指令规范儿子的行为，"王子……要远离损害灵魂的……与身份不符的娱乐活动……不准以不得体的方式与音乐家和演员交往……交谈，即使在派对上，不准和妓女交往，要把自己限制在高贵和纯真的娱乐活动中"。[17]作为回应，费迪南多带了一个名叫策奇诺的阉伶回到佛罗伦萨沉闷的宫廷，他着迷于这个阉伶，继续放荡生活。

1688年11月，费迪南多（图95）和薇奥兰特最终在慕尼黑由代理人结婚。1689年1月9日，新娘正式进入佛罗伦萨。她腼腆、年轻、爱讨好人，对丈夫一见钟情，但她的感情没有得到回应。一位观察家评论，"她不会夸耀自己的美貌和可爱，但她的优雅、精进和慈爱立刻得到了佛罗伦萨人的认可和喜爱"。[18]在圣迦尔门，大公爵一家看着一大群士兵和牧师列队走过他们的包厢，包厢上覆盖着玻璃板，以抵御严寒。盛大的庆祝活动继续，《特洛伊的希腊人》在佩哥拉剧院上演，非常壮观，配有一个巨大的机械特洛伊木马。这个剧院是费迪南多在威尼斯舞台设计师的帮助下改造而成。2月22日，星期二忏悔节，有两支队伍进行比武："土耳其队"由费迪南多率领，身穿绣着珍珠和宝石的绿色绸缎；"欧洲队"由吉安·加斯通率领，身着红色法式套装。

柯西莫三世为婚礼没少花钱，试图表明他的宫廷和维也纳或凡尔赛不分伯仲。很快，更多的钱砸在了他的虚荣心上。1690年，萨沃伊公爵维多利奥·阿玛迪奥和皇帝利奥波德一世以及西班牙查理二世签署条约，被授予"皇家殿下"的称号。柯西莫三世得知这个消息后勃然大怒，他马上给皇帝写信，声称作为意大利的大公爵和首席贵族，他应该获得同样的荣誉。利奥波德一世没有理会他的请求，但建议建立联盟，认为他的妹夫约翰·威廉王子，帕拉廷选帝侯，可以是大公爵23岁的女儿安娜·玛利亚·路易莎的合适丈夫。路易莎最近刚被丧妻的查理二世拒绝婚约——主要是因为她母亲声名狼藉——现在柯西莫三世同意了皇帝的建议，条件是他自己得是"皇家殿下"。1691年2月，利奥波德授予他称号，婚礼4月举行，从此，安娜·玛利亚·路易莎离开佛罗伦萨，定居杜塞尔多夫。

从表面上看，美第奇家族从共和国银行家转变为皇家殿下是惊人的壮举；但这是一场徒劳无功且代价昂贵的胜利。令柯西莫三世沮丧的是，他的新头衔既没有得到路易十四世的认可，也没有得到查理二世的认可，红衣主教弗朗西斯科·玛利亚在罗马费了不少人力财力，才说服英纳森特十二世用皇室的礼节接待他的使节。而且，作为对帝国恩惠的回报，柯西莫被利奥波德一世无情地索要钱财，每年要向皇帝缴纳50万金币的税款，以确保封建权利。大公爵被迫增加"他最可爱的臣民"的赋税。1692年6月，他对马夫、女佣、假发和马匹征税——骡子、驴、普通马和赛马都必须登记，并且派出探子确保没有任何遗漏。他的"皇家殿下"称号成了全意大利的笑柄。

此外，柯西莫三世和帝国新建的关系导致他与路易十四世的关系出现了问题，路易十四世想收买他的忠诚，提出让一位法国公主和吉安·加斯通订婚。柯西莫三世拒绝了这一提议，部分原因是担心他的第二个儿子会成为人质，迫使他支持法国；但真正的原因是他无力支付吉安·加斯通在法国宫廷中以符合美第奇王子的方式生活所需的津贴。但吉安·加斯通的确需要一个新娘。费迪南多结婚四年了，妻子一直没有孩子——也许薇奥兰特无法生育，但人们知道费迪南多有次去威尼斯时感染过梅毒，他在威尼斯不仅喜欢歌剧，还喜欢和歌妓作伴。柯西莫三世担心继承人的问题，下令在所有佛罗伦萨教堂做特别弥撒，祈祷薇奥兰特怀孕。当这位听风就是雨的大公爵被一位牧师说服，说如果费迪南多竖起某根柱子，上帝就会赐予他一个继承人——佛罗伦萨人并没有忘记这种性暗示——他允许牧师为此目的筹集资金。结果牧师把钱装进口袋，用来给自己盖房子。

在此之前，柯西莫三世倾向于忽视吉安·加斯通，这孩子性格温顺，每天自己待在皮蒂宫的房间里，时间都用来研究古董和奇花异草。但是现在，王朝的未来就指望这位腼腆的年轻人了。柯西莫让他的女儿安娜·玛利亚·路易莎给他弟弟寻找一位新娘，两个条件：有钱，能生孩子。这次柯西莫不在乎地位了。路易莎的确找到了一位，她丈夫的嫂子，也叫安娜·玛利亚。她是萨克森–劳恩堡公爵的女儿，是一位富有的寡妇，在波西米亚有土地，第一段婚姻有一个女儿。的确，她可以满足柯西莫三世的所有要求，柯西莫认为这桩婚事还可以让吉安·加斯通成为帝国王子。那年，1695年，大公爵毫无异议地向利奥波德一世支付了税款；但费迪南多嘲笑他父亲虚荣，公开反对这桩婚事，理由是这将增加托斯卡纳对帝国的依赖，并威胁到佛罗伦萨和法国的关系。

让柯西莫三世不爽的是，安娜·玛利亚本人也反对这门亲事。她不想嫁入一个小统治家族，她的波西米亚的臣民也不喜欢。后来在路易莎的劝说下，让她相信吉安·加斯通性格好、相貌英俊，终于在1697年3月确定婚约。柯西莫三世急切想拿到嫁妆，没有反对新娘提出的丈夫将来居住在波西米亚的请求，甚至对利奥波德一世拒绝让吉安·加斯通成为帝国王子也没有表示异议。柯西莫一如既往地独断专行，认为他温顺的儿子会服从他的权威；但不久之后，吉安·加斯通就会像费迪南多一样顽固地反对他的父亲了。

1697年9月，在杜塞尔多夫宫廷待了两个月后，这对新婚夫妇搬到了安娜·玛利亚位于莱希施塔特*的城堡。不幸的是，一切都进展得不顺。后来，吉安·加斯通告诉他父亲，"在送出结婚戒指的19天后，如果不是更早的话，我的公主开始让我尝到了她的泼辣本性，因为我不想离开杜塞尔多夫而对我大发雷霆"，"不停地生闷气，不停地哭，不停地发脾气"。[19]安娜·玛利亚喜欢打猎，而且似乎对她的马匹过于依恋，她喜欢乡村生活，但对于习惯了美第奇宫廷和城市奢华的吉安·加斯通来说，这里太安静了，他在莱希施塔特只待了6个月就到了凡尔赛宫，他被玛格丽特-路易带到宫廷，会见路易十四世非常成功。柯西莫三世担心继承问题，对费迪南多的健康状况感到焦虑，命令吉安·加斯通回到安娜·玛利亚身边——安娜则向柯西莫告状，说没有怀孕是她丈夫的问题。在凡尔赛宫住了一年后，吉安·加斯通回到了波西米亚，向他的妻子提出一个妥协方案：如果他们能够在布拉格的帝国宫廷过冬，他就同意在莱希施塔特度过夏天。安娜·玛利亚拒绝了，柯西莫三世也不同意，他坚持吉安·加斯通和他妻子待在一起。年轻的丈夫服从了，但他对父亲解释说，"我已竭尽所有力量适应她"，他仍然觉得她"盛气凌人，傲慢无礼"，"一年12个月都吃不到一起"。[20]

除了美第奇家族对王朝未来和婚姻问题的担忧，欧洲的政治版图即将发生意想不到的变化——并将柯西莫三世缺乏外交才能的问题抛到聚光灯下。1700年，西班牙查理二世病重无子嗣，指定路易十四世的孙子安茹王子菲利普为继承人，这一举动遭到利奥波德一世的反对，他声称西班牙王位是他二

---

* 莱希施塔特现在是捷克共和国的茨冈。

儿子奥地利的查理大公的。5月，柯西莫到罗马和英纳森特十二世讨论这个问题，教皇劝柯西莫保持中立。1700年11月1日，查理二世去世，三个月后"西班牙王位继承战争"爆发。1701年4月，安茹王子菲利普正式进入马德里。敌对几个世纪后，法国和西班牙在波旁王朝的统治下联合起来了，团结一致反对哈布斯堡帝国。这个局面对柯西莫来说很棘手。当路易十四世贿赂红衣主教弗朗西斯科·玛利亚放弃他的帝国护国公身份，转而成为法国和西班牙的红衣主教护国公时，柯西莫屈服了。他没有理会教皇的建议，同意承认安茹是西班牙国王菲利普五世。但是，新国王对这一姿态没有回应，也没有认可柯西莫三世的皇家殿下头衔。

柯西莫三世在菲利普五世面前缺乏地位，这一点在1702年充分体现出来，当时国王在前往北意大利的途中到了那不勒斯，法国在那里发起了一场对抗帝国军队的战役。大公爵决心要支持波旁联盟，为国王提供舰队；他还派红衣主教弗朗西斯科·玛利亚去那不勒斯担任护卫。6月8日，皇室一行到达里窝那，柯西莫安排了盛大的欢迎仪式，大批民众聚集在港口鸣枪致敬，大公爵的家人候在码头迎接国王。那是个尴尬的时刻。菲利普五世拒绝下船，于是柯西莫三世、费迪南多和薇奥兰特只能上船。大公爵受到了进一步的侮辱，因为在敷衍了事的问候后，国王要求单独和他的姨妈薇奥兰特进行私人谈话。

此外，令柯西莫三世感到沮丧的是，很快就发现西班牙王位继承战争对波旁王朝来说并不顺利。利奥波德一世拉拢了三个强大的联盟——英格兰、荷兰和葡萄牙——1703年初，他派查理大公到达里斯本，在英-荷船队的支持下，查理从里斯本入侵了西班牙。柯西莫三世无能地试图在冲突中保持中立，造成了灾难性的后果。他允许英格兰人使用里窝那港口，结果惹怒了路易十四世；他拒绝船上的新教牧师在托斯卡纳停留，激怒了英格兰；他拒绝承认查理大公为西班牙国王查理三世，惹火了利奥波德一世。

然后，战争决定性地向着有利于皇帝的方向发展。1704年8月，萨沃伊的尤金王子和马尔堡公爵约翰·丘吉尔在布伦海姆战役中打败了法国，英格兰人从西班牙手中夺取了直布罗陀海峡；次年又占领巴塞罗那。1706年5月，马尔堡公爵在拉米利打败了法国，占领了西班牙属荷兰；9月，尤金王子在都灵战役中打败了路易十四世，迫使法国人从意大利撤军。现在柯西莫三世听命于新皇帝约瑟夫一世——1705年继承了父亲利奥波德一世——柯西莫三世面临着帝国军队从陆路入侵、英国人从海上进攻的双重威胁。皇帝的议和价码是60万金币，并要求柯西莫为帝国的3个军团提供冬季驻地，以及承认查理三世是西班牙的合法国王。柯西莫屈从了，不过他的使节的确通过谈判减少了皇帝索要的资金数额。

同时，吉安·加斯通无法忍受和安娜·玛利亚在莱希施塔特生活，搬到了布拉格，在那里他养成了低级趣味——花时间到酒馆喝酒、赌博，变得放荡不羁。当他卖掉妻子的珠宝以维持其放荡的生活方式时，妻子把他告上法庭，还说珠宝不归还就不和他同居。费迪南多督促父亲允许吉安·加斯通回家，但柯西莫三世还是操心继承的问题，他坚持只有他带着妻子才可以回来。但是安娜·玛利亚听说了一个世纪前的美第奇新娘伊莎贝拉和戴安娜暴毙的传言，在圣嘉布遣会神父的鼓励下，她固执地拒绝考虑搬到佛罗伦萨居住。而且吉安·加斯通也不喜欢这个计划。在莱希施塔特住了两个月后，他又逃跑了，这次跑到汉堡享受下层生活。柯西莫三世命令儿子到维也纳，希望皇帝能够调解一下这对夫妇的关系。但这一次，这位倔强的公主拒绝服从她的君主，对未能怀孕会导致美第奇王朝灭亡的请求完全无动于衷。

1705年6月，吉安·加斯通回到佛罗伦萨，没有带妻子，但妻子答应两年后会跟随他。1707年，为了护送安娜·玛利亚到佛罗伦萨，他正式前往莱希施塔特迎接，但她食言了。皇帝和柯西莫三世又一次都不能让她改变主意；她甚至拒绝听从教皇克莱门特十一世的建议，教皇郑重地告诉她不听从丈夫是在危害自己的灵魂。也许再找一个妻子是个好的选择？柯西莫三世请求教皇废除婚姻，克莱门特十一世派布拉格大主教去莱希施塔特；但安娜·玛利亚赢得了大主教的同情，她害怕像美第奇家族的新娘那样被谋杀。她泪流满面的忏悔态度打动了大主教，他建议教皇拒绝柯西莫的废除请求。

实际上，柯西莫的两个儿子都没有生育能力，即使他们的不孕婚姻可以被取消。费迪南多患有梅毒和肺结核，经常失去意识，开始发作癫痫；而吉安·加斯通也很少从酒醉中清醒过来。绝望中，柯西莫求助于他弟弟红衣主教弗朗西斯科·玛利亚。这位发福的教长，时年48岁，有几个私生子——足够证明他的生育功能,即使他风流的生活已经开始影响他的健康。他不情愿地同意放弃在教廷有影响力的职位,成为美第奇家族的一员——柯西莫三世开始为他寻找一位能让维也纳和巴黎都接受的新娘。

1709年6月,柯西莫宣布弗朗西斯科·玛利亚和瓜斯塔拉公爵文森·贡扎加23岁的女儿埃莱奥诺拉·路易莎·贡扎加订婚;六天后,新郎摘掉了红衣主教的帽子。弗朗西斯科·玛利亚很满意他年轻的新娘。然而,他自己的魅力随着岁月褪色了。埃莱奥诺拉厌恶她丈夫的肥胖和不健康的黄皮肤。起初,她拒绝履行夫妻义务,担心他可能传染给她疾病。12个月后,仍然没有怀孕的迹象。这时皮蒂宫旁边贴出了一张小字条,上面写着"今年就让美第奇家族滚蛋"。[21]

1711年2月,弗朗西斯科·玛利亚死于水肿,所有人都清楚,美第奇王朝已经没有未来了。现在,柯西莫开始操心托斯卡纳的未来了。

柯西莫三世天真地认为托斯卡纳的未来掌握在他的手中。得知约瑟夫一世在筹划接管大公国,他派遣特使参加了1710年在海特勒伊登贝赫举行的和平会议,会议正在讨论结束西班牙王位继承战争。他寻求达成协议,让女儿安娜·玛利亚·路易莎继承她弟弟的王位,并在她死后让佛罗伦萨恢复为一个共和国。两个请求都被断然拒绝——美第奇家族在国际舞台上已经没有任何影响力了。1711年,约瑟夫一世去世,由于他没有子嗣,局势更加恶化。他的继任者是他的兄弟——西班牙的查理三世,后者继承了皇帝查理六世的头衔,要求波旁王朝声明菲利普五世是西班牙无争议的统治者。次年,柯西莫三世得知他可怕的儿媳安娜·玛利亚将取代安娜·玛利亚·路易莎,成为吉安·加斯通的继承人,感到非常震惊。而且更糟糕的是,皇帝本人将在她死后继承托斯卡纳。

1713年10月,费迪南多去世,他已卧病在床多年,42岁的吉安·加斯通成为推定继承人。一个月后,柯西莫颁布法令,宣称安娜·玛利亚·路易莎是继承大公爵王位的第二顺位人——但这个孤注一掷的举动立刻遭到查理六世的反对。第二年春天他宣布,根据大臣们"发现"的文件,自从查理大帝起，佛罗伦萨就一直是帝国的封地，因此他有权决定谁来继承。严格来说，尽管锡耶纳是帝国封地，但佛罗伦萨不是。路易十四世也加入了谈判，答应支持安娜·玛利亚·路易莎继位，条件是柯西莫指定一位法国王子做他女儿的继承人。1714年9月，形势更加复杂，西班牙菲利普五世与柯西莫三世姑姑玛格丽特的曾孙女伊丽莎白·法尔内塞订婚。如果这次联盟取得成果，大公国将又增加一位来自西班牙的觊觎者。

1715年末，结束西班牙王位继承战争的条约终于签订。柯西莫三世还在拖延时间，次年初，伊丽莎白·法尔内塞生了个儿子——唐·卡洛斯。法国和西班牙都在计划确保卡洛斯得到托斯卡纳，柯西莫三世决定和皇帝重新谈判——但他几乎没有讨价还价的筹码。美第奇家族之后的托斯卡纳何去何从成了国际问题，而美第奇家族好像无力对此产生影响。这方面，柯西莫固执地指示在维也纳、马德里和巴黎的使节声明安娜·玛利亚·路易莎的继承权，但他们完全没有理会。

在宏伟的皮蒂宫宫墙内，美第奇家族踯躅前行。吉安·加斯通现在实际是一个隐士，他的新头衔"大公王子"和大幅增加的津贴并没有改变他酗酒的生活方式。他嫂子巴伐利亚的薇奥兰特大部分时间都住在拉佩吉别墅，她从放荡不羁的弗朗西斯科·玛利亚那里继承了这处遗产，并将其变成了以音乐家和诗人聚会闻名的宅第。1716年，安娜·玛利亚·路易莎在丈夫去世后成了富有的寡妇，回到了佛罗伦萨。她很快影响了她挚爱的父亲，鼓励他徒劳地认定她为吉安·加斯通的继承人。

与此同时，柯西莫三世的健康也开始出现问题。1722年，在80岁高龄时，他把公共职责交给了他的第二个儿子。他的儿子设法从醉酒的隐居中走出来，平生首次积极参与佛罗伦萨事务——尽管他经常醉得一塌糊涂。在幕后，柯西莫在女儿的帮助下，牢牢把握着政治和外交舵轮。1723年9月，在餐桌边，他突然颤抖了起来，持续了两个小时。他命令大公国修道院的所有修士为他的康复祈祷。外科医生用注射器从他的阴茎中抽取尿液，在忍受了12天的痛苦治疗后，柯西莫恢复了使用膀胱的能力；但很明显，他活不了多久了。

柯西莫三世又坚持了一个月，于1723年10月31日去世。在圣洛伦佐教堂举行葬礼前,他的遗体陈放在皮蒂宫,对公众开放,整个城市的教堂钟声都在预示着这场葬礼的到来,钟声长达五个多小时。他被体面气派地和祖先一起葬在王子礼拜堂。

柯西莫三世——任期最长的一位美第奇公爵——的统治是一场灾难,特点是:政治无能、宗教狂热和极端虚荣。他留下一个债务缠身、腐败丛生的国度,用苛捐杂税来满足他的奢靡品味,使托斯卡纳变得一贫如洗。对于美第奇家族来说,他的政权是一场灭顶之灾。他继位时,家族在欧洲的主要宫廷都获得尊重;现在风光不再。他独断专行,完全疏远了儿子们,拒绝他们参与政务,为了从未实现的政治目的,强迫他们缔结不幸又不育的婚姻。由于他的傲慢,美第奇家族几乎走到了终点。

22

绝种

吉安·加斯通
1723年—1737年

1723年的大公爵家族

大公爵吉安·加斯通（52岁）
安娜·玛利亚·路易莎（56岁），*他的姐姐*
巴伐利亚的薇奥兰特（48岁），*他的嫂子*

大公爵吉安·加斯通在52岁继位时，社会非常平静，他拒绝像前任那样举行盛大的加冕仪式。他继位后，首先取消了父亲临终前签署的加征臣民5%税收的法令，接着把姐姐安娜·玛利亚·路易莎逐出政坛。

相比之下，巴伐利亚的薇奥兰特在新政府很活跃，经常亲自主持公共活动帮助无能的小叔子。吉安·加斯通也许是一个酒鬼，但他善良、温和，没有父亲的宗教偏执，也没有奢侈的做派。他解散了柯西莫三世大批的神学研究者、僧侣和修士，解散了恐吓佛罗伦萨人的间谍网，把政府从教会统治中分离出来，废除了他父亲向所有皈依天主教的人支付的终身津贴。他减轻了穷人的税负，降低了小麦价格，减少了柯西莫三世对马夫、女佣、假发和马匹征收的不得人心的税款。他还颁布了一条法律，规定惩罚迫害犹太人的行为。最受欢迎的是取消了禁止赌博、派对、调情等生活娱乐的法令。尽管实行了减税，但吉安·加斯通只花了父亲盛大庆典的一小部分预算就将公共债务减半。

除了这些举措外，新大公爵对国家的日常管理毫无兴趣。他把事务全都交给了顾问，自己则沉迷于享乐，很少离开皮蒂宫的公寓。此外，对于维也纳、马德里和巴黎就托斯卡纳的未来进行的权力角逐，他也根本不关心；除非绝对必要，他拒绝会见任何外国使节。在他执政初期，西班牙和法国的波旁王朝联盟就破裂了，起因是路易十五世背弃了和西班牙公主的婚约，娶了波兰公主。西班牙菲利普五世很快和皇帝查理六世联盟，后者承认国王的儿子唐·卡洛斯是吉安·加斯通的继承人，这项计划不可避免地遭到了法国及其盟友的反对。吉安·加斯通本人完全不理会这个问题，不过他同意取消父亲1713年签发的让安娜·玛利亚·路易莎做他的继承人的法令。他明白自己的意见在国际上没人听,但他确实抱有希望,希望托斯卡纳能重新回到薇奥兰特的侄子(她哥哥巴伐利亚公爵的儿子)手中。

薇奥兰特住在皮蒂宫,努力劝谏吉安·加斯通节制一下放荡的生活,多关心政治事务,但大公爵还是不愿意读公文。他的日常宫廷礼仪也不符合标准:他在中午举行官方集会,在下午晚些时候进餐,并在午夜后进食,吃喝过度。他很少劳神穿衣服,总待在床上,穿着肮脏的睡衣躺在肮脏的床上——甚至有一张画像,画的是他在四柱床的精美丝绸顶篷下接待客人(图96)。他彻夜不眠,喝酒、抽烟、唱歌,与他成群结队的"朝臣"嬉笑玩闹——这是一群活泼的年轻男女,由他的管家根据他们的长相而不是高贵的出身挑选出来,其中许多人是从街上捡来的。但吉安·加斯通付不起他们薪酬,1731年,他们非常饥饿,以至于与市场上的食品摊主打架。事实上,这些"朝臣"对贵族也构成了威胁,以致安娜·玛利亚·路易莎在她位于皮蒂宫的公寓外都安排了卫兵驻扎。

有一次,吉安·加斯通取消了正式的集会,全欧谣传他得了中风,濒临死亡——实际上是他在公寓里喝醉酒摔倒,扭伤了脚踝。为了平息谣言,他的大臣们强迫他接见外国特使,与他们讨论托斯卡纳的未来,这样他们就看到他还活着。房间里只点着两支蜡烛照明,外交官们可能注意不到他的床一片狼藉,但散发的恶臭一定让人难以忍受。

吉安·加斯通政权一开始还有祥和之气,很快就陷入腐败,皮蒂宫的放荡像瘟疫一样在佛罗伦萨蔓延,道德标准开始崩坏,甚至在宗教团体中也是如此。1727年狂欢节,佩哥拉剧院坐满了僧侣和修士观看日间表演;他们必须赶在日落前回到修道院,带上面具不让人们认出来。佛罗伦萨"许多人,无论男女老少,即使有劳动能力也情愿去乞讨",到处是流浪者,就连孩子们也被父母送到街头,接受小偷小摸的早期教育。[1]为了控制这个问题,吉安·加斯通的大臣们签发法令,要求外国乞丐8天内离开托斯卡纳,否则15岁以上的男孩将被送入大牢,而女孩和妇女将被公开鞭打。

1729年6月,在大臣们的建议下,吉安·加斯通勉强同意参加圣乔瓦尼节庆祝活动。车队载着吉安·加斯通、安娜·玛利亚·路易莎、巴伐利亚的薇奥兰特、外交使团和政府大臣们从皮蒂宫驶向奥尼桑迪教堂,赛马将在此地开始举行。不幸的是，大公爵已经酩酊大醉，街上的人们看到他从车窗向外呕吐，都惊呆了。他站不起来，只得被抬到附近的浴房，洗干净后再乘坐另一辆马车回家。这是大公爵最后一次在公众面前露面——他有一年没有离开皮蒂宫，之后只去了在圣斯佩兰迪诺的公共浴场，那是一个著名的妓院。1731年5月，当巴伐利亚的薇奥兰特死于水肿时，他又一次不伦不类地出现了。薇奥兰特生前要求在自己死后要于圣特蕾莎修道院举行一个小型的私人葬礼，但是聚集在皮蒂宫前和可爱的公主告别的人是如此之多，让车队无法移动。吉安·加斯通悲痛欲绝，大发雷霆，他打开卧室窗户，朝人群大喊，非常不体面地驱赶他们。

在国外，帝国和西班牙的联盟开始瓦解。1729年11月，菲利普五世和法国、荷兰以及大不列颠签约，确保有军事援助让唐·卡洛斯接管托斯卡纳。皇帝查理六世做出了回应，他派兵进入北意大利，答应吉安·加斯通，帝国将保护托斯卡纳不被西班牙帝国吞并。1730年7月，亲西班牙的红衣主教洛伦佐·科尔西尼当选克莱门特十二世，僵持局面恶化——这个教皇也是佛罗伦萨人。为庆祝他当选，城里举行了为期六天的活动，不过吉安·加斯通没有参加。

一年后，和平协议在维也纳签署，这次欧洲的主要大国——帝国、西班牙、法国、英国和荷兰——都承认唐·卡洛斯为吉安·加斯通的继承人。大公爵没有身份发表意见，只能沉默。他指示使节们谈判具体条款，据说还断言"我61岁时会毫不费力地得到一个漂亮的儿子"。[2]

1731年10月，32艘西班牙军舰、16艘英国船只和6000名西班牙士兵到达里窝那；12月下旬，唐·卡洛斯本人到达，受到大批民众的欢迎，堡垒里响起喧闹的礼炮。他长得不错、举止得体，离16岁生日还差几个星期，明显喜欢为他举行的宴会和狩猎聚会。不幸的是，他到了没几天就染上了天花。吉安·加斯通下令把佛罗伦萨的守护神圣泽诺比乌斯的珍贵圣物在百花大教堂展示三天，为小伙子的康复祈祷。他还取消了欢迎唐·卡洛斯到佛罗伦萨的狂欢节庆祝活动。

1732年3月9日，唐·卡洛斯恢复健康，正式入城，大批民众欢欣雀跃上街欢迎，因为他们已经厌倦了大公爵醉酒的荒唐和那些无法无天的"朝臣"。在皮蒂宫，西班牙人受到大公爵家人的接待并被护送到会客厅，安娜·玛利亚·路易莎接待了唐·卡洛斯。根据官方的说法，"他们谈了一会儿后"，唐·卡洛斯和安娜·玛利亚·路易莎"去了最尊贵的大公的寓所，大公因为身体不适而不得不躺在床上，但他非常急切地想见到并拥抱最尊贵的王子"。[3]吉安·加斯通的大臣们赶走了吵闹的"朝臣"，24小时内除了水不让他喝任何东西；并告诉唐·卡洛斯，他卧床是因为"膝盖虚弱"。吉安·加斯通好像很喜欢他的继承人，送了他很多礼物。唐·卡洛斯在佛罗伦萨待了七个月，在圣乔瓦尼节日庆典上，他坐在大公爵的宝座上，接受托斯卡纳各城市的贡品；他受到了宴会、舞会、狩猎、捕鱼探险以及戏剧和歌剧表演的盛情款待，直到10月离开。

　　1733年，就在吉安·加斯通的继承人问题似乎终于要得到解决的时候，波兰又出现继承危机。由于皇帝查理六世和路易十五世各支持一方，1731年的维也纳条约宣告无效，托斯卡纳的继承问题被重新提上议程。1734年1月1日，查理对路易宣战，路易有西班牙的支持，在意大利打败了帝国军队。交战大国又一次谈判一系列条约瓜分欧洲的小公国——1735年，唐·卡洛斯在战斗中表现突出，获得了比托斯卡纳更值钱的一个大奖：那不勒斯和西西里国王的头衔。于是，吉安·加斯通又没有了继承人。受神奇的命运支配，取代唐·卡洛斯、成为大公国继承人的是洛林的前公爵弗朗西斯，而弗朗西斯是洛林查理的孙子，洛林查理又是吉安·加斯通母亲玛格丽特-路易曾经的情人。吉安·加斯通的使节还努力取得了一个小小的胜利，说服查理六世保证在吉安·加斯通去世后维持托斯卡纳的独立。而洛林的弗朗西斯还是皇帝的继承人——因为他和查理六世的女儿玛利亚·特蕾莎结婚了——但登上帝国王位时不能同时有两个头衔。最终，托斯卡纳没有被帝国吞并，而被帝国家族的另一名成员继承。

　　欧洲列强还没来得及再改变主意，吉安·加斯通的健康开始恶化。他患有痛风和肾结石，多年的放荡生活和醉酒使他饱受摧残。1737年初，他病得很重，大臣和姐姐坚持要把"朝臣"从皮蒂宫赶出去。佛罗伦萨人一如既往地迷信，将6月9日的一场可怕的雷雨和剧烈的地震视为麻烦来临的预兆；到月底，吉安·加斯通已经吃不下饭了，不过他仍然有足够的意念拒绝安娜·玛利亚·路易莎进入他的卧室，直到几天后两人和解。

1737年7月9日中午，吉安·加斯通去世。距第一任统治者大公爵柯西莫一世开始，过去了200年。整个下午，钟声响彻全城，这个杰出的王朝随之落幕。

后记

复兴

1737年大公爵吉安·加斯通之死不是美第奇家族故事的结束。尽管他的姐姐安娜·玛利亚·路易莎不能继承大公国王位——她父亲的谋划宣告无效——但她是家族几个世纪以来积累的大量绘画、雕塑、书籍、珠宝等贵重藏品的唯一继承人。她于1743年去世，并把这些贵重的收藏赠给了新任大公爵洛林的弗朗西斯，条件是这些藏品不可以离开佛罗伦萨。也许是美第奇家族的贪婪让这座城市沦落，但这笔遗产对扭转佛罗伦萨经济停滞的局面起到了很大作用。到18世纪末，佛罗伦萨是旅行者的一个重镇，被认为是欧洲贵族青年接受教育的必经之地。最重要的是，美第奇神话后来成为这座城市作为欧洲文化之都的中心支柱，数以百万计的人前来参观《贝德克尔旅游指南》在1900年左右所描述的"世界上独一无二的、令人惊叹的艺术宝库"。

　　美第奇王朝虽然已成历史，但他们在今天的佛罗伦萨无处不在。领主宫（现在是维奇奥宫，多称"旧宫"）的建造是为了庆祝共和国的诞生，后经柯西莫一世改建成公爵官邸，见证了家族为获得至高权力所取得的成功。瓦萨里的壁画歌颂了家族的光荣历史，而保存在佛罗伦萨档案中的大量的信件、账簿、清单等文件，留下了他们争权夺利中不光彩的证明。乌菲齐宫（柯西莫一世曾在此安置他的政府部门）和皮蒂宫堆满了美第奇家族收藏的艺术珍宝——有辉煌洛伦佐收藏的无价的缠丝玛瑙和紫水晶花瓶，有红衣主教费迪南多在罗马收购的古董雕塑，有维多利亚·德拉·罗维里嫁妆中提香和拉斐尔的画作，有数百幅家族成员的肖像。亚历桑德罗公爵憎恨的巴索堡垒，现在成了展览中心，用于举办贸易展览会。在科学博物馆（伽利略博物馆），伽利略的望远镜和他的一根手指，就放在费迪南多二世和他的兄弟莱奥波尔多红衣主教收购的科学仪器和书籍旁边。美第奇家族位于波焦阿卡伊阿诺的别墅，其创新的立面是由辉煌洛伦佐委托设计的，别墅里还有被丈夫柯西莫三世囚禁的、不幸的法国公主玛格丽特-路易的房间。弗朗西斯科一世在普拉托利诺为情妇比安卡·卡佩罗修建的超豪华别墅里所装饰的石窟和喷泉已经不复存在；但在卡法吉沃罗的家族别墅里保留了下来，皮耶罗曾在那里勒死了他漂亮的妻子戴安娜。拉佩吉的别墅也安然无恙，红衣主教弗朗西斯科·玛利亚曾在这里举办巧克力狂欢，巴伐利亚的薇奥兰特曾在这里举办文人沙龙。

最重要的是，圣洛伦佐教堂的家族陵墓——王子礼拜堂——成了美第奇家族兴衰最雄辩的注脚。礼拜堂在1604年由费迪南多一世开建，到他的曾孙吉安·加斯通于1737年去世时，仍未完工。它的设计规模宏大，意在与欧洲皇室的宏伟墓室媲美。它的内部铺设了昂贵的半宝石，并以珍珠和青金石作装饰；但大部分壁龛，即打算用来放置大公们的镀金铜像的壁龛，都是空的。这种王朝自豪感的盛大展示被证明是好高骛远的，但也雄辩地证明了美第奇家族的非凡，有力地证明了美第奇家族惊人的成就和惨淡的衰亡。

意大利半岛（约1500年）

- 神圣罗马帝国
- 特兰托
- 都灵
- 米兰
- 布雷西亚
- 威尼斯共和国
- 维罗纳
- 威尼斯
- 萨沃伊公国
- 帕维亚
- 米兰公国
- 帕尔马
- 费拉拉
- 伊莫拉
- 热那亚共和国
- 摩德纳
- 拉文纳
- 热那亚
- 博洛尼亚
- 佛里
- 奥斯曼帝国
- 卢卡共和国
- 比萨
- 佛罗伦萨
- 乌尔比诺
- 利古里亚海
- 佛罗伦萨共和国
- 安科纳
- 皮翁比诺
- 锡耶纳
- 阿雷佐
- 佩鲁贾
- 阿西西
- 亚得里亚海
- 科西嘉岛
- 锡耶纳共和国
- 奥尔维耶托
- 维泰博
- 教皇国
- 罗马
- 奥斯蒂亚
- 那不勒斯王国
- 加埃塔
- 卡普亚
- 那不勒斯
- 巴里
- 阿马尔菲
- 布林迪西
- 萨丁岛
- 地中海
- 奥特兰托
- 伊特鲁里亚海
- 巴勒莫
- 雷焦
- 西西里岛

佛罗伦萨以及周边地区

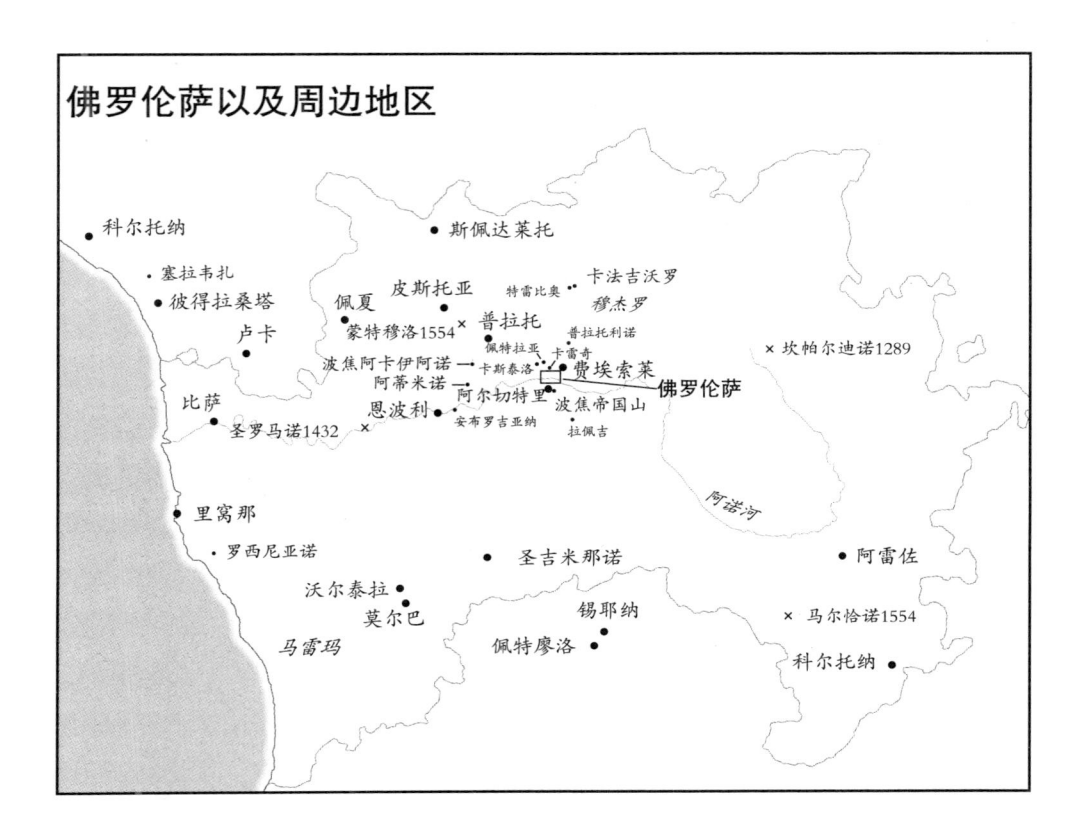

- 科尔托纳
- 塞拉韦扎
- 彼得拉桑塔
- 卢卡
- 比萨
- 圣罗马诺1432
- 里窝那
- 罗西尼亚诺
- 沃尔泰拉
- 莫尔巴
- 马雷玛
- 斯佩达莱托
- 佩夏
- 皮斯托亚
- 特雷比奥
- 卡法吉沃罗
- 蒙特穆洛1554
- 普拉托
- 穆杰罗
- 波焦阿卡伊阿诺
- 佩特拉亚
- 普拉托利诺
- 阿蒂米诺
- 卡斯泰洛
- 卡雷奇
- 费埃索莱
- 恩波利
- 阿尔切特里
- 波焦帝国山
- 佛罗伦萨
- 安布罗吉亚纳
- 拉佩吉
- 坎帕尔迪诺1289
- 阿诺河
- 圣吉米那诺
- 阿雷佐
- 锡耶纳
- 马尔恰诺1554
- 佩特廖洛
- 科尔托纳

佛罗伦萨（约1500年）

1. 美第奇宫
2. 圣洛伦佐教堂和美第奇家庭礼拜堂
3. 劳伦齐阿纳图书馆
4. 圣母百花大教堂
5. 洗礼堂
6. 新圣母玛利亚教堂
7. 圣十字教堂和帕奇礼拜堂
8. 乌菲奇宫
9. 维奇奥宫（领主宫/公爵宫）
10. 领主宫（公爵宫）
11. 老桥
12. 斯特罗齐宫
13. 圣马可教堂
14. 巴索堡垒
15. 圣米尼亚托堡垒
16. 皮蒂宫
17. 波波利花园

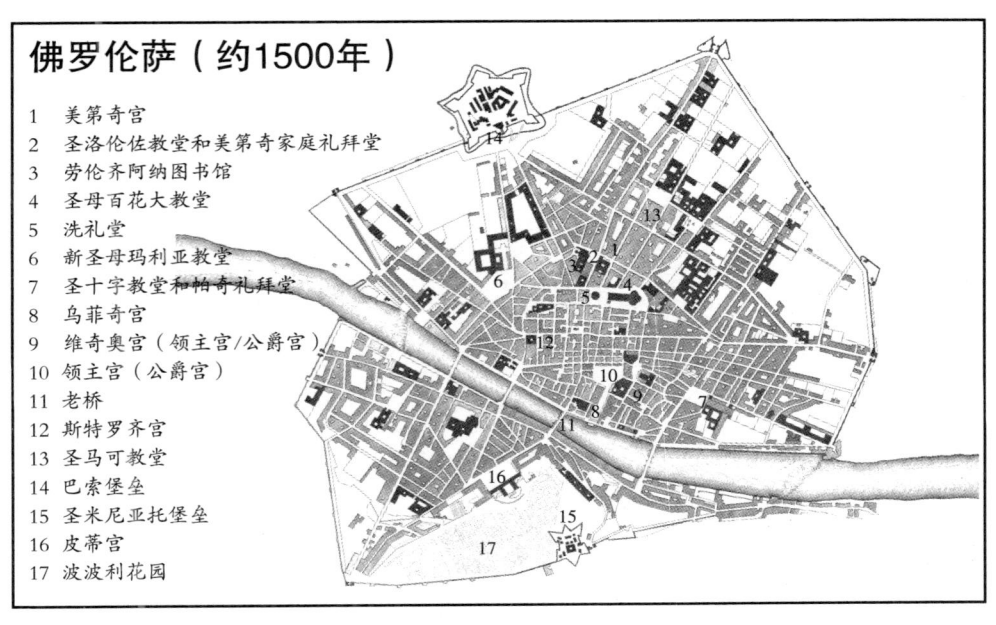

参考书目及来源

ACTON
Acton, Harold, *The Last Medici*, London: Macmillan, 1980

ACTON & CHENEY
Acton, Harold and Edward Cheney, *Florence. A Travellers' Companion,* London: Constable, 1986

ADAMS
Adams, Nicholas, 'Baldassare Peruzzi and the Siege of Florence: Archival Notes and Undated Drawings', *Art Bulletin, 60 (1978), pp. 475–82*

BAROCCHI & BERTELÀ
Barocchi, Paola, and Giovanna Gaeta Bertelà, *Collezionismo mediceo: Cosimo I, Francesco I, eil Cardinale Ferdinando. Documenti 1540–1587,* Modena: Franco Cosimo Panini, 1993

BERTI
Berti, Luciano, 'Profi lo del Granducato, l'anno 1600', in *Rubens e Firenze,* edited by Mina Gregori, Florence: La Nuova Italia, 1983, pp. 1–17

BESCHI
Beschi, Luigi, 'Le sculture antiche di Lorenzo il Magnifi co', in *Lorenzo il Magnifi co e il suo mondo,* edited by G.C. Garfagnini, op. cit., pp. 291–317

BLACK
Black, Christopher F., *Italian Confraternities in the Sixteenth Century,* Cambridge and New York: Cambridge University Press, 1989

A. BROWN 1992
Brown, Alison, *The Medici in Florence: The Exercise and Language of Power*, Florence and Perth: Leo S. Olschki and University of Western Australia Press, 1992

A. BROWN 1994
—, 'Lorenzo and Public Opinion in Florence', in Lorenzo il Magnifi co e il suo mondo, edited by G. C. Garfagnini, op. cit., pp. 61–85

J. BROWN
Brown, Judith C., 'Concepts of Political Economy: Cosimo I de' Medici in a Comparative European Context', in *Firenze e la Toscana dei Medici nell'Europa del'500*, 3 vols, Florence: Leo S. Olschki, 1983, Vol. 1, pp. 279–93

BRUCKER 1957
Brucker, Gene, 'The Medici in the Fourteenth Century', *Speculum,* 32 (1957), pp. 1–26

BRUCKER 1962
—, *Florentine Politics and Society* 1343–1378, Princeton, NJ: Princeton University Press, 1962

BRUCKER 1967
—, *Two Memoirs of Renaissance Florence,* New York: Harper Torchbooks, 1967

BRUCKER 1968
—, 'The Ciompi Revolution', in *Florentine Studies: Politics and Society in Renaissance Florence*, edited by N. Rubinstein, London:

Faber & Faber, 1968, pp. 314–56

BRUCKER 1971
—, *The Society of Renaissance Florence*, New York: Harper & Row, 1971

BRUCKER 1984
—, Florence: *The Golden Age 1138–1737*, Berkeley, CA: University of California Press, 1984

BRUCKER 1994
—, 'The Economic Foundations of Laurentian Florence', in *Lorenzo il Magnifi co e il suo mondo*, edited by G.C. Garfagnini, op. cit., pp. 3–15

BULLARD 1980
Bullard, Melissa Meriam, *Filippo Strozzi and the Medici: Favor and Finance in Sixteenth-Century Florence and Rome*, Cambridge and New York: Cambridge University Press, 1980

BULLARD 1987
—, 'The Magnifi cent Lorenzo de' Medici: Between Myth and History', in *Politics and Culture in Early Modern Europe: Essays in Honour of* H. G. Koenigsberger, edited by P. Mack and M.C. Jacob, Cambridge and New York: Cambridge University Press, 1987, pp. 25–58

BULLARD 1992
—, 'Lorenzo de' Medici: Anxiety, Image Making, and Political Reality in the Renaissance', in *Lorenzo de' Medici. Studi,* edited by G.C. Garfagnini, Florence: Leo S. Olschki, 1992, pp. 3–40

BULLARD 1994
—, 'In Pursuit of *Honore et Utile*: Lorenzo de'Medici and Rome', in *Lorenzo il Magnifi co e il suo mondo,* ed. G.C. Garfagnini, op. cit., pp. 123–42

H. BUTTERS 1994
Butters, Humfrey, 'Lorenzo and Naples', in *Lorenzo il Magnifi co e il suo mondo*, edited by G. C. Garfagnini, op. cit., pp. 143–51

H. BUTTERS 1996
—, 'Lorenzo and Machiavelli', in *Lorenzo the Magnificent*, edited by Michael Mallett and Nicholas Mann, op. cit., pp. 275–80

S. BUTTERS 2010
Butters, Suzanne B., 'Contrasting Priorities: Ferdinando I de' Medici, Cardinal and Grand Duke', in T*he Possessions of a Cardinal: Politics,Piety and Art 1450–1700*, edited by Mary Hollingsworth and Carol M. Richardson, University Park, PA: Pennsylvania State University Press, 2010, pp. 185–225

CARL
Carl, Doris, 'La casa vecchia dei Medici e il suo giardino', in *Il Palazzo Medici-Riccardi in Firenze,* edited by G. Cherubini and G. Fanelli, Florence: Giunti, 1990, pp. 38–43

CAVALCANTI
Cavalcanti, Giovanni, *Istorie Florentine*, 2 vols, Florence: Tipografi a all'Insegna di Dante, 1838–39

CHANEY
Chaney, Edward, *The Evolution of the Grand Tour,* London and New York: Routledge, 1998

COCHRANE
Cochrane, Eric, *Florence in the Forgotten Centuries 1527–1800*, Chicago and London: University of Chicago Press, 1973

COFFIN
Coffin, David R., *The Villa in the Life of Renaissance Rome*, Princeton, NJ: Princeton University Press, 1979

COMPAGNI
Bornstein, Daniel E. (ed.), *Dino Compagni's Chronicle of Florence*, Philadelphia, PA: University of Pennsylvania Press, 1986

CONTI
Conti, Giuseppe, *Firenze: Dai Medici al Lorena,* Florence: R. Bemporad & Figlio, 1909

CUMMINGS
Cummings, Anthony M., *The Political Muse: Music for Medici Festivals 1512–1537,* Princeton, NJ: Princeton University Press, 1992

D'ACCONE 1994
D'Accone, Frank A., 'Lorenzo the Magnifi cent and Music', in *Lorenzo il Magnifi co e il suo mondo,* edited by G.C. Garfagnini, op. cit., pp. 259–90

DANTE
Dante Alighieri, *The Divine Comedy,* 3 vols, Harmondsworth: Penguin, 1973

DBI
Dizionario Biografi co degli Italiani (www.treccani.it/biografi e)

DEI
Dei, Benedetto, *La Cronica,* Florence: Francesco Papafava, 1984

DOREN
Doren, Alfred, 'Das Aktenbuch für Ghibertis Matthäusstatue an Or San Michele zu Florenz', *Italienische Forschungen des Kunsthistorischen Institutes in Florenz,* 1 (1906), pp. 1–58

ELAM 1978
Elam, Caroline, 'Lorenzo de' Medici and the Urban Development of Renaissance Florence', *Art History,* 1 (1978), pp. 43–66

ELAM 1990
—, 'Il palazzo nel contesto della città: strategie urbanistiche dei Medici nel gonfalone del Leon d'Oro', in *Il Palazzo Medici-Riccardi in Firenze,* edited by G. Cherubini and G. Fanelli, Florence:Giunti, 1990, pp. 44–57

EVELYN
Evelyn, John, *The Diary of John Evelyn Esquire F.R.S,* edited by William Bray, London and New York: George Newnes / Charles Scribner's, 1818

FANELLI
Fanelli, Giovanni, *Firenze,* Rome and Bari: Laterza, 1981

FERRAJOLI
Ferrajoli, Alessandro, *Il ruolo della corte di Leone X,* Rome: Bulzoni, 1984

FORTINI BROWN
Fortini Brown, Patricia, '*Laetentur coeli*: The Council of Florence and the Astronomical Fresco in the Old Sacristy', Journal of the Warburg and Courtauld Institutes, 44 (1981), pp. 176–80

FUBINI
Fubini, Riccardo, 'In margine all'edizione delle'Lettere' di Lorenzo de' Medici', in *Lorenzo de'Medici: Studi,* edited by G.C. Garfagnini, Florence: Leo S. Olschki, 1992, pp. 167–232

GÁLDY
Gáldy, Andrea, 'Lost in Antiquities. Cardinal Giovanni de' Medici (1543–1562)', in *The Possessions of a Cardinal: Politics, Piety and Art 1540–1700,* edited by Mary Hollingsworth and Carol. M. Richardson, University Park, PA: Pennsylvania State University Press, 2010, pp. 153–65

GALILEO
The Private Life of Galileo: Compiled Principally From His Correspondence and Th at of His Eldest Daughter, Maria Celeste, Boston: Nicholas and Noyes, 1870

GALLUZZI
Galluzzi, Riguccio, *Istoria del Granducato di Toscana sotto il governo della Casa Medici,* 8 vols, Florence: Gaetano Cambiagi, 1781

GARFAGNINI
Garfagnini, Gian Carlo (ed.), Lorenzo il *Magnifi co e il suo mondo: Convegno internazionale di studi*

(Firenze, 9–13 giugno 1992), Florence: Leo S. Olschki, 1994

GASTON
Gaston, Robert, 'Liturgy and Patronage in San Lorenza, Florence, 1350–1650', in *Patronage, Art, and Society in Renaissance Italy*, edited by F.W. Kent andPatricia Simons, Oxford: Clarendon Press, 1987, pp. 111–33

GAYE
Gaye, Giovanni, *Carteggio inedito d'artisti dei secoli 14–16*, 3 vols, Florence: G. Molini, 1839–40

GIULIANO
Giuliano, Antonio, 'Novità sul tesoro fi Lorenzo il Magnifi co', in *Lorenzo il Magnifi co e il suo mondo*, edited by G.C. Garfagnini, op. cit., pp. 319–22

GOLDTHWAITE
Goldthwaite, Richard A., *The Building of Renaissance Florence*, Baltimore, MD: Johns Hopkins University Press, 1980

GORI 1926
Gori, Pietro, *Le Feste Florentine attraverso i secoli: Le Feste per San Giovanni*, Florence: R. Bemporad & Figlio, 1926

GORI 1930
—, *Firenze Magnifi ca: Le feste florentine attraverso i secoli*, Florence: R. Bemporad & Figlio, 1930

GUARINI
Guarini, Elena Fassano, '"Rome, Workshop of all the Practices of the World": From the Letters of Cardinal Ferdinando de' Medici to Cosimo I and Francesco I', in *Court and Politics in Papal Rome 1492–1700*, edited by Gianvittorio Signorotto and Maria Antonietta Visceglia, Cambridge and New York: Cambridge University Press, 2002, pp. 53–77

GUASTI 1877
Guasti, Cesare, *Alessandra Macinghi negli Strozzi: Lettere di una gentildonna florentina*, Florence: G.C. Sansoni, 1877

GUASTI 1884
—, *Le Feste di S. Giovanni Batista in Firenze*, Florence: Giovanni Cirri, 1884

GUASTI 1887
—, *Santa Maria del Fiore: La costruzione della chiesa e del campanile*, Florence: M. Ricci, 1887

GUICCIARDINI FLORENCE
Guicciardini, Francesco, *Storie Florentine*, Bergamo: Biblioteca Universale Rizzoli, 1998

GUICCIARDINI ITALY
—, *Storia d'Italia*, 4 vols, Rome: Avanzini e Torraca, 1968

GUICCIARDINI RICORDI
—, *Maxims and Refl ections (Ricordi)*, Philadelphia, PA: University of Pennsylvania Press, 1965

HALE 1968
Hale, J. R., 'The End of Florentine Liberty: The Fortezza da Basso', in *Florentine Studies: Politics and Society in Renaissance Florence*, edited by Nicolai Rubinstein, London: Faber & Faber, 1968, pp. 501–32

HALE 1977
—, *Florence and the Medici: The Pattern of Control*, London: Th ames & Hudson, 1977

HASKELL & PENNY
Haskell, Francis and Nicholas Penny, *Taste and the Antique*, New Haven, CT and London: Yale University Press, 1980

HATFIELD 1970A
Hatfi eld, Rab, 'The Compagnia de' Magi', *Journal of the Warburg and Courtauld Institutes,* 33 (1970), pp. 107–61

HATFIELD 1970B
—, 'Some Unknown Descriptions of the Medici Palace in 1459', *Art Bulletin*, 52 (1970), pp. 232–49

HATFIELD 1976
—, *Botticelli's Uffi zi Adoration: A Study in Pictorial Content*, Princeton, NJ: Princeton University Press, 1976

HERLIHY & KLAPISCH-ZUBER
Herlihy, David, and Christiane Klapisch-Zuber, *Tuscans and Their Families: A Study of the Catasto of 1427*, New Haven, CT and London: Yale University Press, 1985

HOFMANN
Hofmann, W. von, *Forschungen zur Geschichte der kurialen Behördern von Schisma bis zur Reformation*, Rome: Loescher, 1914

HOLLINGSWORTH 1984
Hollingsworth, Mary, 'The Architect in Fifteenth-Century Florence', *Art History*, 7 (1984), pp. 385–410

HOLLINGSWORTH 1994
—, *Patronage in Renaissance Italy: From 1400 to the Early Sixteenth Century*, London: John Murray, 1994

HOLLINGSWORTH 1996
—, *Patronage in Sixteenth-Century Italy*, London: John Murray, 1996

HOLLINGSWORTH 2008
—, 'A Cardinal in Rome: Ippolito d'Este in 1560', in *Art and Identity in Early Modern Rome*, edited by Jill Burke and Michael Bury, Aldershot: Ashgate, 2008, pp. 81–94

HOLMES
Holmes, George, 'How the Medici Became the Pope's Bankers', in *Florentine Studies: Politics and Society in Renaissance Florence*, edited by N. Rubinstein, London: Faber and Faber, 1968, pp. 357–380

HYMAN
Hyman, Isabelle, F*ifteenth-Century Florentine Studies*, New York: Garland,1977

ILARDI
Vincent Ilardi, 'The Banker-Statesman and the Condottiere-Prince: Cosimo de' Medici and Francesco Sforza (1450–1464)', in *Florence and Milan: Comparisons and Relations*, 2 vols, Florence: La Nuova Italia, 1989, Vol. 2, pp. 217–39

IMBERT
Imbert, Gaetano, *La vita Fiorentina nel Seicento*, Florence: R. Bemporad & fi glio, 1906

D. KENT 1978
Kent, Dale, *The Rise of the Medici*, Oxford: Oxford University Press, 1978

D. KENT 2000
—, *Cosimo de' Medici and the Florentine* Renaissance, New Haven, CT and London: Yale University Press, 2000

D. AND F.W. KENT
Kent, D.V. and F.W. Kent, 'Two Comments of March 1445 on the Medici Palace', *Burlington Magazine*, 121 (1979), pp. 795–6

F.W. KENT 1981
Kent, F.W., 'The Making of a Renaissance Patron', in *Giovanni Rucellai ed il suo zibaldone II: A Florentine Patrician and His Palace,*London: Warburg Institute, 1981, pp. 9–95

F.W. KENT 1987
—, 'Palaces, Politics and Society in Fifteenth-Century Florence', *I Tatti Studies*,2 (1987), pp. 41–70

F.W. KENT 2004
—, *Lorenzo de' Medici and the Art of Magnificence*, Baltimore, MD: Johns Hopkins University Press, 2004

KNECHT
Knecht, R.J., *Renaissance Warrior and Patron: The Reign of Francis I*, Cambridge and New York: Cambridge University Press, 1994

KOHL
Kohl, Benjamin G., 'Francesco Barbaro: On Wifely Duties', in *The Earthly Republic: Italian Humanists on Government and Society*, edited by Benjamin G. Kohl and Ronald G. Witt, Manchester: Manchester University Press, 1978, pp. 189–228

LANDUCCI
Landucci, Luca, *Diario Fiorentino dal 1450 al 1516*, Florence: Sansoni Editore, 1985

LANGDON
Langdon, Gabrielle, *Medici Women: Portraits of Power, Love, and Betrayal*, Toronto and Buff alo, NY: University of Toronto Press, 2006

LAPINI
Lapini, Agostino, *Diario Fiorentino*, Florence: G.C. Sansoni, 1900

LAZZARO
Lazzaro, Claudia, *The Italian Renaissance Garden*, New Haven, CT and London: Yale University Press, 1990

LEE
Lee, Egmont, *Sixtus IV and Men of Letters*, Rome: Storia e Letteratura, 1978

LE TEMS
Le Tems Revient: Il Tempo si rinuova: Feste e Spettacoli nella Firenze di Lorenzo il Magnifi co, Milan: Silvana Editoriale, 1992

LOWE
Lowe, K.J.P., *Church and Politics in Renaissance Italy: The Life and Career of Cardinal Francesco Soderini (1453–1524)*, Cambridge and New York: Cambridge University Press, 1993

MACHIAVELLI
Machiavelli, Niccolò, *Tutte l'opere di Niccolò Machiavelli*, 3 vols, London: Tommaso Davies, 1772

MALLETT 1996
Mallett, Michael, 'Horse Racing and Politics in Lorenzo's Florence', in *Lorenzo the Magnifi cent*, edited by Michael Mallett and Nicholas Mann, op. cit., pp. 253–62

MALLETT & MANN
Mallett, Michael, and Nicholas Mann (eds), *Lorenzo the Magnifi cent: Culture and Politics*, London: Warburg Institute, 1996

MANETTI
Manetti, Antonio di Tuccio, *The Life of Brunelleschi*, University Park, PA: Pennsylvania State University Press, 1970

MARCHI
Marchi, Piero, 'Le feste fi orentine per le nozze di Maria de' Medici nell'anno 1600', in *Rubens e Firenze,* edited by Mina Gregori, Florence: La Nuova Italia, 1983, pp. 85–101

MARTINES 1963
Martines, Lauro, *The Social World of the Florentine Humanists 1390–1460*, London: Routledge and Kegan, 1963

MARTINES 1980
—, *Power and Imagination: City-States in Renaissance Italy*, London: Allen Lane, 1980

MARTINES 2003
—, *April Blood*, London: Jonathan Cape, 2003 masi Ricordanze di Bartolomeo Masi calderaio fi orentino dal 1478 al 1526, Florence: G.C. Sansoni, 1906

MITCHELL
Mitchell, Bonner, *The Majesty of State,* Florence: Leo S. Olschki, 1986

MOLHO
Molho, Anthony, *Florentine Public Finances in the Early Renaissance, 1400–1433*, Cambridge, MA: Harvard University Press, 1971

MONTAIGNE
Montaigne, Michel de, *The Complete Works,* London: Everyman's Library, 2003

NAJEMY
Najemy, John M., *A History of Florence 1200–1575*, Oxford: Blackwell, 2008

NEWBIGGIN 1994
Newbiggin, Nerida, 'Piety and Politics in the *Feste* of Lorenzo's Florence', in *Lorenzo il Magnifico e il suo mondo,* edited by G.C. Garfagnini, op. cit., pp. 17–41

NEWBIGGIN 1996
—, *Feste d'Oltrarno: Plays in Churches in Fifteenth-Century Florence,* Florence: Leo S. Olschki, 1996

PASTOR
Pastor, Ludwig von, *The History of the Popes From the Close of the Middle Ages*, 29 vols, London: Kegan Paul, Trench, Trübner, 1894–1951

PHILLIPS
Phillips, Mark, *The Memoir of Marco Parenti: A Life in Medici Florence*, Princeton, NJ: Princeton University Press, 1987

PICCOLOMINI
Piccolomini, Aeneas Silvius, *Secret Memoirs of a Renaissance Pope*, edited by F.A. Gragg and L.C. Gabel, London: Folio Society, 1988

PIGAFETTA
Pigafetta, Filippo, 'Firenze, che più bella di lei non vede 'l sole', in *Magnificenza alla Corte dei Medici*, Milan: Electa, 1997, pp. 433–7

POLIZZOTTO 1992
Polizzotto, Lorenzo, 'The Making of a Saint: The Canonization of St Antonino, 1516–1523', *Journal of Mediaeval and Renaissance Studies,* 22 (1992), pp. 353–83

PREYER 1981
Preyer, Brenda, 'The Rucellai Palace', in *Giovanni Rucellai ed il suo zibaldone II: A Florentine Patrician and His Palace,* London: Warburg Institute, 1981, pp. 155–225

PREYER 1990
—, 'L'architettura del Palazzo Mediceo', in *Il Palazzo Medici-Riccardi in Firenze*, edited by G. Cherubini and G. Fanelli, Florence: Giunti, 1990, pp. 58–75

PRICE
Price, Russell, 'Paolo Vettori', in *Cambridge Translations of Renaissance Philosophical Texts*, edited by Jill Kraye, 2 vols, Cambridge: Cambridge University Press, 1997, Vol. 2, pp. 238–46

REISS 1992
Reiss, Sheryl E., *Cardinal Giulio de' Medici as a Patron of Art 1513–1523*, Ann Arbor, MI: Garland, 1992

REISS 2001
—, 'Widow, Mother, Patron of Art: Alfonsina Orsini de' Medici', in *Beyond Isabella: Secular Women Patrons of Art in Renaissance Italy,* edited by Sheryl E. Reiss and David G. Wilkins, Kirksville, MO: Truman State University Press, 2001, pp. 125–57

ROOVER
Roover, Raymond de, *The Rise and Decline of the Medici Bank 1397–1494*, Washington, D.C.: Beard Books, 1999

ROSS
Ross, Janet, *Lives of the Early Medici as Told in Their Correspondence*, London: Chatto & Windus, 1910

ROTH
Roth, Cecil, *The Last Florentine Republic*, London: Methuen, 1925

RUBINSTEIN 1942
Rubinstein, Nicolai, 'The Beginnings of Political Th ought in Florence', in *Studies in Italian History in the Middle Ages and the Renaissance*, edited by Giovanni Ciapelli, Rome: Edizioni di Storia e Letteratura, 2004, pp. 1–41

RUBINSTEIN 1966
—, *The Government of Florence Under the Medici 1434–1494*, Oxford: Oxford University Press, 1966

RUBINSTEIN 1968
—, 'Florentine Constitutionalism and Medici Ascendancy in the Fifteenth Century', in *Florentine Studies: Politics and Society in Renaissance Florence*, edited by N. Rubinstein, London: Faber & Faber, 1968, pp. 442–62

RUBINSTEIN 1977
—, 'Lorenzo de' Medici: The Formation of His Statecraft', in *Art and Politics in Renaissance Italy*, edited by George Holmes, Oxford and New York: Oxford University Press, 1993, pp. 113–36

RUBINSTEIN 1983
—, 'Dalla repubblica al principato', in *Firenze e la Toscana dei Medici nell'Europa del '500*, 3 vols, Florence: Leo S. Olschki, 1983, Vol. 1, pp. 159–76

RUBINSTEIN 1987
—, 'Classical Themes in the Decoration of the Palazzo Vecchio in Florence', *Journal of the Warburg and Courtauld Institutes, 50 (1987)*, pp. 29–43

RUCELLAI
Giovanni Rucellai ed il suo Zibaldone, edited by Alessandro Perosa, London: Warburg Institute, 1981

SAALMAN & MATTOX
Saalman, Howard and Philip Mattox, 'The First Medici Palace', *Journal of the Society of Architectural Historians*, 44 (1985), pp. 329–345

SANUDO
Sanudo, Marin, *I diarii di Marino Sanuto*, 58 vols,

Venice: F. Visentini, 1879–1903

SAVONAROLA
Selected Writings of Girolamo Savonarola, edited by Anne Borelli and Maria Pastore Passaro, New Haven, CT and London: Yale University Press, 2006

SCOPRITORI
Scopritori e viaggiatori del Cinquecento, Milan and Naples: Riccardo Ricciardi, 1996

SHAW
Shaw, Christine, *Julius II: The Warrior Pope*, Oxford: Blackwell, 1996

SHERMAN 1975A
Sherman, John, 'The Florentine Entrata of Leo X, 1515', *Journal of the Warburg and Courtauld Institutes, 38 (1975)*, pp. 136–54

SHERMAN 1975B
—, 'The Collections of the Younger Branch of the Medici', *Burlington Magazine, 117 (1975)*, pp. 12–27

STORICI E POLITICI
Storici e politici fi orentini del Cinquecento, edited by Angelo Baiocchi, Milan and Naples: Riccardo Ricciardi, 1994

TOMAS
Tomas, Natalie R., *The Medici Women: Gender and Power in Renaissance Florence*, Aldershot, Hants: Ashgate, 2003

TREXLER 1978
Trexler, Richard C., *The Libro Cerimoniale of the Florentine Republic*, Geneva: Librairie Droz, 1978

TREXLER 1980
—, *Public Life in Renaissance Florence*, Ithaca, NY and London: Cornell University Press, 1980

VASARI
Milanesi, Gaetano (ed.), *Le opere di Giorgio* Vasari,

8 vols, Florence: G.C. Sansoni, 1981

VESPASIANO
The Vespasiano Memoirs, translated by Williamo George and Emily Waters, London: Routledge & Sons, 1926

G. VILLANI
Villani, Giovanni, *Cronica*, Florence: Magheri, 1823

M. VILLANI
Villani, Matteo, *Cronica*, Florence: Magheri, 1825

WALLACE
Wallace, William, 'An Unpublished Michelangelo Document', *Burlington Magazine, 129 (1987)*, pp. 181–4

WRIGHT 1994
Wright, Alison, 'The Myth of Hercules', in *Lorenzo il Magnifico e il suo mondo*, edited by G.C. Garfagnini, op. cit., pp. 323–39

ZAMBOTTI
Zambotti, Bernardino, *Diario ferrarese dal anno 1476 sino al 1504, in Rerum Italicarum Scriptores*, New Series, Vol. 24, Part 7, Bologna: Zanichelli, 1928

ZIMMERMAN
Zimmerman, T.C. Price, *Paolo Giovio: The Historian and the Crisis of Sixteenth-Century Italy*, Princeton NJ: Princeton University Press, 1995

注释

序言
被围困的城市

1 Sanudo, Vol. 53, p. 516; on wage rates, see Goldthwaite (Appendix 3).
2 Roth, pp. 203–4.
3 Ibid., p. 174.
4 Gaye, Vol. 2, pp. 210–11, n. 158.
5 Ibid., p. 211, n. 158; Roth, p. 238.
6 Ibid., pp. 211–12, n. 158; Roth, p. 270.
7 Wallace.
8 Roth, pp. 291–2, n. 147.
9 Ibid., pp. 269, 287 n. 82.
10 Ibid., p. 305.
11 Ibid., p. 322, n. 35.
12 Ibid., p. 299.

1
移民

1 Brucker 1957, p. 2.
2 Ibid. 1957, p. 3.
3 Rubinstein 1942, p. 20.
4 Brucker 1957, p. 4.
5 Ibid., p. 4.
6 G. Villani, bk. 10, 129.
7 Brucker 1957, p. 3.
8 Ibid., p. 4.
9 Ibid., pp. 23–5.
10 Ibid., p. 3.
11 Ibid., p. 3.
12 Ibid., p. 3.
13 Najemy, p. 112.
14 Compagni, p. 44.
15 Ibid., p. 70.
16 G. Villani, bk. 8, 70.

17 Dante, Vol. 1, pp. 175–6.
18 G. Villani, bk. 11, 67.
19 Ibid., 94.
20 Ibid., 91–4; Brucker 1984, pp. 88–9.
21 Ibid., 100.
22 Ibid., 114.
23 Najemy, p. 133.
24 Brucker 1957, pp. 5, 8.
25 Najemy, pp. 133–5.
26 G. Villani, bk. 12, 2.
27 Ibid., 17.
28 Ibid., 21; Najemy, pp. 137–9.
29 Ibid., 55; Najemy, pp. 132–5.
30 Brucker 1962, pp. 16–7.
31 G. Villani, bk. 12, 73.
32 Ibid., 91.

2
幸存者

1 M. Villani, bk. 1, 57.
2 Brucker 1957, pp. 23–5; Brucker 1984, p. 43.
3 Brucker 1957, p. 6, n. 32; DBI, Vieri de' Medici.
4 DBI, Vieri de' Medici.
5 Brucker 1957, pp. 6–7.
6 Ibid., pp. 7–8.
7 Ibid., p. 13.
8 Ross, pp. 2–3.
9 Brucker 1957, p. 8.
10 Ross, p. 4.
11 Brucker 1957, pp. 8–9.
12 Ibid., p. 9; Najemy, p. 229.
13 Ibid., p. 11.
14 Ibid., p. 14.
15 Ibid., p. 154.

16 Ibid., p. 14.
17 Ibid., p. 9.
18 For the details of what follows, see Brucker 1957, pp. 5–6.
19 DBI, Vieri de' Medici.
20 On Vieri's bank, see Roover, pp. 35–7; Brucker 1957, pp. 6–7.
21 Guasti 1887, pp. 199–205.
22 Ross, pp. 2–3.
23 Brucker 1962, p. 218.
24 Ibid., pp. 248–9.
25 Ibid., pp. 271–2.
26 Ibid., pp. 293, 308.
27 Ibid., p. 317.
28 Brucker 1957, pp. 12–13; for the petition, see Brucker 1971, pp. 120–1.
29 Brucker 1962, pp. 327, 331.
30 Ibid., p. 363.
31 Ibid., pp. 364–5.
32 Ibid., p. 363.
33 Brucker 1957, p. 20.
34 Ibid., p. 6 & n. 30.
35 Roover, pp. 36, 417, n. 12; on Giovanni's early career, see Brucker 1957, pp. 21–2.
36 Roover, pp. 36–7.
37 DBI, Vieri de' Medici.
38 Machiavelli, Vol. I, p. 117; Brucker 1957, p. 22 n. 139.
39 DBI, Vieri de' Medici.
40 Brucker 1957, pp. 11–12; DBI, Vieri de' Medici.
41 Roover, pp. 48, 419 n. 66.
42 D. Kent 1978, p. 41; Brucker 1957, p. 22.

3
财富

1 Roover, pp. 36–8, 40.
2 Ibid., pp. 39–41.
3 Ibid., p. 41.
4 Ibid., p. 36.
5 Holmes, p. 363.
6 Roover, pp. 41–4.
7 Ibid., p. 52.
8 Martines 1963, pp. 353–65, tables 1–4.
9 Holmes, p. 363 & n. 3.
10 Ibid., pp. 367–9.
11 Ibid., pp. 371–2.
12 Roover, p. 48.
13 Trexler 1980, p. 2 n. 4.
14 Holmes, pp. 362–3.
15 Ibid., p. 375.
16 Doren; Hollingsworth 1994, pp. 27–9.
17 Kohl, pp. 193–4 & passim.
18 Saalman & Mattox, pp. 336–7; D. Kent 2000, p. 247.
19 D. Kent 2000, pp. 33–8, 77–81.
20 Ibid., p. 403 n. 4.
21 Roover, p. 48.
22 Ibid., p. 47, table 8.
23 Ibid., pp. 49–50.
24 Holmes, p. 380.
25 Saalman & Mattox, pp. 344–5.
26 D. Kent 2000, p. 181; Brucker 1971, p. 190 (Doc. 88).
27 D. Kent 1978, p. 41 n. 15.
28 Ibid., p. 41.

4
政治

1 D. Kent 1978, p. 99.
2 Ibid., pp. 116–17.
3 Roover, pp. 383–6.
4 D. Kent 1978, pp. 55–7.
5 Cavalcanti, Vol. 1, pp. 74–90; D. Kent 1978, pp. 211–20.
6 D. Kent 1978, p. 101.
7 Najemy, p. 258.
8 Martines 1963, pp. 369–78, tables 5–8.
9 Cavalcanti, Vol. 1, pp. 261–3.
10 D. Kent 1978, pp. 223–4.
11 Ibid., p. 234 & n. 65.
12 Ibid., p. 277.
13 Ross, pp. 15–6.
14 D. Kent 1978, p. 278.
15 Cavalcanti, Vol. 2, p. 418.
16 D. Kent 1978, pp. 279–80.
17 Molho 1971, pp. 63, 157–8.

18 D. Kent 1978, p. 283.
19 Molho 1971, pp. 215–21; D. Kent 1978, pp. 284–8.
20 Carl.
21 Molho 1971, p. 181, table 11.
22 Roover, pp. 54–5.
23 Ross, p. 20.
24 Cavalcanti, Vol. 2, pp. 399–421, D. Kent 1978,
25 Ross, pp. 21–3.
26 Cavalcanti, Vol. 1, p. 521.
27 Ross, p. 24.
28 D. Kent 1978, p. 306.

5
为了荣誉和利益

1 D. Kent 1978, pp. 319–21.
2 Ibid., p. 133 & n. 127.
3 Ibid., p. 308, n. 81, p. 323.
4 Ibid., p. 331.
5 Ibid.
6 Ross, p. 26; Najemy, p. 277.
7 Guicciardini Florence, p. 82.
8 D. Kent 2000, p. 37.
9 Piccolomini, p. 102.
10 Roover, pp. 47, 55, tables 8 & 11.
11 Ibid., pp. 317–21.
12 Ibid., pp. 59, 143.
13 Ibid., pp. 56, 59.
14 Ross, pp. 39–40.
15 Ibid., pp. 14–15; on the correct dating of the letter, see Roover, p. 450, n. 81.
16 Ibid., pp. 40–1.
17 Ibid., pp. 42–3.
18 Roover, p. 217; Fortini Brown.
19 D. Kent 2000, pp. 183–4.
20 Gaston, p. 122.
21 Trexler 1980, p. 423.
22 D. Kent 2000, p. 132.
23 Ibid., p. 172.
24 Roover, p. 69, table 17.
25 A. Brown 1992, pp. 76–7.
26 Ibid., pp. 75–7.
27 Tomas, p. 17.

28 Ross, p. 151.
29 D. Kent 2000, p. 220.
30 Ross, p. 50.
31 Machiavelli, Vol. 1, p. 217.
32 Ibid., p. 223.
33 Ross, pp. 50–1.
34 Ibid., p. 51.
35 Ibid., pp. 52–3.
36 Ibid., p. 56.
37 Bullard 1994, p. 124.

6
共和国的托加袍

1 Piccolomini, p. 101.
2 Ross, p. 58.
3 Wright 1994, p. 323, n. 1.
4 D. Kent 2000, p. 283.
5 Roover, p. 31, table 5.
6 Ibid., pp. 72–4.
7 D. Kent 2000, p. 16.
8 Ross, pp. 58–9.
9 Ibid., p. 60.
10 Ibid., p. 143.
11 Roover, pp. 26–7.
12 D. Kent 2000, pp. 291–2.
13 Roover, pp. 70–1, 268, 270.
14 Ross, p. 59.
15 On the division of the fortune, see A. Brown 1992, pp. 73, 77.
16 Ibid., p. 80.
17 Ibid., p. 80.
18 Cavalcanti, Vol. 2, p. 193.
19 Ibid., p. 210.
20 Ibid., p. 211.
21 Guicciardini Florence, p. 90.
22 A. Brown 1992, p. 82.
23 Ibid., p. 84.
24 Trexler 1978, p. 78.
25 Newbiggin 1994, p. 31, n. 45.
26 Trexler 1978, p. 77; Trexler 1980, p. 76 n. 152.
27 Piccolomini, p. 100.
28 Newbiggin 1994, p. 31 n. 45.
29 Hatfifield 1970b, p. 232; D. Kent 2000, p. 300.

30 Trexler 1980, p. 426.
31 D'Accone 1994, pp. 269–70 & passim.
32 Preyer 1981, p. 215 (doc. 14); on the match, see F.W. Kent 1981, pp. 66–7.
33 D. Kent 2000, p. 244.
34 Roover, p. 85.
35 Ross, p. 63.
36 Ibid., p. 64.
37 Ibid., p. 65.
38 Ibid., pp. 69–70.
39 Ibid., pp. 70–1.
40 A. Brown 1992, p. 55.
41 Ross, pp. 74-6.
42 Phillips, p. 8.
43 Ibid., p. 14.

7
继承风波

1 Ilardi, p. 237 n. 67.
2 Roover, p. 359.
3 Guasti 1877, p. 350; see also Roover, pp. 359–60.
4 Roover, pp. 218–20, 451 n. 88.
5 D. Kent 2000, p. 183.
6 Rubinstein 1966, p. 136.
7 F.W. Kent 2004, p. 12.
8 Guasti 1877, pp. 381–4; see also Phillips, p. 109.
9 Ibid., pp. 413–5; see also Phillips, p. 125.
10 Phillips, p. 121.
11 Ross, pp. 88–92.
12 Ibid., pp. 93–5.
13 Ibid., pp. 94–5.
14 Phillips, p. 145.
15 F.W. Kent 1987, p. 62, n. 106.
16 Landucci, p. 5.
17 Brucker 1994, p. 9.
18 Ross, pp. 102–3.
19 Guicciardini Florence, p. 99.
20 Rubinstein 1968, p. 459 n. 8.
21 Rucellai, p. 31; Goldthwaite (Appendix 1).
22 F.W. Kent 1981, p. 69.
23 F W. Kent 1987, p. 64 n. 111.
24 A. Brown 1992, p. 86.
25 Ross, pp. 105–6.

26 Ibid., p. 117.
27 A. Brown 1992, pp. 87–9.
28 F.W. Kent 2004, p. 22.
29 Ross, pp. 108–10.
30 Ibid., p. 115; on the springs at Morba, see ibid., pp. 111–5.
31 Ibid., p. 115–6.
32 Ibid., pp. 117–8.
33 Ibid., p. 120.
34 Ibid., pp. 122–3.
35 Newbiggin 1994, p. 33 n. 49.
36 Ross, pp. 123–4.
37 Ibid., p. 125.
38 Ibid., pp. 129–34.
39 Ibid., p. 141.
40 Ibid., p. 137.
41 Ibid., pp. 138–40.
42 Ibid., pp. 140–1.

8
年轻的舵手

1 Ross, p. 154; Rubinstein 1977, p. 117.
2 Guasti 1877, pp. 607–9; see also A. Brown 1992, pp. 89–90.
3 A. Brown 1992, pp. 90–1.
4 Dei, pp. 146–7.
5 Ibid., pp. 85–6.
6 F.W. Kent 1981, p. 67.
7 Roover, p. 362.
8 Rubinstein 1977, p. 125.
9 A. Brown 1992, pp. 91–2.
10 Ross, p. 152; A. Brown 1992, pp. 77–8.
11 Ross, pp. 159–61.
12 Trexler 1978, p. 85.
13 Machiavelli, Vol. 1, pp. 268–9.
14 Newbiggin 1996, pp. 132–4.
15 Ibid., p. 205.
16 Beschi, p. 301; see also Giuliano.
17 Pastor, Vol. 4, p. 212 n.
18 Ross, pp. 163–4.
19 Ibid., pp. 167–8.
20 Ibid., pp. 168–71.
21 Ibid., p. 153.

22 Ibid., pp. 172–3.
23 F.W. Kent 1994, p. 44.
24 Ross, pp. 155.
25 F.W. Kent 2004, p. 72.
26 Mallett 1996, pp. 257–8 & passim.
27 A. Brown 1992, pp. 93–4 & n. 82.
28 A. Brown 1994, p. 67.
29 Martines 2003, pp. 100–1.
30 Ibid., p. 122.
31 Landucci, p. 19.
32 Ross, pp. 192–3.
33 Ibid., pp. 198–9.
34 Rubinstein 1977, p. 128.
35 Ross, p. 206.
36 Landucci, p. 23.
37 Ross, pp. 203–5.
38 Ibid., pp. 207–8.
39 Roover, pp. 366, 483 n. 56.
40 Ross, pp. 210–1.
41 Ibid., pp. 209–10.
42 Ibid., pp. 212–3.
43 Ibid., pp. 213–4.
44 Landucci, p. 25.
45 Ibid., p. 30.
46 A. Brown 1994, p. 77.
47 Ross, pp. 219–20.
48 Ibid., p. 221.
49 Ibid., p. 228.
50 Ibid., pp. 229–30.
51 Ibid., pp. 231–2.

9
骄傲
1 Guicciardini Florence, pp. 145–6.
2 Landucci, p. 33.
3 Rubinstein 1987, pp. 37–8.
4 F.W. Kent 1994, p. 59.
5 Bullard 1992, p. 16.
6 F.W. Kent 1994, p. 54.
7 A. Brown 1992, pp. 152–3 n. 6.
8 A. Brown 1994, p. 64 n. 12.
9 Ibid., p. 64 n. 10.
10 Ross, p. 155.

11 Ibid., pp. 254–5.
12 Mallett 1996, p. 261.
13 Ross, p. 155.
14 Ibid., pp. 258–60.
15 Ibid., pp. 260–5.
16 Ibid., pp. 272–3.
17 Bullard 1994, p. 126.
18 Ibid., pp. 141–2.
19 Ross, pp. 327–30.
20 Bullard 1994, p. 137 n. 54.
21 Ibid., pp. 135–6.
22 Ibid., p. 139.
23 Bullard 1992, p. 8; Bullard 1994, p. 133.
24 Hollingsworth 1984, p. 404.
25 Bullard 1992, p. 12.
26 Butters 1994, p. 144.
27 Reiss 2001, pp. 125–6.
28 Landucci, p. 55.
29 Ross, p. 298.
30 Ibid., pp. 310–1.
31 Ibid., pp. 301–2.
32 Ibid., pp. 303–4.
33 Ibid., p. 309.
34 Bullard 1987, p. 43.
35 Landucci, p. 52.
36 Manetti, pp. 102–6.
37 Vespasiano, pp. 220–1.
38 Shearman 1975b, p. 25.
39 Bullard 1992, p. 13 n. 33; F.W. Kent 2004, p. 146.
40 F.W. Kent 2004, p. 147.
41 Newbiggin 1994, p. 23.
42 A. Brown 1994, pp. 69–70.
43 Roover, p. 362.
44 A. Brown 1992, pp. 96–8.
45 Guicciardini Florence, p. 177.
46 A. Brown 1992, pp. 170–1.
47 Ibid., pp. 172–3.
48 Ibid., pp. 176–7.
49 A. Brown 1994, pp. 79–80.
50 Ross, pp. 326–7.
51 Ibid., p. 330.
52 Ibid., p. 331.
53 Ibid., p. 336.
54 Ibid., pp. 332–5.

55 Machiavelli, Vol. 1, p. 316.
56 Landucci, pp. 64–5.
57 A. Brown 1994, pp. 61 n. 2, 79 n. 65.

10
报应

1 Guicciardini Florence, pp. 189–90.
2 Zambotti, p. 231.
3 Guicciardini Florence, p. 191.
4 Ibid., p. 198.
5 Ibid., p. 193.
6 Landucci, p. 69.
7 Ibid., p. 73.
8 Ibid., pp. 73–5.
9 Ibid., p. 114.
10 Mitchell, p. 64.
11 Landucci, p. 86.
12 Tomas, pp. 108, 119 n. 22.
13 Savonarola, pp. 139–50.
14 Guicciardini Florence, pp. 185–6.
15 Pastor, Vol. 5, pp. 203–4.
16 Savonarola, p. 211.
17 Guicciardini Florence, p. 255.
18 Ibid., p. 252.
19 Ibid., p. 320.
20 Ibid., pp. 348–9.
21 Ibid., pp. 363–4.
22 Ibid., pp. 390–1.
23 Ibid., pp. 471–2.

11
流亡

1 Shaw, p. 171.
2 Guicciardini Florence, p. 473.
3 Ibid., p. 473.
4 Ibid., p. 413.
5 Lowe 1993, pp. 69–70.
6 Masi, p. 66.
7 Landucci, p. 276.
8 Ibid., p. 283.
9 Ibid., p. 273.
10 Bullard 1980, p. 60.

11 Shearman 1975a, p. 154.
12 Pastor, Vol. 6, p. 369.
13 Ibid., pp. 369–71.
14 Masi, pp. 76–7.
15 Pastor, Vol. 6, p. 400.
16 Landucci, p. 319.
17 Ibid., pp. 322–4.
18 Ibid., p. 331.

12
黄金时代

1 Cummings, p. 183 n. 26.
2 Ibid., p. 183, n. 27.
3 Pastor, Vol. 7, pp. 18, 22.
4 Lowe, p. 93.
5 Pastor, Vol. 7, p. 25.
6 Guicciardini Italy, p. 1022.
7 Pastor, Vol. 8, p. 473 (doc. 9).
8 Ibid., p. 151.
9 Ferrajoli, pp. 204–5.
10 Pastor, Vol. 8, p. 156 n.
11 Reiss 1992, p. 222.
12 Tomas, p. 155 n. 79; Reiss 2001, pp. 144–5 n. 27.
13 Bullard 1980, p. 85.
14 Price, p. 239.
15 Pastor, Vol. 7, p. 80 n.
16 Najemy, p. 430.
17 Tomas, p. 156 n. 111.
18 Shearman 1975a, p. 154.
19 Landucci, pp. 345–7.
20 Tomas, p. 188 n. 51.
21 Reiss 2001, p. 150 n. 75.
22 Bullard 1980, p. 90 n. 95.
23 Reiss 2001, p. 151 n. 79.
24 Polizzotto 1992, p. 362 n. 35.
25 Landucci, pp. 352–9.
26 Pastor, Vol. 8, p. 162.
27 Ibid., Vol. 7, pp. 132, 140.
28 Landucci, p. 361.
29 Guicciardini Italy, p. 1177.
30 Gori 1930, p. 107.
31 Ibid., p. 110.
32 Bullard 1987, p. 37.

33 Butters 1996, p. 275.
34 Machiavelli, Vol. 1, p. 316.
35 Hofmann, Vol. 2, pp. 168–71; Pastor, Vol. 8, p. 96.
36 Hofmann, Vol. 2, pp. 168–71.
37 Pastor, Vol. 8, p. 98.
38 Ibid., pp. 176–7.
39 Ibid., Vol. 7, p. 6–7.

13
铁器时代

1 Pastor, Vol. 9, p. 22.
2 Guicciardini Italy, p. 1523.
3 Pastor, Vol. 9, p. 244.
4 Knecht, p. 224.
5 Sanudo, Vol. 38, pp. 188–9.
6 Bullard 1980, p. 134.
7 Pastor, Vol. 9, p. 310.
8 Wikipedia, Giovanni delle Bande Nere.
9 Reiss 1992, p. 59.
10 Pastor, Vol. 9, p. 502 (doc. 44).
11 Bullard 1980, p. 131.
12 Pastor, Vol. 10, pp.30–1.
13 Bullard 1980, p. 152.
14 Sanudo, Vol. 51, pp. 417–18, 461.
15 Roth, p. 174.
16 Adams, p. 476 nn. 13, 16.
17 Ibid., pp. 478–81.
18 Ibid., p. 482.

14
帝国走狗

1 Rubinstein 1983, p. 168.
2 Landucci, p. 371.
3 Hale 1968, p. 504.
4 Rubinstein 1983, p. 172.
5 Landucci, p. 371.
6 Lapini, pp. 98–9.
7 Landucci, p. 371.
8 Vasari, Vol. 8, pp. 240–1 (doc. 5).
9 Ibid., pp. 241–2 (doc. 6).
10 Guicciardini Ricordi, p. 98.
11 Zimmerman, p. 139.

12 Ibid., p. 123.
13 Bullard 1980, pp. 158–9.
14 Pastor, Vol. 10, p. 363 n.1.
15 Ibid., p. 510 (doc. 36).
16 Bullard 1980, p. 166.
17 Zimmerman, p. 139.
18 Vasari, Vol. 8, p. 255.
19 Ibid., p. 254.
20 Ibid., Vol. 7, p. 659.
21 Ibid., Vol. 6, p. 440.
22 Ibid., Vol. 8, pp. 269–70.
23 Storici e Politici, p. 720.
24 Lapini, p. 103.
25 Langdon, p. 41.
26 Hale 1977, p. 138.
27 DBI, Cosimo I.
28 Lapini, p. 104.

15
新奥古斯都

1 J. Brown, p. 287.
2 DBI, Cosimo I.
3 Lapini, p. 155.
4 Zimmerman, p. 145.
5 Vasari, Vol. 7, pp. 709–10.
6 Barocchi & Bertelà, p. 36 (doc. 32).
7 Vasari, Vol. 7, p. 603.
8 Barocchi & Bertelà, p. 3 (doc. 1).
9 Ibid., p. 7 (doc. 5).
10 Gáldy, p. 162 n. 28.
11 Lazzaro, p. 200.
12 Vasari, Vol. 7, p. 603.
13 Ibid., Vol. 1, pp. 1–2.
14 Lapini, pp. 112–13.
15 Pastor, Vol. 14, p. 482 (doc. 54).
16 Gori 1926, pp. 230–1.
17 Lapini, p. 120.

16
大公爵

1 Gáldy, p. 162 n. 28.
2 Ibid., pp. 157–8.

3 Coffiffiffi n, p. 150.
4 Hollingsworth 2008, p. 88.
5 Lapini, p. 134.
6 Vasari, Vol. 8, pp. 364–5.
7 Ibid., Vol. 7, p. 616.
8 Lapini, pp. 142–3.
9 Ibid., p. 148; Barocchi & Bertelà, pp. 17–19 (doc. 17).
10 Vasari, Vol. 7, p. 702.
11 Lapini, p. 151.
12 Ibid., p. 157.
13 Ibid., p. 163.
14 Ibid., p. 165.
15 Ibid., p. 171.
16 Ibid., pp. 169–70.
17 Ibid., p. 174.
18 Ibid., p. 177.
19 Ibid., p. 154.
20 Ibid., p. 180.

17
婚外情

1 Barocchi & Bertelà, pp. 158–9 (doc. 170 and n).
2 Lapini, p. 220.
3 Guarini, p. 62.
4 Barocchi & Bertelà, p. 99 (doc. 100 n).
5 Ibid., p. 115 (doc. 117).
6 Coffiffiffi n, p. 224.
7 Gori 1930, p. 168.
8 Langdon, p. 148.
9 Ibid., pp. 205–8 (Appendix C).
10 Ibid., p. 178.
11 Ibid.
12 Ibid., p. 179.
13 Lapini, p. 192.
14 Langdon, p. 166.
15 Lapini, pp. 194–5.
16 Gori 1926, p. 127.
17 Lapini, pp. 197–8.
18 Montaigne, p. 1134.
19 Ibid., p. 1132.
20 Barocchi & Bertelà, p. 229 (doc. 249).
21 Ibid., pp. 228–9 (doc. 248).

22 Ibid., p. 190 (doc. 205).
23 Ibid., p. 235 (doc. 256n).
24 Scopritori, pp. 904–13.
25 Ibid., pp. 918–21.
26 Lapini, pp. 240–1.
27 Ibid., p. 215.
28 Guarini, p. 74.
29 Gori 1930, p. 270.
30 Lapini, p. 251.
31 Gori 1930, p. 264.

18
从红衣主教到大公爵

1 Butters 2010, p. 185.
2 Ibid., p. 225 n. 255.
3 Hale 1977, p. 151.
4 Lapini, pp. 261–2.
5 Ibid., p. 279.
6 Ibid., p. 283.
7 Ibid., p. 284.
8 Butters 2010, p. 213 n. 38.
9 Lapini, pp. 299–300.
10 Ibid., p. 298.
11 Butters 2010, p. 203.
12 Lapini, p. 267.
13 Butters 2010, p. 215 n. 73.
14 Ibid., pp. 192–3.
15 Acton & Cheney, p. 301.
16 Cochrane, p. 113.
17 Lapini, p. 291.
18 Ibid., pp. 304–5.
19 Ibid., p. 310.
20 Ibid., p. 314.
21 Ibid., pp. 315–16.
22 Ibid., p. 316–17.
23 Acton & Cheney, p. 304.
24 Lapini, pp. 272–4.
25 Marchi, p. 88.
26 Ibid., p. 90.
27 Berti, pp. 3–4.

19

不幸的王子
1 Galileo, pp. 81–3 n. 1.
2 Pastor, Vol. 29, p. 373 nn. 3–4.
3 Fanelli, p. 129.
4 DBI, Maria Maddalena d'Austria granduchessa di Toscana.

20
科学与宗教
1 Black, pp. 156–7.
2 DBI, Ferdinando II de' Medici.
3 Black, p. 199.
4 Imbert, p. 298 n. 209.
5 DBI, Ferdinando II de' Medici.
6 Pastor, Vol. 28, p. 61.
7 Galileo, p. 184.
8 Ibid., p. 211.
9 Ibid., p. 217.
10 Ibid., p. 220.
11 Acton & Cheney, pp. 306–7.
12 Cochrane, pp. 249–50.
13 Acton & Cheney, p. 145.
14 Ibid., p. 208.
15 DBI, Leopoldo de' Medici.
16 Gori 1930, p. 208.
17 Acton, p. 26.
18 Ibid., p. 29.
19 Galluzzi VII, p. 297.
20 Cochrane, p. 261.

21
虚荣
1 Galluzzi, Vol. 8, pp. 20–1.
2 Conti, p. 21.
3 Acton & Cheney, p. 311.
4 Conti, p. 279.
5 Imbert, p. 182.
6 Conti, p. 360.
7 Ibid., p. 208.
8 Ibid., pp. 165–6.
9 Ibid., p. 269.
10 Ibid., p. 378.
11 Imbert, p. 271 n. 109.
12 Galluzzi, Vol. 8, pp. 94–7.
13 Ibid., p. 141.
14 Acton & Cheney, p. 311.
15 Galluzzi, Vol. 8, p. 157.
16 Conti, pp. 147–8.
17 Ibid., pp. 96–7.
18 Ibid., p. 176.
19 Galluzzi, Vol. 8, pp. 241–4.
20 Ibid.
21 Acton, p. 251.

22
绝种
1 Conti, p. 811.
2 Ibid., p. 849.
3 Ibid., p. 829.

图片来源

图1 Pontormo, *Cosimo de'Medici the Elder;* Uffizi, Florence / Google Cultural Institute / Wikimedia Commons.
图2 Baptistery, Florence; Shutterstock.
图3 Florentine florin of 1347, with a fleur-de-lis on one side and John the Baptist on the other; Wiki. Commons.
图4 The 'Carta della Catena'; Museo di Firenze com'era, Florence / Bridgeman Images.
图5 Domenico di Michelino, memorial to Dante (Duomo, Florence); De Agostini via Getty Images.
图6 Giotto, *St Francis Renounces His Worldly Goods* (Sta Croce, Florence) © Alinari Archives / Corbis via Getty Images.
图7 Palazzo della Signoria (Palazzo Vecchio); Shutterstock.
图8 Francesco Traini, *Triumph of Death* (Pisa, Camposanto); Peter Barritt / Alamy Stock Photo.
图9 Andrea Orcagna, tabernacle; M. Ramírez / Alamy Stock Photo.
图10 *The Expulsion of the Duke of Athens* (Palazzo Vecchio, Florence); Web Gallery of Art / Wiki. Commons.
图11 Andrea da Firenze, *The Church Triumphant*, Sta Maria Novella, Florence; Sailko / Wiki. Commons.
图12 Ambrosio Lorenzetti, *Allegory of Good Government*, Palazzo Pubblico, Siena; Google Cultural Institute / Wiki. Commons.
图13 Interior courtyard of the Palazzo Davanzati; Atlantide Phototravel / Getty Images.
图14 Lorenzo Ghiberti, *St Matthew*, Orsanmichele, Florence; Bridgeman Images.
图15 Fra Angelico, *Miracle of Saints Cosmas and Damian*; De Agostini / Getty Images.
图16 The Old Sacristy, San Lorenzo; Sailko / Wikimedia Commons.
图17 Masolino da Panicale, *Healing of the Cripple and Raising of Tabitha* (Brancacci Chapel, Sta Maria del Carmine, Florence);Bridgeman Images.
图18 Pazzi Chapel, Basilica of Santa Croce; Gryffindor / Wiki. Commons.
图19 Luca della Robbia, *Cantoria*; Sailko / Wiki. Commons.
图20 Paolo Uccello, *Battle of San Romano; National Gallery*, London / Wiki. Commons.
图21 Justus Utens, *Villa Medici at Cafaggiolo*; The Museums of Florence / Wiki. Commons.
图22 Medal of Cosimo de' Medici; Sailko / Wiki. Commons.
图23 Bonifacio Bembo, *Francesco Sforza*; NMUIM / Alamy Stock Photo.
图24 Nave of the church of San Lorenzo, Florence; Stefan Bauer / Wiki. Commons.
图25 Fra Angelico, *San Marco altarpiece*; Museo di San Marco, Florence / Directmedia / Wiki. Commons.
图26 Antonio Pollaiuolo, *Portrait of a Young Woman*; Museo Poldi-Pezzoli, Milan / De Agostini via Getty Images.
图27 Donatello, *David*; Museo Nazionale del Bargello, Florence / Rufus46 / Wiki. Commons.
图28 Donatello, *Judith and Holofernes* (Palazzo Vecchio, Florence); Wiki. Commons.
图29 Benozzo Gozzoli, *Journey of the Magi* (Cappella dei Magi, Palazzo Medici-Riccardi); Wiki. Commons.
图30 Mino da Fiesole, *Giovanni de' Medici*; Vincenzo Fontana / Corbis Historical via Getty Images.
图31 The Palazzo Medici, Florence; Allan T. Kohl /

Creative Commons.

图32 Mino da Fiesole, *Piero de' Medici*; Museo Nazionale del Bargello, Florence / Bridgeman Images.

图33 Luca della Robbia, *Labours of the Months*; Victoria & Albert Museum, London / Bridgeman Images.

图34 Fra Filippo Lippi. *The Feast of Herod* (Prato, Duomo); Bridgeman Images.

图35 Sandro Botticelli, *Adoration of the Magi*; Uffizi, Florence / Directmedia / Wiki. Commons.

图36 Domenico Ghirlandaio, *Confirmation of the Franciscan Rule* (Sta Trinita, Sassetti Chapel, Florence); Mondadori Portfolio / Hulton Fine Art Collection / Getty Images.

图37 Santa Maria Novella, Florence; Shutterstock.

图38 Andrea del Verrocchio, *Lorenzo de' Medici*; National Gallery of Art, Washington / Wiki. Commons.

图39 Tazza Farnese; Ana al'ain / Wiki. Commons.

图40 Bertoldo di Giovanni, medal; Sailko / Wiki. Commons.

图41 Antique sardonyx vase; Museo degli Argenti, Florence / De Agostini via Getty Images.

图42 Filippino Lippi, Carafa Chapel; Urnes / Wiki. Commons.

图43 Sandro Botticelli, *Primavera*; Uffizi, Florence / Wiki. Commons.

图44 Poggio a Caiano, Villa Medici; Shutterstock.

图45 Sandro Botticelli, *Portrait of a Woman* (Palazzo Pitti, Florence); Hulton Fine Art Collection / Getty Images.

图46 Andrea del Sarto, *Punishment of the Gamblers*; ART Collection / Alamy Stock Photo.

图47 *Martyrdom of Savonarola*; Museo di San Marco, Florence / World History Archive / Alamy Stock Photo.

图48 Tempietto; Angelo Homack / Corbis Historical via Getty Images.

图49 Raphael, Pope Julius II in a detail from *Mass at Bolsena* (Stanza della Segna - tura, Vatican Palace); Directmedia / Wiki. Commons.

图50 Michelangelo, *David*; Accademia, Florence / Jörg Bittner Unna / Wiki. Commons.

图51 Raphael, *Portrait of Pope Leo X with two Cardinals*; Uffizi, Florence / Google Cultural Institute / Wiki. Commons.

图52 Michelangelo, Sistine Chapel ceiling (Vatican Palace); EmmePi Travel / Alamy Stock Photo.

图53 After Raphael, *Giuliano de' Medici*; Metropolitan Museum of Art, New York / Wiki. Commons.

图54 Raphael, *Lorenzo de' Medici*; Private Collection / Bridgeman Images.

图55 Michelangelo, staircase of the Biblioteca Laurenziana; Biblioteca Medicea-Laurenziana, Florence /Bridgeman Images.

图56 Andrea del Sarto, *Tribute to Caesar* (Poggio a Caiano, Villa Medici); De Agostini / G. Roli / Bridgeman Images.

图57 Raphael, *Coronation of Charlemagne* (Stanza dell'Incendio, Vatican Palace); VCG Wilson / Corbis via Getty Images.

图58 After Raphael, *The Donation of Constantine* (Stanza di Costantino, Vatican Palace); © Stefano Baldini / Bridgeman Images.

图59 Sebastiano del Piombo, Clement VII; *Gallerie Nazionali di Capodimonte*, Naples / De Agostini via Getty Images.

图60 Titian, *Equestrian portrait of Charles V*; Prado, Madrid/Wikimedia Commons.

图61 Giorgio Vasari, *Clement VII crowns Emperor Charles V* (Palazzo Vecchio, Florence); Heritage Images / Hulton Fine Art Collection / Getty Images.

图62 Giorgio Vasari, *Lorenzo the Magnificent*; Uffizi, Florence / Bridgeman Images.

图63 Giorgio Vasari, *Duke Alessandro de' Medici*; Uffizi, Florence / Heritage Image Partnership Ltd / Alamy Stock Photo.

图64 Titian, *Cardinal Ippolito de' Medici* (Palazzo Pitti, Florence); Bridgeman Images.

图65 Michelangelo, *The Last Judgement* (Sistine Chapel, Vatican Palace); Alonso de Mendoza / Wiki. Commons.

图66 Agnolo Bronzino, *Duke Cosimo I*; Art Gallery of New South Wales, Sydney / Google Cultural Institute / Wiki. Commons.

图67 Agnolo Bronzino, *Portrait of Eleonora of Toledo with her son*; Uffizi, Florence / Google Arts and Culture / Wiki. Commons.

图68 Benvenuto Cellini, *Perseus and Medusa* (Loggia dei Lanzi; Florence); De Agostini Picture Library / G.

Berengo Gardin / Bridgeman Images.

图69 Etruscan statuette of the Chimaera; Museo Archeologico Nazionale, Florence / Sailko / Wikimedia Commons.

图70 Vincenzo Danti, *Cosimo I as Emperor Augustus*; Museo Nazionale del Bargello, Florence / Rufus46 / Wiki. Commons.

图71 Column of Justice in Florence's Piazza Santa Trinita; EyeEm / Alamy Stock Photo.

图72 Giovanni Antonio de' Rossi, *Cosimo I and his family*; Museo degli Argenti, Florence / De Agostini Picture Library via Getty Images.

图73 The Uffizi, Florence; Shutterstock.

图74 Bartolomeo Ammannati, *Fountain of Neptune* (Piazza della Signoria, Florence); Wikimedia Commons.

图75 Giorgio Vasari, *The Apotheosis of Cosimo I* (Palazzo Vecchio, Florence); Google Cultural Institute / Wiki. Commons.

图76 Jan van der Straet, *The Alchemist* (Palazzo Vecchio, Florence); Granger Historical Picture Archive / Alamy Stock Photo.

图77 Pieter Paul Rubens, *Joanna of Austria*; Louvre, Paris / De Agostini Editorial via Getty Images.

图78 Workshop of Alessandro Allori, *Bianca Cappello, c.1580*; Tokyo Fuji Art Museum, Tokyo / Bridgeman Images.

图79 Justus Utens, *Villa Medici at Pratolino*; The Museums of Florence / Wiki. Commons.

图80 Giambologna, *Appennino* (Villa Demidoff, Pratolino); David Lyons / Alamy Stock Photo.

图81 Orazio Scarabelli, *Naumachia at Palazzo Pitti*; Uffizi, Florence / Paul Fearn / Alamy Stock Photo.

图82 Jacques Bylivelt, *Piazza della Signoria*; Museo degli Argenti, Florence / Bridgeman Images.

图83 Agnolo Bronzino, *Marie de' Medici as a Girl*; Uffizi, Florence / Bridgeman Images.

图84 Giambologna, *Equestrian monument of Ferdinando I* (Piazza della Santissima Annunziata, Florence); Christine Webb / Alamy Stock Photo.

图85 Pieter Paul Rubens, *The Return of Marie de' Medici to her son*; Louvre, Paris / Bridgeman Images.

图86 Garden façade of the Palazzo Pitti; Stefan Bauer / Wiki. Commons.

图87 Jan van der Straet, *Jousting in Piazza Santa Croce* (Palazzo Vecchio, Florence); Google Cultural Institute / Wiki. Commons.

图88 Titian, *Venus of Urbino*; Uffizi, Florence / Google Cultural Institute / Wiki. Commons.

图89 Giovanni Battista Foggini, *Cardinal Leopoldo de' Medici*; Uffizi, Florence / Bridgeman Images.

图90 Giovanni da San Giovanni, *The Muses expelled from Parnassus* (Palazzo Pitti, Florence); De Agostini Editorial via Getty Images.

图91 Giovanni da San Giovanni, *Lorenzo the Magnificent welcoming the Muses to Florence* (Palazzo Pitti, Florence); De Agostini Editorial via Getty Images.

图92 Justus Sustermans, *Ferdinando II and Vittoria della Rovere*; National Gallery, London / Wiki. Commons.

图93 *Venus de' Medici*, antique marble statue; Uffizi, Florence / De Agostini Editorial via Getty Images.

图94 Andrea del Sarto, *Madonna of the Harpies*; Uffizi, Florence / Web Gallery of Art / Wiki. Commons.

图95 Niccolò Cassana, *Grand Prince Ferdinando*; Uffizi, Florence / Art Collection 2 / Alamy Stock Photo.

图96 School of Marcuola, *Cosimo Riccardi visits Grand Duke Gian Gastone*; Museo degli Argenti, Florence / DEA Picture Library via Getty Images.

图97 Johann Zoffany, *The Tribuna of the Uffizi*; Royal Collection, Windsor / Google Cultural Institute / Wiki. Commons.

图98 Cappella dei Principi, Florence; isogood / Alamy Stock Photo.

致谢

我要感谢加尔斯·班克罗夫特、朱尔斯·班克罗夫特、伊丽莎白·德、比耶夫尔、苏西·巴特、莎拉·卡尔-戈姆、亚历山大·德·沙吕、特克拉·克拉克、已故的约翰·克拉克、利兹·柯利、芙洛拉·丹尼斯、劳拉·费伦、乔纳森·福伊尔、塔比莎·戈尔德托布、简·戈登、理查德·戈登、迈尔斯·格斯莱特、普利希尔·格斯莱特、艾伦·格里克、黛博拉·霍夫曼、马克·霍夫曼、阿里·霍林斯沃思、阿钦·霍林斯沃思、克里斯·霍林斯沃思、爱德华·霍林斯沃思、理查德·霍林斯沃思、罗莎蒙德·霍林斯沃思、琼·嘉嘉、比尔·肯特、约翰·凯尼斯、梅尔·金斯伯利、托比·金斯伯利、已故的朱利安·克里曼、莎莉·劳伦斯·司米思、蕾切尔·罗伊德、劳洛·玛蒂娜、亚历山大·马斯特斯、安·玛切特、克里斯托弗·纽沃、约翰·奥妮安、瑞·帕斯、乃捷尔·普莱福德、提姆·波特、克莱尔·雷诺兹、乃捷尔·雷诺兹、卡罗尔·理查森、克莱尔·罗伯逊、尼克·罗斯、雨果·罗博瑟姆、格雷厄姆·拉斯特、加布里尔尔·沙拉曼、威廉·沙拉曼、亨利·塞韦尔、科斯提·塞韦尔、理查德·斯科菲尔德、托马斯·图伊、艾米·特纳、杰米·特纳、阿拉斯泰尔·薇薇安、卡米拉·薇薇安、休·薇薇安、特伦汉姆·维瑟海德。

非常荣幸和英国独立出版社（Head of Zeus）的团队合作，尤其是彬彬有礼的编辑理查德·米尔班克。重要的是，我对经纪人安德鲁·洛尼充满无限的感激之情，是他对本书怀有顽强而坚定的信心。

译后记

《泰晤士报》曾如此评价美第奇家族："这个冷酷而开明的家族忠实于佛罗伦萨的座右铭'利益与荣誉'时最美好，只追逐利益时最丑陋。二者都不追逐时，走向自我毁灭。"当接手翻译本书时，我在思考美第奇家族如何冷酷又开明，如何美好又丑陋，特别好奇的是，究竟是什么原因导致了家族的覆灭。

玛丽·霍林斯沃思的序言直接从克莱门特七世包围佛罗伦萨的时间点切入，并借用佛罗伦萨人的原话"佛罗伦萨宁肯化成灰，也不愿受美第奇家族的统治"作为副标题，把读者推到美第奇家族和佛罗伦萨矛盾的风口浪尖，打破了读者对美第奇家族的美好构想。读者突然发现，佛罗伦萨人非但不如想象一般感激美第奇家族，反而在仇视他们。作者序言中并没有以惯常的方式概述全书，而是摘选美第奇家族故事中的一段，这段故事可以说是美第奇家族与佛罗伦萨城冲突的高潮，也可以说是美第奇家族的分水岭，留下空间供读者思考。

玛丽·霍林斯沃思按照时间顺序记述，读者跟着她走在一条时间轨道上。美第奇家族在早期历经六代人，逐渐积累了各种有形和无形的资源，为成为富有的银行家打下基础。从第七代开始到第十七代，在长达377年的时间内完成了从银行家到皇家殿下的跨越。作者运用了大量的档案资料，包括私人信件、日记、编年史料、税务清单等，时而引用一大段，时而只引用一个词或几个词，将这些素材穿插在她的故事中，把读者带回真实的13世纪至18世纪的欧洲和佛罗伦萨，帮助读者逐步认识美第奇家族。每一个人物都是鲜活的：无论是教皇还是红衣主教，无论是皇帝还是国王，无论是大公爵还是某个从业者，无论是男士还是女士，无论是英雄还是无赖，无论是银行家还是政治家，无论是科学家还是艺术家，无论是成人还是小孩。她把500多年间围绕佛罗伦萨的美第奇家族故事织成一张网，所有人物都在这张网上占有一个结点，有的结点大一些就着墨多些，有的结点小一些就着墨少些。作者所有的讲述都在尽量让史料说话，尽量保持客观性。

除了跟随玛丽·霍林斯沃思了解美第奇家族的兴衰，我还有另外的思考，那就是中西方在家族文化上有哪些异同，反映在政治、宗教、艺术、教育、婚姻、家庭、建筑和宫廷等方面，有多大程度的异同。每当接触到书中某个新人物，我会不由自主地联想到中国历史上的对应角色，以及中国文化对某个问题的反应。

一是，美第奇家族是以银行事业起步，但当家族里有成员成为红衣主教后，家族欣喜若狂，远比得到丰厚利润还荣耀；到了后期，在家族宣传中干脆对作为银行家的历史避而不谈。看起来在近代以前，商人的地位在中西文化中处境相似，"学而优则仕"不仅适用于中国，也适用于西方。

美第奇家族从第七代开始进入"上流社会"，无论他们身为顶级商人还是贵族，都遵守一夫一妻制，这让我联想到清朝时的山西富豪乔家，像乔家这样坚持一夫一妻的富豪在当时的中国是极少数的。再比如，美第奇家族对于红帽子的追求，不禁会让人想到中国红顶子商人的故事：欧洲的"红帽子"带有宗教色彩，而中国的"红顶子"带有政治色彩。两个"红"看似不同，但实质是一样的。不过，二者的价值又不一样——红帽子等同于王子，而红顶子未必有皇子高贵。

二是，美第奇家族儿女成婚绝对是父母之命、媒妁之言。尽管家族的男孩和女孩都受到开明的早期教育，但相关文字记载显示，从第七代起的婚姻极少是自由恋爱达成的。虽然有自由恋爱的情况出现，但这样的婚姻不被祝福，配偶最后甚至入不了美第奇家族的祖坟。

女儿的嫁妆对美第奇家族乃至当时的所有家庭来说都非常重要。美第奇家族成员如果去世前还有未成婚的女儿，在遗嘱中首先要把女儿的嫁妆留出来，剩余的再分给儿子们和用作其他。所以，美第奇家族有一项慈善活动是一年一度给穷人家的女儿发嫁妆，每个女孩可以领到40金币。用这笔钱，女孩子们可以较为体面地把自己嫁出去。这一点，或多或少会令人联想到古代中国家庭的彩礼。

三是，国与国之间的"结盟"和"毁盟"随时会发生，每一个大事件必然由与新盟友结盟而引发，同时宣告着与旧盟友关系的破裂。但是，此时的关系破裂并不代表彼时不可以重新结盟。这种盟友文化渗透在欧洲政治的每个环节。

四是，节日的娱乐庆典。佛罗伦萨每次过节都会有保留节目，也会有创新节目。比武和模拟战就是保留节目，孩子们从小就接受逼真的角逐和对抗。相较来说，这种"武文化"的熏陶在中国的教育中则较少。创新节目会促进音乐、戏剧等艺术形式的发展，所以玛丽·霍林斯沃思经常断言某个舞台表演风格是首次在佛罗伦萨出现。这里不得不提及艺术赞助人。美第奇家族可以不要银行家的身份，但绝对不允许丢了赞助人的头衔。这个头衔不是教皇封赐的，而是家族完全凭借热情和财力得到的，更重要的是靠自身的艺术鉴赏品位获得的。玛丽·霍林斯沃思经常赞叹某位成员有很高的艺术修养，或哀叹美第奇家族的某位成员没有艺术品位。

还有，"委托"是书中经常出现的一个词，而许多建筑、雕塑、绘画等领域的旷世杰作，甚至科学和航海探险活动，都诞生于受委托人之手。这种现象很有启发性，它鼓励人们成为更加完整的人——不能只会赚钱、打仗，或只追求做教皇或大公爵，还需要有艺术修养。教育方面同样有启发。美第奇家族很重视教育，家族的孩子们基本上做到了德智体全面发展。只有第十六代和第十七代的教育偏离了轨道，集中在了宗教课程，而美第奇家族的故事也戛然停止在第十七代：教育方向的偏离导致了人格的偏狭，随之而来的是家族不和、外交不力、政令极端。所以，我们说教育是立国之本，也是立家之本。

翻译这本书对我的触动很大，不能一一详述。美第奇家族是不是睿智的统治者和文艺复兴的启蒙者，留待各位读者评判。对我来说，单凭能如此真实地走进美第奇家族的宫殿、卧室、厨房、学校、教堂，就是一种很珍贵的缘分。我很感谢玛丽·霍林斯沃思，感谢她严谨的研究风格。翻译本书的过程像在精雕细琢一件艺术品，内容值得反复品味。

在此提醒读者朋友要有耐心，在美第奇家族十七代家族成员中，叫"乔瓦尼"的有11位，叫"洛伦佐"的有6位，叫"柯西莫"的有4位，其他名字如皮耶罗、费迪南多、朱利亚诺等也不断在各代家族成员的名单中出现。所以，若想读明白美第奇家族的故事，就要知道某段故事中讲的是哪个"乔瓦尼"或哪个"洛伦佐"。其次，书中提及美第奇家族之外的很多历史人物、历史事件以及地名，翻译过程中，我尽量采用较被普遍接受的译名。

翻译过程中，我得到了多方帮助。感谢浙江人民出版社引进这么好作品，感谢与资深编辑魏力先生的愉快合作，感谢身边学者朋友们的启发。特别感谢我的家人给予的帮助，尤其是儿子金经在历史史料方面的提点。当然，要感谢原著作者玛丽·霍林斯沃思女士，感谢原著出版社英国独立出版社。

本书是一部宏大的家族史，特以此译著献给我先生的家族和我的家族，并献给家族中的长者——我的婆母郭玉仙（83岁）和我的母亲张润莲（89岁），感谢前辈们对家族的贡献，对后代的辛勤培育。

贾荣香

2021年3月13日

于北京